“十四五”职业教育国家规划教材

“十三五”职业教育国家规划教材

手册式

职业教育教学改革融合创新型教材·会计类

Kuaiji Xinxihua Shiwu

(Caiwulianpian)

会计信息化实务（财务链篇）

第三版

曾玲芳 陈玲 主编 张莹 林先雄 李骁寅 副主编

东北财经大学出版社
Dongbei University of Finance & Economics Press
大连

图书在版编目（CIP）数据

会计信息化实务（财务链篇）/ 曾玲芳，陈玲主编．—3版．—大连：东北财经大学出版社，2022.8（2025.8重印）
（职业教育教学改革融合创新型教材·会计类）
ISBN 978-7-5654-4581-1

Ⅰ.会…　Ⅱ.①曾…②陈…　Ⅲ.会计信息-财务管理系统-职业教育-教材　Ⅳ.F232

中国版本图书馆CIP数据核字（2022）第131154号

东北财经大学出版社出版
（大连市黑石礁尖山街217号　邮政编码　116025）
网　　址：http://www.dufep.cn
读者信箱：dufep@dufe.edu.cn
大连日升彩色印刷有限公司印刷　　东北财经大学出版社发行

幅面尺寸：185mm×260mm　字数：426千字　印张：20.5　插页：1

2022年8月第3版　　2025年8月第4次印刷

责任编辑：张旭凤　张晓鹏　李翠梅　　责任校对：周　晗
封面设计：冀贵收　　版式设计：原　皓

定价：53.00元

教学支持　售后服务　联系电话：（0411）84710309
版权所有　侵权必究　举报电话：（0411）84710523
如有印装质量问题，请联系营销部：（0411）84710711

富媒体智能型教材出版说明

“财经高等职业教育富媒体智能型教材开发系统工程”入选国家新闻出版广电总局新闻出版改革发展项目库，并获得文化产业专项资金支持，是“国家文化产业资金支持媒体融合重大项目”。项目以“融通”“融合”“共建”“共享”为特色，是东北财经大学出版社积极落实国家推动传统媒体与新媒体融合发展的重要举措之一。

“财济书院”智能教学互动平台是该工程项目建设成果之一。该平台通过系统、合理的架构设计，将教学资源与教学应用集成于一体，具有教学内容多元呈现、课堂教学实时交互、测试考评个性设置、用户学情高效分析等核心功能，是高校开展信息化教学的有力支撑和应用保障。

富媒体智能型教材是该工程项目建设成果之二。该类教材是我社供给侧结构性改革探索性策划的创新型产品，是一种新形态立体化教材。富媒体智能型教材秉持严谨的教学设计思想和先进的教材设计理念，为财经职业教育教与学、课程与教材的融通奠定了基础，较好地避免了传统教学模式和单一纸质教材容易出现的“两张皮”现象，有助于教学质量的提高和教学效果的提升。

从教材资源的呈现形式来说，富媒体智能型教材实现了传统纸质教材与数字技术的融合，通过二维码建立链接，将VR、微课、视频、动画、音频、图文和试题库等富媒体资源丰富呈现给用户；从教材内容的选取整合来说，其实现了职业教育与产业发展的融合，不仅注重专业教学内容与职业能力培养的有效对接，而且很好地解决了部分专业课程学与训、训与评的难题；从教材的教学使用过程来说，其实现了线下自主与线上互动的融合，学生可以在有网络支持的任何地方自主完成预习、巩固、复习等，教师可以在教学中灵活使用随堂点名、作业布置及批改、自测及组卷考试、成绩统计分析等平台辅助教学工具。

富媒体智能型教材设计新颖，一书一码，使用便捷。使用富媒体智能型教材的师生首先下载“财济书院”App或者进入“财济书院”（www.idufep.com）平台完成注册，然后登录“财济书院”输入教材封四学习卡中的激活码建立或找到班级和课程对应教材，就可以开启个性化教与学之旅。

“重塑教学空间，回归教学本源！”“财济书院”平台不仅仅是出版社提供教学资源和服务的平台，更是出版社为作者和广大院校创设的一个自主选择和自主探究的教与学的空间，作者和广大院校师生既是这个空间的使用者和消费者，也是这个空间的创造者和建设者，在这里，出版社、作者、院校共建资源，共享回报，共创未来。

最后，感谢各位作者为支持项目建设所付出的辛劳和智慧，也欢迎广大院校在教学中积极使用富媒体智能型教材和“财济书院”平台，东北财经大学出版社愿意也必将陪伴广大职业教育工作者走向更加光明而美好的职教发展新阶段。

东北财经大学出版社

第三版前言

为深入推进党的二十大精神进教材、进课堂、进头脑，充分发挥教材建设作为育人、育才的重要抓手作用，《会计信息化实务-财务链篇》教材编写团队深入领会党的二十大精神，贯彻落实习近平总书记关于职业教育工作和教材工作的重要指示批示精神，全面贯彻党的教育方针，落实立德树人根本任务，《会计信息化实务——财务链篇》教材编写团队根据《职业院校教材管理办法》和《“十四五”职业教育规划教材建设实施方案》提出的教材编写要求，按新形态教材编写理念，在第二版的基础之上进行了改版，改版后的教材具有以下几个特点：

1.校企双元合作开发。教材从编写之初就确立了校企双元合作开发理念，编写组先后多次深入企业调研，在案例企业遴选、典型工作任务分析和原始单据选取等方面得到了合作企业——湖北神州顺利办科技有限公司的大力支持。

2.课程思政润物无声。根据会计与软件应用课程交叉特点，编写团队通过课程思政活动设计、阅读材料拓展和思政目标评价等多种形式，实现会计职业素养教育、实训安全和劳动教育等课程思政目标，将学生的价值塑造、知识传授和能力培养三者进行了有机融合，力争做到润物无声。

3.教材颗粒化设计可实现灵活组合、手册式使用。本教材以培养学生会计信息系统应用职业能力为核心，以工作过程（项目）为导向，以典型工作任务进行驱动，以任务布置-任务实施-任务评价为主线，将必备的知识和操作要领提示等陈述性知识穿插于程序性知识之中，符合学生“做中学”要求，有助于有效激发学习兴趣和创新潜能。

本教材可根据师生教学个性化需求进行拆分组装，并且形成多元化功能手册，真正实现灵活教学。

（1）学校可根据本课程实际课时进行模块化内容组装。本教材内容设计可实现“系统管理+基础设置+总账系统+报表管理系统”、“系统管理+基础设置+总账系统+薪资管理系统+固定资产管理系统+报表管理系统”和“系统管理+基础设置+总账系统+薪资管理系统+固定资产管理系统+应付款管理系统+应收款管理系统+报表管理系统”三种应用方案，各院校可自行选择。

（2）教师可根据学生基础或教学习惯进行教学顺序组装。基础教学的话，可以选择以每一子系统为平行单元，按照初始设置-日常业务处理-期末处理顺序进行模块化独立教学；提高教学的话，可以选择按时间先后顺序开展，先进行所有子系统初始设置，然后处理所有子系统日常业务，最后处理所有子系统期末业务，模拟企业经营实际进行仿真教学。

（3）学生可以根据职业能力获得情况或资料携带习惯进行手册式安排。使用者可以将全书【知识目标】、【技能目标】、【素养目标】、【项目导图】、【任务资料】、【任务要求】和【业务单据】等内容组装成一本“目标任务手册”，将【知识导航】、【重难点微课】形成够用、实用的“知识手册”，将各任务的【操作步骤】、【操作录屏】和“特别提示”形成一本“实训指导手册”，最后将【重难点梳理】、【易错点分析】、【关键数据反馈】和【项目评价】形成一本师生互动交流的“课程笔记、作业本和考核评价手册”。

4.1+X书证融通契合岗课赛证融通培养模式要求。本教材根据会计信息化岗位设计的典型工作任务，全面融入财务数字化应用和业财一体信息化应用职业技能等级证书标准要求，可以由企业人员和院校教师共同组织，将该技能等级证书考核与课程考核相结合，采取以证代考，实现课证融通和课程评价模式改革。

5.富媒体教学资源助力三教改革。本教材通过提供适合线上线下混合教学的课程标准、重难点微课视频、业务原始单据、操作录屏、备份账套、在线测试、课程思政实施方案及思政素材等全套信息化教学资源，为推广混合式教学、模块化教学和移动教学等教法改革提供便捷条件，东北财经大学出版社则通过“财济书院”平台为广大师生提供了一个自主研学的书课一体化空间，切实为推进三教改革提供了抓手和载体。

本教材由武汉交通职业学院曾玲芳、陈玲担任主编，武汉交通职业学院张莹、林先雄和李骁寅担任副主编，湖北神州顺利办科技有限公司涂砚箐参编。全书由曾玲芳负责总体架构设计、修改、补充和统纂定稿。

为了方便教师教学和学生自学，如需要本教材配套资源，欢迎访问东北财经大学出版社网站（www.dufep.cn）或“财济书院”（www.idufep.com）免费下载使用。

由于编者水平有限，书中不妥之处在所难免，恳请读者在使用过程中提出宝贵意见和建议（联系邮箱为zlfwhw@126.com），以便修订时改进。

编　者

2024年1月

目　录

本书配套数字化资源 1

项目名称	任务名称	重难点微课	操作录屏	任务测试
项目一 会计信息化 整体认知	1.1 了解会计信息化的发展	—	—	1-1：了解会计信息化的发展/6
	1.2 会计信息系统方案应用	—	—	1-2：会计信息系统方案应用/12
	1.3 了解案例企业背景资料	—	—	—
项目二 系统管理	2.1 用户管理	2-1：系统管理平台介绍/18	2-1：用户管理/20	2-1：用户管理/22
	2.2 建立账套	2-2：账套管理/23	2-2：新建账套/23	2-2：账套管理/27
	2.3 财务分工	—	2-3：财务分工/28	2-3：财务分工/29
	2.4 数据的输出与引入	2-3：数据的输出与引入/29	2-4：数据的输出与引入/30	2-4：数据的输出与引入/32
项目三 基础设置	3.1 系统启用设置	3-1：企业应用平台介绍及系统启用/38	3-1：系统启用/38	3-1：系统启用/39
	3.2 机构人员设置	3-2：机构人员设置/41	3-2：机构人员设置/41	3-2：机构人员设置/43
	3.3 客商信息设置	—	3-3：客商信息设置/45	3-3：客商信息设置/46
	3.4 存货信息设置	3-3：存货信息设置/48	3-4：存货信息设置/48	3-4：存货信息设置/51
	3.5 财务信息设置	3-4：财务信息——会计科目设置/55 3-5：财务信息——凭证类别设置/56	3-5：财务信息——会计科目和凭证类别设置/57	3-5：财务信息设置/64
		3-6：财务信息——项目目录设置/56	3-6：财务信息——项目目录设置/61	
	3.6 收付结算设置	—	3-7：收付结算设置/65	3-6：收付结算设置/66
	3.7 数据权限设置	—	3-8：数据权限设置/68	3-7：数据权限设置/70

项目名称	任务名称	重难点微课	操作录屏	任务测试
项目四 总账系统	4.1 初始设置	4-1：总账系统初始设置/78	4-1：总账系统初始设置/79	4-1：总账系统初始设置/82
	4.2 凭证处理	4-2：填制凭证/85	4-2：填制凭证——业务 1/87	4-2：凭证处理/116
			4-3：填制凭证——业务 2/88	
			4-4：填制凭证——业务 3/89	
			4-5：填制凭证——业务 4/90	
			4-6：填制凭证——业务 5-7/91	
			4-7：填制凭证——业务 8-10/92	
			4-8：填制凭证——业务 11-13/93	
			4-9：填制凭证——业务 14-16/96	
			4-10：填制凭证——业务 17-19/97	
			4-11：填制凭证——业务 20-22/100	
			4-12：填制凭证——业务 23-25/102	
			4-13：填制凭证——业务 26/104	
			4-14：常用凭证的保存与调用/105	
		4-3：凭证删除/106	4-15：凭证删除/106	
			4-16：出纳签字与取消签字/107	
			4-17：凭证审核与取消审核/109	
			4-18：凭证查询/110	
			4-19：凭证记账与取消记账/111	
		4-4：红字冲销法修改凭证/114	4-20：红字冲销法修改凭证/114	
	4.3 出纳管理	4-5：银行对账业务/121	4-21：查询银行账/119	4-3：出纳管理/125
			4-22：银行对账业务/121	

项目名称	任务名称	重难点微课	操作录屏	任务测试
项目四 总账系统	4.4 账簿管理	—	4-23：查询总账、明细账、余额表和多栏账/125	4-4：账簿管理/133
			4-24：查询客户往来明细账、部门账和项目账/129	
	4.5 期末处理	4-6：自定义转账业务/135	4-25：自定义转账业务/135	4-5：总账系统期末处理/142
		4-7：期间损益结转业务/137	4-26：期间损益结转业务/137	
			4-27：对账与结账/141	
项目五 薪资管理系统	5.1 初始设置	5-1：工资项目及公式设置/151	5-1：薪资管理系统初始设置/153	5-1：薪资管理系统初始设置/161
	5.2 工资变动业务	—	5-2：工资变动业务/164	5-2：工资变动业务/166
	5.3 工资分摊及期末处理	5-2：工资分摊设置/169	5-3：工资分摊/169	5-3：工资分摊及期末处理/180
		5-3：工资分摊生成/169	5-4：薪资管理账表查询/176	
			5-5：薪资管理月末处理/179	
项目六 固定资产管理系统	6.1 初始设置	6-1：原始卡片录入/188	6-1：固定资产管理系统初始设置/189	6-1：固定资产管理系统初始设置/195
	6.2 日常业务处理	6-2：资产增加业务/196	6-2：资产变动业务/198	6-2：固定资产管理系统日常业务处理/199
			6-3：资产增加业务/198	
	6.3 期末处理	6-3：资产减少业务/200	6-4：计提折旧业务/201	6-3：固定资产管理系统期末处理/207
			6-5：资产减少业务/203	
			6-6：固定资产账表查询业务/205	
			6-7：固定资产管理系统月末结账与取消结账/206	
项目七 报表管理系统	7.1 自定义报表	7-1：自定义报表/217	7-1：自定义报表/217	7-1：自定义报表/223
	7.2 利用报表模板生成报表	—	7-2：利用报表模板生成报表/224	7-2：利用报表模板生成报表/227
	7.3 基本财务指标分析	7-2：基本财务指标分析/228	7-3：基本财务指标分析/228	7-3：基本财务指标分析/230

项目名称	任务名称	重难点微课	操作录屏	任务测试
项目八 应付款管理系统	8.1 初始设置	8-1：应付款管理系统设置/238	8-1：应付款管理系统初始设置/240	8-1：应付款管理系统初始设置/246
	8.2 日常业务处理	8-2：普通采购业务/249	8-2：普通采购业务/249	8-2：应付款管理系统日常业务处理/261
			8-3：银行承兑汇票结算业务/251	
			8-4：支付带现金折扣的货款/252	
		8-3：支付定金采购业务/255	8-5：支付定金采购业务/255	
			8-6：以银行承兑汇票支付货款业务/258	
		8-4：采购退货业务/260	8-7：采购退货业务/261	
	8.3 期末处理	—	8-8：应付款管理系统期末处理/263	8-3：应付款管理系统期末处理/264
项目九 应收款管理系统	9.1 初始设置	9-1：应收款管理系统初始设置/272	9-1：应收款管理系统初始设置/274	9-1：应收款管理系统初始设置/281
	9.2 日常业务处理	9-2：普通销售业务/284	9-2：普通销售业务/284	9-2：应收款管理系统日常业务处理/299
		9-3：收回带现金折扣的货款/287	9-3：收回带现金折扣的货款/287	
			9-4：普通销售收到票据业务/289	
		9-4：销售退回业务/291	9-5：销售退回业务/291	
			9-6：代垫运费业务/293	
			9-7：票据贴现业务/295	
			9-8：坏账发生/297	
			9-9：计提坏账准备/298	
	9.3 期末处理	—	9-10：应收款管理系统期末处理/300	9-3：应收款管理系统期末处理/302

本书配套数字化资源 2

项目	二维码资源	页码
项目一　会计信息化整体认知	学思践悟 1-1　学规划　早筹划	5
	学思践悟 1-2　数字经济时代，信息素养很重要	12
项目二　系统管理	学思践悟 2-1　账号和密码，安全要靠它	22
	学思践悟 2-2　参与 6S 管理　劳动最光荣	26
	学思践悟 2-3　保持界限感　赢得安全感	29
	学思践悟 2-4　信息安全，没有硝烟的战场	32
项目三　基础设置	学思践悟 3-1　小疏漏　大风险	70
项目四　总账系统	学思践悟 4-1　基础不牢　地动山摇	82
	学思践悟 4-2　坚持准则，甘当会计信息清道夫	116
	学思践悟 4-3　提高廉洁“免疫力”	125
	学思践悟 4-4　勇于纠错，弘扬精益求精的工匠精神	133

项目	二维码资源	页码
项目五　薪资管理系统	学思践悟 5-1　个税改革背后的民生福祉	161
	学思践悟 5-2　社会保障你我他，五险一金知多少	180
项目六　固定资产管理系统	学思践悟 6-1　实验室设备管理不善隐藏大问题	195
	学思践悟 6-2　谨防折旧成为个别企业利润的“调节阀”	207
项目七　报表管理系统	学思践悟 7-1　虚假报表　误国误民	227
项目八　应付款管理系统	学思践悟 8-1　货比三家　远离回扣	261
项目九　应收款管理系统	学思践悟 9-1　规范开票　依法纳税	299

本书与财务数字化应用1+X书证融通对照表

本教材内容		1+X证书职业技能等级标准			
项目	任务	证书（等级）	工作领域	工作任务	职业技能要求
项目二 系统管理	任务一 用户管理 任务三 财务分工	财务数字化应用（初级）	1.财务数字化平台基础数据维护及档案管理	1.1 企业组织与权限维护	1.1.4 能依据企业职责清单和职责权限对应清单，在财务数字化平台上建立职责对应的菜单权限内容，并能够根据需要做相关调整。
					1.1.5 能依据企业角色清单和角色权限对应清单，在财务数字化平台上维护角色对应的职责权限与组织权限。
					1.1.6 能依据人员的组织角色分工，在财务数字化平台上维护人员对应的用户，分配其对应的权限，并进行相关的变动维护。
	任务二 建立账套				1.1.1 能依据业务组织的新增或变动申请信息，在财务数字化平台上进行组织信息的数据维护，并能够根据需要保存为一个新的业务组织体系版本，以备后续查询使用。
项目三 基础设置	任务二 机构人员设置	财务数字化应用（初级）	1.财务数字化平台基础数据维护及档案管理	1.1 企业组织与权限维护	1.1.2 能依据企业需要，在财务数字化平台上维护行政部门的新增或变动信息，并保存为一个新的行政部门体系版本，以备后续查询使用。
				1.2 企业基础档案维护	1.2.1 能在财务数字化平台上进行总账业务的基本信息维护，包括依据企业组织结构及经营信息快速准确维护人员、客户、供应商、物料、会计科目等基础档案信息。
					1.2.3 能依据企业费用管理要求，在财务数字化平台上进行收支项目、报销类型等初始设置。
项目四 总账系统	任务一 初始设置	财务数字化应用（初级）	1.财务数字化平台基础数据维护及档案管理	1.3 财务期初数据维护	1.3.1 能在财务数字化平台上对新建账簿的组织进行总账期初数据的录入与导入。
	任务二 凭证处理		2.财务数字化平台财务业务处理	2.5 其他业务智能处理	2.5.1 能在财务数字化平台上处理其他非自动生成凭证的财务业务，依据原始凭证填制记账凭证，并正确完成资金类科目现金流量的记录与分析。
					2.5.2 能依据权限分工，在财务数字化平台上对记账凭证进行审核，审核记账凭证中所选会计科目的正确性、分录金额的准确性、填列项目的完整性、摘要描述的准确性、有关人员签章的完整性等，能对问题凭证进行标错与驳回。
					2.5.3 能根据《中华人民共和国会计法》和《企业会计准则》，在财务数字化平台上对记账凭证进行修改、作废、红冲等业务处理。
					2.5.4 能依据权限分工，在财务数字化平台上进行记账凭证范围选择、完成记账操作、查看和打印记账报告，能查询记账凭证自动生成的相关账表。

本教材内容		1+X证书职业技能等级标准			
项目	任务	证书（等级）	工作领域	工作任务	职业技能要求
项目四 总账系统	任务三 出纳管理	财务数字化应用（中级）	1.财务数字化平台基础数据维护及档案管理	1.3 财务期初数据维护	1.3.4 能在财务数字化平台上录入现金账户与银行存款账户的期初数据，并确保业务期初余额与总账对应的科目余额相符。
			4.资金结算业务处理	4.3 银企直连智能对账	4.3.1 能在财务数字化平台上进行银行对账单与企业银行日记账的核对，并生成银行存款余额调节表，能依据对账明细情况进行对账差异分析。
					4.3.2 能依据每日现金盘点结果，在财务数字化平台上完成每日现金的实盘数与现金日记账的对账工作。
	任务四 账簿管理		2.财务数字化平台财务业务处理	2.5 其他业务智能处理	2.5.4 能依据权限分工，在财务数字化平台上进行记账凭证范围选择、完成记账操作、查看和打印记账报告，能查询记账凭证自动生成的相关账表。
	任务五 期末处理		2.财务数字化平台财务业务处理	2.5 其他业务智能处理	2.5.5 能在财务数字化平台上完成企业总账与业务系统对账，若对账不平找出原因并进行调整，保证总账与业务账的一致性。
					2.5.6 能在财务数字化平台上进行会计期末业务处理，依据业务需要正确设置期末业务处理的规则和模板，完成期末损益类科目的计算与结转，并生成结转凭证。
项目五 薪资管理系统	任务二 工资变动业务		2.财务数字化平台财务业务管理	2.3 薪资业务管理	2.3.1 能依据企业人力资源部门提供的、经审批的薪资发放相关资料，在财务数字化平台上进行分类薪资核算，以便将薪资计入恰当的成本费用科目。
					2.3.2 能根据企业人力资源管理制度，在财务数字化平台上借助银企直连功能进行薪资的批量发放。
					2.3.4 能依据人力资源部门提供的、经审批的个人所得税代扣代缴资料，在财务数字化平台上进行正确核算，以降低企业个人所得税涉税风险。
	任务三 工资分摊及期末处理		2.财务数字化平台财务业务管理	2.3 薪资业务管理	2.3.3 能依据人力资源部门提供的、经审批的社保公积金等相关资料，在财务数字化平台上进行分类核算，以便将社保公积金等计入恰当的成本费用科目。

本教材内容		1+X证书职业技能等级标准			
项目	任务	证书（等级）	工作领域	工作任务	职业技能要求
项目六 固定资产管理系统	任务二 日常业务处理	财务数字化应用（初级）	2.财务数字化平台财务业务管理	2.4 固定资产业务处理	2.4.1 能依据企业资产管理部门提交的购置固定资产验收凭证等信息和企业固定资产管理核算要求，准确判断新增资产的分类，并在财务数字化平台上填制新增资产卡片，确保该资产能够纳入企业固定资产的后续日常管理和期末折旧摊销业务范围。
					2.4.2 能依据企业资产管理部门提交的固定资产变动单等相关单据信息，在财务数字化平台上对固定资产的信息进行变更登记，准确地完成固定资产变动记录处理。
	任务三 期末处理		2.财务数字化平台财务业务管理	2.4 固定资产业务处理	2.4.5 能根据《企业会计准则》，依据企业固定资产处置要求的原始凭据，如销售合同、固定资产减少明细表等，在财务数字化平台上进行企业的固定资产减少业务处理并完成固定资处置会计核算，及时准确地反映企业固定资产处置情况。
					2.4.6 能根据《企业会计准则》，依据企业固定资产管理要求，在财务数字化平台上对企业的固定资产进行期末计提折旧业务处理，及时准确地完成期末固定资产业务处理。
				2.5 其他业务智能处理	2.5.5 能在财务数字化平台上完成企业总账与业务系统对账，若对账不平找出原因并进行调整，保证总账与业务账的一致性。
项目七 报表管理系统	任务二 利用报表模板生成报表	财务数字化应用（初级）	5.企业财务报表编制	5.1 资产负债表编制	5.1.1 能在财务数字化平台上检查企业报告期间的结账状态，以确保资产负债表编制期间财务核算账簿已经结账。
					5.1.2 能根据《企业会计准则》，在财务数字化平台上进行企业资产负债表的编制，满足企业财务报告对外报送的要求。
					5.1.4 能在财务数字化平台上完成资产负债表的导出，以便提供给相应的人员使用及进行报表披露。
			5.企业财务报表编制	5.2 利润表编制	5.2.1 能在财务数字化平台上检查企业报告期间的结账状态，以确保利润表编制期间财务核算账簿已经结账。
					5.2.2 能根据《企业会计准则》，在财务数字化平台上进行企业利润表的编制，满足企业财务报告对外报送的要求。
					5.2.4 能在财务数字化平台上完成利润表的导出，以便提供给相应的人员使用及进行报表披露。

本教材内容		1+X证书职业技能等级标准			
项目	任务	证书（等级）	工作领域	工作任务	职业技能要求
项目八 应付款管理系统	任务二 日常业务处理	财务数字化应用（初级）	2.财务数字化平台财务业务管理	2.1 采购与应付业务智能处理	2.1.2 能在财务数字化平台上处理业务系统自动生成的、业务员自制提交的各类应付类业务单据，完成应付类业务的审核处理，并自动生成相应的凭证。
					2.1.3 能依据业务单位发起的付款申请及财务数字化平台上记录的应付账款金额及付款时间安排，在财务数字化平台上处理应付账款付款业务并完成审批、结算流程，确保企业能够及时、准确地向供应商支付款项。
					2.1.5 能在财务数字化平台上处理应付业务的合并或调整，将应付款项在不同单位之间或不同人员之间进行转入、转出。
	任务三 期末处理		2.财务数字化平台财务业务管理	2.5 其他业务智能处理	2.5.5 能在财务数字化平台上完成企业总账与业务系统对账，若对账不平找出原因并进行调整，保证总账与业务账的一致性。
项目九 应收款管理系统	任务二 日常业务处理	财务数字化应用（初级）	2.财务数字化平台财务业务管理	2.2 销售与应收业务智能处理	2.2.2 能在财务数字化平台上处理业务系统自动生成的、业务员自制提交的各类应收类业务单据，完成应收类业务的审核处理，并自动生成相应的凭证。
					2.2.3 能在财务数字化平台上依据合同约定收取货款，并准确生成收款类业务的记账凭证。
					2.2.5 能在财务数字化平台上处理应收业务的合并或调整，将应收款项在不同单位之间或不同人员之间进行转入、转出。
	任务三 期末处理		2.财务数字化平台财务业务管理	2.5 其他业务智能处理	2.5.5 能在财务数字化平台上完成企业总账与业务系统对账，若对账不平找出原因并进行调整，保证总账与业务账的一致性。

本书与业财一体信息化应用1+X书证融通对照表

本教材内容		1+X证书职业技能等级标准			
项目	任务	证书（等级）	工作领域	工作任务	职业技能要求
项目二 系统管理	任务一 用户管理	业财一体信息化应用（中级）	1.业财一体信息化平台业务流程实施	1.3 业务流程权限配置	1.3.1 能根据《企业财务通则》，依据企业组织结构与职责分工，在信息化平台系统管理模块中进行角色设置及权限设置，以便对每个部门每个角色进行权限分配。
	任务三 财务分工				1.3.2 能根据《企业财务通则》，依据企业职责分工，在信息化平台系统管理模块中增加用户及进行权限设置，以便操作员正确使用信息化平台的相关功能。
项目三 基础设置	任务七 数据权限设置	业财一体信息化应用（中级）	1.业财一体信息化平台业务流程实施	1.3 业务流程权限配置	1.3.3 能根据《企业财务通则》，依据企业业务数据控制要求，在信息化平台上进行数据权限控制设置，依据企业数据控制维度，设置记录级及字段级控制层次，依据部门需求，进行不同金额层级的控制设置，以便对付款类业务的执行进行精确控制。
项目四 总账系统	任务一 初始设置	业财一体信息化应用（中级）	1.业财一体信息化平台业务流程实施	1.2 业务流程参数配置	1.2.1 能根据《企业财务通则》及《企业会计准则》，在信息化平台总账模块中进行凭证制单控制设置、受控科目使用设置、赤字控制设置、凭证控制设置、凭证编号设置、预算控制设置、凭证权限设置、凭证打印设置及自定义辅助核算等总账参数设置，以便实现企业财务制度控制要求。
			2.业财一体信息化平台期初数据维护	2.1 财务期初数据维护	2.1.1 能根据《企业会计准则》，依据企业财务期初数据，在信息化平台总账模块中准确导入明细账、辅助账等总账期初数据。
	任务二 凭证处理		3.业财一体信息化平台财务处理	3.1 总账业务处理	3.1.1 能根据《企业财务通则》及《企业会计准则》，审核原始凭证的真实性、合法性、合规性、及时性、准确性、完整性。
					3.1.2 能根据《企业财务通则》及《企业会计准则》，在信息化平台总账模块中依据原始凭证填制数量金额式记账凭证、项目辅助类记账凭证，并完成资金类科目现金流量的记录。
					3.1.3 能依据权限分工在信息化平台总账模块中对记账凭证进行审核，审核记账凭证中所选会计科目的正确性、分录金额的准确性、填列项目的完整性、摘要描述的准确性、有关人员签章的完整性等，能对问题凭证进行标错与驳回。
					3.1.4 能根据《企业财务通则》及《企业会计准则》，在信息化平台总账模块中对记账凭证进行修改、作废、红冲、调整等业务处理。
					3.1.5 能根据《企业财务通则》及《企业会计准则》，在信息化平台总账模块中完成凭证记账、反记账操作。

本教材内容		1+X证书职业技能等级标准			
项目	任务	证书（等级）	工作领域	工作任务	职业技能要求
项目四 总账系统	任务三 出纳管理	业财一体信息化应用（中级）	3. 业财一体信息化平台财务处理	3.4 网上银行业务处理	3.4.2 能依据企业财务部门需求，在信息化平台网上银行模块中查询账户余额、交易明细、银行扣款明细等信息。
	任务四 账簿管理		3. 业财一体信息化平台财务处理	3.1 总账业务处理	3.1.6 能根据《企业财务通则》及《企业会计准则》，在信息化平台总账模块中查询科目账、科目及往来余额信息、科目及往来明细信息等，为管理决策提供财务数据支持。
	任务五 期末处理		6. 业财一体信息化平台期末业财账务处理	6.2 期末业务处理	6.2.2 能根据《企业会计准则》，在信息化平台总账模块中进行期末损益结转。
					6.2.4 能根据《企业会计准则》，在信息化平台总账模块中进行期末对账、期末结账、反结账、年结、反年结业务处理。
项目五 薪资管理系统	任务一 初始设置	业财一体信息化应用（中级）	1. 业财一体信息化平台业务流程实施	1.2 业务流程参数配置	1.2.7 能根据《企业财务通则》及《中华人民共和国个人所得税法》，在信息化平台薪资管理模块中进行工资项目、工资计算公式、工资分摊、个人所得税税率等初始化设置。
	任务二 工资变动业务		3. 业财一体信息化平台财务处理	3.6 薪资福利业务处理	3.6.2 能根据《企业会计准则》及企业人力资源管理制度，依据人力资源部门提供的薪资明细表，在信息化平台薪资管理模块中进行分类薪资计算及发放工作，做到及时准确。
			5. 业财一体信息化平台税务业务管理	5.2 个人所得税业务处理	5.2.3 能根据《中华人民共和国个人所得税法》，依据个人所得税专项扣除信息，在信息化平台上及时完成个人所得税计算并进行代扣代缴业务处理。
	任务三 工资分摊及期末处理		3. 业财一体信息化平台财务处理	3.6 薪资福利业务处理	3.6.1 能根据《企业财务通则》及企业人力资源管理制度，在信息化平台薪资模块中调整工资项目，设置工资分摊公式。
					3.6.3 能根据《企业会计准则》，在信息化平台薪资管理模块中进行工资分摊处理，以便能够将薪资费用正确计入到成本费用科目。
			6. 业财一体信息化平台期末业财账务处理	6.1 期末业务处理	6.1.5 能根据《企业会计准则》及企业会计核算规范，在信息化平台上完成薪资福利模块期末结账及年结工作。

本书与业财一体信息化应用1+X书证融通对照表

本教材内容		1+X证书职业技能等级标准			
项目	任务	证书（等级）	工作领域	工作任务	职业技能要求
项目六 固定资产管理系统	任务一 初始设置	业财一体信息化应用（中级）	1. 业财一体信息化平台业务流程实施	1.2 业务流程参数配置	1.2.2 能根据《企业财务通则》，在信息化平台固定资产模块中完成固定资产对账科目、资产类别、折旧方法、增减方式、使用状况、卡片项目、卡片样式等固定资产初始化设置。
			2. 业财一体信息化平台期初数据维护	2.1 财务期初数据维护	2.1.3 能根据《企业会计准则》，依据企业固定资产数据，在信息化平台上完成固定资产期初数据导入工作。
	任务二 日常业务处理		3. 业财一体信息化平台财务处理	3.3 固定资产业务处理	3.3.1 能依据企业资产增加情况，在信息化平台固定资产模块中进行固定资产增加业务处理，并生成记账凭证，做到财务业务数据一致。
					3.3.2 能依据固定资产实际使用情况，在信息化平台固定资产模块中对固定资产进行原值增减、使用部门调整、使用年限调整、累计折旧调整等变更业务处理，并按需生成凭证，做到账实相符。
	任务三 期末处理		3. 业财一体信息化平台财务处理	3.3 固定资产业务处理	3.3.4 能依据企业资产实际使用情况，在信息化平台固定资产模块中完成资产处置、资产变卖等资产减少处理，及取消资产减少处理，并及时生成记账凭证，做到账实相符。
					3.3.3 能根据《企业会计准则》，在信息化平台固定资产模块中计提固定资产折旧，并能单张或批量生成记账凭证。
			6. 业财一体信息化平台期末业财账务处理	6.1 期末业务处理	6.1.3 能根据《企业会计准则》及企业会计核算规范，在信息化平台上对固定资产、应收应付、发票、网上银行、网上报销模块进行期末结账处理。
项目七 报表管理系统	任务二 利用报表模板生成报表	业财一体信息化应用（初级）	6. 业财一体信息化平台月末处理及会计档案管理	6.3 财务法定报表编制	6.3.1 能根据《企业会计准则》，在信息化平台上依据报表模板，准确地生成资产负债表。
					6.3.2 能根据《企业会计准则》，在信息化平台上依据报表模板，准确地生成利润表。
项目八 应付款管理系统	任务一 初始设置	业财一体信息化应用（中级）	1. 业财一体信息化平台业务流程实施	1.2 业务流程参数配置	1.2.3 能根据《企业财务通则》，在信息化平台应收应付管理模块中完成应收应付凭证制单规则、核销规则、科目设置等参数配置。
项目九 应收款管理系统			2. 业财一体信息化平台期初数据维护	2.1 财务期初数据维护	2.1.2 能根据《企业会计准则》，依据应收应付期初明细数据、预收预付期初明细数据、应收应付票据期初明细数据，在信息化平台上准确导入应收应付业务、预收预付业务、票据业务期初数据。

本教材内容		1+X证书职业技能等级标准			
项目	任务	证书（等级）	工作领域	工作任务	职业技能要求
项目八 应付款管理系统 项目九 应收款管理系统	任务二 日常业务处理	业财一体信息化应用（中级）	3.业财一体信息化平台财务处理	3.2 应收应付业务处理	3.2.1 能在信息化平台上对采购发票、销售发票、付款单、收款单进行录入及审核处理、核销处理，并及时准确生成记账凭证。
					3.2.2 能依据合同约定及合同付款申请，在信息化平台应收应付管理模块中进行收付款业务处理，并准确生成收付款类业务记账凭证，以便及时进行合同结算。
					3.2.3 能在信息化平台应收应付管理模块中处理应收应付业务的合并或调整，进行应收冲预收、应收冲应收、应收冲应付、应付冲应付、应付冲预付、应付冲应收、红票对冲等业务处理，实现客户供应商业务的合并或调整。
					3.2.4 能在信息化平台应收应付管理模块中正确完成应收应付票据业务处理，包括票据贴现、背书、转出、换票、计息、结算等业务。
					3.2.5 能在信息化平台应收管理模块中正确完成坏账业务处理，包括计提坏账准备、坏账发生、坏账收回等业务。
					3.2.6 能在信息化平台应收应付管理模块中进行取消操作、反结账操作。
	任务三 期末处理		6.业财一体信息化平台期末业财账务处理	6.1 期末业务处理	6.1.3 能根据《企业会计准则》及企业会计核算规范，在信息化平台上对固定资产、应收应付、发票、网上银行、网上报销模块进行期末结账处理。

项目一

会计信息化整体认知

1

知识目标

通过本项目的学习，了解会计信息化的发展历程和未来趋势；了解会计信息系统的构成内容和特征，理解会计数据也是生产要素之一；理解会计信息系统应用的构建原则。

技能目标

通过本项目的学习，能够为本单位开展会计信息化工作选择合适的会计信息系统应用方案。

素养目标

通过信息认识能力和信息使用能力的双重培养，提高学生信息基本素养。通过会计信息系统搭建，培养学生的系统观和整体意识。

项目导图

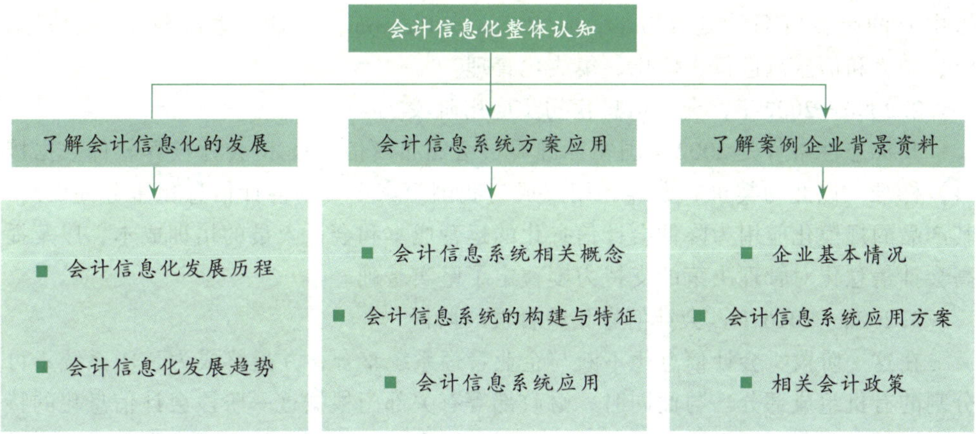

任务一 了解会计信息化的发展

一、会计信息化发展历程

会计信息化肇始于降低会计从业人员劳动强度这一初始目标，最初也被称为“会计电算化”，即用电子计算机代替传统的算盘，以期大幅降低会计的重复计算工作量。通常认为，我国会计信息化进程大致分为四个阶段。

（一）1978—1998年，会计电算化阶段

1979年，财政部决定计算机应用于会计的工作在长春“一汽”试点。1981年，中国会计学会召开“财务、会计、成本应用电子计算机专题讨论会”，总结“一汽”试点经验，并在会上提出“会计电算化”一词，将计算机在会计工作中的应用称为“会计电算化”，并解释为“由计算机代替人工记账、算账、报账，并能部分替代人脑完成会计信息的分析和判断的过程。”我国会计电算化先后经历了研制试点（1979—1983年）、自发发展（1983—1987年）和稳步发展（1988—1998年）三个阶段。

（二）1998—2016年，会计信息化阶段

1. 1998—2000年，会计信息化产生阶段

此阶段时间虽短，却是十分关键的两年。中国软件行业协会财务及企业管理软件分会在1998年召开了“向ERP进军”发布会，改变了商品化会计软件的功能以会计核算为主的局面，管理型软件开始受到企业的关注。1999年4月，深圳举办“新形势下会计软件市场管理暨会计信息化理论专家座谈会”，首次提出会计信息化概念，标志着信息技术的运用不再是简单地模拟、替代手工记账，而是通过以财务为中心的企业资源计划（Enterprise Resourse Planning，ERP）系统对企业的资金流、物流和信息流进行一体化、集成化管理。

2. 2000—2002年，会计信息化初步应用阶段

其标志性事件是2002年国家标准委员会颁布《信息技术 会计核算软件数据接口》标准。以此为契机，金蝶和用友成为我国两家主要的会计信息化服务提供商，其产品的规模化应用为降低会计信息化的运营成本和会计人员的培训成本，以及提高会计信息化对管理决策的支持力度奠定了坚实基础。

3. 2002—2016年，会计信息化整合发展阶段

在这一阶段，会计信息化不断与企业管理系统整合，并最终成为ERP系统不可分割的有机组成部分。与此同时，财政部等有关部门根据这一阶段会计信息化的特点和需要，制定和颁布了一系列规章和行业标准。其中，比较重要的有2009年4月财政部发布的《财政部关于全面推进我国会计信息化工作的指导意见》、2010年财政部发布的《XBRL技术规范系列国家标准》和《企业会计准则通用分类标准2010》，以及2014年国资委印发的《国资委财务监管报表XBRL扩展分类标准》等。

（三）2016年至今，会计智能化阶段

随着云计算、物联网、大数据、互联网等新一代信息技术在社会经济发展中的广泛应用，会计智能化成为会计信息化发展的重要方向。2016年，德勤会计师事

务所宣布将人工智能引入会计、税务、审计等工作中，随后以“四大”为代表的会计师事务所和以金蝶、用友、元年为代表的软件也纷纷推出自己的财务机器人方案，加快了我国会计信息化、智能化发展的进程。

观察以上会计信息化发展脉络可发现，我国会计信息化进程一直存在两条主线：一条主线是企业将会计信息与管理信息系统紧密整合的现实管理需求，近两年出现的财务机器人（RPA）、财务共享中心等更显著地体现了企业对高效率、自动化会计信息处理的强烈需求；另一条主线是监管部门运用会计信息化技术对相关企业（如上市公司、大型国企）的财务报表进行管理，并运用这些会计信息化技术推动相关企业自身会计信息化的进一步发展，包括采用XBRL、大数据及人工智能等。

二、会计信息化发展趋势

突破“计算机+控制模板”的会计信息化模式，构建“网络+数据挖掘”的会计互联网智能发展新模式，成为会计信息化发展的重点。未来，会计核算、信息生成、数字签名、电子发票、移动审批、纳税申报等日常工作，将建立物理世界、会计人员与信息空间的有效连接方式，形成现场与远程相互结合的模式。在此基础上，企业将构建智能化会计信息平台，建立业财一体化信息系统，实现业务财务、内部外部的数据集成，推动数据基础上的管理决策智能化。其具体表现为：

（一）处理全程自动化

从财务会计的视角来看，虽然当今从记账凭证到财务报告的流程基本上已经实现自动化，然而从原始凭证到记账凭证的流程，从财务报告到财务分析报告的流程并没有实现完全的自动化。从本质上讲，所谓的处理全程自动化就应该是从原始凭证到财务分析报告的全程自动化，这将是会计信息化未来发展的一大趋势。

（二）处理平台云端化

云端是指使用应用程序虚拟化技术的软件平台，其主要功能包含搜索、管理、下载、备份、使用等。平日我们使用的各种软件都可以通过该平台封装在独立的虚拟化环境当中，如此便可以使应用软件不和系统产生耦合。为使会计工作能够高效、安全地进行，处理平台云端化是不二之选。

（三）操作终端移动化

以前都是在机房里使用固定终端或者PC机、笔记本等处理财务事务，未来完全可以将财务事务转移到手机甚至可以智能穿戴的设备当中。然而由于不同的终端在运行同一套软件的时候，很可能存在应用软件的兼容性、硬件的兼容性、系统的兼容性以及数据库与安全性等方面的问题，因此，在会计信息化的未来发展当中应该慎重考虑这些问题。

（四）业财深度一体化

业财一体化是指将企业经营中的财务会计流程、业务流程以及管理流程进行有机融合，在流程设计中引入计算机的“事件驱动”概念，构建业务事件驱动的财务一体化信息处理流程，将业务与财务数据融为一体。尽管现在ERP已经是业财一体化，但本质上财务凭证与报表各自为政，并没有实现深度融合，特别是其中的管理制度与流程都没有做到融合，这些将是会计信息化以后完善的方向。

学思践悟 1-1

学规划 早筹划

会计智能化总体上是从属于工业4.0大潮流背景下的行业发展，其发展速度之快，目标之宏大，堪称会计行业百年未有之大变局。虽然目前的信息化技术仍然以静态记录储存为主，大数据、移动互联、人工智能、云计算、数据挖掘等新兴技术，尚未在会计领域形成大规模有效应用，还需要对会计方法彻底变革创新，拓展会计信息化的空间范围，突破会计信息化的时间限制，将成熟的现代信息技术嵌入会计方法体系。但是从长远来看，人工智能的大规模应用终将深刻改变企业的运作模式，会计信息化与会计智能化将深度融合，并最终升级为会计智能化信息平台，会计信息的生成、传送与列报及分析等，将体现出高效率、高可信、高智能化的特点。

任务测试1-1

了解会计信息化的发展

任务二　会计信息系统方案应用

一、会计信息系统相关概念

（一）会计数据与会计信息

会计数据是指对会计事务进行观察及计量所记录的可鉴别的符号。会计信息则是经传递的、可被使用者理解并对用户有意义和有用的数据。如果说数据是原料，那么信息可看作经加工后的成品，二者在加工过程中相互转换。

《会计改革与发展“十四五”规划纲要》和《会计信息化发展规划（2021—2025年）》提出，随着数字经济和数字社会发展，数据已经成为五大生产要素之一。会计数据要素是单位经营管理的重要资源。通过将零散的、非结构化的会计数据转变为聚合的、结构化的会计数据要素，进一步提升会计数据要素服务单位价值创造的能力是会计数字化转型面临的主要挑战。与此同时，随着网络环境下会计数据在单位内部、各单位之间共享和使用，会计数据传输、存储等环节存在数据泄露、篡改及损毁的风险，会计数据安全风险不断上升，需要采取有效的防范措施。

（二）会计信息系统

会计信息系统（AIS，Accounting Information System）是指组织与处理会计业务并为用户提供会计信息的一种信息系统。手工会计和电算会计都形成各自的信息系统，其中电算化的会计信息系统（EDPA，Electronic Data Processing Accounting）是管理信息系统的一个子系统，它是以电子计算机网络和现代信息技术为基础，以人为主导，充分利用计算机硬件、软件、网络通信设备及其他办公设备，进行企事业单位会计业务数据的收集、存储、传输和加工，输出会计信息，并将其反馈给各有关部门，为企业的经营活动和决策活动提供帮助，为投资者、债权人、政府部门提供财务信息的系统。下文所称会计信息系统指电算化的会计信息系统。

二、会计信息系统的构建与特征

（一）会计信息系统的构建

会计信息系统需要从硬件、软件、人员和制度四个方面进行构建。

1.硬件

硬件是系统中所有固定装置的总称。它是系统工作的物质基础。硬件设备通常包括输入设备、输出设备、处理设备、存储设备、网络通信设备等。

输入设备是指向存储器输入各种信息（程序、文字、数字、图像）的设备，如键盘、鼠标、扫描仪、条形码输入器等。输出设备是指用来输出计算机处理结果的设备，如显示器（CRT显示器、液晶显示器）、打印机（针式、喷墨、激光打印机）等。处理设备是指运算器和控制器，集成在一起称为中央处理器，即CPU（Central Processing Unit），是系统的心脏。存储设备是具有记忆能力的部件，分内存储器和外存储器。内存储器容量小，存放急需处理的数据和程序，又可分为RAM和ROM。外存储器容量大，信息数据多存放在此，如磁盘、光盘、U盘和移动硬盘。网络通信设备是将上述各部件联系起来在CPU管理下完成工作的设施。

2.软件

会计信息系统的软件包括系统软件和应用软件。系统软件主要包括操作系统，如Windows操作系统、语言加工系统和数据库管理系统，如Access、SQL Server、Oracle等。不同会计信息系统软件开发选用的数据库很可能不同，所以用户在选择数据库时要与选择的会计软件相匹配，以免因数据库功能而影响系统正常实施。

会计信息系统软件的配备方式通常包括购买商品化软件、定点开发软件和二次开发软件几种形式，其中购买商品化软件因见效快、费用少、质量高、维护有保障等优势成为目前的主流方式。在购买商品化软件时，需要考虑软件是否安全可靠、软件实用性和先进性、软件公司的信誉和售后服务情况、软件的价格等因素。

3.人员

人员一般指从事系统研制开发、使用和维护的人员。这些人员一般可分为两类，一类是系统开发人员，另一类是系统使用人员。会计信息系统中这些人员的工作岗位通常分为以下几类：

（1）信息化主管：负责协调会计信息系统的运行工作，要求具备会计和计算机知识，以及相关的会计信息化组织管理经验。信息化主管可由会计主管兼任。

（2）软件操作员：负责原始凭证和记账凭证等会计数据的输入，各种记账凭证、账簿、会计报表输出及部分会计数据处理，要求具备会计软件操作知识。

（3）审核记账员：负责对系统中会计数据进行审核，操作会计软件登记账簿，对打印输出的账簿、报表进行确认。该岗位要求具备会计职业判断能力和计算机知识，可以由会计主管兼任。

（4）系统维护员：负责保证系统内硬件、软件的正常运行，管理计算机内会计数据。该岗位要求具备计算机和会计知识。

（5）数据分析员：负责对系统内的会计数据进行分析。该岗位可由会计主管兼任。

4.制度

制度是指与会计信息系统有关的各种法令、条例及规章制度，主要包括政府为加强会计信息管理出台的各项法令、条例，以及确保系统正常运转的各项规定，如数据准备说明书、会计信息系统操作说明、机房管理制度、会计信息系统岗位分工制度、操作管理制度、软硬件和数据管理制度、会计档案管理制度等。

（二）会计信息系统的特征

会计信息系统具有以下几个方面的特征。

1.及时性与准确性

以计算机为工具的会计信息系统，数据处理更及时、准确。计算机运算速度的优势使会计数据的分类、汇总、计算、传递及报告等处理几乎可在瞬间完成，并且计算机处理通过程序识别可以避免手工处理出现的错误，手工条件下不易完成的如存货收发、固定资产折旧计提、工资分摊等繁杂业务，计算机可以更准确、更快捷地完成。

2.集中化与自动化

电算化会计信息系统各种核算工作都由计算机集中处理。在网络环境中信息可以被不同用户共享，数据处理更具有集中化的特点，集团公司建设的财务共享服务中心作为一种新的会计组织形式，具有更明显的集中化特征。随着财务机器人在会计信息系统中的进一步运用，人工干预将更少，会计信息系统自动化程度更高。

3.人机结合

人员是会计信息系统中最重要的要素，不仅要进行日常的业务处理，还要进行系统故障的排查。会计输入、处理及输出是手工处理和计算机处理两方面的有机结合。有关原始资料的收集是确保会计信息质量的关键性环节，原始数据目前多为手工收集，进行人工职业判断后输入计算机，由计算机按照一定指令进行数据加工，再将处理的信息通过一定的方式加以存储和输出。

4.严格的内部控制

以计算机为工具的会计信息系统，内部控制制度有了变化，新的内部控制制度更加强调手工与计算机结合的控制形式，控制要求更高，控制内容更广泛，控制手段也更先进。

三、会计信息系统应用

（一）单一系统介绍

本教材所依托的用友ERP-U8软件可以提供财务管理、供应链管理、生产制造管理、客户关系管理、人力资源管理、办公自动化和商业智能等集成化功能。本教材涉及到的用友ERP-U8财务管理系统包括总账管理、固定资产管理、薪资管理、应付款管理、应收款管理和UFO报表管理系统，各系统主要实现的功能如下：

1.总账管理系统

总账管理系统又称账务处理系统、总账系统，主要完成从记账凭证输入到记账、再到账簿输出等账务处理工作。总账管理系统是会计信息系统的核心子系统，它与其他子系统之间有着大量的数据传递关系。总账管理系统的主要功能包括初始设置、凭证管理、出纳管理、账簿管理以及期末处理。

总账管理系统可分为三个阶段：初始设置、日常业务处理和期末处理。总账子系统功能示意图如图1-2-1所示。

总账子系统与其他子系统的关系（产品接口）：

（1）总账子系统与企业门户共享基础数据。总账子系统所需数据既可在企业门户中录入，也可在总账子系统中自行录入，最终由各子系统共享。

（2）总账子系统接收工资管理、固定资产管理、应收应付管理、成本管理、资金管理、存货核算等子系统生成的凭证，并在总账子系统中审核记账。

（3）总账子系统向UFO报表、决策支持、财务分析等子系统提供会计数据生成

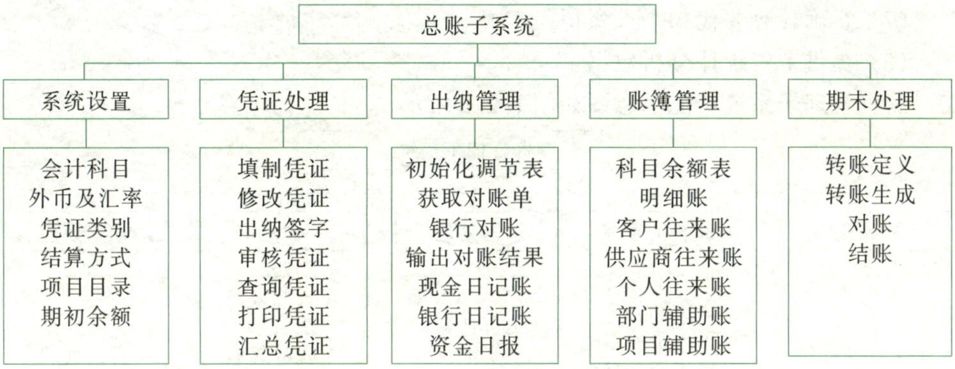

图 1-2-1　总账子系统功能示意图

会计报表和其他财务分析表。

2.固定资产管理系统

固定资产管理系统的功能包括：

（1）管理固定资产卡片，其功能有：增加、删除、修改、查询、统计和汇总。

（2）处理固定资产的增减变动业务。

（3）计提折旧，计算净值。自动实现折旧计提和生成固定资产折旧分配表，并进行输出。

（4）自动转账。根据固定资产折旧分配表，自动编制机制凭证，并自动传递到总账子系统和成本管理子系统。

固定资产管理子系统功能示意图如图 1-2-2 所示。

图 1-2-2　固定资产管理子系统功能示意图

3.薪资管理系统

薪资管理系统的功能包括：

（1）及时准确输入有关的原始数据。

（2）及时处理职工调动及工资调整数据。

（3）正确计算各项工资及代扣款项，为发放工资提供依据。

（4）汇总工资数据，并输出各种汇总表。

（5）进行工资费用和职工福利费的分配，并生成凭证传递到总账。

（6）按规定比例计提以工资为计提依据的各项费用，并生成凭证。

（7）正确计算并代扣个人所得税。

（8）提供工资统计分析数据。

薪资管理子系统功能示意图如图1-2-3所示。

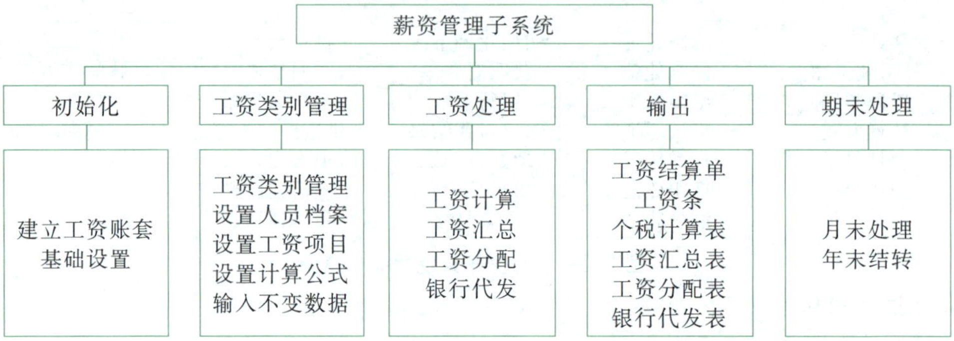

图1-2-3　薪资管理子系统功能示意图

4.应付款管理系统

应付款管理系统通过发票、其他应付单、付款单等单据的录入，对企业的往来账款进行综合管理，及时、准确地提供供应商的往来账款余额资料，提供各种分析报表，帮助企业合理进行资金调配，提高资金的利用效率。

如果企业的采购业务及应付款业务繁多，需要追踪每一笔业务的应付款、付款等情况，或者需要将应付款核算到产品一级，则可以选择该方案，即在应付款管理系统中核算并管理往来供应商的款项。在该方案下，所有的供应商往来凭证全部由应付款管理系统生成，其他系统不再生成这类凭证。该方案能够帮助企业了解每一个供应商每笔业务详细的应付、付款情况，并进行账龄分析，进行供应商及往来款项的管理，根据供应商的具体情况制订付款方案。

如果企业的采购业务及应付款核算业务比较简单，或者现结业务较多，则可以选择在总账管理系统中核算并管理往来款项。具体选择哪一种方案，可在应付款管理系统中通过“应付账款核算模型”功能进行设置。

5.应收款管理系统

在用友ERP-U8管理系统中，应收款管理系统主要用于核算和管理客户往来款项。应收款管理系统与应付款管理系统在初始设置、系统功能、系统应用方案、业务流程上都极为相似，因此，本教材在对应收款管理系统各业务内容进行描述时会简略与应付款管理系统相同的部分。

应收款管理系统以发票、运费单、其他应收单等原始单据为依据，记录销售业务及其他业务形成的往来款项，处理应收款项的收回及坏账、转账等情况，同时提供票据处理功能。

应收款管理系统根据对供应商往来款项核算和管理程度的不同，提供了应收款详细核算和简单核算两种方案。

如果企业的应收款核算管理内容比较复杂，需要追踪每笔业务的应收款、收款等情况，或者需要将应收款核算到产品级，则可以选择详细核算方案。在该方案下，所有往来凭证全部由应收款管理系统生成，其他系统不再生成这类凭证。如果企业的应收款业务比较简单，或者现销业务很多，则可以选择在总账管理系统中核算并管理往来款项，选择应收款简单核算方案。

6. UFO报表管理系统

UFO报表管理系统的功能包括：

（1）文件管理功能

UFO提供了创建新文件、打开已有的文件、保存文件、备份文件等管理功能，并且能进行不同文件格式的转换，如转换为EXCEL格式。

（2）格式设计功能

UFO提供了丰富的格式设计功能，如报表尺寸、画表格线、调整行高及列宽、设置字体及颜色等，并且内置了11种套用格式和17个行业的报表模板，实现轻松制表。

（3）数据处理功能

UFO以固定的格式管理大量不同的表页。它能将99 999张具有相同格式的报表资料统一在一个报表文件中管理，它提供了排序、审核、舍位平衡、汇总功能；提供了绝对单元公式和相对单元公式，可以方便地定义公式；提供了多种函数，可以从多方取数，自动生成报表。

（4）图形功能

UFO提供了很强的图形分析功能，可以很方便地进行图形数据组织，制作直方图、立方图、圆饼图等10种图式的分析图形，可以编辑图形的位置、大小、标题、字体等。

（5）打印功能

报表和图形以及插入对象都可以打印输出，并提供“打印预览”功能，可以随时观看报表和图形的打印效果。

（6）二次开发功能

系统提供批量处理命令和功能菜单，可将有规律性的操作过程编制成批量处理文件，进一步利用功能菜单开发出适合本单位实际情况的专用系统。

（7）报表模板功能

系统提供21个行业的标准财务报表，同时提供自定义模板功能。

UFO报表管理子系统功能示意图如图1-2-4所示。

（二）财务链系统应用方案

本教材所讲的财务链系统应用是指用户将包含总账、UFO报表、应收款管理、应付款管理、薪资管理、固定资产管理的财务管理系统集成应用，购销存业务对应的单据及凭证在财务链相关系统中进行处理。在财务链系统应用方案下，各财务链子系统间通过单据、凭证传递大量的财务和业务数据，为企业信息化管理提供广泛的决策依据。

系统之间自动生成，同时业务单据可以自动生成对应财务凭证。比如，发生资产增加业务时，在固定资产系统通过录入原始卡片业务数据，生成相应记账凭证传递到总账；计提折旧时，通过固定资产系统折旧清单和折旧分配表等业务单据，生成折旧费用计提凭证传递到总账；在进行薪资费用分配时，在薪资管理系统通过工资数据处理和工资分摊规则设置，生成薪资费用分配凭证传递到总账；根据采购订

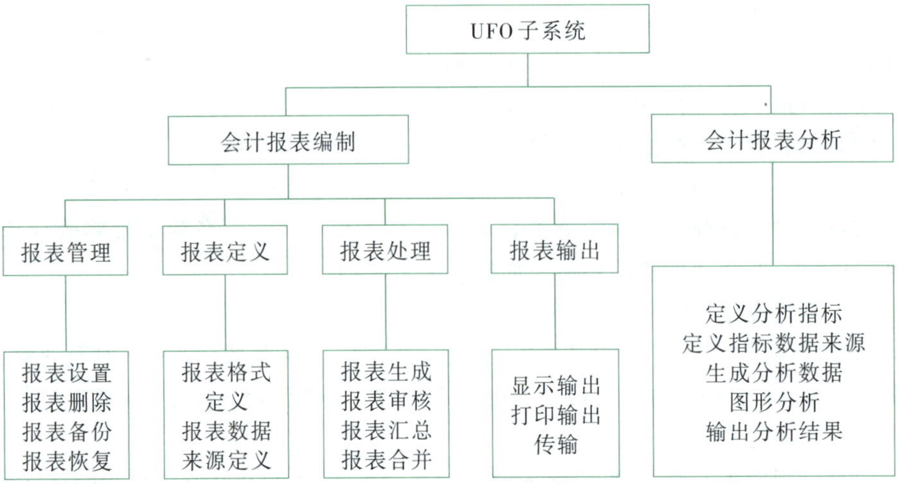

图 1-2-4　UFO 报表管理子系统功能示意图

单生成采购发票，采购发票记入应付明细账，采购发票生成总账凭证等。又比如，根据销售订单生成库存系统的销售出库单，根据销售出库单生成与销售出库对应的总账凭证；根据销售订单生成销售发票，销售发票记入应收明细账，销售发票生成总账凭证等。财务链各子系统关系如图 1-2-5 所示。

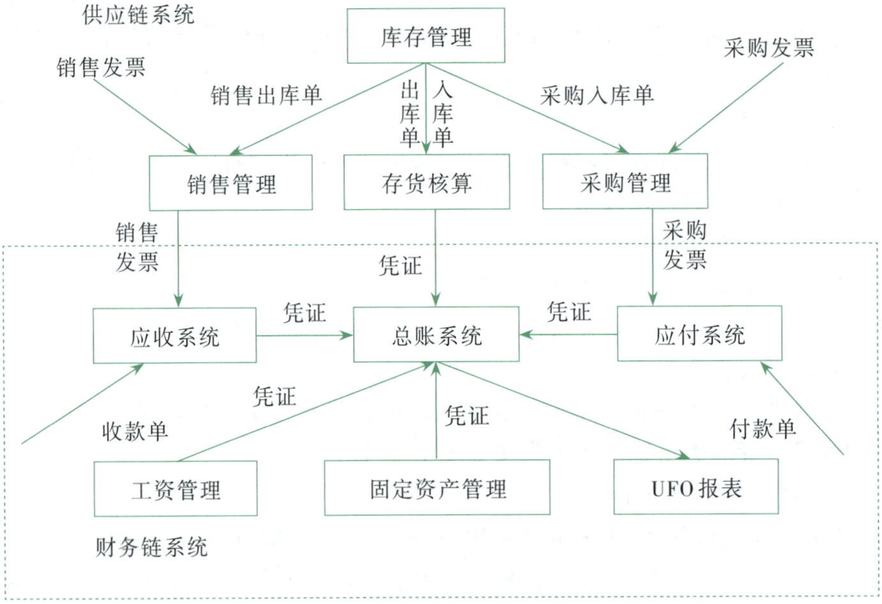

图 1-2-5　财务链各子系统关系图

学思践悟 1-2

数字经济时代，信息素养很重要

任务测试 1-2

会计信息系统方案应用

任务三　了解案例企业背景资料

一、企业基本情况

公司注册名称：武汉爱华商贸有限公司（简称武汉爱华）

公司经营范围：专门从事智能门锁、智能音箱、智能台灯、智能体脂称、智能车载摄像头、智能手环、智能蓝牙耳机等智能家居家电的零售及批发。

公司统一社会信用代码：91420111736919053T

公司地址：武汉市洪山区白沙洲大道199号

公司开户银行：中国工商银行武汉市白沙洲支行

基本存款账户：3202 0009 8095 2678 127

公司法定代表人：李卫国

联系电话：027-88750000

电子邮件：whah@126.com

主管税务局：国家税务总局武汉市洪山区税务局

二、会计信息系统应用方案

武汉爱华商贸有限公司于2022年1月起，启用用友ERP-U8V10.1版本的总账管理、应收款管理、应付款管理、固定资产管理、薪资管理及UFO报表管理系统。

三、相关会计政策

1.公司以人民币作为记账本位币

2.会计凭证基本规定

公司采用记账凭证。填制或生成记账凭证均由指定的会计人员操作，含有“库存现金”和“银行存款”科目的记账凭证须出纳签字。对已记账凭证的修改，采用红字冲销法。为保证财务与业务数据的一致性，能在业务系统生成的记账凭证不得在总账系统直接填制。无特别要求，在业务发生当日，收到发票并支付款项的业务使用现付功能处理，开出发票同时收到款项的业务使用现结功能处理。

3.辅助核算要求

日记账：库存现金、银行存款/工行存款。

银行账：银行存款/工行存款。

客户往来：应收票据、应收账款。

供应商往来：应付票据、应付账款/一般应付账款、应付账款/暂估应付账款、预付账款。

个人往来：其他应收款/个人往来。

数量核算：库存商品。

4.货币资金业务的处理

公司采用的结算方式包括现金、支票、商业汇票、网银转账、委托收款等。系统中没有对应结算方式时，结算方式为“其他”。

5.薪酬业务的处理

根据现行个人所得税法律规定，公司预扣预缴个人所得税，其费用扣除标准为5 000元/月。假定公司员工除工资外，当年未取得劳务报酬所得、稿酬所得和特许权使用费所得。假定公司员工除享受子女教育、赡养老人两项专项附加扣除外，无其他专项附加扣除事项。

公司按有关规定计算缴纳社会保险费和住房公积金。社会保险费及住房公积金缴存基数为职工本人上一年度月平均工资（年收入总额/12）。社保公积金计提比例见表1-3-1。

表1-3-1　　社保公积金计提比例

项目	企业承担（%）	个人承担（%）	小计（%）
医疗保险	8.7	2	10.7
工伤保险	0.3	0	0.3
基本养老保险	16	8	24
失业保险	0.7	0.3	1
小计	25.7	10.3	36
住房公积金	8	8	16
合计	33.7	18.3	52

各类社会保险及公积金当月计提，次月缴纳。根据国家有关规定，公司代扣由个人承担的社会保险费、住房公积金。

公司职工福利费和职工教育经费不预提，按实际发生金额列支。工会经费按应付工资总额的2%计提。

由公司预扣预缴的个人所得税通过“应交税费”账户进行核算。职工个人负担的社保及公积金通过“其他应付款”账户进行核算。工资分摊制单时勾选“合并科目相同、辅助项相同的分录”。

6.固定资产业务的处理

公司固定资产包括房屋及建筑物、运输设备、电子设备及办公家具，均为在用状态；采用平均年限法（一）按月计提折旧；同期增加多个固定资产时，不采用合并制单。

7.税费的处理

公司为增值税一般纳税人，按月缴纳，按当期应交增值税的7%计算城市维护建设税，按当期应交增值税的3%计算教育费附加和按当期应交增值税的2%计算地方教育附加。公司当期取得的增值税专用发票，按照现行增值税制度规定当期准予抵扣的，于当期一次性抵扣。

企业所得税税率为25%，按月预计，按季预缴，全年汇算清缴。企业所得税会计采用资产负债表债务法。交纳税费后按银行开具的原始凭证编制记账凭证。

8.财产清查的处理

公司每年年末对存货及固定资产进行清查，根据盘点结果编制“盘点表”，并与账面数据进行比较，由相关管理员审核后进行处理。（月末视同年末）

9.坏账损失的处理

除应收账款外，其他的应收款项不计提坏账准备。每年年末，按应收账款余额百分比法计提坏账准备，提取比例为0.5%。（月末视同年末）

10.利润分配

根据公司章程，公司税后利润按以下顺序及规定分配：（1）弥补亏损；（2）按10%提取法定盈余公积；（3）按30%向投资者分配利润。（月末视同年末）

11.损益类账户的结转

每月末将各损益类账户余额转入本年利润账户，结转时按收入和支出分别生成记账凭证。

项目二

系统管理

2

知识目标

通过本项目的学习，了解系统管理模块的主要功能；了解用友ERP-U8系统用户和权限种类；了解账套数据备份的两种方式；理解用户财务分工的意义；理解系统管理模块在整个会计信息系统中的意义。

技能目标

通过本项目实训，掌握用友ERP-U8软件用户设置、账套建立与参数修改、用户权限设置和账套数据输出、引入的操作方法。

素养目标

初步树立会计信息保密意识和设备安全、数据安全意识；建立会计信息系统应用的岗位责任意识和分工协作的集体意识。

项目导图

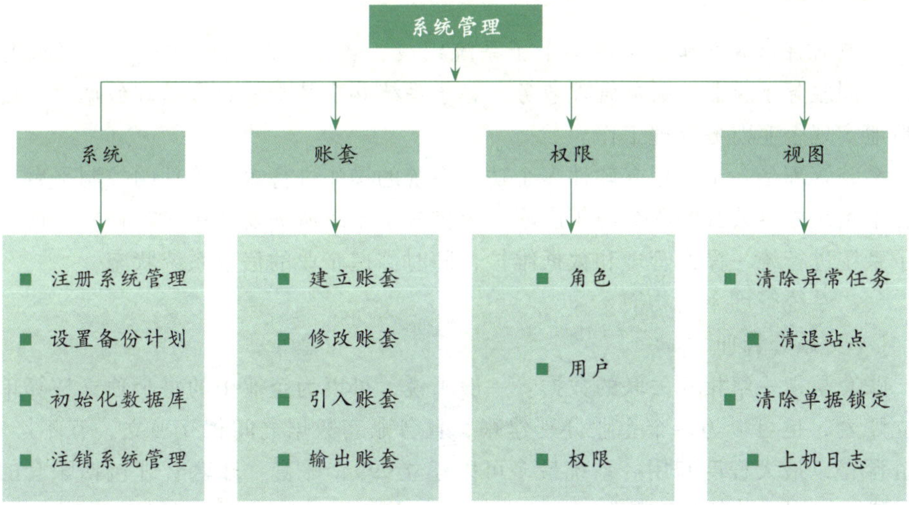

任务一 用户管理

任务资料

用户资料见表2-1-1。

表2-1-1 用户资料

编号	姓名	口令
001	张明	1
002	李伟	2
003	王刚	3
004	赵亮	4
005	周军	5

任务要求

1.根据所给资料，进行增加用户操作。

2.选择某一用户进行删除操作，然后重新添加该用户。

知识导航

重难点微课 2-1 系统管理平台介绍

用友ERP-U8管理系统由多个子系统组成，各子系统既相互独立，又彼此联系，共同服务于企业的财务管理业务。各子系统共享基础信息和基础数据库，可以完整地实现企业财务管理工作。

系统管理是一个对用友软件多个功能系统的操作进行集中管理的控制平台，它为各子系统提供公共的账套与年度账，提供各子系统所需要的用户和权限，便于对各子系统进行统一操作管理和数据维护，随时掌握企业的信息系统状态。

一、系统管理主要功能

（一）账套管理

账套是指一组相互关联的数据。一般来说，可以为企业中的每个独立核算单位建立账套，也可以为多个企业分别建账，且各账套数据之间相互独立，互不影响，使资源得以最大程度利用。系统最多可以建立999个账套。账套管理包括账套的建立、修改、引入、输出和删除。

（二）年度账管理

在用友ERP-U8管理系统中，不仅可以为不同企业（部门）建立多个账套，每个账套中还可以存放不同年度的会计数据，称为年度账。年度账的管理包括建立、引入、输出、清空年度数据和结转上年数据。

（三）用户及其权限的集中管理

为了保证系统及数据的安全与保密，系统管理提供了用户及操作权限的集中管理功能。通过对不同用户的分工和权限管理，一方面可以避免与业务无关的人员进入系统，另一方面可以对系统所包含的各子系统的操作进行协调，以保证各负其责，分工明确。用户及权限管理主要包括设置用户、定义角色及设置用户权限。

（四）设立统一的安全机制

在系统管理中，为了保证系统及数据的安全与保密，系统管理还提供了查看功能列表、上机日志、设置数据自动备份等安全机制，并可以适时进行异常任务的清除和单据锁定清除。

二、系统管理员与账套主管

用友ERP-U8系统只允许以两种身份注册进入系统管理，一是以系统管理员的身份，二是以账套主管的身份。二者的权限是有区别的。

系统管理员负责整个系统的管理和维护工作，是系统本身预定的用户，名为admin。系统管理员可以建立、删除、引入和输出账套，设置用户、角色及其权限，进行备份计划设置，监控系统运行过程及清除异常任务等。系统管理员只能进入系统管理模块，不能进入具体账套的企业应用平台进行业务操作。

账套主管具有指定账套的所有权限，可进行账套参数的修改和账套管理（包括年度账），并进行该账套用户权限的设置。账套主管既可以进入系统管理模块，也可以登录企业应用平台，进入所主管的账套进行业务操作。

三、角色与用户管理

角色是指在企业管理中拥有某一类职能的组织，角色可以理解为岗位（或职位）的名称（如会计主管和出纳），对于企业管理而言，职员之间岗位的变动经常发生。当职员（用户）的岗位发生变动时，重新给他们分配权限会很烦琐，可以预先在系统中给不同角色设置好权限，之后设置用户时，只要指定用户所归属的角色，该用户就会自动继承相应角色的权限。

用户可以理解为具体的操作人员，因此用户也称为操作员。用友软件的用户根据其权限不同可分为以下三类：

（1）系统管理员：即admin，系统预设，不能删除，具有系统管理相关权限。

（2）账套主管：由admin在建账时从普通用户中指定，或对某用户赋予账套主管管理权限，具有所辖账套的最高权限，可以进行所辖账套的任何业务操作。

（3）普通用户：由admin增加，由admin或账套主管赋予其某子系统的具体操作权限，只能对有权限操作的业务进行处理。

用友软件中可以有多个用户，一个用户可对多个账套进行权限范围内的操作，不同账套中，用户编号必须唯一。一个角色可以拥有多个用户，一个用户也可以分属于多个不同的角色。

在设置角色后，可以定义角色的权限，如果用户归属某角色，其相应具有该角色的权限。此功能的好处是方便控制操作员权限，可以依据职能统一进行权限的划分。

设置用户后，系统对于登录操作要进行相关的合法性检查，其作用类似于WINDOWS的用户账号，只有设置了具体的用户之后，才能进行相关的操作。软件中用户管理功能主要完成本账套用户的增加、删除、修改等维护工作。

用户和角色设置不分先后顺序，用户可以根据自己的需要先后设置。当然，企业也可以不启用角色功能，单独给用户赋予权限。

任务实施

操作步骤1：注册系统管理

（1）以系统管理员“admin”的身份，执行“开始”→“程序”→“用友ERP-U8 V10.1”→“系统管理”命令，进入“系统管理”窗口。

（2）执行“系统”→“注册”命令，打开“登录”对话框，如图2-1-1所示。单击“登录”按钮，以系统管理员“admin”身份进入“系统管理”。

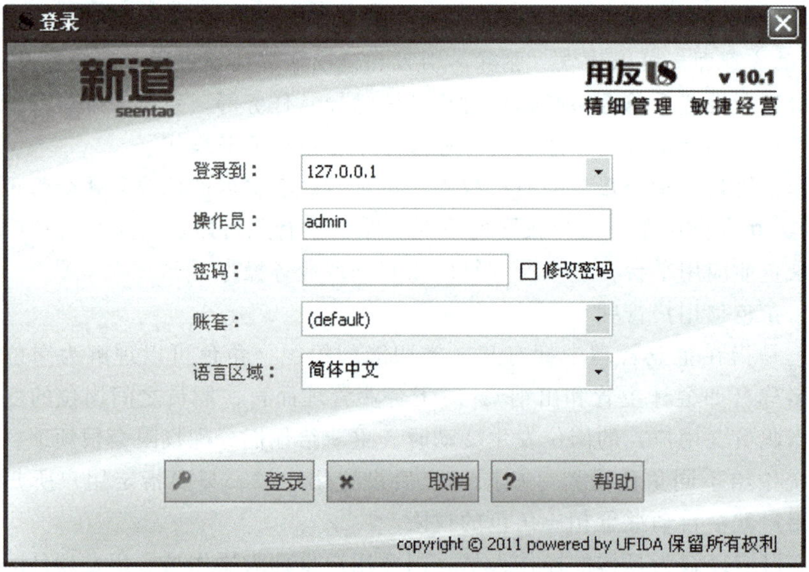

图2-1-1　系统管理登录

特别提示：

①系统中预先设定的系统管理员“admin”的密码为空。

②常见问题：在登录过程中，账套栏无法显示“default”数据源账套。原因：数据库安装不成功或应用服务器配置不成功。解决办法：执行“开始”→“程序”→“用友ERP-U8 V10.1”→“系统服务”→“应用服务器配置”命令，增加“default”数据源；如果仍然无法显示，则需要重新安装SQL Server数据库。

操作步骤2：增加用户

操作录屏2-1
用户管理

（1）在“系统管理”窗口，执行“权限”→“用户”命令，打开“用户管理”窗口。

（2）单击工具栏上的“增加”按钮，打开“操作员详细情况”对话框，按任务资料填写“张明”的信息，即编号“001”、姓名“张明”、口令和确认口令“1”，如图2-1-2所示。单击“增加”按钮，继续输入其他用户信息。

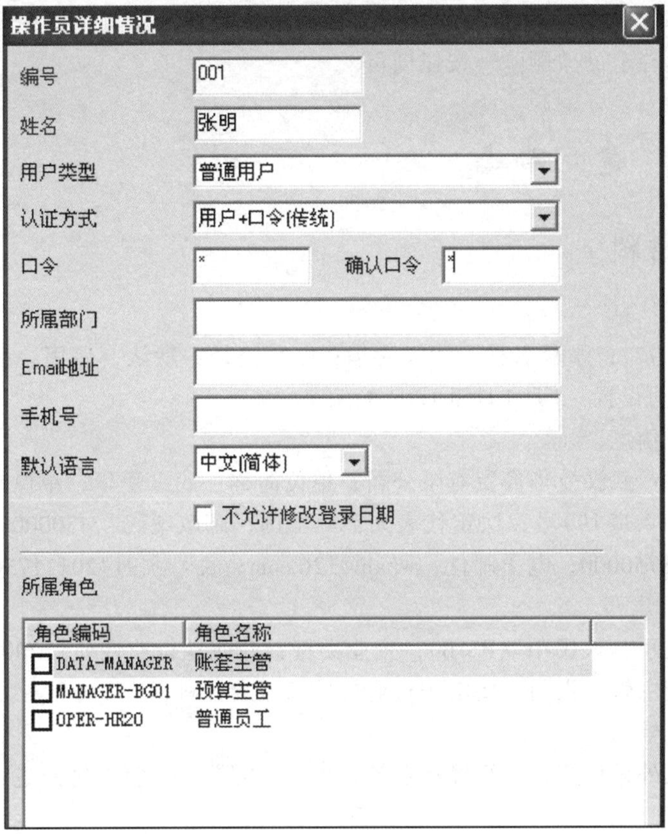

图2-1-2　操作员详细情况

（3）输入结束后，单击“取消”按钮，返回“用户管理”窗口，所有操作员以列表方式显示，如图2-1-3所示。最后单击工具栏上的“退出”按钮，返回“系统管理”窗口。

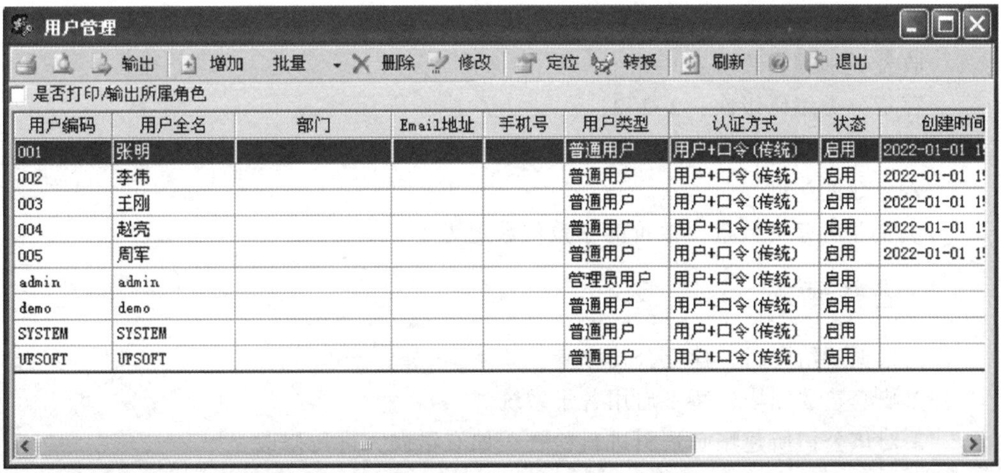

用户编码	用户全名	部门	Email地址	手机号	用户类型	认证方式	状态	创建时间
001	张明				普通用户	用户+口令(传统)	启用	2022-01-01 1
002	李伟				普通用户	用户+口令(传统)	启用	2022-01-01 1
003	王刚				普通用户	用户+口令(传统)	启用	2022-01-01 1
004	赵亮				普通用户	用户+口令(传统)	启用	2022-01-01 1
005	周军				普通用户	用户+口令(传统)	启用	2022-01-01 1
admin	admin				管理员用户	用户+口令(传统)	启用	
demo	demo				普通用户	用户+口令(传统)	启用	
SYSTEM	SYSTEM				普通用户	用户+口令(传统)	启用	
UFSOFT	UFSOFT				普通用户	用户+口令(传统)	启用	

图2-1-3　用户管理

学思践悟2-1

账号和密码，安全要靠它

任务测试2-1

用户管理

操作步骤3：减少用户

执行“权限”→“用户”命令，打开“用户管理”窗口，选中要删除的操作员，单击工具栏上的“删除”按钮即可。

任务二　建立账套

任务资料

一、账套信息

账套号：777；账套名称：武汉爱华；账套路径：默认；启用会计期：2022年1月；会计期间设置：1月1日至12月31日。

二、单位信息

单位名称：武汉爱华商贸有限公司；单位简称：武汉爱华；单位地址：武汉市洪山区白沙洲大道199号；法定代表人：李卫国；邮政编码：430000；联系电话及传真：027-88750000；电子邮件：whah@126.com；税号：91420111736919053T。

三、核算类型

记账本位币：人民币（RMB）；企业类型：商业；行业性质：2007年新会计制度科目；账套主管：张明；要求按行业性质预置会计科目。

四、基础信息

该企业无外币核算，进行经济业务处理时，需要对存货、客户进行分类，供应商无须分类。

五、分类编码方案

科目编码级次：4-2-2-2-2；

部门编码级次：1-2；

客户分类编码级次：1-2；

结算方式编码级次：1-2；

收发类别编码级次：1-1；

存货分类编码级次：2-2-2；

其他编码项目保持不变。

六、数据精度

该企业对存货数量、单价的小数位数定为2。

任务要求

1.根据所给资料，建立公司账套。

2.账套建立完毕，暂不启用各子系统。

3.对该公司所建账套资料进行检查，如有错误，进行修改。

知识导航

重难点微课 2-2

账套管理

在使用用友软件之前，必须将单位手工账建立在计算机系统中，形成电子账套，从而方便单位使用和管理。

一、账套与账套库

新建账套就是利用软件在计算机中为本单位建立一套独立完整的账簿核算体系，账套的建立标志着会计软件中已经有了一套专门为本单位服务的财务系统。拥有多个核算单位的客户，可以拥有多个账套（最多可以拥有999个账套）。

在系统管理功能中，与账套相联系的还有账套库。企业是持续经营的，用友ERP-U8支持在一个账套库中保存连续多年的数据，形成该账套的账套库。

在用友ERP-U8软件中，账套和账套库是有一定区别的。账套是账套库的上一级，由一个或多个账套库组成。一个账套对应一个经营实体或核算单位，账套中的某个账套库对应这个经营实体某年度区间内的业务数据。例如，某单位建立“001正式账套”后在2020年使用，2021年年初建立2021年账套库继续使用，则“001正式账套”有两个账套库，即“001正式账套2020年”和“001正式账套2021年”；如果希望连续使用也可以不建新账套库，直接录入2021年的数据，这时“001正式账套”只有一个账套库，即“001正式账套2020—2021年”。

二、编码方案

为了便于对经济业务数据进行分级核算、统计和管理，系统要求预先设置某些基础资料的编码规则，即规定各种编码的级次及各级的长度。这种设置编码级次和各级编码长度的方案即为编码方案。这里通常采用群码方案，这是一种分段组合编码，每一段都有固定的位数。编码的分段数称为级数，每段的固定位数称为级长，编码的总长度等于各级长的总和。

编码级次及各级编码长度的设置，决定了核算单位如何对经济业务资料进行分级核算、统计和管理。例如，某企业会计科目编码规则为4-2-2，即科目级次为3级，一级科目编码为4位长，其余各级科目编码均为2位长，则编码“1002”代表一级科目“银行存款”，编码“100201”可代表二级科目“银行存款——工行存款”，编码“10020101”可代表“银行存款——工行存款——人民币存款”。

任务实施

操作录屏2-2

新建账套

操作步骤1：建立账套

（1）以系统管理员“admin”的身份，在“系统管理”窗口执行“账套”→“建立”命令，打开“创建账套”对话框，进入“账套信息”窗口，输入账套信息，如图2-2-1所示。

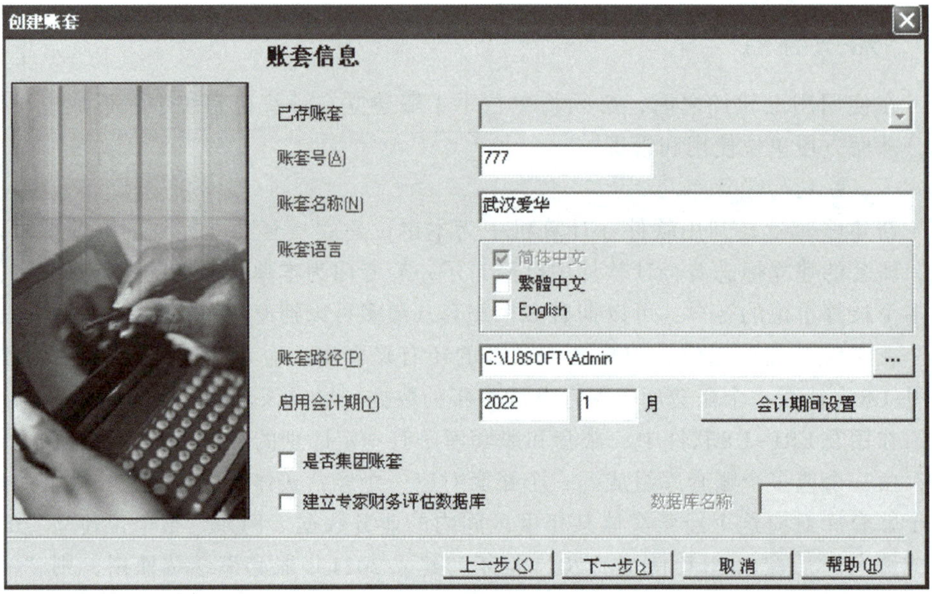

图 2-2-1　创建账套——账套信息

账套号：用来标识某账套，不允许与已存账套的账套号重复。

账套名称：用来标识某账套，它与账套号一起显示在系统正在运行的屏幕上。

账套路径：用来确定新建账套要被放置的位置，系统默认路径为“C:\U8SOFT\Admin”，用户可点击“…”按钮参照修改。

启用会计期：必须输入。系统默认为计算机的系统日期。

（2）账套信息输入完成后，单击“下一步”按钮，输入单位信息。输入完成后，单击“下一步”按钮，进入核算类型窗口，输入核算类型信息，如图 2-2-2 所示。

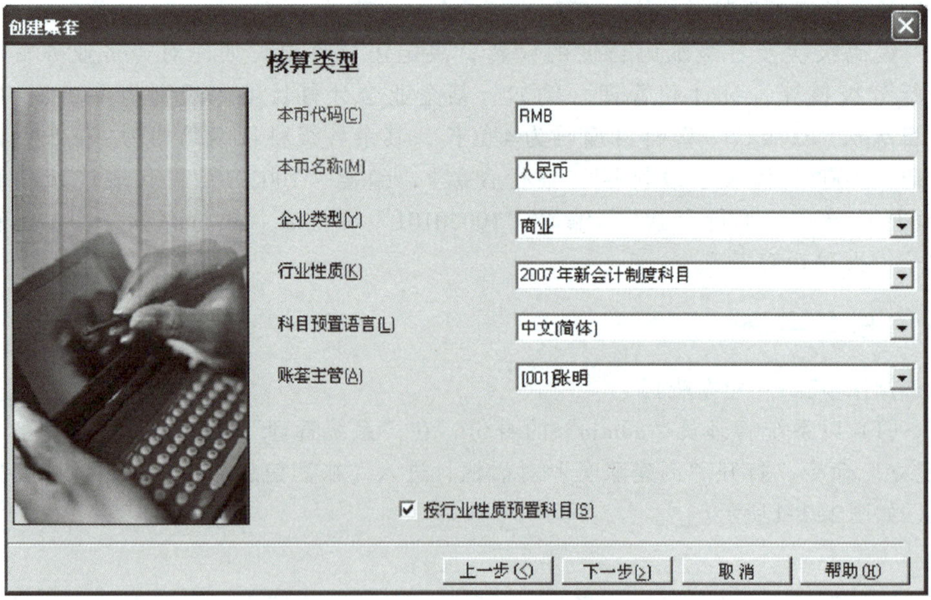

图 2-2-2　创建账套——核算类型

行业性质：必须从下拉列表框中选择输入，系统将按照所选择的行业性质预置科目，通常选择“2007年新会计制度科目”。

账套主管：系统默认为预设的用户“demo”，也可以从下拉列表框中选择一人作为账套主管。

按行业性质预置科目：如果用户希望预置所属行业的会计科目，则选中该复选框。

（3）核算类型输入完成后，单击“下一步”按钮，进入“基础信息”窗口，确定基础信息，如图2-2-3所示。

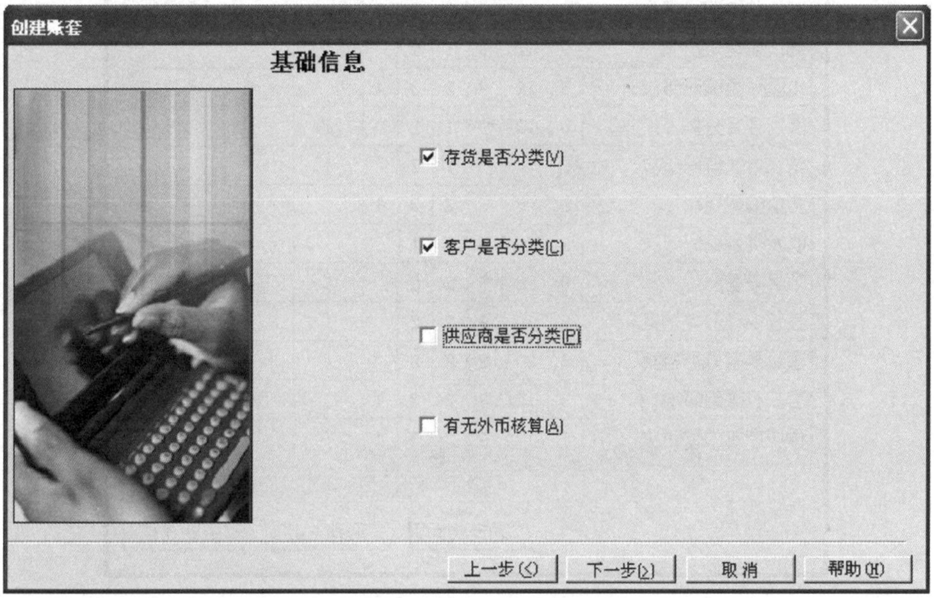

图2-2-3　创建账套——基础信息

如果单位的存货较多，且类别繁多，可以选中“存货是否分类”复选框，表明要进行存货分类管理；如果单位的存货较少且类别单一，也可以选择不进行存货分类。客户是否分类、供应商是否分类设置的意义和存货是否分类类似，取决于企业的管理要求。

有无外币核算：如果单位有外币业务，可以选中此复选框；否则，可以不进行设置。

（4）基础信息设置完成后，单击“下一步”按钮，进入“创建账套_开始”窗口，单击“完成”按钮，系统弹出“可以创建账套了吗?”提示框，单击“是”按钮，进入“编码方案”窗口，设置企业编码方案，如图2-2-4所示。

单击“确定”按钮后，再单击右上角的“取消”按钮，打开“数据精度”对话框，定义数据精度。定义数据精度即定义数据的小数位数，如果需要进行数量核算，则必须认真填写该项。

（5）数据精度设置完成后，单击“确定”按钮，系统弹出“现在进行系统启用的设置?”提示框，单击“否”按钮，结束建账过程，系统弹出“请进入企业应用平台进行业务操作！”提示框，单击“确定”按钮返回“系统管理”窗口。

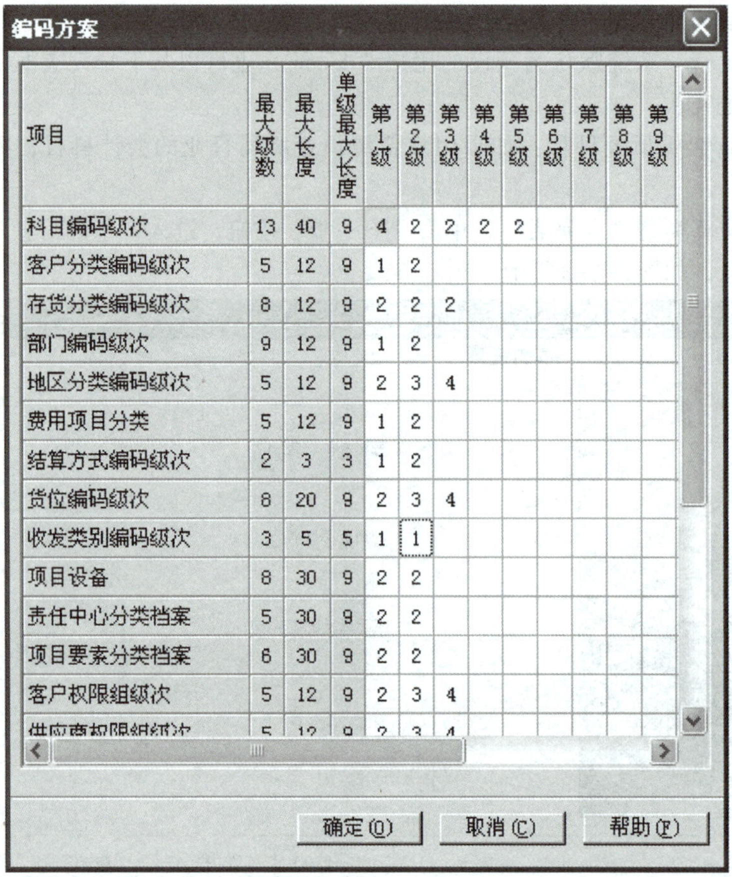

编码方案

项目	最大级数	最大长度	单级最大长度	第1级	第2级	第3级	第4级	第5级	第6级	第7级	第8级	第9级
科目编码级次	13	40	9	4	2	2	2	2				
客户分类编码级次	5	12	9	1	2							
存货分类编码级次	8	12	9	2	2	2						
部门编码级次	9	12	9	1	2							
地区分类编码级次	5	12	9	2	3	4						
费用项目分类	5	12	9	1	2							
结算方式编码级次	2	3	3	1	2							
货位编码级次	8	20	9	2	3	4						
收发类别编码级次	3	5	5	1	1							
项目设备	8	30	9	2	2							
责任中心分类档案	5	30	9	2	2							
项目要素分类档案	6	30	9	2	2							
客户权限组级次	5	12	9	2	3	4						
供应商权限组级次	5	12	9	2	3	4						

确定(O)　取消(C)　帮助(F)

图2-2-4　编码方案

特别提示：

①只有系统管理员才能建立账套。建完账套后，账套信息中的账套号、账套路径、启用会计期及核算类型中除行业性质以外的信息不能修改。这些不能修改的信息如果设置错误，只能删除账套后重新建立账套。

②系统启用可以在建账结束时进行，也可以由账套主管在“企业应用平台”基础信息中进行。

操作步骤2：修改账套

以账套主管“001张明”身份登录“系统管理”，执行“账套”→“修改”命令，浏览账套参数信息。如有错误，则进行相应的修改。

特别提示：

①系统管理员建完账套后，在未使用相关信息的基础上，如果需要对某些信息进行修改或补充，可通过账套修改功能来完成。账套修改功能也可供检查、核实账套信息使用。

②只有账套主管可以进行账套参数修改，系统管理员无权进行账套参数修改。

③以“001张明”身份登录系统时，如果显示“口令不正确”，则应以

学思践悟2-2

参与6S管理
劳动最光荣

"admin"身份进行用户口令查询和修改后，再以"001张明"身份登录；如果显示"读取数据源出错：不存在的用户或已被注销！"，则应检查"001张明"用户在777账套中是否被授予了账套主管权限，或检查该用户是否已被注销。

④如果编码方案或数据精度设置错误，那么在账套未使用的前提下，也可以由账套主管注册企业应用平台后在"基础设置"中修改。

任务测试2-2

账套管理

任务三 财务分工

任务资料

1.账套主管——001张明：具有软件操作和管理的所有权限。

2.会计——002李伟：具有公用目录设置、总账系统、薪资管理和固定资产管理的所有操作权限。

3.出纳——003王刚：具有总账系统凭证中出纳签字（四级）和出纳（三级）的全部权限。

4.操作员——004赵亮：具有公用目录设置和应收款系统的全部权限。

5.操作员——005周军：具有公用目录设置和应付款系统的全部权限。

任务要求

1.根据所给资料，为5位操作员进行功能级权限设置。

2.查看出纳王刚的操作权限。

知识导航

随着经济的发展，会计信息化软件用户对权限管理的要求不断变化、提高，越来越多的信息表明，权限管理必须向更细、更深的方向发展。用友ERP-U8软件提供集中权限管理方案，除了提供用户对各模块操作的权限管理之外，还相应提供了金额的权限管理、对数据的字段级权限和记录级权限的控制等功能。

一、用友ERP-U8三个层次的权限管理

（一）功能级权限管理

功能级权限管理包括各功能模块相关业务的查看和权限分配。例如，赋予用户System某账套总账系统、薪资管理系统的全部权限。

（二）数据级权限管理

数据级权限管理包括两个方面：一是字段级权限控制；二是记录级权限控制。例如，设定用户李伟只能录入某一种类别的凭证。

（三）金额级权限管理

金额级权限管理主要用于完善内部金额控制，对具体金额数量划分级别，对不同岗位和职位的操作员进行金额级别控制，限制他们制单时可以使用的金额数量，不涉及内部系统控制的不在管理范围内。例如，设定用户张明只能录入金额在

10 000元以下的凭证。

二、权限的设置

功能级权限在“系统管理”→“权限”中设置，数据级权限和金额级权限由账套主管在“企业应用平台”→“系统服务”→“权限”中设置。数据级权限和金额级权限的设置必须在系统管理的功能级权限设置完成后才能进行。

任务实施

操作步骤1：功能级权限的设置

操作录屏2-3

财务分工

（1）系统管理员在“系统管理”窗口中执行“权限”命令，进入“操作员权限”窗口。选择“001张明”，单击“账套主管”前的复选框，系统提示“设置普通用户：[001] 账套主管权限吗？”，如图2-3-1所示。单击“是”，系统将该账套所有权限赋予张明。

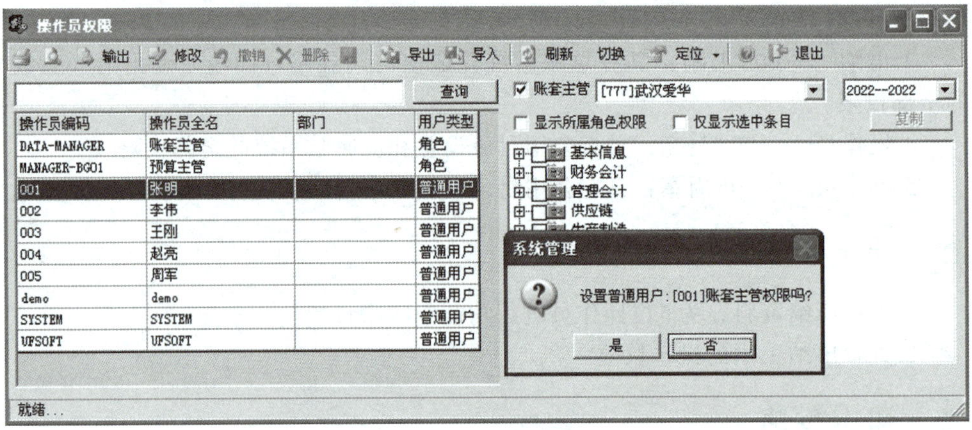

图2-3-1　账套主管权限设置

特别提示：

①一个账套可以设置多个账套主管。

②账套主管自动拥有该账套的所有权限。如果在建立账套时已经将“001张明”选定为账套主管，则此处系统已将所有权限赋予张明，无须再次设置。

（2）选择“002李伟”，单击工具栏上的“修改”按钮，根据任务资料，在窗口右边的权限列表中找到相应的权限级次，勾选前面的复选框，全部设置完成后单击窗口上方的“保存”按钮。

（3）按照上述方法，设置其他人的操作权限。

操作步骤2：功能级权限的查看

在“操作员权限”窗口，选择“003王刚”，单击工具栏上的“修改”按钮，可以查看之前为他设置的功能权限，如图2-3-2所示。如果有错误，可以进行修改。单击工具栏右上角的“退出”按钮，返回“系统管理”窗口。

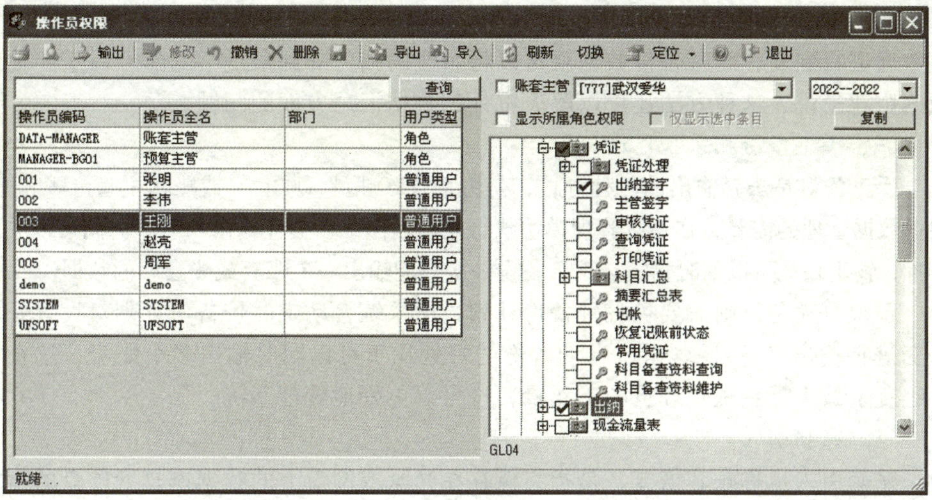

图2-3-2 操作员权限的查看

学思践悟2-3

保持界限感
赢得安全感

任务测试2-3

财务分工

特别提示：

①设置权限时，一定要注意先分别选中“账套”和相应的“用户”，再赋权，这样才能使“账套”和“用户”关联起来。

②已经被赋权的用户登录后，系统只会显示该用户有操作权限的功能菜单，其他功能则被屏蔽。

任务四 数据的输出与引入

任务要求

1.进行777账套数据的输出（手工备份），备份目录及文件夹名称为“C：\账套备份\项目二系统管理”。

2.进行777账套数据的自动备份设置，备份目录及文件夹名称为“C：\账套自动备份”（计划编号“001”，计划名称“武汉爱华自动备份”，发生频率“每天”，开始时间“17：00：00”）。

3.进行777账套数据的引入操作，引入目录为“C：\账套备份\项目二系统管理\UfErpAct.Lst”。

知识导航

会计信息系统数据存放的介质和路径与手工环境不同，为了确保数据的安全性，用户需要定期进行数据管理。账套数据管理包括输出、引入、删除、结转和清空等。

重难点微课2-3

数据的输出与引入

一、账套输出

账套输出是指将所选的账套数据进行备份输出，定时对企业的数据进行备份并存储到不同的介质上（如光盘、网盘等），对确保数据的安全性是非常重要的。如果企业受不可预知因素（如地震、火灾、计算机病毒、人为误操作等）的影响需要对数据进行恢复，此时备份数据就可以将企业的损失降到最低。当然，对于异地管理的企业来说，这种方法还可以解决审计和数据汇总方面的问题。

二、手工备份和系统自动备份

手工备份是账套输出的一种方式，是由系统管理员（账套）或账套主管（账套库）根据数据管理的需要，在系统管理模块执行账套输出或账套库输出功能，时间可以灵活安排，输出路径可以临时指定。手工备份一次只能输出一个账套或账套库的数据。

系统自动备份则需要预设置备份计划，由系统自动定时按备份计划对设置好的账套进行输出（备份）。系统自动备份的好处在于可以同时输出多个账套，这在很大程度上减少了系统管理员的工作量，也可以更好地管理系统。

三、账套引入

账套引入也称账套恢复，是指将保存在光盘或网盘上的数据恢复到硬盘的指定目录中，或将系统外某账套的数据引入本系统中。该功能的作用主要体现在以下两个方面：

第一，当系统账套数据遭到破坏时，将最近备份的账套数据引入本账套中。

第二，有利于集团公司的操作，子公司的账套数据可以定期引入母公司系统中，以便进行账套数据的分析、审核和合并。

任务实施

操作录屏2-4

数据的输出与引入

操作步骤1：账套输出（手工备份）

（1）以系统管理员的身份注册进入“系统管理”。

（2）执行“账套”→“输出”命令，打开“账套输出”对话框，选择需要输出的账套，将“同步输出文件服务器上相关文件”前复选框中“√”去掉，如图2-4-1所示。

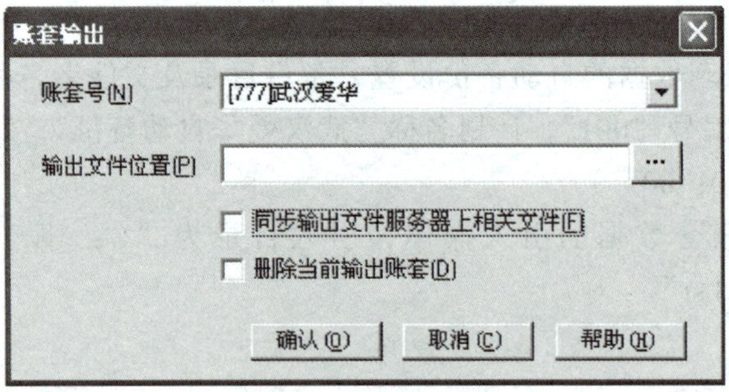

图2-4-1　账套输出

（3）点击“输出文件位置”栏的“…”按钮，系统弹出“请选择账套备份路径”对话框，选中C盘根目录，点击“新建文件夹”，建立“账套备份”文件夹，然后选中“账套备份”文件夹，继续点击“新建文件夹”，建立“项目二系统管理”文件夹，如图2-4-2所示。单击“确定”按钮完成输出，系统将输出的账套数据备份在“C：/账套备份/项目二系统管理”中。

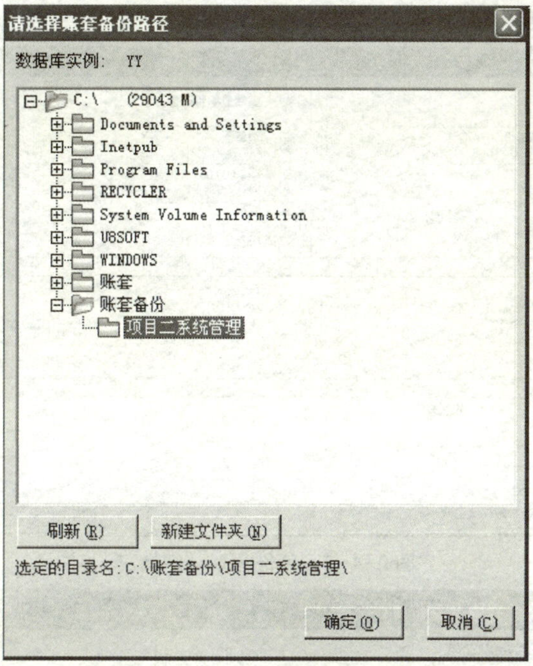

图2-4-2 选择账套备份路径

特别提示：

①账套输出时一定要双击打开选中的文件夹，否则输出完成后，文件夹是空的。输出后建议前往指定文件夹查看，账套文件有两个：一个是“UFDATA.BAK”，存放账套数据；另一个是“UfErpAct.Lst”，存放账套号、账套路径等基本参数。两个文件缺一不可。

②在“账套输出”对话框中，如果选中“删除当前输出账套”复选框，可同时删除当前的账套。

操作步骤2：账套输出（自动备份）

（1）以系统管理员的身份注册进入“系统管理”。

（2）执行“系统”→“设置备份计划”命令，打开“备份计划设置”对话框，单击“增加”按钮，系统弹出“备份计划详细情况”对话框。

（3）选择要进行自动备份的账套（可选中多个账套同时备份），输入计划编号、计划名称、发生频率、开始时间等内容，单击“请选择备份路径”后的“增加”按钮，在C盘建立“账套自动备份”文件夹，确定自动备份的路径，勾选“777武汉爱华”账套，如图2-4-3所示。单击窗口下方的“增加”按钮，即可完成自动备份计划的设置。

操作步骤3：账套引入

（1）以系统管理员的身份注册进入“系统管理”。

（2）执行“账套”→“引入”命令，打开“请选择账套备份文件”对话框。

（3）选择要引入的账套备份文件，如图2-4-4所示。单击“确定”按钮，系统弹出“请选择账套引入的目录”对话框，单击“确定”按钮，即可引入数据，系统弹出“账套引入成功”提示框。

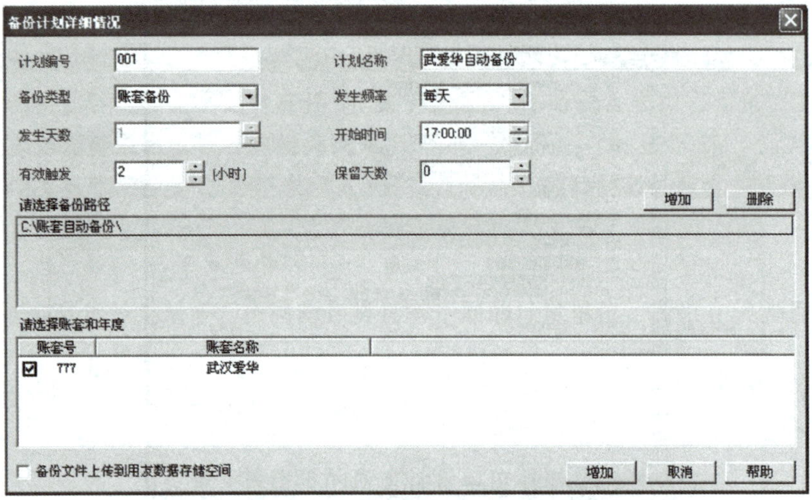

图 2-4-3 备份计划详细情况

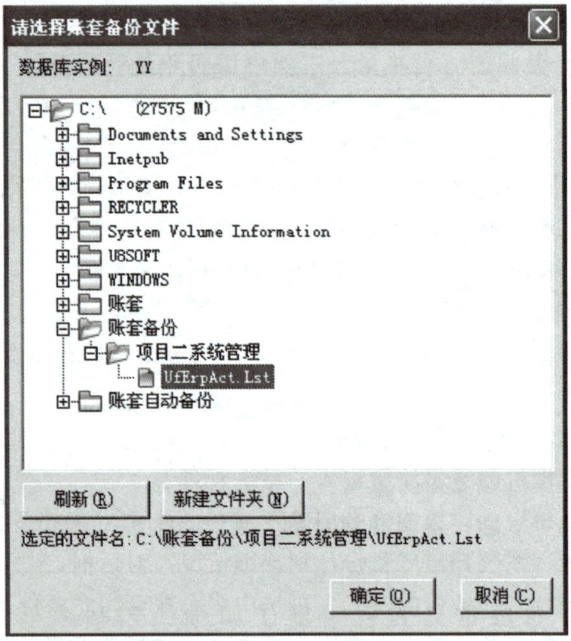

图 2-4-4 选择账套备份文件

学思践悟 2-4

信息安全，没有硝烟的战场

任务测试 2-4

数据的输出与引入

特别提示：

①如果引入的账套号与系统中已存的账套号重复，则系统会提示“此项操作将覆盖账套当前的所有信息，继续吗?”用户可根据需要选择覆盖或放弃。

②账套引入时最好先关闭杀毒软件。

③账套库引入的操作与账套引入的操作基本一致，不同之处在于：账套引入由系统管理员操作，引入的默认文件名是“UfErpAct.Lst”；账套库引入则由账套主管操作，引入的默认文件名是“UfErpYer.Lst”。

项目反馈与评价（项目二）

重难点梳理

1.系统管理员与账套主管职责有何不同?

2.哪些账套参数设置后不能修改，错了只能删除账套重做?

易错点分析

请将你在本项目任务测试和操作过程中出错的地方进行记录并分析。

项目评价

项目二多维评价量表

序号	评价内容	设定分值（分）	评价主体	得分情况（分）
线上环节	自主学习进度	20	平台自评	
	任务测试准确度	10	平台自评	
	小计	30		
线下环节	安全与规范操作意识	10	学生自评	
	劳动、探究与合作意识	10	小组互评	
	实训操作进度	20	小组互评	
	实训数据准确度	20	教师评议	
	项目反思态度	10	教师评议	
	小计	70		
合计		100		

3

项目三

基础设置

知识目标

通过本项目的学习，理解基础设置在整个财务链管理系统中的作用，掌握用友ERP-U8 V10.1中系统启用设置的方法，掌握用友ERP-U8 V10.1中基础档案设置的方法，掌握用友ERP-U8 V10.1中数据权限设置的方法。

技能目标

通过本项目的实训，能够结合企业实际，进行系统启用设置、基础档案设置和数据权限设置。

素养目标

通过基础设置的学习，养成爱岗敬业、细致谨慎的职业素养；通过数据权限分工的学习，强化精细化管理和内控意识。

项目导图

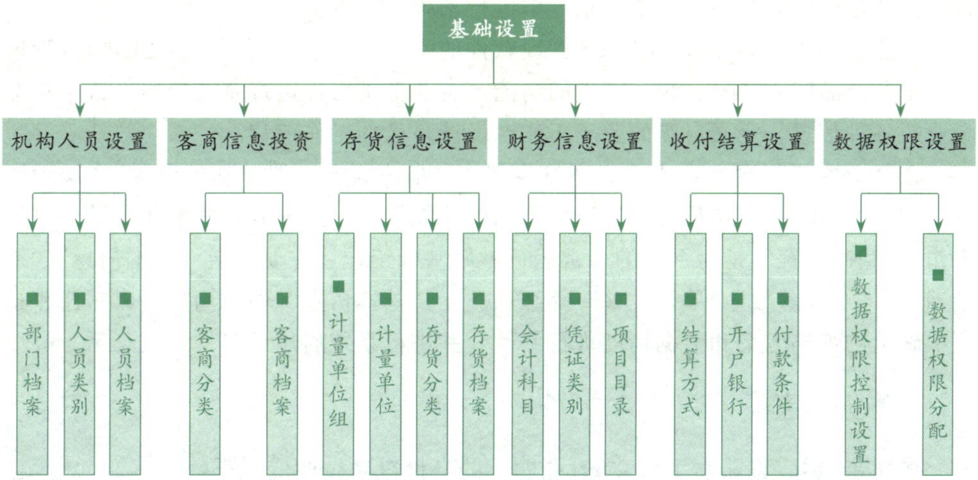

任务一　系统启用设置

任务资料

启用的系统有“总账”“薪资管理”“固定资产”“应收款管理”“应付款管理”。各系统启用日期均为2022年1月1日。

任务要求

1.登录企业应用平台。

2.根据所给资料进行各系统启用操作。

知识导航

重难点微课3-1 企业应用平台介绍及系统启用

用友ERP-U8管理系统分为财务会计、管理会计、供应链、生产制造、人力资源、集团应用、决策支持和企业应用集成等产品组，每个产品组又包含若干模块，大多数模块既可以独立运行，又可以集成应用。一方面，企业可以根据自身的管理特点选购不同的子系统；另一方面，企业可以采取循序渐进的策略有计划地先启用一些模块，一段时间以后再启用另外一些模块。

有两种方法可以进行系统启用设置：一种是在建账完成后由系统管理员在“系统管理”中进行系统启用设置；另一种是在建账完成后由账套主管在“企业应用平台”→“基础设置”→“基本信息”中进行系统启用设置。

企业应用平台是用友ERP-U8管理软件的唯一入口，实现了用友ERP-U8管理软件中各产品统一登录、统一管理的功能。企业员工可以通过企业应用平台了解本企业的各种信息，定义自己的业务工作，设计自己的工作流程。

在企业应用平台的桌面上，系统设置了3张选项卡，即“基础设置”“系统服务”“业务工作”。操作员可通过选择不同的功能单元，进入有权限的相关模块进行工作。“基础设置”是为系统的日常运行做好基础工作，主要包括“基本信息”“基础档案”“个人参数”“单据设置”等细项。在“基本信息”中，用户可以对建账过程中确定的编码方案和数据精度进行修改，并进行系统启用设置。

任务实施

操作录屏3-1 系统启用

操作步骤1：以账套主管“001张明”的身份登录企业应用平台

（1）执行“开始”→“程序”→“用友ERP-U8 V10.1”→“企业应用平台”命令，进入企业应用平台登录窗口。

（2）输入操作员“001”或“张明”，输入密码“1”，在“账套”下拉列表框中选择“［777］（default）武汉爱华”，输入操作日期“2022-01-01”，如图3-1-1所示。

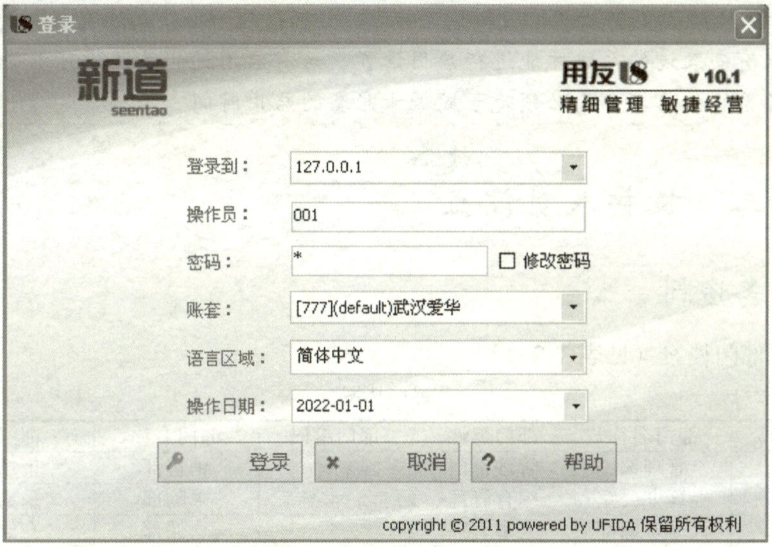

图 3-1-1 企业应用平台登录

（3）单击“登录”按钮，登录企业应用平台，可以依次了解“基础设置”“系统服务”“业务工作”3张业务卡所包含的操作功能。

操作步骤2：以账套主管“001张明”的身份在“基础设置”中启用各系统

（1）在“基础设置”选项卡中，执行“基本信息”→“系统启用”命令，打开“系统启用”对话框。

（2）选中“GL总账”前的复选框，弹出“日历”对话框。选择“日历”对话框中的2022年1月1日，如图3-1-2所示。

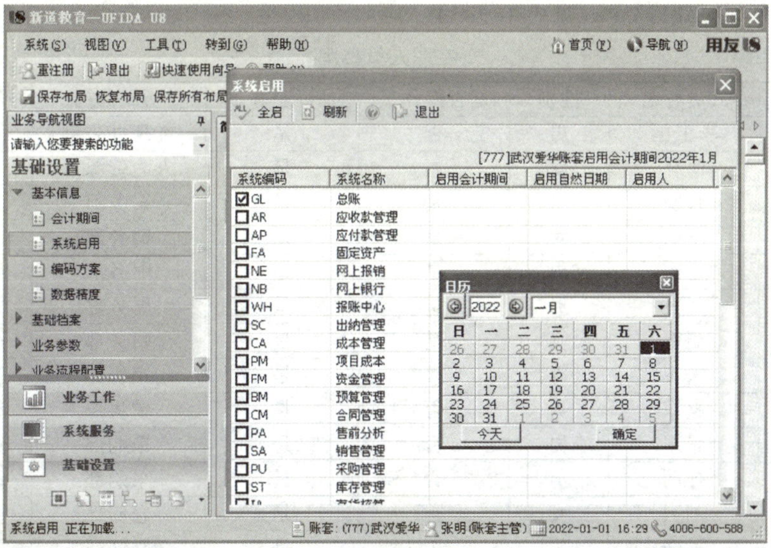

图 3-1-2 系统启用

（3）单击“确定”按钮，系统弹出“确实要启用当前系统吗?”提示框，单击“是”按钮，完成总账系统的启用。以此类推，分别启用应收款管理系统、应付款管理系统、固定资产管理系统、薪资管理系统，启用日期均为2022年1月1日。

任务测试3-1

系统启用

特别提示：

①只有安装过的系统才能进行启用设置，只有启用过的系统才可以登录。

②各系统的启用日期必须晚于或等于账套的启用时间。

任务二　机构人员设置

任务资料

一、部门档案（见表3-2-1）

表3-2-1　部门档案

部门编码	部门名称	部门属性	部门编码	部门名称	部门属性
1	管理部	管理部门	3	销售部	市场营销
101	经理办公室	综合管理	4	采购部	采购供应
102	人力资源部	人事管理	5	仓储部	仓储管理
2	财务部	财务管理			

二、人员类别

企业在职人员分为以下三种，见表3-2-2。

表3-2-2　人员类别

人员类别编码	人员类别名称
101	在职人员
10101	管理人员
10102	采购人员
10103	销售人员

三、在职人员档案（见表3-2-3）

表3-2-3　在职人员档案

职员编号	人员姓名	性别	是否操作员	是否业务员	所属部门	人员类别
001	李卫国	男	否	是	经理办公室	管理人员
002	何林	女	否	是	人力资源部	管理人员
003	张明	男	是	是	财务部	管理人员
004	李伟	女	是	是	财务部	管理人员
005	王刚	男	是	是	财务部	管理人员
006	赵亮	男	是	是	财务部	管理人员
007	周军	女	是	是	财务部	管理人员
008	宋飞	男	否	是	销售部	销售人员
009	赵军	男	否	是	销售部	销售人员
010	张军	男	否	是	采购部	采购人员
011	孙朋	男	否	是	采购部	采购人员
012	刘云	女	否	是	仓储部	管理人员
013	王强	男	否	是	仓储部	管理人员

任务要求

根据上述资料，进行机构人员基础档案设置。

知识导航

重难点微课 3-2
机构人员设置

基础档案是系统日常业务处理必需的基础资料，是系统运行的基石。一个账套由若干个子系统构成，这些子系统共享公用基础档案信息。在启用新账套之前，操作员应根据企业的实际情况，结合系统基础档案设置的要求，事先做好基础数据的准备工作。

机构人员信息包括部门档案、人员类别、人员档案等信息。

一、部门档案

部门档案主要用于记录本单位的部门，可以是实际部门，也可以是虚拟部门（也就是说，如果该部门不进行财务核算或业务管理，则可以不在系统中设置部门档案）。部门档案信息包括部门编码、部门名称、负责人、部门属性等。

二、人员类别

为了对职员进行更好的管理，企业可以对职员进行分类设置和管理，定义职员类别，职员类别通常是按树形层次结构进行分类的，系统预置了正式工、合同工、实习生三类人员类别，企业可以自定义扩充人员子类别。

三、人员档案

人员档案是指企业各职能部门中需要进行核算和业务管理的职员信息，并非企业的所有员工，信息包括人员编号、名称、所属部门及职员属性等，在设置人员档案之前必须先设置部门档案。

任务实施

操作步骤1：定义部门档案

操作录屏3-2
机构人员设置

（1）以账套主管“001张明”身份进入企业应用平台，执行“基础设置”→“基础档案”→“机构人员”→“部门档案”命令。

（2）点击“增加”按钮，依次录入部门基础信息，如图3-2-1所示。

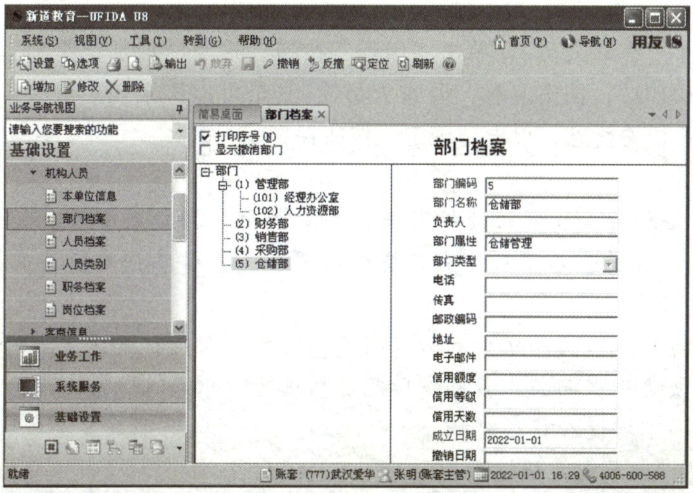

图3-2-1 部门档案

特别提示：

①建立部门档案时，应先建立上级部门档案，再建立下级部门档案。

②部门编码必须符合编码规则。如果在此发现编码方案不适合，则可以在部门档案数据为空时修改部门编码方案。修改方法有两种：一种方法是在“系统管理”中修改账套参数中的编码方案；另一种方法是在企业应用平台的“基本信息”中修改编码方案。

操作步骤2：定义人员类别

（1）在“基础设置”选项卡中，执行“基础档案”→“机构人员”→“人员类别”命令，进入“人员类别”窗口。

（2）选择“正式工”，单击“修改”按钮，进入“修改档案项”窗口，修改档案名称为“在职人员”，其余可以不录入，如图3-2-2所示。

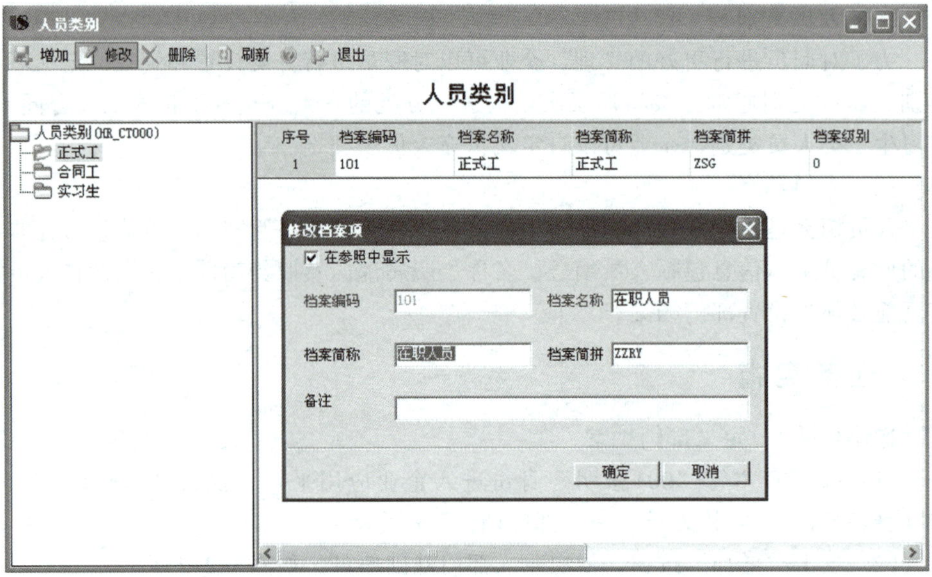

图3-2-2　修改人员类别

（3）选择“在职人员”，单击“增加”按钮，进入“增加档案项”窗口，录入档案编码“10101”，档案名称“管理人员”，其余可以不录入。依次录入采购人员和销售人员的相关信息，单击“确定”按钮保存。

特别提示：

①人员类别与工资费用分摊有关，工资费用分摊是薪资管理的一项重要功能。人员类别设置是为了在生成工资分摊凭证时，按不同人员类别选择不同的入账科目。

②人员类别是人员档案中的必录项目，需要在人员档案建立之前设置。如果未先设置人员类别，而将人员档案所属类别选为“正式工”加以保存，则不能再在“正式工”下增设人员类别。

操作步骤3：录入人员档案

（1）在“基础设置”选项卡中，执行“基础档案”→“机构人员”→“人员档案”命令，进入“人员列表”窗口。

（2）单击左边窗口中“部门分类”下的“经理办公室”，然后单击“增加”按钮，进入“人员档案”窗口，在“基本”选项卡中，按任务资料录入人员编码“001”，人员姓名“李卫国”，性别选择“男”，人员类别选择“管理人员”，雇佣状态选择“在职”，勾选“是否业务员”，其余可以不录入，如图3-2-3所示。

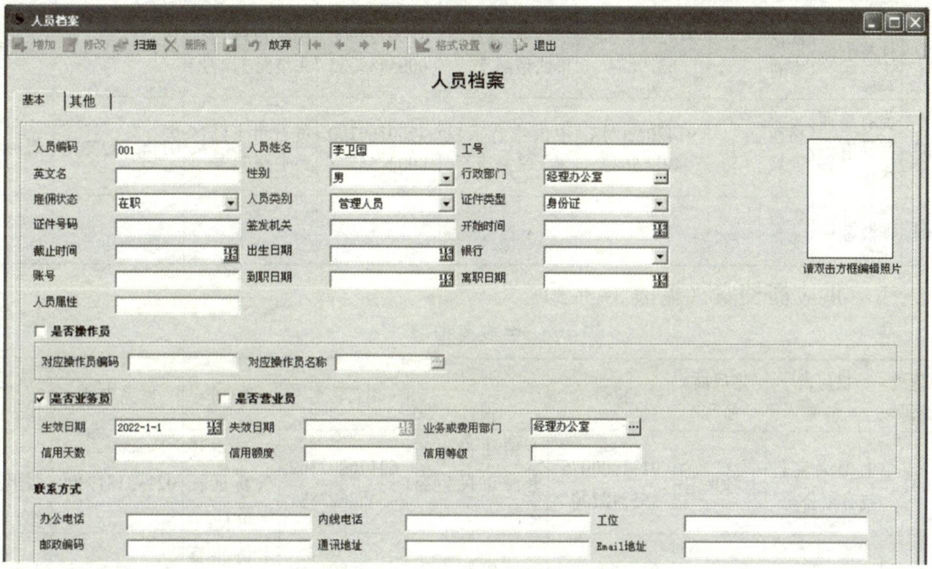

图3-2-3 人员档案

（3）单击“保存”按钮。同理，输入其他人员档案信息，录入完成后可以查看“人员列表”。

特别提示：

①设置人员档案之前必须先设置部门档案。

②如果不勾选“是否业务员”，则处理业务报销时人员信息无法显示在业务员列表中。

任务测试3-2

机构人员设置

任务三 客商信息设置

任务资料

一、客户分类（见表3-3-1）

表3-3-1 客户分类

类别编码	类别名称
1	批发客户
2	零散客户

二、客户档案（见表3-3-2）

表3-3-2 客户档案

客户编码	客户名称	客户简称	所属分类	税号	开户银行	银行账号	地址	联系电话	法定代表人
001	武汉明创商贸有限公司	武汉明创	1	91420106558743754S	中国工商银行武汉市中北路支行	3202765000043256777	武汉市武昌区中北路999号	027-82993456	王思齐
002	武汉永新科技有限公司	武汉永新	1	914201115468329884	中国银行武汉市武珞路支行	42007729000005489333	武汉市洪山区武珞路322号	027-87852131	陈永新
003	黄石格西贸易有限公司	格西商城	1	91420200MA49L55689	中国银行武汉市天平路支行	42001607000003456777	黄石市下陆区天平路31号	0714-6222876	刘一鸣
004	零散客户	零散客户	2						

三、供应商档案（见表3-3-3）

表3-3-3 供应商档案

供应商编码	供应商名称	供应商简称	税号	开户银行	银行账号	地址	联系电话	法定代表人
001	上海兴宝科技有限公司	上海兴宝	913100007655718200	中国建设银行上海市民生路支行	62176002369345262388	上海市浦东新区民生路1号	021-51819399	张卫东
002	上海悦宏物联网科技有限公司	上海悦宏	91310000783803993P	交通银行上海市兴贤支行	6222680146900066258	上海市嘉定区兴贤路5号	021-52874123	苗富丰
003	广东鑫海智能科技有限公司	广东鑫海	91440102MA6CLHKW7P	中国建设银行广东省广州市新雅支行	62176002486743362365	广州市花都区新雅街7号	020-51819488	罗冠英
004	武汉雅辉科技有限公司	武汉雅辉	91420100MA5KMLPF13	中国工商银行武汉市琴台路支行	3202310283611254783	武汉市汉阳区琴台路6号	027-51819358	刘柏宏
005	武汉智创智能科技有限公司	武汉智创	91420100177697608K	中国工商银行武汉市东湖路支行	3202320375622523655	武汉市武昌区东湖路7号	027-51819374	黄文隆

任务要求

根据任务资料，进行客商基础档案设置。

知识导航

企业经营活动不局限于内部组织，它还包括企业下游的供应商和上游的客户。如果企业的供应商和客户较多，分布较广，则需要对供应商和客户进行分类，以便管理。

一、客户分类

企业可根据业务需要对客户进行分类，这样便于管理，如将客户按行业、地区等标准进行划分，然后，根据分类建立客户档案。如果建立账套时未勾选“客户是否分类”项，则不能使用本功能。

二、客户档案

建立客户档案主要是为企业的销售管理、库存管理和应收款管理服务。在填制销售出库单、销售发票，进行销售结算、应收款结算和有关客户统计时都会用到客户档案。在输入单据时，如果单据上的客户不在客户档案中，则需要在此先建立该客户的档案。如果在建立账套时选择了客户分类，则必须设置完成客户分类档案后再编制客户档案。

三、供应商分类

企业对供应商进行分类管理，建立供应商分类体系，可将供应商按行业、地区等进行划分后，根据不同的类别建立供应商档案。

四、供应商档案

建立供应商档案主要是为企业的采购管理、库存管理和应付款管理服务。填制采购入库单、采购发票，进行采购结算、应付款结算和有关供应商统计时都会用到供应商档案。在输入单据时，如果单据上的供货单位不在供应商档案中，则需要在此先建立该供应商的档案。

任务实施

操作录屏3-3

客商信息设置

操作步骤1：设置客户分类

（1）进入企业应用平台，执行“基础设置”→“基础档案”→“客商信息”→“客户分类”命令。

（2）单击“增加”按钮，录入信息后保存，如图3-3-1所示。

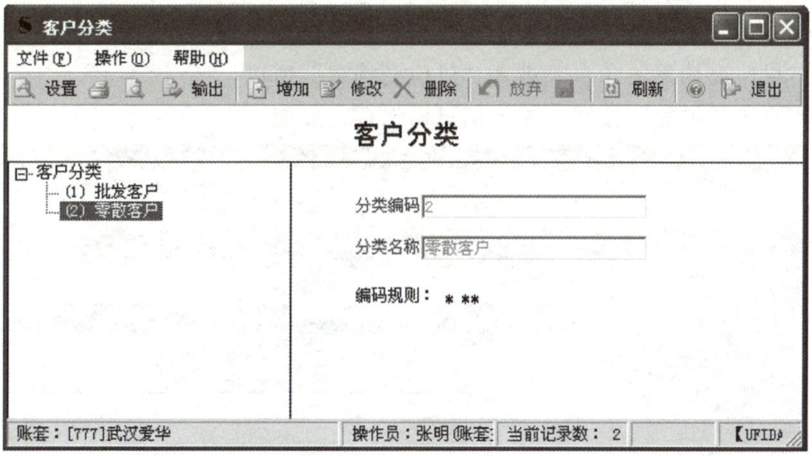

图3-3-1 客户分类

特别提示：

①如果建账时没有勾选“客户是否分类”复选框，则在此不能进行分类设置，可由账套主管登录“系统管理”进行账套参数修改。

②客户分类编码必须符合编码方案的规定。

操作步骤2：设置客户档案

（1）在“基础设置”选项卡中，执行“基础设置”→“基础档案”→“客商信息”→“客户档案”命令。

（2）选择最末级客户分类，单击“增加”按钮，弹出“增加客户档案”窗口，其中包括“基本”“联系”“信用”“其他”4张选项卡，录入相关信息，选项卡中蓝色字体栏目为必填项，如图3-3-2所示。

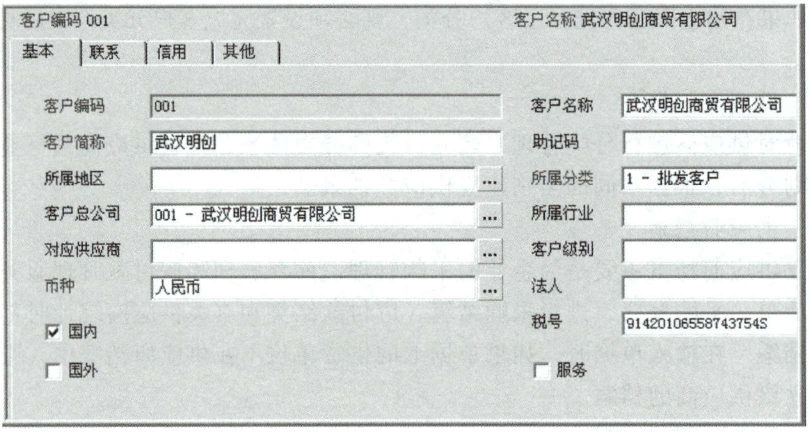

图3-3-2　客户档案

特别提示：

①如果账套中并未对客户进行分类，则所属分类为“无分类”。

②如果在建账时勾选了“客户是否分类”项，则必须先设置客户分类，然后才能编辑客户档案。

操作步骤3：设置供应商档案

（1）在“基础设置”选项卡中，执行“基础设置”→“基础档案”→“客商信息”→“供应商档案”命令，进入“供应商档案”窗口。

（2）点击“增加”按钮，输入信息后保存，如图3-3-3所示。

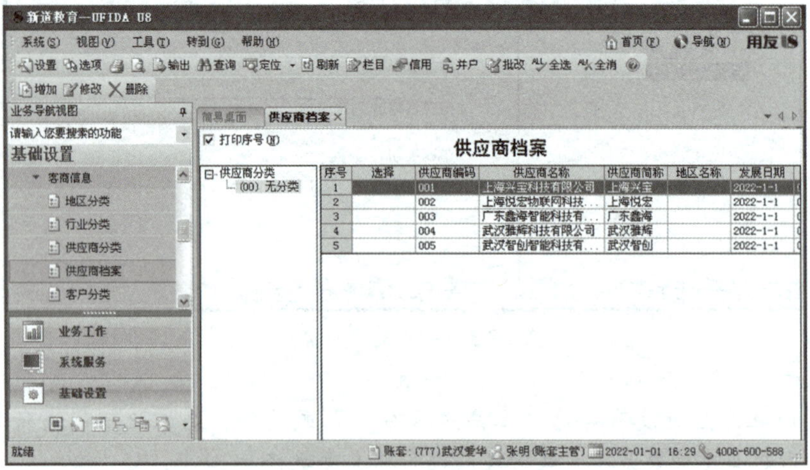

图3-3-3　供应商档案

任务测试3-3

客商信息设置

任务四　存货信息设置

任务资料

一、计量单位组（见表3-4-1）

表3-4-1　计量单位组

计量单位组编号	计量单位组名称	计量单位组类别
01	无换算关系	无换算率

二、计量单位（见表3-4-2）

表3-4-2　计量单位

计量单位编码	计量单位名称	所属计量单位组名称
01	个	无换算关系
02	台	无换算关系
03	次	无换算关系

三、存货分类（见表3-4-3）

表3-4-3　存货分类

存货类别编码	存货类别名称
01	智能家居
02	智能电子设备

四、存货档案（见表3-4-4）

表3-4-4　存货档案

存货编码	存货名称	所属类别	计量单位	税率	存货属性
001	智能门锁	01	个	13%	外购、外销、内销
002	智能台灯	01	个	13%	外购、外销、内销
003	智能音箱	01	个	13%	外购、外销、内销
004	智能体脂秤	01	台	13%	外购、外销、内销
005	智能车载摄像头	02	个	13%	外购、外销、内销
006	智能手环	02	个	13%	外购、外销、内销
007	智能蓝牙耳机	02	个	13%	外购、外销、内销

任务要求

根据上述资料，进行存货基础档案设置。

知识导航

重难点微课 3-3

存货信息设置

存货是企业的一项重要经济资源，是企业物流管理和财务核算的主要对象，存货设置主要包括计量单位设置、存货分类设置和存货档案设置等。

一、计量单位设置

企业的存货种类繁多，不同的存货具有不同的计量单位，所以在设置存货档案之前要先设置计量单位。

设置计量单位前，应先对计量单位进行分类，系统提供的计量单位组有无换算率计量单位组、浮动换算率计量单位组和固定换算率计量单位组3种。

无换算率计量单位组：该组下的所有计量单位都以单独形式存在，各计量单位之间无换算率，系统默认为主要计量单位。

浮动换算率计量单位组：设置为浮动换算率时，计量单位组中只能包含两个计量单位，此时需要将该计量单位组中的主计量单位、辅助计量单位显示在存货卡片上。

固定换算率计量单位组：设置为固定换算率时，计量单位组中可以包含两个以上的计量单位，且每一个辅助计量单位对主计量单位的换算率不为空，此时需要将该计量单位组中的主计量单位显示在存货卡片上。

二、存货分类设置

如果企业存货较多，可以按一定方式对存货进行分类管理，可按照存货固有的特征和属性，将存货划分为不同的类别，便于企业统计和分析业务数据。

三、存货档案设置

存货档案用于保存企业生产经营中的存货信息，是会计信息系统核算的依据和基础，必须科学、合理地对其分类，准确、完整地提供存货档案数据。存货档案主要是对企业全部存货目录的设立和管理，随同货物销售一起发生的应税劳务也应设置在存货档案中。

任务实施

操作录屏3-4

存货信息设置

操作步骤1：定义计量单位

（1）进入企业应用平台，在“基础设置”选项卡中，执行“基础设置”→“基础档案”→“存货”→“计量单位”命令。点击“分组”按钮，显示“计量单位组”界面。

（2）点击“增加”按钮，输入计量单位组的编码、名称、类别等信息，点击“保存”按钮，如图3-4-1所示。

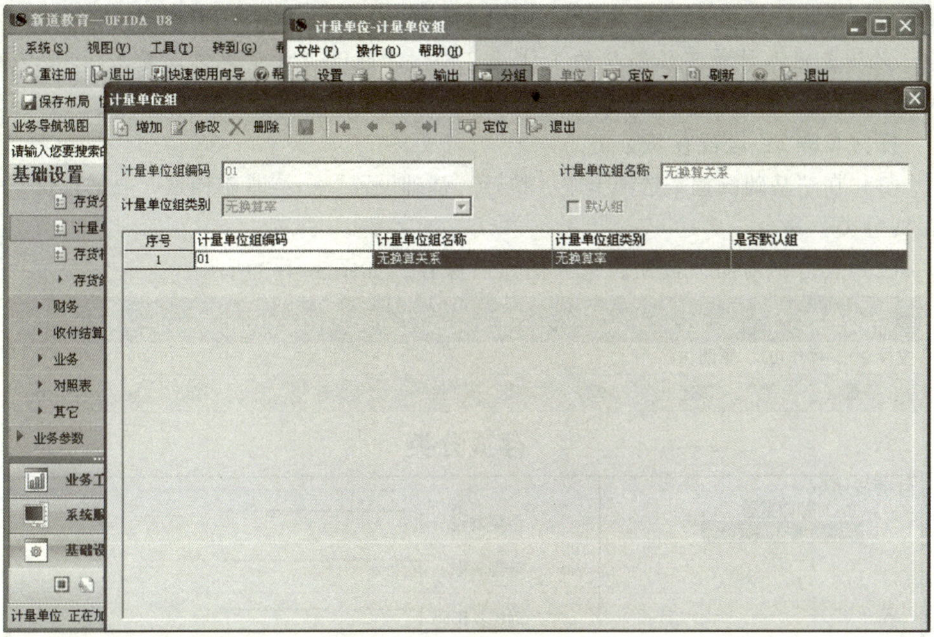

图 3-4-1　计量单位组

特别提示：

①设置的计量单位组中最多只能有一个无换算率计量单位组。

②每个计量单位组中至少应有一个主计量单位，无换算率计量单位组无辅助计量单位，浮动换算率计量单位组只有一个辅助计量单位，固定换算率计量单位组可有多个辅助计量单位，可以设置主计量单位和辅助计量单位之间的换算率。

（3）点击“退出”按钮，显示计量单位组列表。

（4）点击工具栏上的“单位”按钮，系统弹出“计量单位”窗口，点击工具栏上的“增加”按钮，输入信息后单击“保存”按钮，同理，依次输入其他计量单位资料，如图3-4-2所示。单击“退出”按钮。

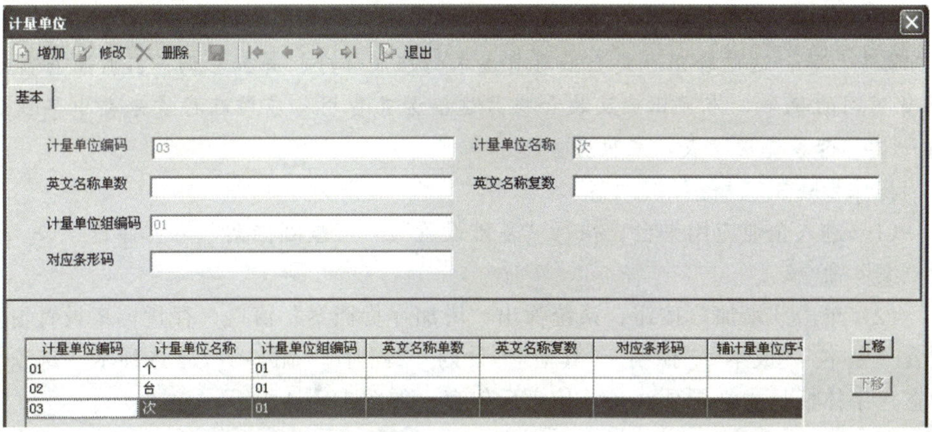

图 3-4-2　计量单位

特别提示：

必须先输入计量单位组中的主计量单位，才能进行计量单位设置，“计量单位编码”和“计量单位名称”为必填项。

操作步骤2：设置存货分类

（1）在“基础设置”选项卡中，执行“基础设置”→“基础档案”→“存货”→“存货分类”命令。

（2）点击“增加”按钮，录入信息后保存，如图3-4-3所示。

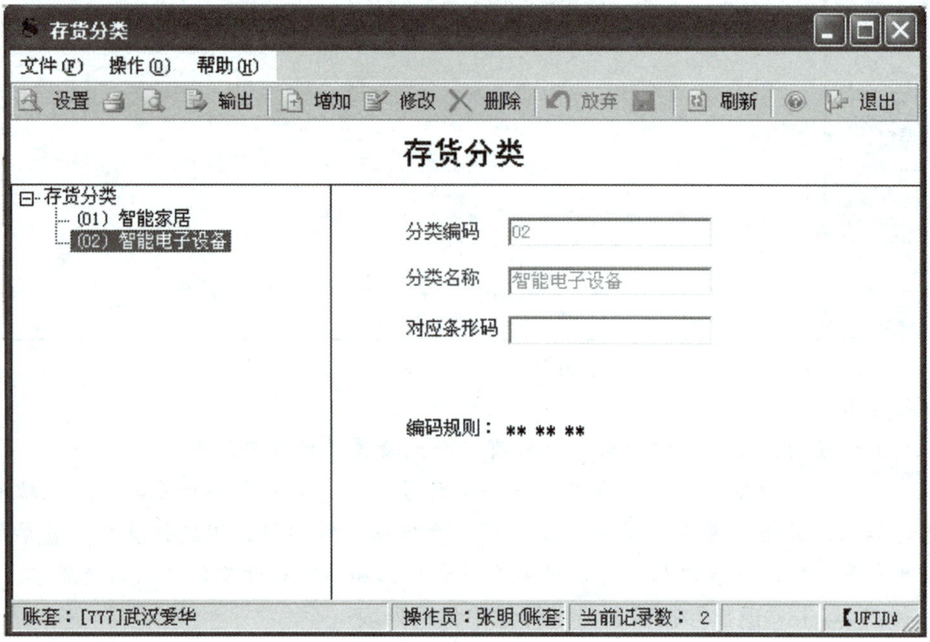

图3-4-3　存货分类

特别提示：

①“分类编码”和“分类名称”为必填项，注意存货分类必须逐级增加。

②在企业购销业务中，经常会发生一些劳务费用，如“运输费”“装卸费”“包装费”等，这些费用也是企业存货成本的组成部分，并且它们一般具有与其他存货不同的税率。为了正确反映和核算这些劳务费用，应该在存货分类中单独设置一类“劳务费用”或“应税劳务”。

操作步骤3：设置存货档案

（1）进入企业应用平台，执行“基础设置”→“基础档案”→“存货”→“存货档案”命令。

（2）单击“增加”按钮，系统弹出“增加存货档案”窗口，存货档案设置窗口包含“基本”“成本”“控制”“其他”“计划”“图片”“附件”7张选项卡，选项卡中蓝色字体栏目为必录项，录入信息后保存，如图3-4-4所示。

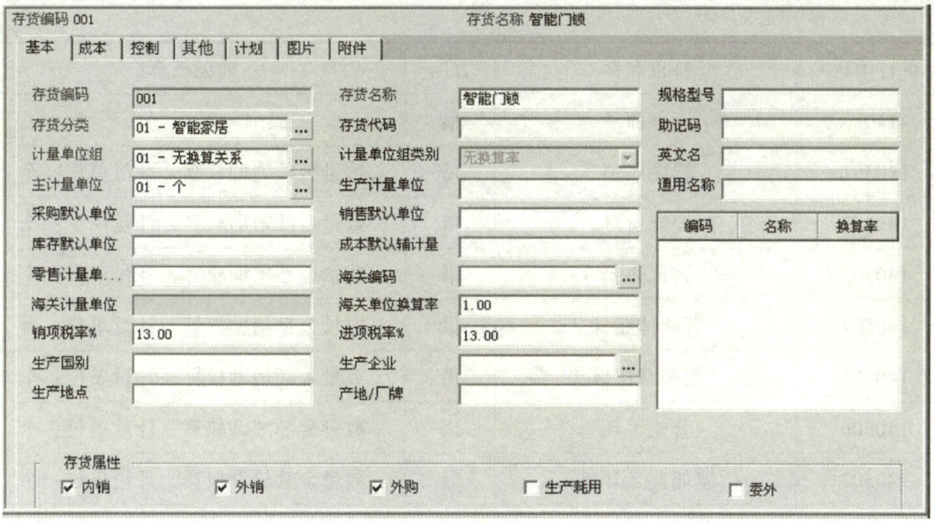

图 3-4-4 存货档案

任务测试3-4

存货信息设置

任务五 财务信息设置

任务资料

一、会计科目档案（见表3-5-1）

表3-5-1 会计科目

科目编码	科目名称	方向	辅助核算
1001	库存现金	借	日记账
1002	银行存款	借	日记账、银行账
100201	工行存款	借	日记账、银行账
1012	其他货币资金	借	
1121	应收票据	借	客户往来、应收系统受控科目
1122	应收账款	借	客户往来、应收系统受控科目
1123	预付账款	借	供应商往来、应付系统受控科目
1131	应收股利	借	
1132	应收利息	借	
1221	其他应收款	借	个人往来
1231	坏账准备	贷	
1402	在途物资	借	
1403	原材料	借	

续表

科目编码	科目名称	方向	辅助核算
1405	库存商品	借	
140501	智能门锁	借	数量金额辅助核算，计量单位：个
140502	智能台灯	借	数量金额辅助核算，计量单位：个
140503	智能音箱	借	数量金额辅助核算，计量单位：个
140504	智能体脂秤	借	数量金额辅助核算，计量单位：台
140505	智能车载摄像头	借	数量金额辅助核算，计量单位：个
140506	智能手环	借	数量金额辅助核算，计量单位：个
140507	智能蓝牙耳机	借	数量金额辅助核算，计量单位：个
1411	周转材料	借	
1511	长期股权投资	借	
1601	固定资产	借	
1602	累计折旧	贷	
1604	在建工程	借	
1605	工程物资	借	
1606	固定资产清理	借	
1701	无形资产	借	
1801	长期待摊费用	借	
1901	待处理财产损溢	借	
2001	短期借款	贷	
2201	应付票据	贷	供应商往来、应付系统受控科目
2202	应付账款	贷	供应商往来、应付系统受控科目
2203	预收账款	贷	客户往来、应收系统受控科目
2211	应付职工薪酬	贷	
221101	工资	贷	
221102	社会保险费	贷	
221103	设定提存计划	贷	
221104	住房公积金	贷	
221105	工会经费	贷	
2221	应交税费	贷	

续表

科目编码	科目名称	方向	辅助核算
222101	应交增值税	贷	
22210101	进项税额	借	
22210102	销项税额	贷	
22210105	转出未交增值税	借	
22210108	进项税额转出	贷	
22210109	转出多交增值税	贷	
222102	未交增值税	贷	
222103	应交城建税	贷	
222104	应交教育费附加	贷	
222105	应交地方教育费附加	贷	
222106	应交企业所得税	贷	
222107	应交个人所得税	贷	
2231	应付利息	贷	
2232	应付股利	贷	
2241	其他应付款	贷	
224101	代扣职工三险一金	贷	
2501	长期借款	贷	
2502	应付债券	贷	
4001	实收资本	贷	
4002	资本公积	贷	
4101	盈余公积	贷	
4103	本年利润	贷	
4104	利润分配	贷	
410401	提取法定盈余公积	贷	
410402	提取任意盈余公积	贷	
410403	未分配利润	贷	
410404	其他	贷	
6001	主营业务收入	贷	项目核算
6051	其他业务收入	贷	

续表

科目编码	科目名称	方向	辅助核算
6111	投资收益	贷	
6301	营业外收入	贷	
6401	主营业务成本	借	项目核算
6402	其他业务成本	借	
6403	税金及附加	借	
6601	销售费用	借	
660101	职工薪酬	借	
660102	业务招待费	借	
660103	差旅费	借	
660104	折旧费	借	
660105	办公费	借	
660109	其他	借	
6602	管理费用	借	
660201	职工薪酬	借	部门核算
660202	办公费	借	部门核算
660203	水电费	借	部门核算
660204	差旅费	借	部门核算
660205	折旧费	借	部门核算
660209	其他	借	
6603	财务费用	借	
660301	利息支出	借	
660302	手续费	借	
660303	现金折扣	借	
660309	其他	借	
6702	信用减值损失	借	
6711	营业外支出	借	
6801	所得税费用	借	
6901	以前年度损益调整	借	

注：指定“1001库存现金”为现金总账科目、“1002银行存款”为银行总账科目。

二、凭证类别（见表3-5-2）

表3-5-2 凭证类别

凭证类别	限制类型	限制科目
收款凭证	借方必有	1001，100201
付款凭证	贷方必有	1001，100201
转账凭证	凭证必无	1001，100201

三、项目目录档案

项目大类：商品项目管理

核算科目：6001 主营业务收入

6401 主营业务成本

项目分类：1智能家居仓库

2智能电子设备仓库

项目目录见表3-5-3。

表3-5-3 项目目录

项目编号	项目名称	是否结算	所属分类码
11	智能门锁		1
12	智能台灯		1
13	智能音箱		1
14	智能体脂秤		1
21	智能车载摄像头		2
22	智能手环		2
23	智能蓝牙耳机		2

任务要求

1.根据上述资料，进行会计科目档案设置，并进行出纳会计科目指定设置。

2.根据上述资料，进行凭证类别设置。

3.根据上述资料，进行项目目录档案设置。

知识导航

财务信息设置是为了各个业务子系统与总账系统之间建立起财务信息桥梁，主要包括会计科目设置、凭证类别设置、外币设置、项目目录设置等内容。

重难点微课 3-4

财务信息——会计科目设置

一、会计科目设置

会计科目是填制会计凭证、登记会计账簿、编制会计报表的基础。会计科目设置的完整性影响着会计过程的实施，会计科目设置的层次深度直接影响会计核算的详细、准确程度。会计科目设置功能完成对会计科目的设立和管理，用户可以根据业务的需要方便地增加、插入、修改、查询、打印会计科目。

重难点微课 3-5

财务信息——凭证类别设置

二、凭证类别设置

许多单位为了便于管理或登账方便，一般对记账凭证进行分类编制，但各单位的分类方法不尽相同，用友 ERP-U8 系统提供凭证类别设置功能，用户完全可以按照本单位的需要对凭证进行分类。如果是第一次进行凭证类别设置，可以按以下几种常用分类方式进行定义：①记账凭证；②收款、付款、转账凭证；③现金、银行、转账凭证；④现金收款、现金付款、银行收款、银行付款、转账凭证；⑤自定义凭证类别。

重难点微课 3-6

财务信息——项目目录设置

三、项目目录设置

企业在实际业务处理中会对多种类型的项目进行核算和管理，如在建工程、对外投资、技术改造项目、项目成本管理、合同等。因此用友 ERP-U8 系统提供项目核算管理的功能。企业可以将具有相同特性的一类项目定义成一个项目大类。一个项目大类可以核算多个项目，为了便于管理，还可以对这些项目进行分类。企业可以将存货、成本对象、现金流量、项目成本等作为核算的项目分类。

项目核算与管理的首要步骤是设置项目档案，项目档案设置包括：增加或修改项目大类，定义项目核算科目、项目分类、项目栏目结构，并进行项目目录的维护。建立项目档案的操作流程如图 3-5-1 所示：

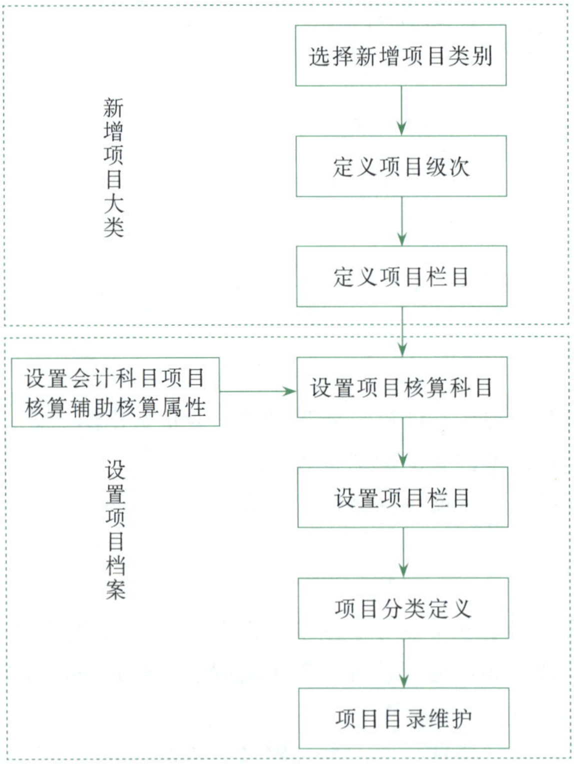

图 3-5-1　建立项目档案的操作流程

任务实施

操作录屏3-5

财务信息——会计科目和凭证类别设置

操作步骤1：会计科目设置

（1）增加会计科目。

①在“基础设置”选项卡中，执行“基础档案”→“财务”→“会计科目”命令，进入“会计科目”窗口，显示所有2007年新会计制度科目。

②单击“增加”按钮，进入“新增会计科目”窗口，输入明细科目的相关内容，如输入科目编码“100201”、科目名称“工行存款”；勾选“日记账”和“银行账”，单击“确定”按钮，如图3-5-2所示。

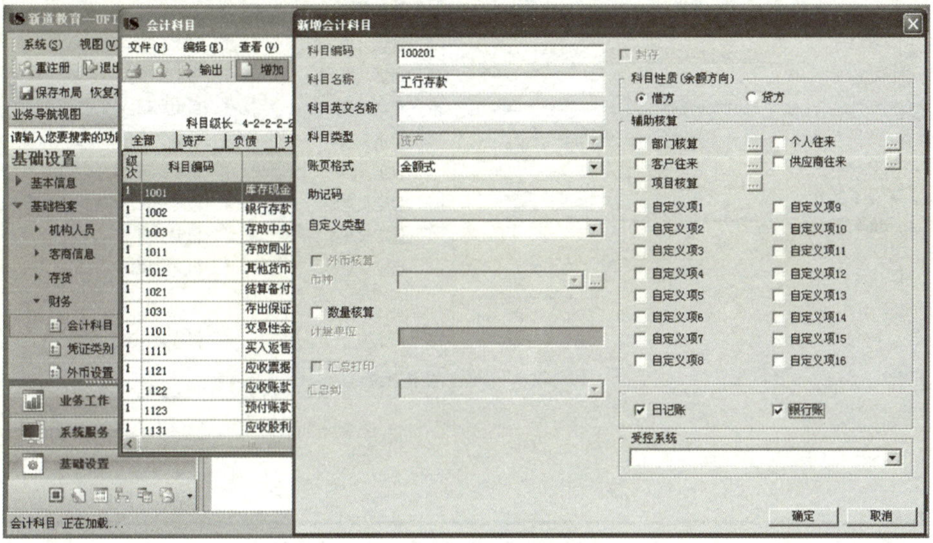

图3-5-2 新增会计科目

主要栏目说明：

科目类型：行业性质为企业时，科目类型分为资产、负债、共同、所有者权益、成本和损益六类。

账页格式：系统提供了金额式、外币金额式、数量金额式、外币数量式四种账页格式供选择，用于定义该科目在账簿打印时的默认打印格式。

辅助核算：也叫辅助账类。用于说明本科目是否有其他核算要求，系统除了完成一般的总账、明细账核算外，还提供了部门核算、个人往来、客户往来、供应商往来和项目核算供企业选择。凡是设有辅助核算内容的会计科目，在录入期初余额或填制凭证时，都需要录入相应的辅助核算内容。

日记账、银行账：选择了“日记账”的科目可以生成日记账数据供查询，选择了“银行账”的科目可以执行银行对账等功能。

受控系统：如果设置某科目为受控科目，受控于某一系统，则使用该科目制单时，只能在该受控系统中进行，而不能在总账系统中进行。例如，“应收账款”可设置为受控于“应收系统”，“应付账款”可设置为受控于“应付系统”。

③单击“增加”按钮，进入“新增会计科目”窗口，输入明细科目相关内容，

如输入科目编码“140501”、科目名称“智能门锁”；通过下拉框将账页格式由“金额式”改为“数量金额式”，再选中“数量核算”复选框，在计量单位栏录入“个”，单击“确定”按钮，如图3-5-3所示。

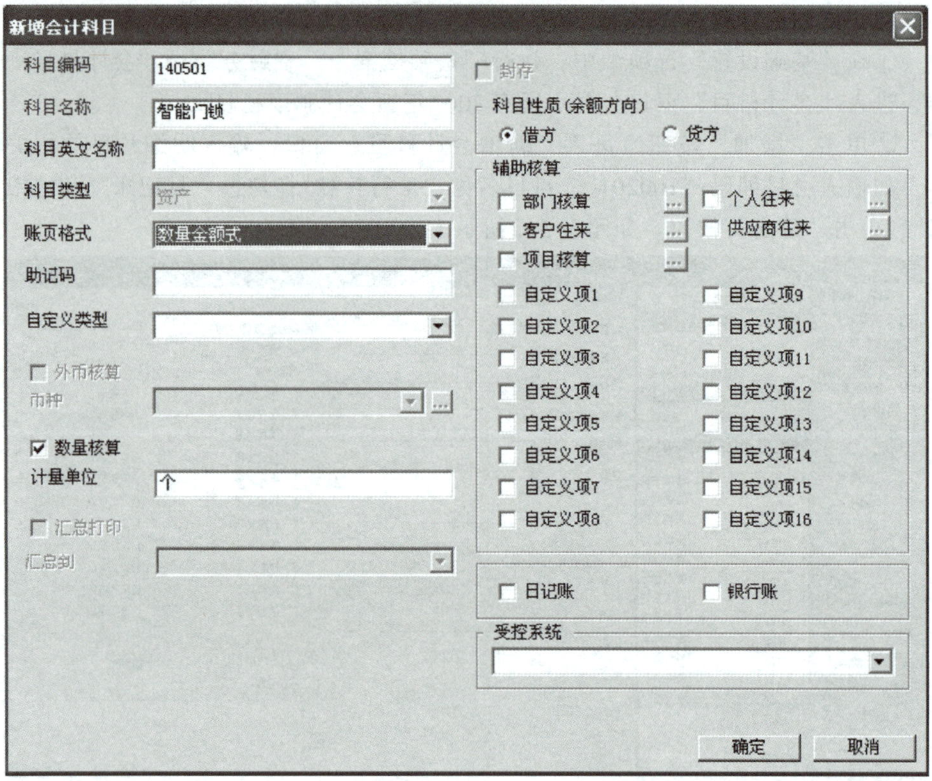

图3-5-3　新增会计科目——数量核算

④继续单击“增加”按钮，输入任务资料中其他明细科目的相关内容。全部输完后，单击“关闭”按钮。

⑤依次新增其他会计科目，单击“关闭”按钮。

特别提示：

①增加会计科目时，必须遵循自上而下的原则，即先增加上级科目，再增加下级科目；会计科目编码要符合编码规则；编码不能重复。

②会计科目如果要进行数量核算，应选中“数量核算”复选框，并设置相应的计量单位。以后在录入该科目的期初余额和用该科目制单时，不仅要录入金额，还要录入物品数量。

（2）修改会计科目。

①在“会计科目”窗口，双击“1122应收账款”，或在选中“1122应收账款”后单击“修改”按钮，打开“会计科目_修改”对话框。

②勾选“客户往来”辅助核算项，此时，右下角受控系统显示为“应收系统”，如图3-5-4所示。

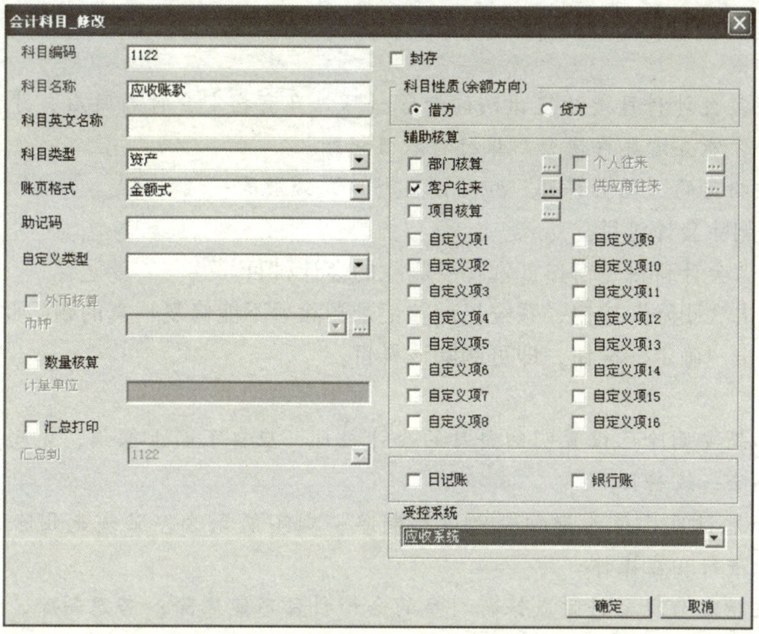

图 3-5-4　修改会计科目——辅助核算

③单击“确定”按钮。同理，修改任务资料中其他会计科目。

特别提示：

在修改“应收账款”会计科目时，如果通过下拉框将右下角受控系统显示为空白，则表示该应收往来业务可以在总账系统中进行制单。

（3）指定会计科目。

①在“会计科目”窗口执行“编辑”→“指定科目”命令。

②进入“指定科目”对话框，选择左边“现金科目”单选按钮，单击“>”按钮，将“1001库存现金”从“待选科目”列表选入“已选科目”列表，如图3-5-5所示，单击“确定”按钮。

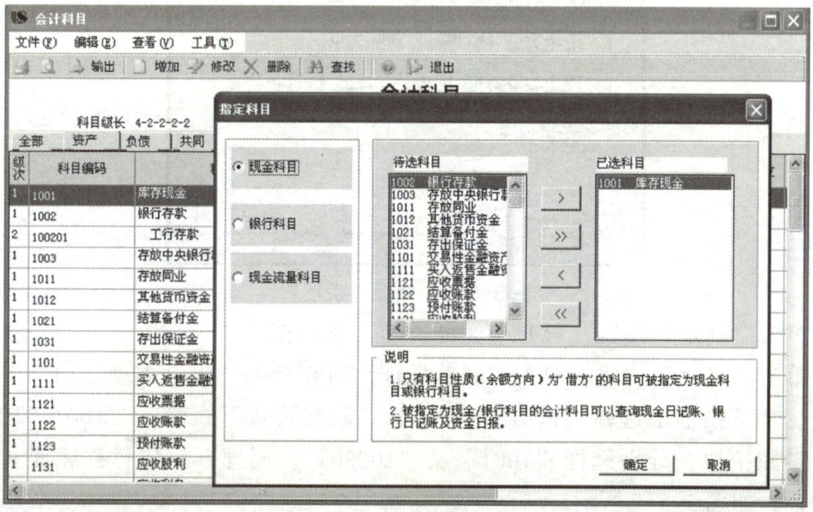

图 3-5-5　指定会计科目

③同理，进行银行科目指定。

特别提示：

①指定会计科目是指定出纳的专管科目。只有指定会计科目后，才能执行出纳签字，才能查看库存现金、银行存款日记账。

②被指定的“现金科目”和“银行科目”必须是一级科目。

（4）删除会计科目。

①在“会计科目”窗口，选择要删除的会计科目。

②单击“删除”按钮，系统提示“记录删除后不能修复！真的删除此记录吗?”

③单击“确定”按钮，即可删除该科目。

特别提示：

①如果要删除已设置明细科目的会计科目，应自下而上操作，先删除明细科目，再删除一级科目。

②如果科目已录入期初余额或已制单，则不能删除，必须先删除余额或凭证，才能进行相应操作。

③被指定为现金科目或银行科目的会计科目不能删除；若想删除，必须先取消指定。

操作步骤2：凭证类别设置

①在“基础设置”选项卡中，执行“基础档案”→“财务”→“凭证类别”命令，进入“凭证类别预置”窗口。

②选中“收款凭证 付款凭证 转账凭证”前的单选按钮，如图3-5-6所示。

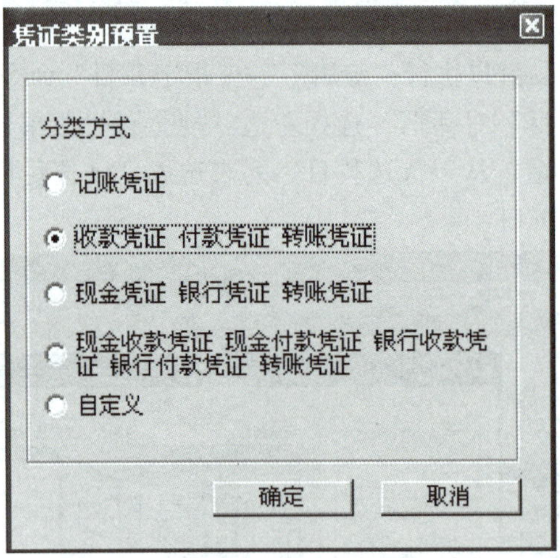

图3-5-6 凭证类别预置

③单击“确定”按钮，打开“凭证类别”对话框。

④单击“修改”按钮，双击“收款凭证”所在行的“限制类型”栏，出现倒三角按钮，从下拉框中选择“借方必有”，在“限制科目”栏录入“1001，100201”，或单击参照按钮，分别选择“1001”及“100201”。同理，完成付款凭证和转账凭证的设置，如图3-5-7所示。

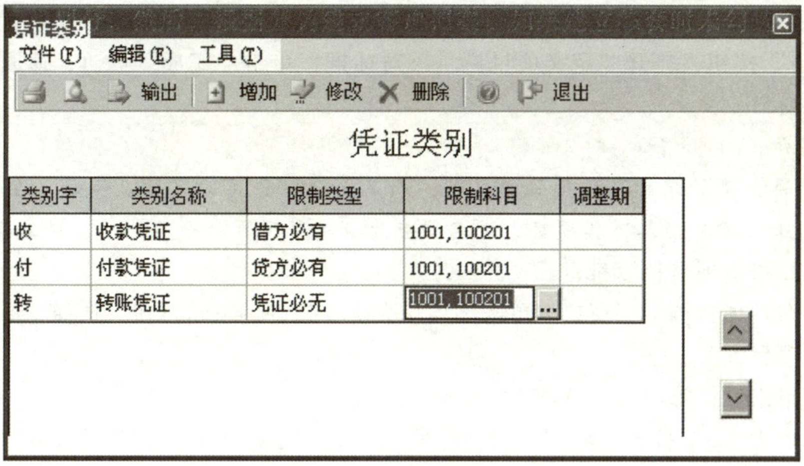

图 3-5-7 凭证类别定义

特别提示：

①限制科目之间的逗号要在英文状态下输入，否则系统会提示科目编码有误。

②已使用的凭证类别不能删除，也不能修改类别字。

③如果收款凭证的限制类型为“借方必有”，限制科目为“1001，100201”，则在填制凭证时系统要求收款凭证的借方科目至少有一个是“1001”或“100201”；否则，系统会判断该凭证“不满足借方必有条件”，不允许保存。付款凭证及转账凭证也应满足相应的要求。

操作步骤3：项目目录设置

操作录屏3-6

财务信息——项目目录设置

（1）定义项目大类。

①在“基础设置”选项卡中，执行“基础档案”→“财务”→“项目目录”命令，进入“项目档案”窗口。

②单击“增加”按钮，打开“项目大类定义_增加”对话框。

③录入新项目大类名称“商品项目管理”，如图3-5-8所示。

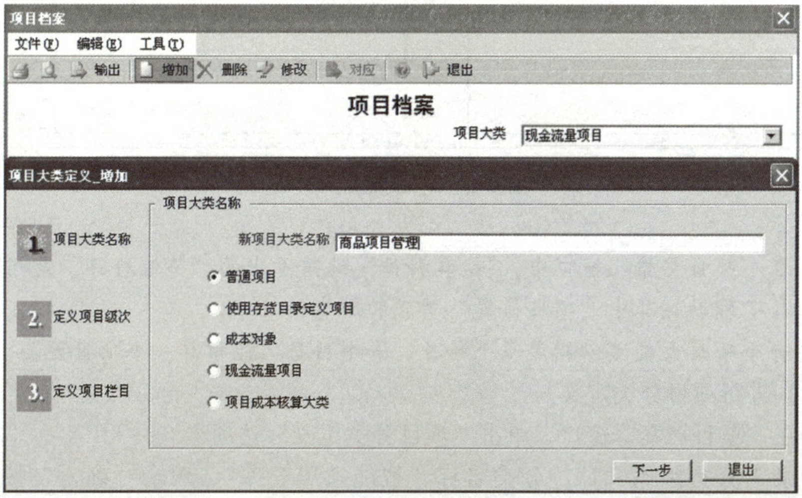

图 3-5-8 定义项目大类

④单击“下一步”按钮，打开“定义项目级次”对话框，默认系统设置，单击“下一步”按钮，打开“定义项目栏目”对话框，单击“完成”按钮，返回“项目档案”窗口。

特别提示：

项目大类的名称是该项目的总称，而不是会计科目的名称。例如，在建工程按具体工程项目核算，其项目大类名称应为“工程项目”而不是“在建工程”。

（2）指定项目核算科目。

①在“项目档案”窗口，单击“项目大类”栏的倒三角按钮，选择“商品项目管理”项目大类。

②单击“核算项目”选项卡。

③单击“>”按钮，将“主营业务收入”和“主营业务成本”科目从“待选科目”列表中选入“已选科目”列表，如图3-5-9所示。

④单击“确定”按钮。

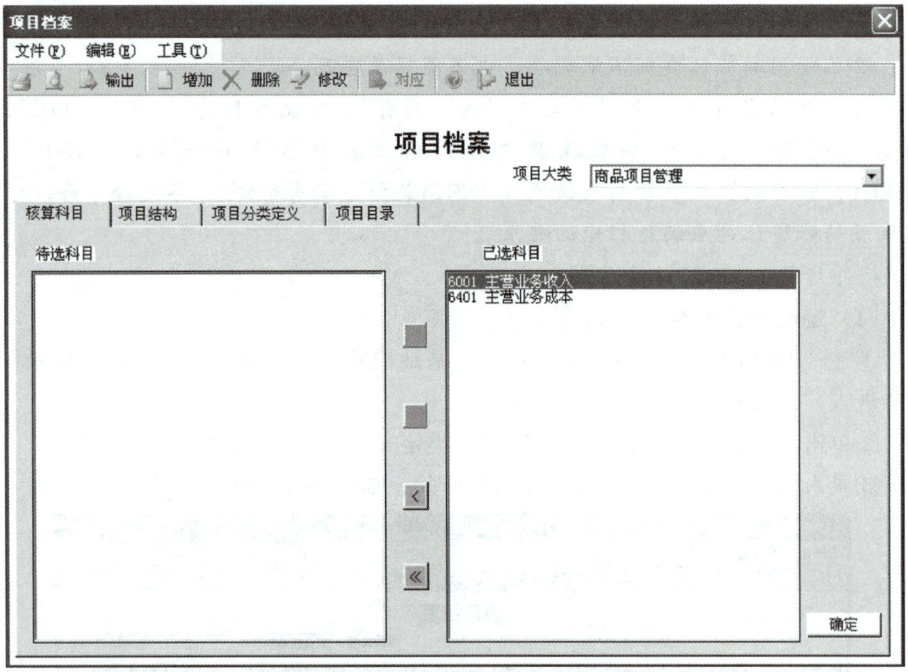

图3-5-9 指定核算科目

特别提示：

①在“项目档案”窗口中，“核算科目”选项卡中的“待选科目”是指设置科目时选择了辅助核算中“项目核算”功能的所有科目。

②一个项目大类可以指定多个科目，一个科目只能核算一个项目大类。

（3）进行项目分类定义。

①在“项目档案”窗口，单击“项目分类定义”选项卡。

②录入分类编码“1”、分类名称“智能家居仓库”，单击“确定”按钮。同理，增加“智能电子设备仓库”分类，如图3-5-10所示。

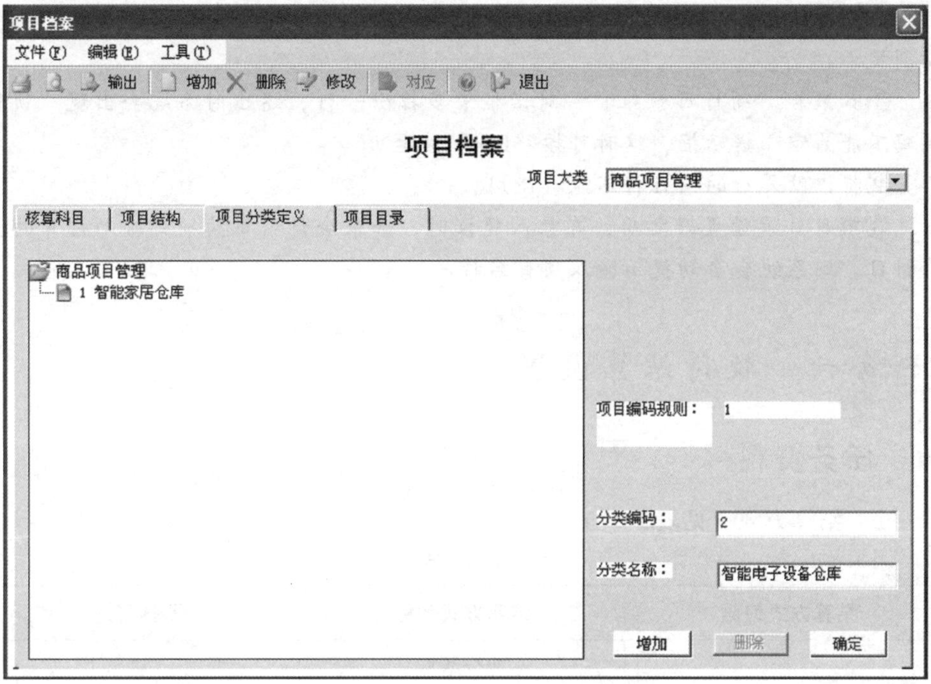

图 3-5-10 项目分类定义

③单击“确定”按钮。

（4）项目目录维护。

①在“项目档案”窗口，单击“项目目录”选项卡，单击“维护”按钮，进入“项目目录维护”窗口。

②单击“增加”按钮，录入项目编号“11”、项目名称“智能门锁”，单击“所属分类码”栏选择“1”，单击“所属分类名称”栏选择“智能家居仓库”。同理，增加其他产品，如图 3-5-11 所示。

图 3-5-11 项目目录维护

③单击“退出”按钮。

特别提示：

①如果在“项目目录维护”对话框中多拉出一行，退出时系统会出现“项目编码不能为空”提示框，这时可按“Esc”键退出。

②标识结算后的项目将不能再使用。

③项目目录设置好之后，在录入凭证时，如果会计科目为项目辅助核算的会计科目，则系统会自动提示输入项目名称。

任务测试3-5

财务信息设置

任务六　收付结算设置

任务资料

一、结算方式（见表3-6-1）

表3-6-1　结算方式

结算方式编码	结算方式名称	票据管理
1	现金结算	否
2	支票结算	是
201	现金支票	是
202	转账支票	是
3	商业汇票	是
301	商业承兑汇票	是
302	银行承兑汇票	是
4	网银转账	否
5	其他	否

二、开户银行

编码：01；开户银行：中国工商银行武汉市白沙洲支行；账号：3202000980952678127。

三、付款条件（见表3-6-2）

表3-6-2　付款条件

付款条件编码	信用天数	优惠天数1	优惠率1	优惠天数2	优惠率2
01	60	20	2	40	1

任务要求

根据上述资料，进行收付结算基础档案设置。

知识导航

收付结算信息包括结算方式、开户银行及付款条件信息。

一、结算方式

为了提高与银行对账的效率，系统提供了设置银行结算方式的功能，该功能主要用来建立和管理用户在经营活动中所涉及的结算方式，其设置应该与财务结算方式一致。

二、付款条件

付款条件是指企业为了鼓励客户提前付款而允诺在一定期限内给予规定的折扣优待，比如可以定义一个付款条件为“2/10，1/20，N/30”，表示客户在10天内付款可以得到2%的折扣；在11～20天内付款可以得到1%的折扣；21～30天内付款无折扣。付款条件将主要在采购订单、销售订单、采购结算、销售结算、客户目录、供应商目录中引用，系统最多同时支持4个时间段的折扣优待。

任务实施

操作步骤1：设置结算方式

操作录屏3-7 收付结算设置

（1）进入企业应用平台，在“基础设置”选项卡中，执行“基础设置”→“基础档案”→“收付结算”→“结算方式”命令，进入“结算方式”窗口。

（2）点击“增加”按钮，输入结算方式后保存，如图3-6-1所示。

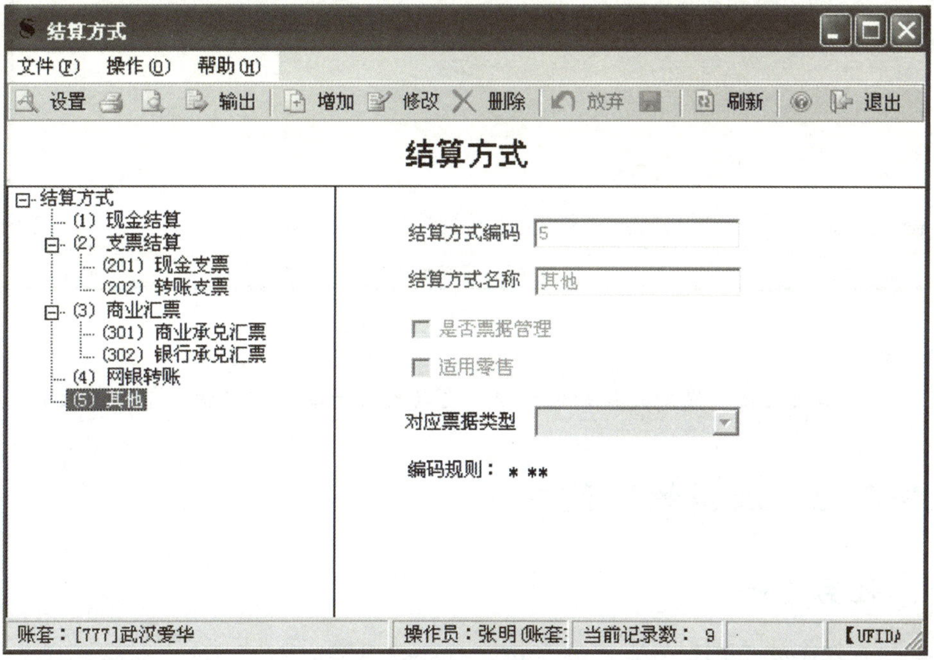

图3-6-1 结算方式

特别提示：

①如果选中“是否票据管理”复选框，则在执行该种结算方式时，系统会提示记录发生该笔业务的票据信息，否则不会提示。

②在总账系统中，结算方式会在使用“银行账”类科目填制凭证时使用，并可作为银行对账的一个参数。

操作步骤2：开户银行设置

（1）在“基础设置”选项卡中，执行“基础设置”→“基础档案”→“收付结算”→“开户银行”命令，进入“开户银行”窗口。

（2）单击“增加”按钮，输入信息后保存。

操作步骤3：设置付款条件

（1）在“基础设置”选项卡中，执行“基础设置”→“基础档案”→“收付结算”→“付款条件”命令，进入“付款条件”窗口。

（2）单击“增加”按钮，输入信息后保存，如图3-6-2所示。

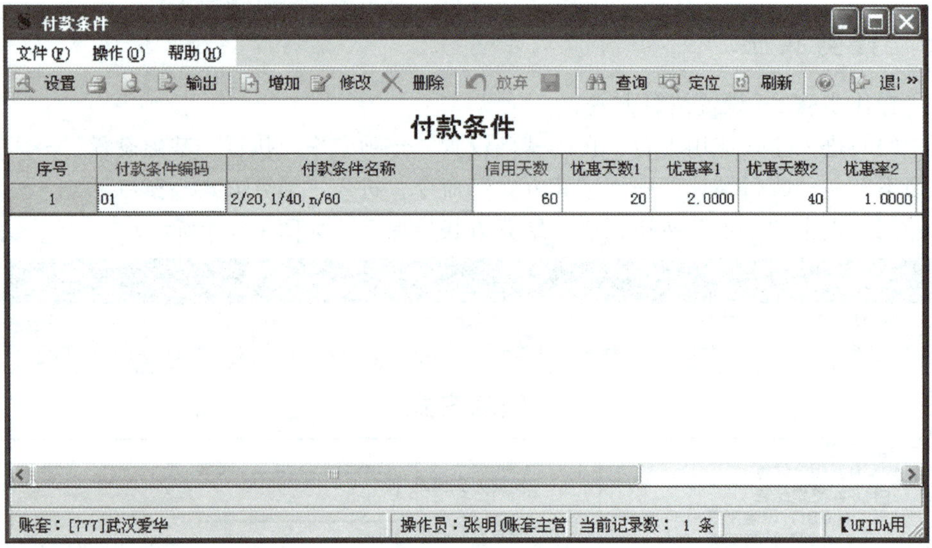

序号	付款条件编码	付款条件名称	信用天数	优惠天数1	优惠率1	优惠天数2	优惠率2
1	01	2/20, 1/40, n/60	60	20	2.0000	40	1.0000

图3-6-2 付款条件

任务测试3-6

收付结算设置

特别提示：

输入信用天数、优惠天数和优惠率，自动形成付款条件名称，不可修改。

任务七 数据权限设置

任务资料

一、操作员“李伟”

操作员“李伟”有对所有科目明细账的制单、查询权限，对所有部门的查询和录入权限，对本人所填制的单据进行查询、删改、审核、弃审、撤销的权限。

二、操作员“王刚”

操作员“王刚”有对“库存现金”“银行存款”“银行存款——工行存款”三个科目的制单、查询权限。

三、操作员“赵亮”

操作员“赵亮”有对“应收账款”“应收票据”两个科目明细账的查询权限，对所有部门的查询和录入权限，对本人所填制的单据进行查询、删改、审核、弃审、撤销的权限。

四、操作员“周军”

操作员“周军”有对本人所填制的单据进行查询、删改、审核、弃审、撤销的权限。

任务要求

1.根据上述资料，对操作员“李伟”“王刚”“赵亮”“周军”进行数据权限设置。

知识导航

一、三种权限管理

用友ERP-U8管理软件提供了三个层次的权限管理，即功能级权限管理、数据级权限管理和金额级权限管理。

二、数据权限控制设置

本功能是数据权限设置的前提。用户可以根据需要先在数据权限默认设置表中选择需要进行权限控制的对象，数据权限的控制分为记录级和字段级两个层次，对应系统中“记录级”和“字段级”两个页签，系统将自动根据该表中的选择在数据权限设置中显示所选对象。

三、数据权限分配

用户必须先在“系统管理”中定义角色，然后分配功能权限，才能进行数据权限分配。

数据权限分配的内容包括记录权限分配和字段权限分配。

（一）记录权限分配

记录权限分配是指对具体业务对象进行权限分配。其使用前提是在“数据权限控制设置”中选择控制至少一个记录级业务对象。

（二）字段权限分配

字段权限分配是指对单据中包含的字段进行权限分配。目前，出于安全性和保密性的考虑，有的用户提出一些单据或者列表中的有些栏目应设置查看权限，如限制仓库保管员查看出入库单据上有关产品（商品）价格的信息。其使用前提是在“数据权限控制设置”中选择控制至少一个字段级业务对象。

四、金额权限分配

金额权限设置即设置用户可使用的金额级别，如采购订单的金额审核额度、科目的制单金额额度。

金额级别共分为六级。当对一个用户设置了一个级别后，相当于该用户对所有科目均具有相同的级别；若某科目没有设置金额级别，则表示该科目不受金额级别控制。

任务实施

操作录屏3-8

数据权限设置

操作步骤1：数据权限控制设置

（1）在企业应用平台的“系统服务”选项卡中，执行“权限”→“数据权限控制设置”命令，进入“数据权限控制设置”对话框。

（2）在“记录级”页签“是否控制”列表中勾选“部门”“科目”“用户”，单击“确定”按钮，如图3-7-1所示。

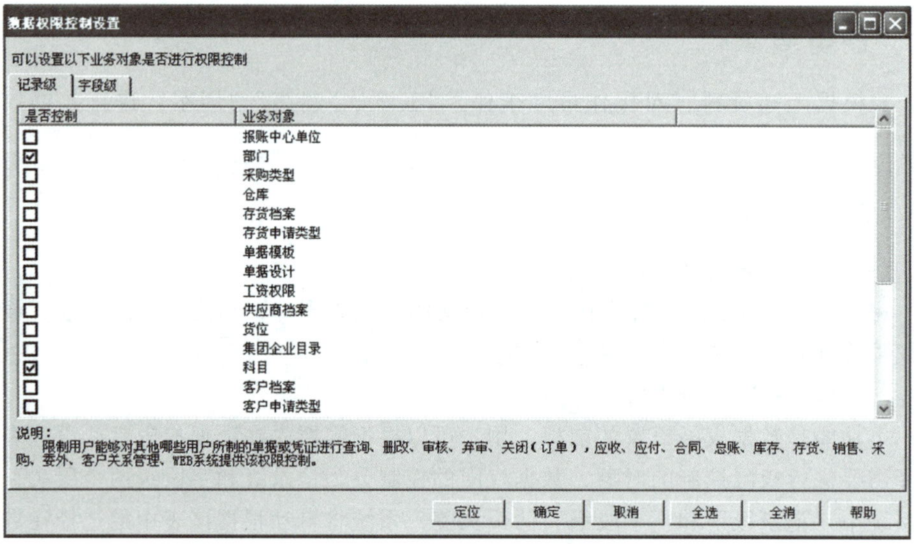

图3-7-1　数据权限控制设置

操作步骤2：数据权限分配

（1）在企业应用平台的“系统服务”选项卡中，执行“权限”→“数据权限分配”命令，进入“权限浏览”窗口，从“用户及角色”列表中选择“003王刚”，从记录权限业务对象下拉框中选择“科目”，单击工具栏上的“授权”按钮，打开“记录权限设置”窗口。

（2）分别将“库存现金”“银行存款”“工行存款”科目通过点击“>”按钮，从“禁用”列表框中选入“可用”列表框中，如图3-7-2所示。

（3）单击“保存”按钮，系统弹出“保存成功，重新登录门户，此配置才能生效！”提示框。

（5）单击“确定”按钮，返回“记录权限设置”窗口。

（6）按照同样的操作步骤，在企业应用平台的“系统服务”选项卡中，执行“权限”→“数据权限分配”命令，完成对操作员“赵亮”的权限设置，注意取消“制单”复选框中的“√”。单击“保存”按钮，系统弹出“保存成功，重新登录门户，此配置才能生效！”提示框，单击“确定”按钮返回。

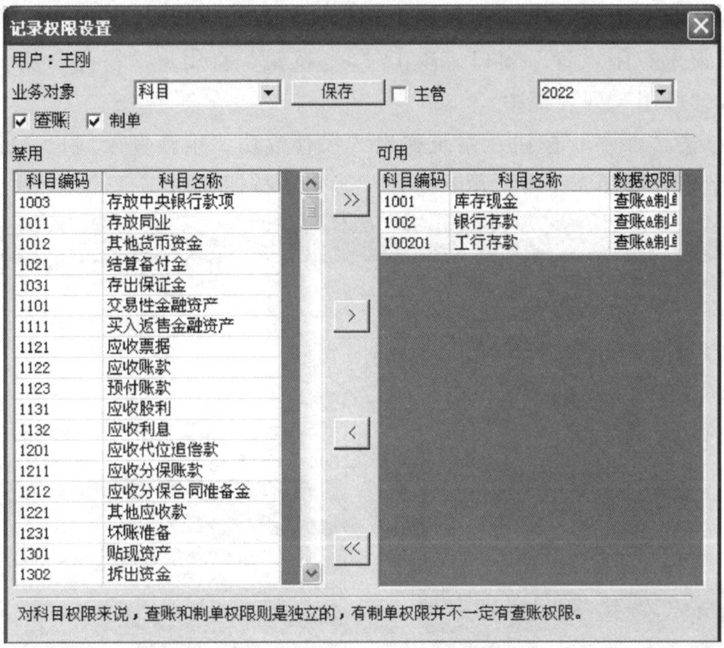

图 3-7-2　记录权限设置——科目设置

（7）在“业务对象”下拉列表框中选择“部门”，单击工具栏上的“授权”按钮，打开“记录权限设置”窗口，单击“>>”按钮，将所有部门从“禁用”列表框中选入“可用”列表框中。

（8）单击“保存”按钮，系统弹出“保存成功，重新登录门户，此配置才能生效！”提示框，如图3-7-3所示，单击“确定”按钮返回。

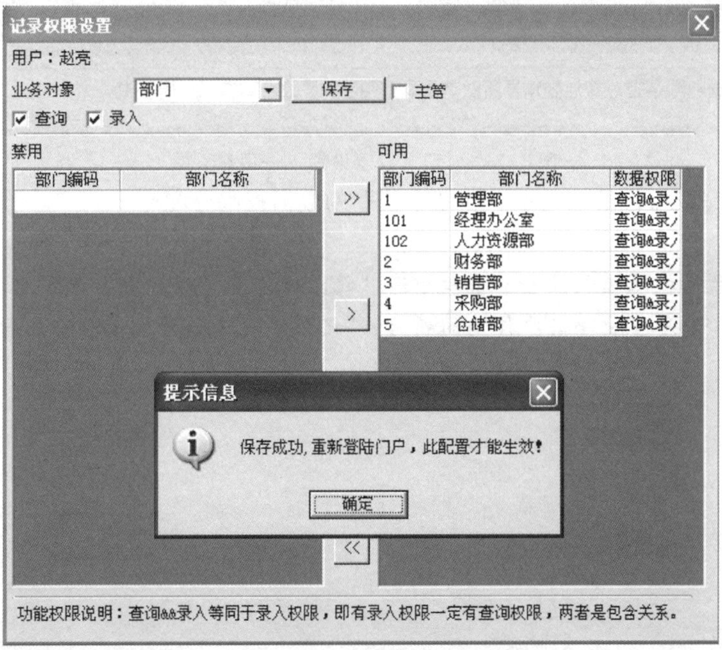

图 3-7-3　记录权限设置——部门设置

（9）在“业务对象”下拉列表框中选择“用户”，单击工具栏上的“授权”按钮，打开“记录权限设置”窗口，单击“>”按钮，将用户“赵亮”从“禁用”列表框中选入“可用”列表框中。

（10）单击“保存”按钮，系统弹出“保存成功，重新登录门户，此配置才能生效！”提示框，如图3-7-4所示，单击“确定”按钮返回。

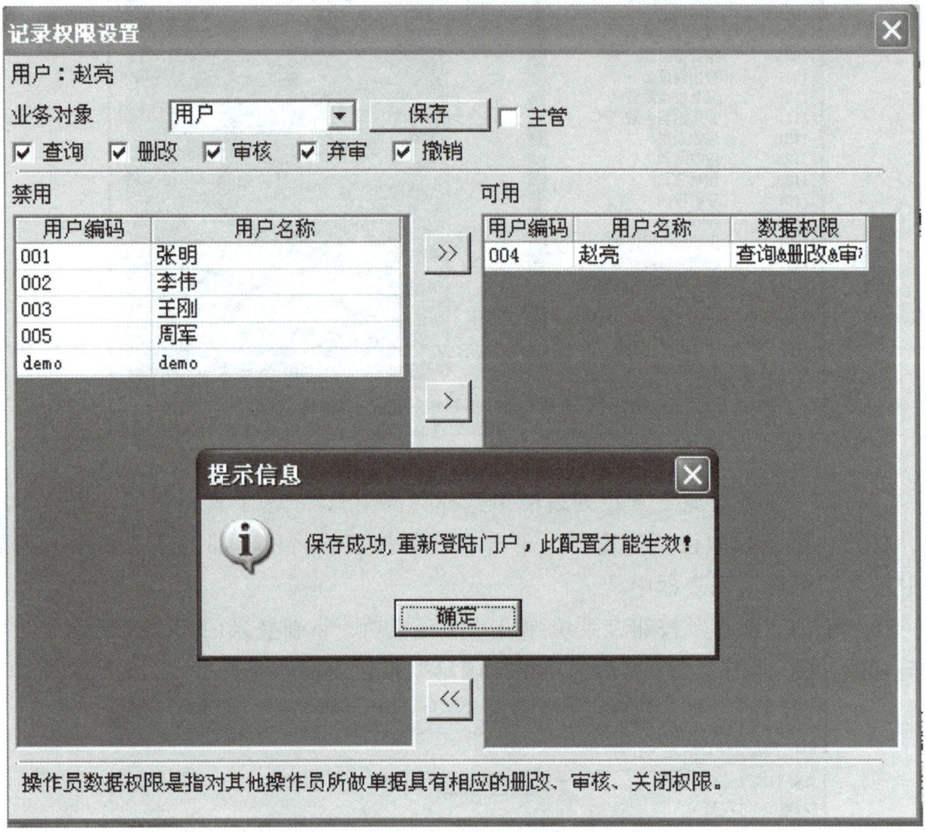

图3-7-4　记录权限设置——用户设置

学思践悟3-1

小疏漏
大风险

（11）完成操作员“周军”和“李伟”的数据权限分配。

任务测试3-7

数据权限设置

特别提示：

在“数据权限控制设置”窗口中有“记录级”和“字段级”两个标签页，“字段级”是GSP质量管理需要控制的项目，“记录级”是会计核算和企业管理需要控制的项目。

项目反馈与评价（项目三）

重难点梳理

1. 一家企业什么情况下需要进行客户分类管理？客户分类设置如何实现？

2. 指定会计科目的意义是什么？如何进行指定？

3. 项目目录设置的意义和操作流程是什么？

易错点分析

请将你在本项目任务测试和操作过程中出错的问题进行记录并分析。

项目评价

项目三多维评价量表

序号	评价内容	设定分值（分）	评价主体	得分情况（分）
线上环节	自主学习进度	20	平台自评	
	任务测试准确度	10	平台自评	
	小计	30		
线下环节	安全与规范操作意识	10	学生自评	
	劳动、探究与合作意识	10	小组互评	
	实训操作进度	20	小组互评	
	实训数据准确度	20	教师评议	
	项目反思态度	10	教师评议	
	小计	70		
合计		100		

项目四

总账系统

知识目标

通过本项目的学习，了解总账系统的功能结构，掌握总账系统的应用流程，掌握总账系统初始化选项设置和录入期初余额的方法，掌握总账系统日常业务中凭证处理和账簿管理的方法，掌握出纳管理的内容和处理方法，掌握期末业务处理的内容和方法。

技能目标

通过本项目的实训，能够结合企业实际进行总账控制参数设置，掌握期初余额录入、填制凭证、修改凭证、删除凭证、审核凭证、凭证记账、凭证与账簿查询、出纳管理和期末自动转账的操作方法。

素养目标

通过本项目的学习，坚持按会计准则办事，弘扬精益求精的工匠精神，确保账务处理结果的准确性。

项目导图

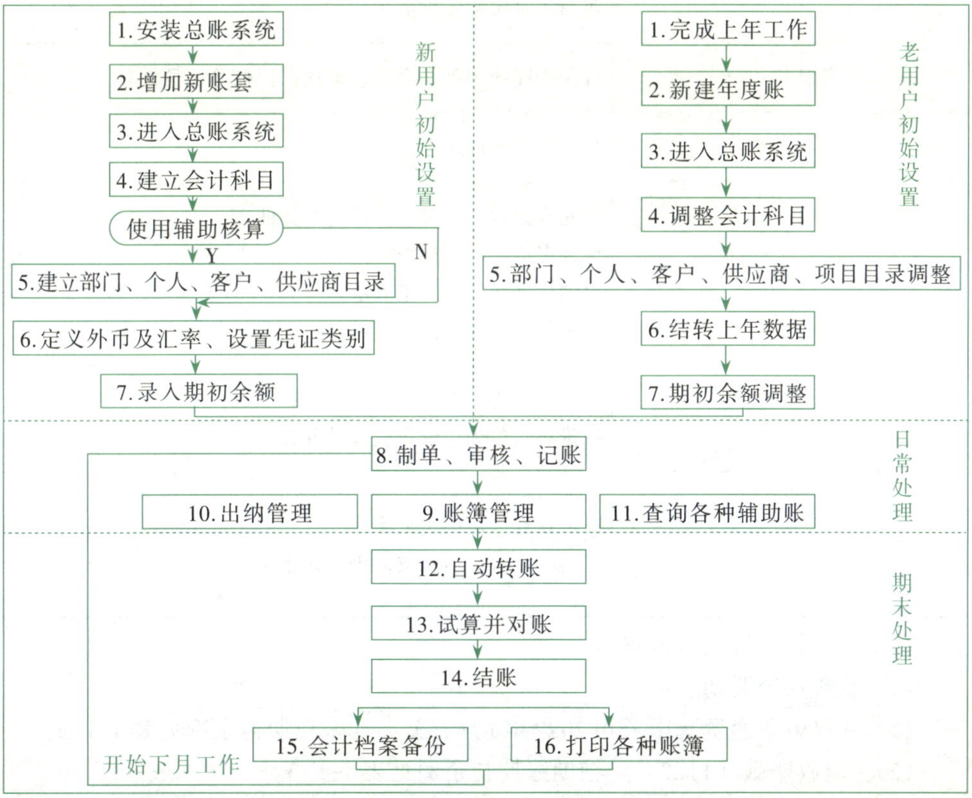

任务一 初始设置

任务资料

一、总账控制参数（见表4-1-1）

表4-1-1 总账控制参数

选项卡	参数设置
凭证	取消“制单序时控制” 支票控制 赤字控制：资金及往来科目 赤字控制方式：提示 可以使用应收受控科目 可以使用应付受控科目 凭证编号方式采用系统编号
账簿	账簿打印位数、每页打印行数按标准设定 明细账打印按年排页
凭证打印	打印凭证的制单、出纳、审核、记账等人员姓名
预算控制	超出预算允许保存
权限	不允许修改、作废他人填制的凭证 凭证审核控制到操作员 出纳凭证必须由出纳签字 明细账查询权限控制到科目
会计日历	会计日历为1月1日—12月31日 数量小数位和单价小数位设置为2
其他	外汇核算采用固定汇率 部门、个人、项目按编码方式排序

其余参数按系统默认设置。

二、总账系统期初余额

（1）武汉爱华商贸有限公司2022年1月有关会计账户期初余额见表4-1-2。

（2）“应收账款（1122）”辅助账期初余额见表4-1-3。

（3）“其他应收款（1221）”辅助账期初余额见表4-1-4。

表 4-1-2　　有关会计账户期初余额表

科目编码	科目名称	方向	辅助核算	期初余额
1001	库存现金	借	日记账	31 365
1002	银行存款	借	日记账、银行账	3 504 009
100201	工行存款	借	日记账、银行账	3 504 009
1122	应收账款	借	客户往来、应收系统受控科目	678 000
1221	其他应收款	借	个人往来	5 000
1231	坏账准备	贷		3 390
1405	库存商品	借		1 112 000
140501	智能门锁	借	500个	250 000
140502	智能台灯	借	1 300个	325 000
140503	智能音箱	借	500个	225 000
140504	智能体脂秤	借	200台	40 000
140505	智能车载摄像头	借	200个	110 000
140506	智能手环	借	210个	42 000
140507	智能蓝牙耳机	借	1 200个	120 000
1601	固定资产	借		4 284 590
1602	累计折旧	贷		458 646.24
1701	无形资产	借		500 000
2201	应付票据	贷	供应商往来、应付系统受控科目	50 850
2202	应付账款	贷	供应商往来、应付系统受控科目	56 500
2211	应付职工薪酬	贷		90 128.79
221101	工资	贷		69 571.79
221102	社会保险费	贷		5 490
221103	设定提存计划	贷		10 187
221104	住房公积金	贷		4 880
2221	应交税费	贷		67 709.05
222102	未交增值税	贷		26 450
222103	应交城建税	贷		1 851.5
222104	应交教育费附加	贷		793.5
222105	应交地方教育费附加	贷		529
222106	应交企业所得税	贷		38 000
222107	应交个人所得税	贷		85.05
2241	其他应付款	贷		11 163
224101	代扣职工三险一金	贷		11 163
2501	长期借款	贷		1 320 000
4001	实收资本	贷		7 000 000
4104	利润分配	贷		1 056 576.92
410403	未分配利润	贷		1 056 576.92

表 4-1-3　“应收账款（1122）”辅助账期初余额表　转 30

日期	客户	业务员	摘要	方向	金额
2021-12-15	武汉明创	宋飞	销售智能台灯 2 000 个，无税单价 300 元，税率 13%，发票号 85471234，付款条件（2/20，1/40，n/60）	借	678 000

表 4-1-4　“其他应收款（1221）”辅助账期初余额表

日期	凭证号数	部门	个人	摘要	方向	金额
2021-12-28	付-25	采购部	张军	出差借款	借	5 000

（4）“应付票据（2201）”辅助账期初余额见表 4-1-5。

表 4-1-5　“应付票据（2201）”辅助账期初余额表　转 20

日期	供应商	业务员	摘要	方向	金额
2021-12-11	广东鑫海	张军	采购智能音箱 100 个，无税单价 450 元，税率 13%，银行承兑汇票票号 6255413，票面利率 6%，到期日 2022-01-11，承兑银行：中国工商银行	贷	50 850

（5）“应付账款（2202）”辅助账期初余额见表 4-1-6。

表 4-1-6　“应付账款（2202）”辅助账期初余额表　转 45

日期	供应商	业务员	摘要	方向	金额
2021-12-25	上海宏悦	张军	采购智能台灯 200 个，无税单价 250 元，税率 13%，发票号 5678213，付款条件（2/20，1/40，n/60）	贷	56 500

任务要求

1. 根据上述资料，进行总账系统参数设置。
2. 根据上述资料，录入总账系统期初余额。
3. 进行总账期初余额试算平衡操作。

知识导航

重难点微课 4-1 总账系统初始设置

总账管理系统初始设置是由企业根据自身的行业特性和管理需求，将通用的总账管理系统设置为适合企业自身特点的专用系统的过程。总账管理系统初始设置主要包括会计科目设置、凭证类别设置、项目目录设置、系统选项设置和期初数据录入等内容。其中，会计科目设置、凭证类别设置、项目目录设置属于基础档案设置，前文已经介绍，本项目只介绍系统选项设置和期初数据录入的相关内容。

一、系统选项设置

系统在建立新账套后，由于具体情况或业务变更需要，会发生账套信息与核算内容不符的情况，这时可以通过系统选项设置进行调整。用户可对凭证、账簿、凭证打印、预算控制、权限、会计日历、其他、自定义项核算等操作控制选项进行修改。

二、期初数据录入

总账管理系统需要录入的期初数据包括期初余额和累计发生额，企业建账的时间不同，录入的期初数据也会不同。

如果选择年初建账，则只需要准备各账户上年年末的余额作为新一年的期初余额，且年初余额和月初余额是相同的。比如，某企业2022年1月启用总账管理系统，则只需要整理该企业2021年12月末各账户的期末余额作为2022年1月的期初余额，因为2022年没有累计数据发生，所以2022年1月的月初余额也是2022年的年初余额。

任务实施

操作步骤1：总账系统设置

操作录屏4-1

总账系统初始设置

（1）以“001张明”身份，“2022-01-01”日期登录企业应用平台。执行“业务工作”→“财务会计”→“总账”→“设置”→“选项”命令，进入“选项”窗口。

（2）单击“编辑”按钮，按照任务资料，在“选项”窗口各选项卡下，勾选或去掉相应的参数。设置完毕后，如图4-1-1所示。单击“确定”按钮退出。

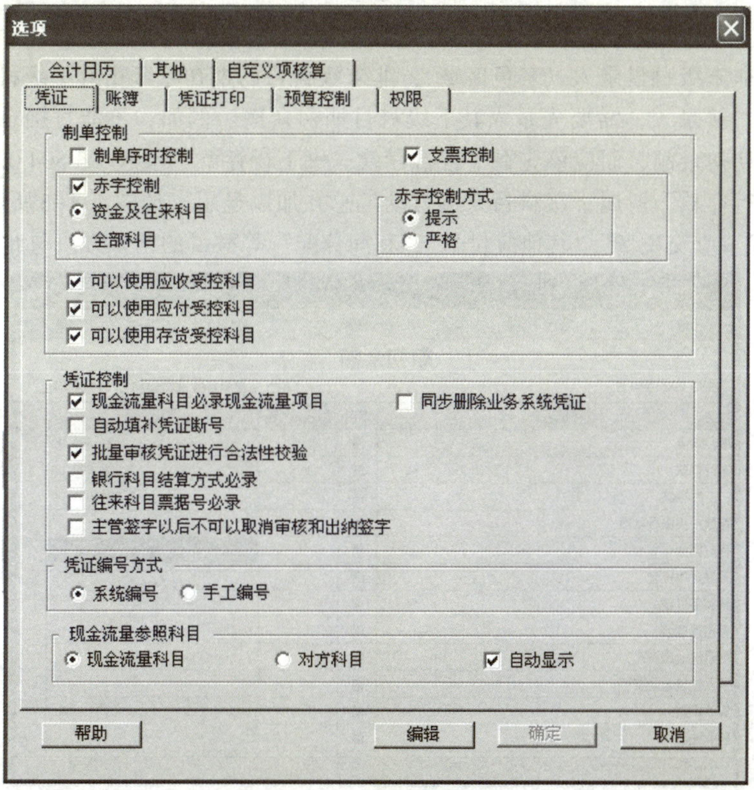

图4-1-1　总账系统选项设置

操作步骤2：录入总账期初数据

执行“业务工作”→“财务会计”→“总账”→“设置”→“期初余额”命令，进入“期初余额录入”窗口。

（1）末级科目录入（白色区域）：光标定位，直接输入末级科目的期初余额，如在“库存现金”栏录入“31 365”，如图4-1-2所示。“坏账准备”“固定资产”“累计折旧”“无形资产”“长期借款”“实收资本”等科目的录入方法与此相同。

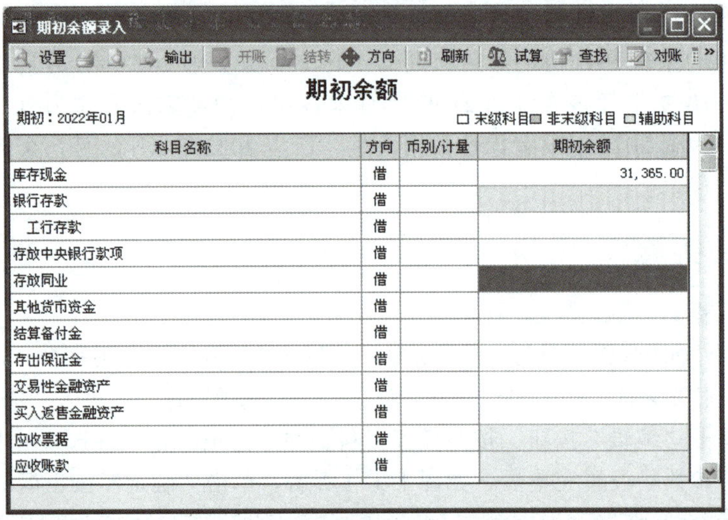

图4-1-2　期初余额录入——末级科目

（2）非末级科目录入（灰色区域）：非末级科目的期初余额由其下级科目汇总生成，不能直接录入，需要先录入其下级科目期初余额。例如，不能直接录入“银行存款”的期初余额，而应该先在“银行存款——工行存款”录入“3 504 009”，则系统将“银行存款”所属下级科目余额自动汇总并加以显示，如图4-1-3所示。“应付职工薪酬”“应交税费”“其他应付款”“利润分配”等科目的录入方法与此相同。

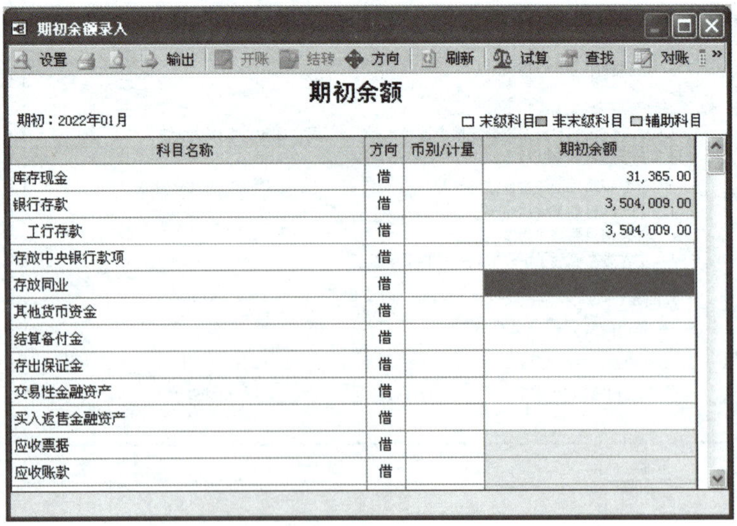

图4-1-3　期初余额录入——非末级科目

如果非末级科目下属科目还设置了数量金额核算要求，则除了按上述方法录入末级科目金额外，还需要录入其期初数量，所录金额会影响试算平衡，数量不影响试算平衡，但会影响单价的计算。例如，在“库存商品——智能门锁”栏除了要录入金额“250 000”外，还要在下面的数量栏录入“500”，如图4-1-4所示。库存商品其他下级科目的录入方法与此相同。

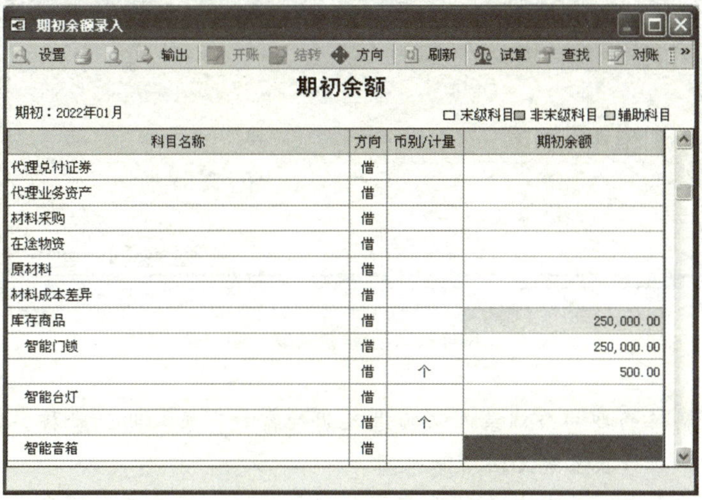

图4-1-4 期初余额录入——非末级数量金额核算科目

（3）辅助核算科目录入（黄色区域）：设置了辅助核算的往来科目后，在期初余额录入时，应双击“期初余额”栏，进入“辅助期初余额”窗口。在该窗口中单击“往来明细”按钮，进入“期初往来明细”窗口。单击“增行”按钮，录入辅助核算的明细期初数据。

例如，录入“应收账款”科目的期初余额时，根据任务资料，在“日期”栏选择“2021-12-15”，在“凭证号”栏选择“转-30”，在“客户”栏选择“武汉明创”，在“业务员”栏选择“宋飞”，在“摘要”栏录入“销售智能台灯”，在“金额”栏录入“678 000”。单击“汇总”按钮，提示“完成了往来明细到辅助期初表的汇总！”，如图4-1-5所示。单击“确定”按钮后，再单击“退出”按钮。同理，录入其他应收款、应付票据、应付账款辅助核算科目期初余额。

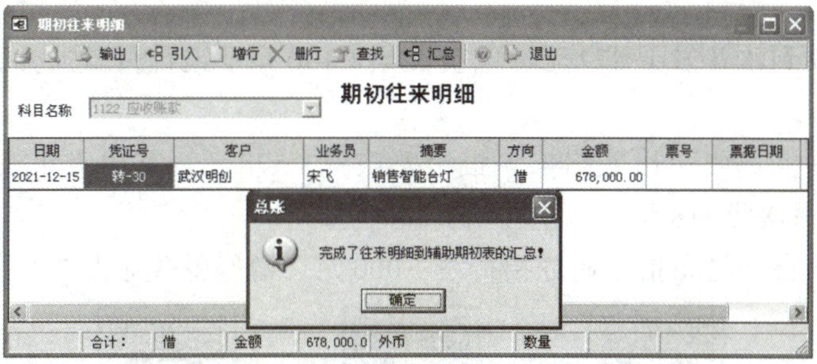

图4-1-5 期初余额录入——辅助核算科目

（4）期初余额试算平衡：在期初余额录入窗口，单击上方的“试算”按钮，系统进行试算平衡测试，试算结果如图4-1-6所示，单击“确定”按钮。

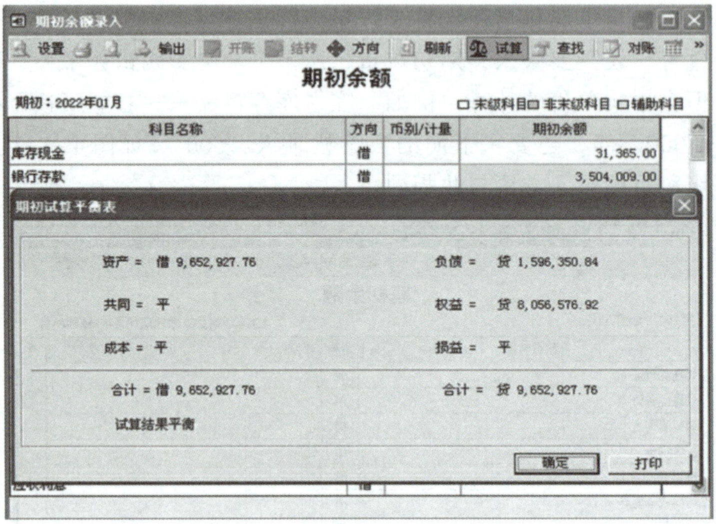

图 4-1-6　期初试算平衡

学思践悟 4-1
基础不牢
地动山摇

任务测试 4-1
总账系统
初始设置

特别提示：

①往来科目的期初余额录入必须进入明细窗口，录入明细资料，否则总账系统与应收款、应付款系统无法对账平衡。

②如果应收款、应付款系统没有录入期初数据，则可以在总账中直接录入往来明细数据。

任务二　凭证处理

任务资料

2022年1月武汉爱华商贸有限公司发生部分经济业务如下：

1.1日，采购部张军购买打印纸，共计300元，以现金支付，收到电子普通发票1张。（为练习红字冲销故意设错）

2.2日，财务部出纳王刚开出1张现金支票2 000元，去银行提现备用，支票号00209881。

3.2日，收到水费发票872元、电费发票1 130元及银行付款通知，各部门明细情况见表4-2-1。

4.7日，采购部张军出差归来，报销差旅费3 578元，其中火车票1 106元，住宿费954元，餐饮费318元，出差补贴1 200元。

5.8日，销售部赵亮报销业务招待费1 000元（增值税普通发票），以现金支付。

业务1 原始单据　　业务2 原始单据　　业务3 原始单据　　业务4 原始单据　　业务5 原始单据

6.9日，财务部支付网银转账手续费100元，并收到银行扣款回单。

7.9日，缴纳上月未交增值税26 450元、城建税1 851.5元、教育费附加793.5元、地方教育费附加529元。

表4-2-1　　各部门水费、电费明细表　　单位：元

部　门	水费	电费
经理办公室	100.00	100.00
人力资源部	100.00	100.00
财务部	100.00	100.00
销售部	100.00	100.00
采购部	200.00	100.00
仓储部	200.00	500.00
合　计	800.00	1 000.00

8. 10日，开出现金支票（票号00209882）支付2021年12月工资69 571.79元。

9. 10日，缴纳2021年12月社保、公积金共计31 720元。其中企业社保（工伤保险和医疗保险）5 490元，企业设定提存计划（养老保险和失业保险）10 187元，企业承担住房公积金4 880元，代扣职工个人社保公积金11 163元。

10.10日，缴纳2021年12月个人所得税85.05元。

业务6 原始单据　业务7 原始单据　业务8 原始单据　业务9 原始单据　业务10 原始单据

11.11日，采购部张军向上海兴宝科技有限公司购买智能体脂秤400个，单价200元，签订采购合同（CGHT001），验收入智能家居仓库，并收到供应商开具的专用发票一张（CGFP001）。采购部将单据交给财务部门，财务部门据此确认应付账款，并确认采购成本。

12.11日，应付广东鑫海的银行承兑汇票到期（票号6255413），财务部对其结算并制单。

13.12日，支付2021年12月25日从上海宏悦采购智能台灯的价税款56 500元，根据付款条件（2/20，1/40，n/60），可享受2%的现金折扣，通过网银转账支付55 370元。

14. 13日，采购部孙朋与武汉雅辉科技有限公司签订采购合同（CGHT002），订购智能车载摄像头900个，单价550元，网银支付定金5 000元，要求14日到货。

15.14日，向武汉雅辉科技有限公司采购的智能车载摄像头到货，验收入智能电子设备仓库，同日收到发票（CGFP002），货款尚未支付。

业务11 原始单据　业务12 原始单据　业务13 原始单据　业务14 原始单据　业务15 原始单据

16.15日，采购部孙朋与武汉智创智能科技有限公司签订采购合同（CGHT003），订购智能手环300个，单价200元；智能音箱600个，单价450元，当日到货，智能手环验收入智能电子设备仓库，智能音箱验收入智能家居仓库，收到全部货款专用发票（CGFP003），向武汉智创智能科技有限公司签发银行承兑汇票1张，票号6255414，用以支付货款，到期日为2月15日。

17.17日，发现11日从上海兴宝科技有限公司购入的智能体脂秤质量有问题，从智能家居仓库退回50个，单价200元，同日收到红字专用发票1张（CGFP004）。

18.18日，销售部宋飞向武汉永新科技有限公司销售智能蓝牙耳机1 000个，无税单价170元，智能车载摄像头600个，无税单价650元，智能台灯1 000个，不含税单价350元。据此开具专用发票一张（票号39142210）。

19.20日，武汉明创商贸有限公司偿还上月欠款678 000元，根据付款条件（2/20，1/40，n/60），武汉明创商贸有限公司可享受1%的现金折扣（含增值税），最终通过网银转账（票据号25583769411）支付货款671 220元。

20.22日，销售部宋飞与武汉明创商贸有限公司签订销售合同，销售智能门锁400个，无税单价850元，开具销售专用发票（发票号39142211），同日收到武汉明创商贸有限公司开具的不带息银行承兑汇票一张（票号763481239），到期日7月22日。

业务16 原始单据　业务17 原始单据　业务18 原始单据　业务19 原始单据　业务20 原始单据

21.23日，向武汉永新科技有限公司销售的智能蓝牙耳机因质量问题退回100个，该批货物系18日销售，已经结算，向对方开具红字发票一张（发票号39142212）。

22.23日，销售部赵军向黄石格西贸易有限公司销售智能音箱800个，无税单价550元，智能体脂秤500台，无税单价350元；智能车载摄像头400个，无税单价700元；智能手环380个，无税单价330元。当日开出全额增值税专用发票（发票号39142213），同时以现金支付了一笔代垫的运费2 000元，款项尚未收到。

23.29日，将收到的武汉明创商贸有限公司不带息银行承兑汇票（票号763481239）贴现，贴现率为5%。

24.29日，确认23日为黄石格西贸易有限公司代垫的运费2 000元作为坏账处理。

25.31日，计提本月应收账款坏账准备。（坏账准备按应收账款余额的0.5%提取）

业务21 原始单据　业务22 原始单据　业务23 原始单据　业务24 原始单据　业务25 原始单据

26.31日，结转本月销售成本（见表4-2-2）。

表4-2-2　**本月销售成本**　单位：元

商品名称	销售数量	单价	金额
智能门锁	400.00	500.00	200 000.00
智能台灯	1 000.00	250.00	250 000.00
智能音箱	800.00	450.00	360 000.00
智能体脂秤	500.00	200.00	100 000.00
智能车载摄像头	1 000.00	550.00	550 000.00
智能手环	380.00	200.00	76 000.00
智能蓝牙耳机	900.00	100.00	90 000.00
合 计			1 626 000.00

任务要求

1.根据上述资料，进行经济业务的凭证填制。

2.将付字2号提现业务生成常用凭证，代号为01，说明为“提现备用”，并调用生成的常用凭证，进行本月31日从工行提现1 000元的业务操作。

3.对调用常用凭证生成的提现凭证进行凭证作废、整理操作。

4.由出纳王刚对凭证进行出纳签字审核操作。

5.由张明对全部凭证进行审核。

6.由张明查询本月未记账的转字1号凭证。

7.由张明对全部凭证进行记账。

8.记账后发现第一笔业务会计科目有误，用红字冲销法进行错账更正，并由相关操作员进行出纳签字、凭证审核和记账。

9.查询本月全部已记账凭证。

知识导航

凭证是记录企业发生的各项经济业务的载体，是总账系统数据的唯一来源。凭证处理是总账系统的核心功能，主要包括填制凭证、审核凭证、凭证记账等。

一、填制凭证

重难点微课4-2 填制凭证

在实际工作中，用户可以直接在计算机上根据审核无误准予报销的原始凭证填制记账凭证（即前台处理），也可以先由人工制单，然后集中输入（即后台处理）。企业采用哪种方式，应根据本单位的实际情况决定。一般来说，业务量不多或者基础较好的企业可以采用前台处理方式；如果是第一年使用，或处于人机并行阶段，则比较适合采用后台处理方式。

（一）增加凭证

记账凭证的内容一般包括两部分：一是凭证头部分（凭证类别、凭证编号、制单日期、附单据数），二是凭证正文部分（摘要、科目、辅助信息、金额）。

（二）修改凭证

在填制凭证的过程中，通过翻页查找或输入查询条件，可以找到要修改的凭证，这时将光标移到需要修改的地方即可进行修改。可修改的内容包括摘要、科目、辅助项、金额及方向等。

外部系统传递过来的凭证不能在总账系统中修改，只能在生成该凭证的系统中修改。

（三）作废/恢复凭证

当不想要某张凭证或者某张凭证出现不便修改的错误时，可以将其作废。凭证上显示“作废”字样，表示已将该凭证作废，作废凭证仍保留凭证内容及凭证编号。

若当前凭证已作废，还可执行“作废/恢复”命令，取消作废标志，并将其恢复为有效凭证。

（四）整理凭证

整理凭证就是删除所有作废凭证，并对未记账凭证重新编号。若本月已有凭证记账，那么本月最后一张已记账凭证之前的凭证将不能进行凭证整理，只能对其后面的未记账凭证进行凭证整理。

（五）制作红字冲销凭证

对于已记账的凭证，若发现有错误，则可以通过执行“冲销凭证”命令制作一张红字冲销凭证。通过红字冲销法生成的凭证，应视同正常凭证进行保存管理。

（六）查看凭证的有关信息

总账系统的填制凭证功能不仅是各账簿数据的输入口，而且具有强大的信息查询功能。通过这一功能，用户可以查询符合条件的凭证信息。

二、审核凭证

为了确保登记到账簿的每一笔经济业务的准确性和可靠性，制单员填制的每一张凭证都必须经过审核员的审核。审核凭证主要包括出纳签字、主管签字和凭证审核三个方面的工作。

（一）出纳签字

出纳人员可通过出纳签字功能对制单员填制的带有现金科目、银行科目的凭证进行检查核对，主要核对凭证的科目及金额是否正确。审查后认为有错误或者有异议的凭证，应交由制单员修改后再核对。

（二）主管签字

为了加强对制单的管理，系统还提供了“主管签字”功能供用户选择。选择该功能后，制单员填制的凭证必须经主管签字才能记账。

（三）凭证审核

凭证审核是由具有审核权限的操作员根据财会制度，对制单员填制的记账凭证进行检查核对，主要审核记账凭证是否与原始凭证相符、会计分录是否正确等。审核后认为有错误或者有异议的凭证，应交由填制人员修改后再审核。

三、凭证记账

记账凭证经审核签字后，即可用来登记总账、明细账、日记账、部门账、往来账及项目账等。记账工作由计算机自动进行，无须人工干预。

任务实施

操作步骤1：填制记账凭证

业务1：无辅助核算业务（有意设错，便于练习红字冲销）

操作录屏4-2

填制凭证——业务1

（1）以“002李伟”身份注册进入企业应用平台。若已经以其他操作员的身份进入企业应用平台，则需要单击左上角的“重注册”按钮。

（2）选中“业务工作”选项卡，执行“总账”→“凭证”→“填制凭证”命令，进入“填制凭证”窗口。

（3）单击“增加”按钮或者按快捷键“F5”。

（4）单击凭证类别的参照按钮，选择“付款凭证”。

（5）修改制单日期为“2022.01.01”，填写附单据数“1”。

（6）在“摘要栏”直接录入“购买办公用品，现金付讫”。

（7）在“科目名称”栏录入科目名称“销售费用/办公费”，或者录入科目代码“660105”，或者单击参照按钮（或按快捷键“F2”），选择损益类科目“660105销售费用/办公费”。

（8）在“借方金额”栏录入“300”。

（9）按回车键复制上一行摘要，在“科目名称”栏录入科目名称“库存现金”，或者录入科目代码“1001”，或者单击参照按钮（或按快捷键“F2”），选择资产类科目“1001库存现金”。

（10）在“贷方金额”栏录入“300”，或者直接按“=”键，进行借贷自动平衡。

（11）单击“保存”按钮，系统弹出“凭证已成功保存！”提示框，单击“确定”按钮返回，如图4-2-1所示。

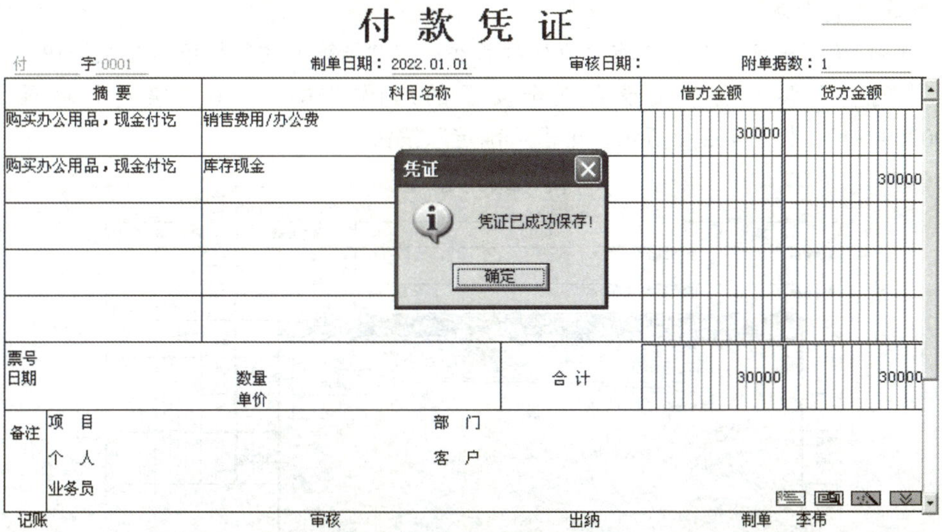

图4-2-1 填制业务1凭证

特别提示：

①凭证日期应晚于或等于总账系统启用日期，并早于或等于计算机系统日期。如果录入日期后系统提示“日期不能超前建账日期”，则需要在“基础设置”选项卡的“基本信息”→“系统启用”中检查总账系统启用日期；如果录入日期后系统提示“日期不能滞后系统日期”，则需要检查计算机系统日期。

②凭证体中不同行的摘要可以相同也可以不同，但不能为空。每行摘要都必须随相应的会计科目在明细账、日记账中出现。

③输入的科目名称或科目编码必须是最末级科目。

④分录中的金额不能为零，但可以为红字，即如果金额是负数，则在金额处按“-”，系统会显示金额为红字，但在打印凭证时，该金额前会打印出“-”。如果凭证的金额录错了方向，可以按“空格”键改变借贷方向。

⑤在总账选项中，系统规定每页凭证可以有5行，当某张凭证超过5行时，系统将自动在凭证号后标上分数，如付0001号0002/0003表示付款凭证第0001号凭证共有3张分单，当前光标所在分录是第二张分单。

⑥凭证填制完成后，在未审核前可以直接进行修改。

⑦如果在设置凭证类别时已经设置了不同种类凭证的限制类型及限制科目，则在填制凭证时，如果凭证类别选择错误，那么在保存凭证时，系统会提示凭证不能满足的条件，此时应根据业务类型重新选择凭证类别。

业务2：辅助核算业务——银行账辅助核算

操作录屏4-3

填制凭证——业务2

（1）参照业务1凭证填制过程，录入本业务凭证头信息、摘要栏信息、借方“库存现金”科目及金额信息。

（2）在凭证体第二行录入科目名称“银行存款/工行存款”，或者录入科目代码“100201”，或者单击参照按钮（或按快捷键“F2”），选择资产类科目“100201银行存款/工行存款”。

（3）按回车键，出现“辅助项”对话框，在“结算方式”栏单击参照按钮，双击“现金支票”或直接录入现金支票的编码“201”，在“票号”栏录入“00209881”，如图4-2-2所示，单击“确定”按钮。

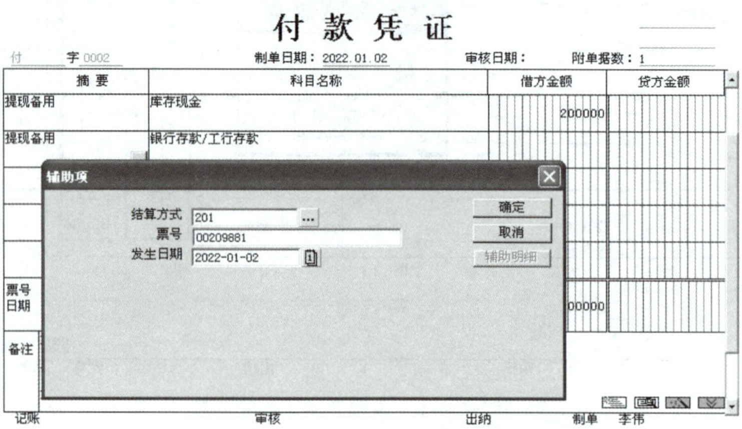

图4-2-2　业务2结算方式录入

（4）凭证输入完成后，单击“保存”按钮。若此张支票尚未登记，则系统弹出“此支票尚未登记，是否登记？”对话框。

（5）单击“是”按钮，弹出“票号登记”对话框。

（6）输入领用日期“2022-01-02”，领用部门“2-财务部”，姓名“003-王刚”限额“2 000”，用途“提现备用”等内容，单击“确定”按钮，所登记内容在支票登记簿中可查看。

（7）单击“保存”按钮，保存该凭证。

特别提示：

凡是涉及“银行账”的科目，均应输入结算方式及票据号，否则期末将无法与银行账对账。如果系统未弹出提示输入结算方式、票据号等内容的“辅助项”窗口，说明在科目设置时，未在有关“银行存款”科目中选中“银行账”复选框。

业务3：辅助核算业务——部门核算和银行账辅助核算

操作录屏4-4

填制凭证——业务3

（1）参照业务1凭证填制过程，录入本业务凭证头信息、摘要栏信息。

（2）在凭证体第一行“科目名称”栏录入科目名称“管理费用/水电费”，或者录入科目代码“660203”，或者单击参照按钮（或按快捷键“F2”），选择损益类科目“660203管理费用/水电费”。

（3）按回车键，出现“辅助项”对话框，单击参照按钮，选择“经理办公室”或直接录入经理办公室的编码“101”，如图4-2-3所示，单击“确定”按钮，录入借方金额“200”。

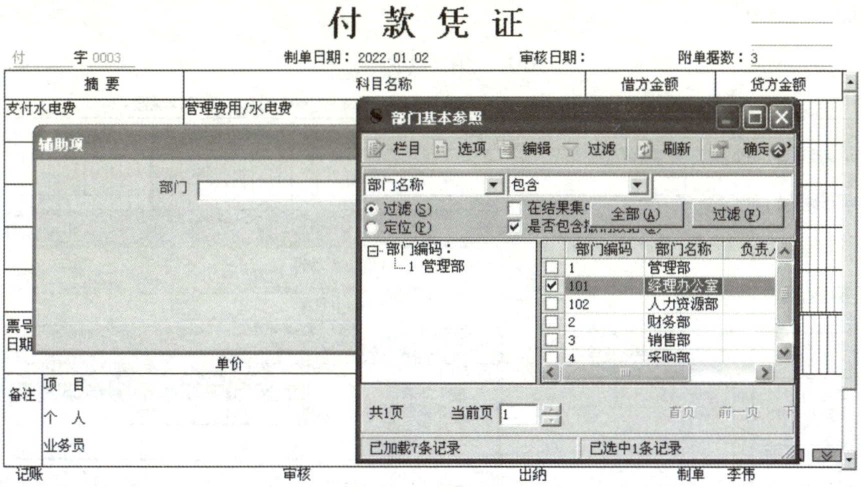

图4-2-3 业务3辅助核算——部门核算录入

（4）按照同样的步骤，依次在凭证体第二行到第六行中录入其他部门的水电费。

（5）在凭证体第七行录入科目名称“应交税费/应交增值税/进项税额”和借方金额“202”，第八行录入科目名称“银行存款”。

（6）按回车键，出现“辅助项”对话框，在“结算方式”栏单击参照按钮，双击“网银转账”或直接录入网银转账的编码“4”，在“票号”栏录入“10283769425”，单击“确定”按钮，录入贷方金额“2 002”。

（7）单击“保存”按钮，保存该凭证。

特别提示：

点击“辅助项”窗口的参照按钮后，如果无法查看部门信息，则有可能是“基础档案”中的部门信息没有录入，此时应先完善部门档案再选择；或者是该操作员没有部门查询的权限，此时应在数据权限设置中进行相应的设置。

业务4：辅助核算业务——部门核算和个人往来辅助核算

操作录屏4-5

填制凭证——业务4

（1）参照业务1凭证填制过程，录入本业务凭证头信息、摘要栏信息。

（2）在凭证体第一行“科目名称”栏录入科目名称“管理费用/差旅费”，或者录入科目代码“660204”，或者单击参照按钮（或按快捷键“F2”），选择损益类科目“660204管理费用/差旅费”。

（3）按回车键，出现“辅助项”对话框，单击参照按钮，选择“采购部”或直接录入采购部的编码“4”，单击“确定”按钮，录入借方金额“3 414.68”。

（4）在凭证体第二行录入科目名称“应交税费/应交增值税/进项税额”和借方金额“163.32”，第三行录入科目名称“库存现金”和借方金额“1 422”。

（5）在凭证体第四行录入科目名称“其他应收款”，或者录入科目代码“1221”，或者单击参照按钮（或按快捷键“F2”），选择资产类科目“1221其他应收款”。

（6）按回车键，出现“辅助项”对话框，在“部门”栏单击参照按钮，选择“采购部”或直接录入采购部的编码“4”，在“个人”栏单击参照按钮，选择“张军”或直接录入张军的编码“010”，如图4-2-4所示，单击“确定”按钮，录入贷方金额“5 000”。

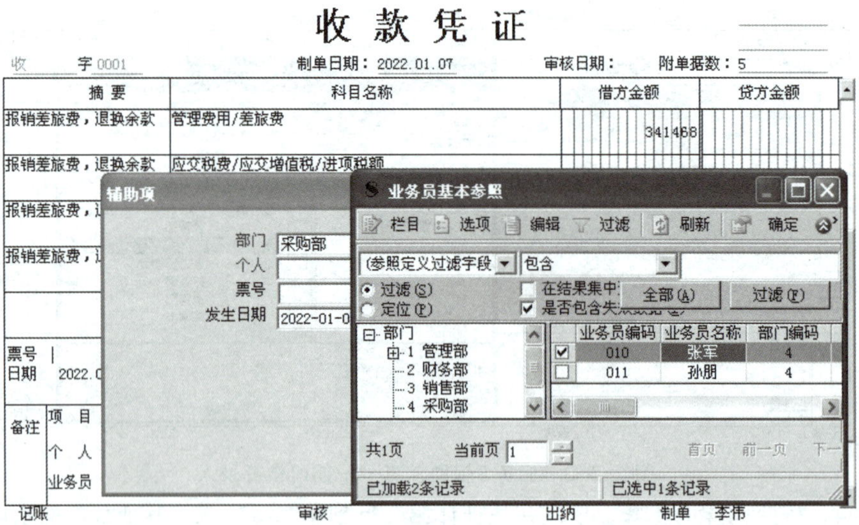

图4-2-4 业务4辅助核算——个人核算录入

（7）单击“保存”按钮，保存该凭证。

特别提示：

如果业务员参照窗口没有相关个人信息，则应检查在个人档案设置中是否勾选了“是否业务员”，否则即使添加了个人档案，也无法在业务员参照窗口显示。

特别提示：

按照财政部 税务总局 海关总署公告2019年第39号《关于深化增值税改革有关政策的公告》，2019年4月1日起，取得注明旅客身份信息的铁路车票的，铁路旅客运输进项税额为票面金额÷（1+9%）×9%；本笔业务中火车票可抵扣进项税额为91.32元（553×2÷（1+9%）×9%）。

业务5：无辅助核算业务

参照业务1凭证填制过程完成业务5记账凭证的填制，如图4-2-5所示。

操作录屏4-6
填制凭证——业务5-7

付 款 凭 证

付 字 0004　　制单日期：2022.01.08　　审核日期：　　附单据数：1

摘 要	科目名称	借方金额	贷方金额
销售部报销业务招待费	销售费用/业务招待费	100000	
销售部报销业务招待费	库存现金		100000
票号 日期　数量 单价	合 计	100000	100000

备注　项 目　部 门
　　　个 人　客 户
　　　业务员

记账　审核　出纳　制单 李伟

图4-2-5　填制业务5凭证

业务6：辅助核算业务——银行账辅助核算

参照业务2凭证填制过程完成业务6记账凭证的填制，如图4-2-6所示。

付 款 凭 证

付 字 0005　　制单日期：2022.01.09　　审核日期：　　附单据数：1

摘 要	科目名称	借方金额	贷方金额
支付网银转账手续费	财务费用/手续费	10000	
支付网银转账手续费	银行存款/工行存款		10000
票号 4 - 21279000001 日期 2022.01.09　数量 单价	合 计	10000	10000

备注　项 目　部 门
　　　个 人　客 户
　　　业务员

记账　审核　出纳　制单 李伟

图4-2-6　填制业务6凭证

业务7：辅助核算业务——银行账辅助核算

参照业务2凭证填制过程完成业务7记账凭证的填制，如图4-2-7所示。

付 款 凭 证

付 字 0006　　制单日期：2022.01.09　　审核日期：　　附单据数：2

摘 要	科目名称	借方金额	贷方金额
缴纳上月税费	应交税费/未交增值税	2645000	
缴纳上月税费	应交税费/应交城建税	185150	
缴纳上月税费	应交税费/应交教育费附加	79350	
缴纳上月税费	应交税费/应交地方教育费附加	52900	
缴纳上月税费	银行存款/工行存款		2962400
票号 4 - 06790809 日期 2022.01.09　数量 单价	合 计	2962400	2962400

备注　项 目　　部 门
　　　个 人　　客 户
　　　业务员

记账　　审核　　出纳　　制单 李伟

图4-2-7　填制业务7凭证

业务8：辅助核算业务——银行账辅助核算

操作录屏4-7
填制凭证——业务8-10

参照业务2凭证填制过程完成业务8记账凭证的填制，如图4-2-8所示。

付 款 凭 证

付 字 0007　　制单日期：2022.01.10　　审核日期：　　附单据数：1

摘 要	科目名称	借方金额	贷方金额
支付2021年12月工资	应付职工薪酬/工资	6957179	
支付2021年12月工资	银行存款/工行存款		6957179
票号 201 - 00209882 日期 2022.01.10　数量 单价	合 计	6957179	6957179

备注　项 目　　部 门
　　　个 人　　客 户
　　　业务员

记账　　审核　　出纳　　制单 李伟

图4-2-8　填制业务8凭证

业务9：辅助核算业务——银行账辅助核算

参照业务2凭证填制过程完成业务9记账凭证的填制，如图4-2-9所示。

付款凭证

付 字 0008　　制单日期：2022.01.10　　审核日期：　　附单据数：2

摘要	科目名称	借方金额	贷方金额
缴纳2021年12月社保、公积金	应付职工薪酬/社会保险费	549000	
缴纳2021年12月社保、公积金	应付职工薪酬/设定提存计划	1018700	
缴纳2021年12月社保、公积金	应付职工薪酬/住房公积金	488000	
缴纳2021年12月社保、公积金	其他应付款/代扣职工三险一金	1116300	
缴纳2021年12月社保、公积金	银行存款/工行存款		3172000
票号 4 - 06790812 日期 2022.01.10　数量 单价	合 计	3172000	3172000

备注　项 目　　部 门
　　　个 人　　客 户
　　　业务员

记账　　审核　　出纳　　制单 李伟

图 4-2-9　填制业务9凭证

业务10：辅助核算业务——银行账辅助核算

参照业务2凭证填制过程完成业务10记账凭证的填制，如图4-2-10所示。

付款凭证

付 字 0009　　制单日期：2022.01.10　　审核日期：　　附单据数：1

摘要	科目名称	借方金额	贷方金额
缴纳2021年12月个人所得税	应交税费/应交个人所得税	8505	
缴纳2021年12月个人所得税	银行存款/工行存款		8505
票号 4 - 06790815 日期 2022.01.10　数量 单价	合 计	8505	8505

备注　项 目　　部 门
　　　个 人　　客 户
　　　业务员

记账　　审核　　出纳　　制单 李伟

图 4-2-10　填制业务10凭证

业务11：辅助核算业务——供应商往来核算

（1）参照业务1凭证填制过程，录入本业务凭证头信息、摘要栏信息。

（2）在凭证体第一行录入科目名称“库存商品/智能体脂秤”，或者录入科目代码“140504”，弹出“辅助项”对话框。输入数量“400”，单价“200”，如图4-2-11所示，单击“确定”按钮，系统会自动将金额信息显示在凭证体“借方金额”栏，所录信息会显示在凭证体下方。

操作录屏4-8

填制凭证——业务11-13

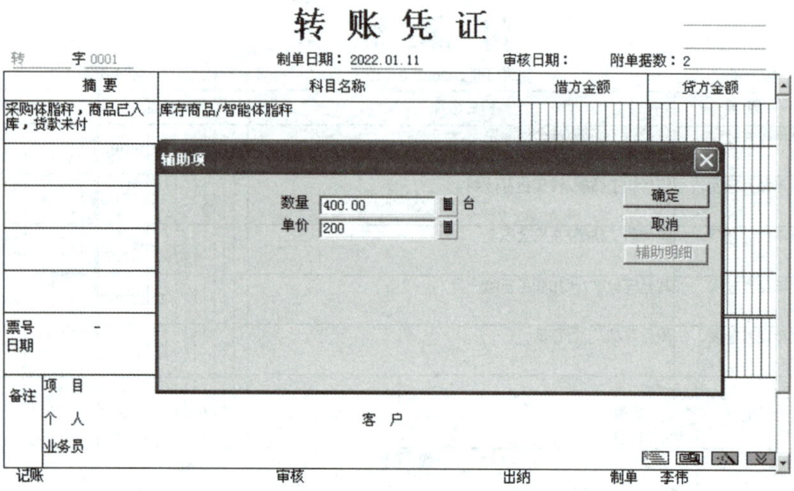

图4-2-11　业务11辅助核算——数量金额录入

（3）在凭证体第二行录入科目名称“应交税费/应交增值税/进项税额”和借方金额“10 400”。

（4）在凭证体第三行录入或参照录入科目名称“应付账款”，或者录入科目代码“2202”，系统会弹出“辅助项”对话框。在“供应商档案基本参照”窗口选择“上海兴宝科技有限公司”，如图4-2-12所示。在业务员参照窗口选择“张军”，票号录入“CGFP001”，单击“确定”按钮，录入贷方金额“90 400”。

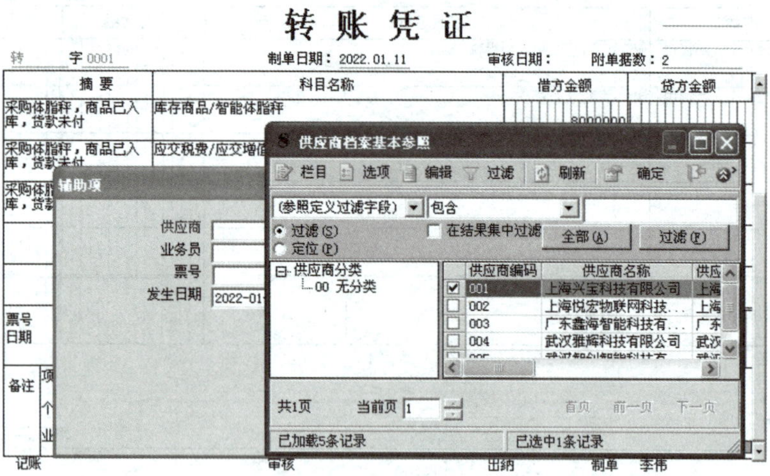

图4-2-12　业务11辅助核算——供应商往来录入

（5）单击“保存”按钮，保存该凭证。

特别提示：

①只有对科目设置了数量金额核算，在填制凭证时输入该科目，系统才会弹出输入数量和单价的“辅助项”窗口。

②数量、单价和金额信息三者只能输入其中两者，系统会自动计算第三者，否则可能会出现由于四舍五入导致总账和明细账数据不平的情况。

特别提示：

如果同时启用应付款管理系统，“应付票据”“应付账款”等往来科目又设置为供应商往来辅助核算，则与采购有关的应付和付款业务一般在应付款管理系统中处理，在总账系统中不必处理该类业务。如果要在启用应付款管理系统的同时，仍然在总账系统中处理应付和付款业务，则需要在总账系统的选项设置中勾选“可以使用应付受控科目”。本教材为了让学生了解两种不同的做法，在总账系统中对应付业务也进行了处理。在项目八应付款系统中可以尝试用另一种方案进行处理。

业务12：辅助核算业务——银行账和供应商往来核算

参照业务11凭证填制过程完成业务12记账凭证的填制，如图4-2-13所示。

付 款 凭 证

付 字 0010　　制单日期：2022.01.11　　审核日期：　　附单据数：1

摘 要	科目名称	借方金额	贷方金额
支付到期票据款	应付票据	5085000	
支付到期票据款	银行存款/工行存款		5085000
票号 - 6255413 日期 2022.01.11　数量 单价	合 计	5085000	5085000
备注	项 目 个 人 业务员 -	部 门 供应商 广东鑫海	

记账　　审核　　出纳　　制单 李伟

图4-2-13　填制业务12凭证

业务13：辅助核算业务——银行账和供应商往来核算

参照业务11凭证填制过程完成业务13记账凭证的填制，如图4-2-14所示。

付 款 凭 证

付 字 0011　　制单日期：2022.01.12　　审核日期：　　附单据数：2

摘 要	科目名称	借方金额	贷方金额
支付从上海宏悦采购智能台灯价税款	应付账款	5650000	
支付从上海宏悦采购智能台灯价税款	财务费用/现金折扣	113000	
支付从上海宏悦采购智能台灯价税款	银行存款/工行存款		5537000
票号 - 5678213 日期 2022.01.12　数量 单价	合 计	5537000	5537000
备注	项 目 个 人 业务员 -	部 门 供应商 上海悦宏	

记账　　审核　　出纳　　制单 李伟

图4-2-14　填制业务13凭证

特别提示：

损益类科目出现反方向发生额时，通常在正常记账方向用红字表示。

业务14：辅助核算业务——银行账和供应商往来核算

操作录屏4-9

填制凭证——业务14-16

参照业务11凭证填制过程完成业务14记账凭证的填制，如图4-2-15所示。

付 款 凭 证

付 字 0012　　制单日期：2022.01.13　　审核日期：　　附单据数：1

摘 要	科目名称	借方金额	贷方金额
支付武汉雅辉采购定金	预付账款	500000	
支付武汉雅辉采购定金	银行存款/工行存款		500000
票号 - 日期 2022.01.13　数量 单价	合 计	500000	500000
备注	项 目 个 人 业务员 孙朋	部 门 供应商 武汉雅辉	

记账　　审核　　出纳　　制单 李伟

图4-2-15　填制业务14凭证

业务15：辅助核算业务——数量金额核算和供应商往来核算

参照业务11凭证填制过程完成业务15记账凭证的填制，如图4-2-16所示。

转 账 凭 证

转 字 0002　　制单日期：2022.01.14　　审核日期：　　附单据数：2

摘 要	科目名称	借方金额	贷方金额
向武汉雅辉采购摄像头到货入库，货款未付	库存商品/智能车载摄像头	49500000	
向武汉雅辉采购摄像头到货入库，货款未付	应交税费/应交增值税/进项税额	6435000	
向武汉雅辉采购摄像头到货入库，货款未付	应付账款		55935000
票号 - 日期　数量 900.00个 单价 550.00	合 计	55935000	55935000
备注	项 目 个 人 业务员	部 门 客 户	

记账　　审核　　出纳　　制单 李伟

图4-2-16　填制业务15凭证（1）

特别提示：

业务14已预付武汉雅辉定金5 000元，业务15要做一笔预付冲应付，如图4-2-17所示。

转 账 凭 证

转 字 0003　　制单日期：2022.01.14　　审核日期：　　附单据数：1

摘 要	科目名称	借方金额	贷方金额
预付冲应付	预付账款		500000
预付冲应付	应付账款	500000	
票号 日期 2022.01.13	数量 单价	合 计	

备注　项 目　　部 门
　　　个 人　　供应商 武汉雅辉
　　　业务员 孙朋

记账　审核　出纳　制单 李伟

图 4-2-17　填制业务 15 凭证（2）

业务 16：辅助核算业务——数量金额核算和供应商往来核算

参照业务 11 在凭证体第一行和第二行分别录入“智能手环”和“智能音箱”的数量金额信息，在凭证体第四行录入供应商往来核算内容，完成业务 16 记账凭证的填制，如图 4-2-18 所示。

转 账 凭 证

转 字 0004　　制单日期：2022.01.15　　审核日期：　　附单据数：3

摘 要	科目名称	借方金额	贷方金额
采购商品，签发银行承兑汇票	库存商品/智能手环	6000000	
采购商品，签发银行承兑汇票	库存商品/智能音箱	27000000	
采购商品，签发银行承兑汇票	应交税费/应交增值税/进项税额	4290000	
采购商品，签发银行承兑汇票	应付票据		37290000
票号 日期	数量 300.00个 单价 200.00	合 计 37290000	37290000

备注　项 目　　部 门
　　　个 人　　客 户
　　　业务员

记账　审核　出纳　制单 李伟

图 4-2-18　填制业务 16 凭证

业务 17：辅助核算业务——数量金额核算和供应商往来核算（红字业务）

（1）参照业务 11 录入凭证第一行数量核算内容，注意此处的数量应录入“-50”，系统将“-10 000”自动显示为红字“10 000”。参照业务 11 录入第三行供应商往来内容。

操作录屏4-10

填制凭证——业务 17-19

（2）其他录入同业务1，不再赘述。

（3）单击“确定”按钮，并保存凭证，如图4-2-19所示。

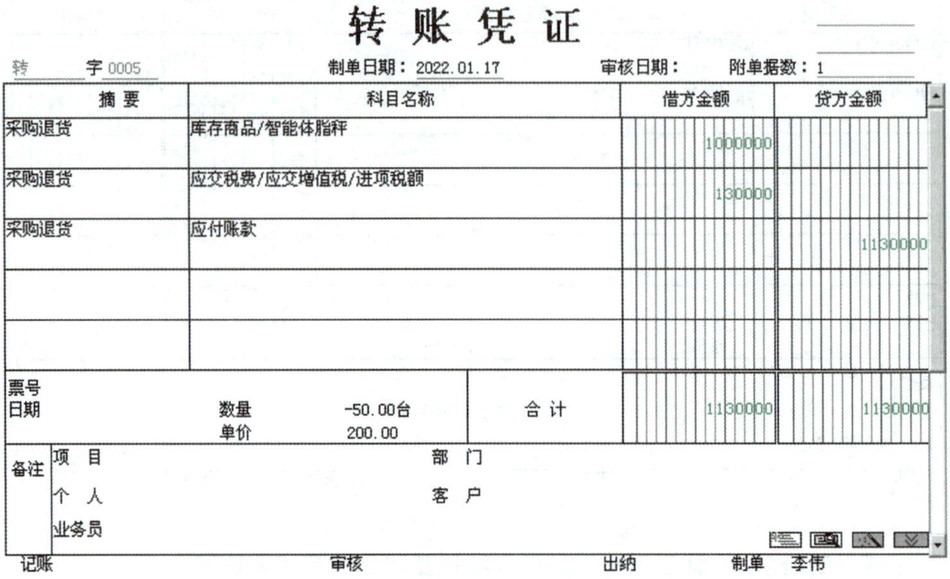

图4-2-19　填制业务17凭证

业务18：辅助核算业务——项目辅助核算和客户往来核算

（1）在凭证体第一行录入或参照录入科目名称“应收账款”，或者录入科目代码“1122”，系统会弹出“辅助项”对话框。在“客户”栏参照选择“武汉永新”，在业务员参照窗口选择“宋飞”，票号录入“39142210”，如图4-2-20所示。单击“确定”按钮，录入借方金额“1 028300”。

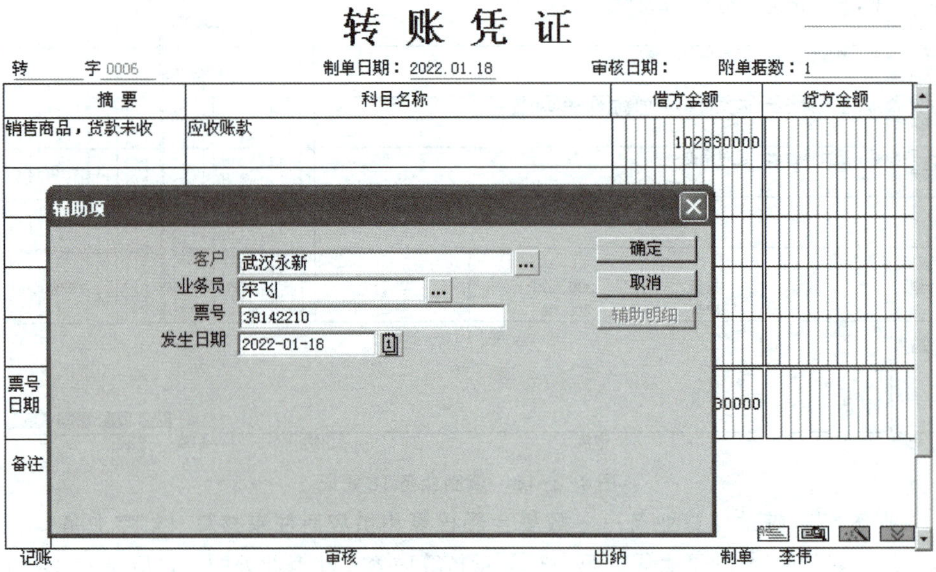

图4-2-20　业务18辅助核算——客户往来录入

（2）在凭证体第二行录入科目名称“主营业务收入”，或者录入科目代码“6001”，或者单击参照按钮（或按“F2”快捷键），选择损益类科目“6001 主营业务收入”，弹出“辅助项”对话框。

（3）输入项目编号“23”，或者单击参照按钮，双击选择“智能蓝牙耳机”项目，如图4-2-21所示，单击“确定”按钮，录入贷方金额“170 000”。

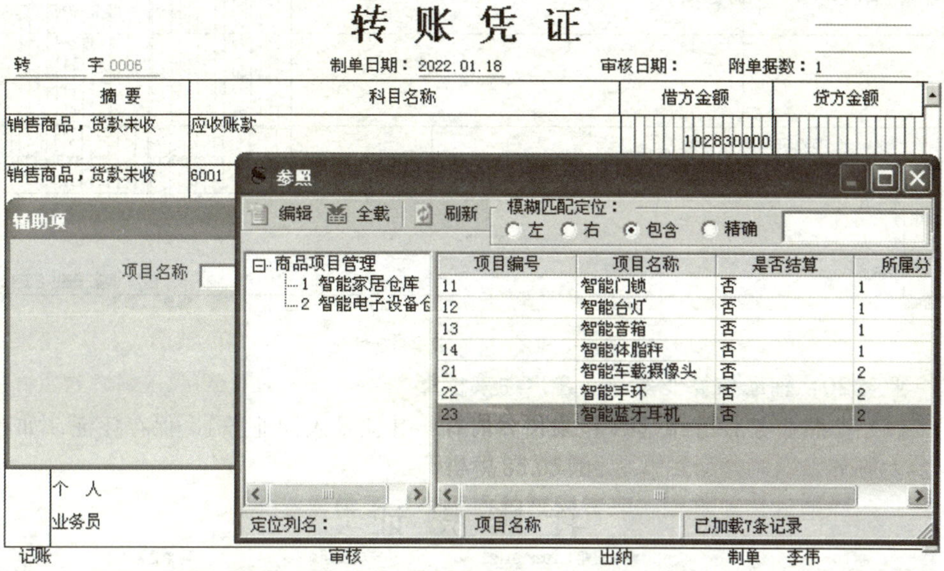

图4-2-21 业务18辅助核算——项目名称录入

（4）在凭证体第三行和第四行分别录入“智能车载摄像头”和“智能台灯”的项目辅助核算及收入金额。

（5）其他录入同业务1，不再赘述。

（6）单击“确定”按钮，并保存凭证。

特别提示：

如果同时启用应收款管理系统，“应收票据”“应收账款”等往来科目又设置为供应商往来辅助核算，则与销售有关的应收和收款业务一般在应收款管理系统中处理，在总账系统中不必处理该类业务。如果要在启用应收款管理系统的同时，仍然在总账系统中处理应收业务，则需要在总账系统的选项设置中勾选“可以使用应收受控科目”。本教材为了让学生了解两种不同的做法，在总账系统中对应收和收款业务也进行了处理。在项目九应收款管理系统中可以尝试用另一种方案进行处理。

业务19：辅助核算业务——银行账和客户往来核算

参照业务2录入银行账内容，参照业务18录入客户往来核算内容，其他录入同业务1，保存凭证，如图4-2-22所示。

收 款 凭 证

收 字 0002　　制单日期：2022.01.20　　审核日期：　　附单据数：2

摘要	科目名称	借方金额	贷方金额
武汉明创偿还上月欠款	银行存款/工行存款	67122000	
武汉明创偿还上月欠款	财务费用/现金折扣	678000	
武汉明创偿还上月欠款	应收账款		67800000
票号 4 - 25583769411 日期 2022.01.20　数量 单价	合计	67800000	67800000

备注　项目　　部门
　　　个人　　客户
　　　业务员

记账　　审核　　出纳　　制单 李伟

图 4-2-22　填制业务 19 凭证

业务 20：辅助核算业务——客户往来核算

操作录屏 4-11

填制凭证——业务 20-22

（1）参照业务 18 录入客户往来核算内容，其他录入同业务 1，保存凭证，如图 4-2-23 所示。

转 账 凭 证

转 字 0007　　制单日期：2022.01.22　　审核日期：　　附单据数：1

摘要	科目名称	借方金额	贷方金额
销售商品，货款未收	应收账款	38420000	
销售商品，货款未收	主营业务收入		34000000
销售商品，货款未收	应交税费/应交增值税/销项税额		4420000
票号 39142211 日期 2022.01.22　数量 单价	合计	38420000	38420000

备注　项目　　部门
　　　个人　　客户 武汉明创
　　　业务员 宋飞

记账　　审核　　出纳　　制单 李伟

图 4-2-23　填制业务 20 凭证（1）

（2）继续处理收到银行承兑汇票业务，参照业务 18 录入客户往来核算内容，保存凭证，如图 4-2-24 所示。

转 账 凭 证

转 字 0008 制单日期：2022.01.22 审核日期： 附单据数：1

摘要	科目名称	借方金额	贷方金额
收到银行承兑汇票	应收票据	38420000	
收到银行承兑汇票	应收账款		38420000
票号 763481239 日期 2022.01.22 数量 单价	合 计	38420000	38420000

备注 项 目 部 门
个 人 客 户 武汉明创
业务员 宋飞

记账 审核 出纳 制单 李伟

图 4-2-24 填制业务 20 凭证（2）

业务 21：辅助核算业务——客户往来核算（红字业务）

参照业务 18 录入客户往来及项目辅助核算信息，其他录入同业务 1，保存凭证，如图 4-2-25 所示。

转 账 凭 证

转 字 0009 制单日期：2022.01.23 审核日期： 附单据数：1

摘要	科目名称	借方金额	贷方金额
销售退回	应收账款	1921000	
销售退回	主营业务收入		1700000
销售退回	应交税费/应交增值税/销项税额		221000
票号 39142212 日期 2022.01.23 数量 单价	合 计	1921000	1921000

备注 项 目 部 门
个 人 客 户 武汉永新
业务员 宋飞

记账 审核 出纳 制单 李伟

图 4-2-25 填制业务 21 凭证

业务 22：辅助核算业务——客户往来核算

（1）参照业务 18 录入客户往来核算内容，其他录入同业务 1，保存凭证，如图 4-2-26 所示。

转 账 凭 证

转 字 0010　　制单日期：2022.01.23　　审核日期：　　附单据数：1

摘要	科目名称	借方金额	贷方金额
销售商品，货款未收	应收账款	101135000	
销售商品，货款未收	主营业务收入		44000000
销售商品，货款未收	主营业务收入		17500000
销售商品，货款未收	主营业务收入		28000000
销售商品，货款未收	应交税费/应交增值税/销项税额		11635000
票号 39142213 日期 2022.01.23	数量 单价　　合计	101135000	101135000

备注　项目　　部门

个人　　客户 格西商城

业务员 赵军

记账　　审核　　出纳　　制单 李伟

图 4-2-26　填制业务 22 凭证（1）

（2）继续处理代垫运费业务，参照业务 18 录入客户往来核算内容，保存凭证，如图 4-2-27 所示。

付 款 凭 证

付 字 0013　　制单日期：2022.01.23　　审核日期：　　附单据数：1

摘要	科目名称	借方金额	贷方金额
代垫运费	应收账款	200000	
代垫运费	库存现金		200000
票号 - 日期 2022.01.23	数量 单价　　合计	200000	200000

备注　项目　　部门

个人　　客户 格西商城

业务员 赵军

记账　　审核　　出纳　　制单 李伟

图 4-2-27　填制业务 22 凭证（2）

业务 23：辅助核算业务——银行账和客户往来核算

操作录屏 4-12

填制凭证——业务 23-25

参照业务 2 录入银行账内容，参照业务 18 录入客户往来核算内容，其他录入同业务 1，保存凭证，如图 4-2-28 所示。

收款凭证

收 字 0003　　制单日期：2022.01.29　　审核日期：　　附单据数：1

摘要	科目名称	借方金额	贷方金额
票据贴现	银行存款/工行存款	37491517	
票据贴现	财务费用/利息支出	928483	
票据贴现	应收票据		38420000
票号 - 763481239 日期 2022.01.29　数量 单价	合计	38420000	38420000

备注　项目　　部门
个人　　客户 武汉明创
业务员

记账　　审核　　出纳　　制单 李伟

图 4-2-28　填制业务23凭证

特别提示：

本业务需要手动计算票据贴现利息和贴现所得款项。如果在应收系统中处理此笔业务，则系统会自动计算票据贴现利息并生成凭证。

贴现利息=384 200×5%÷360×（3+28+31+30+31+30+21）=9 284.83（元）

业务24：辅助核算业务——客户往来核算

参照业务18录入客户往来核算内容，其他录入同业务1，保存凭证，如图4-2-29所示。

转账凭证

转 字 0011　　制单日期：2022.01.29　　审核日期：　　附单据数：1

摘要	科目名称	借方金额	贷方金额
确认坏账	坏账准备	200000	
确认坏账	应收账款		200000
票号 日期 2022.01.29　数量 单价	合计	200000	200000

备注　项目　　部门
个人　　客户 格西商城
业务员

记账　　审核　　出纳　　制单 李伟

图 4-2-29　填制业务24凭证

业务25：无辅助核算业务

参照业务1录入并保存凭证，如图4-2-30所示。

转账凭证

转 字 0012　　制单日期：2022.01.31　　审核日期：　　附单据数：1

摘要	科目名称	借方金额	贷方金额
计提坏账准备	信用减值损失	942071	
计提坏账准备	坏账准备		942071
票号 日期	数量 单价	合计 942071	942071

备注　项目　　部门
　　　个人　　客户
　　　业务员

记账　　审核　　出纳　　制单　李伟

图4-2-30　填制业务25凭证

特别提示：

本业务需要根据应收账款和坏账准备账户余额手动计算应计提坏账准备金额。如果在应收系统中处理此笔业务，则系统会自动计算应计提坏账准备金额并生成凭证。

通过执行“总账”→“账表”→“科目账”→“明细账”命令，进入“明细账查询条件”对话框，勾选“包含未记账凭证”，可查询得到应收账款余额为2 162 142元，坏账准备余额为1 390元，因此要计提坏账准备9 420.71元（2 162 142×0.5%−1 390）。

业务26：辅助核算业务——项目辅助核算和数量金额核算

操作录屏 4-13

填制凭证——业务26

参照业务18分行录入“智能门锁”“智能台灯”“智能音箱”“智能体脂秤”“智能车载摄像头”“智能手环”“智能蓝牙耳机”项目辅助核算及成本金额，参照业务11分行录入“智能门锁”“智能台灯”“智能音箱”“智能体脂秤”“智能车载摄像头”“智能手环”“智能蓝牙耳机”的数量金额信息，保存凭证，如图4-2-31所示。

转账凭证

转 字 0013 - 0001/0003　　制单日期：2022.01.31　　审核日期：　　附单据数：1

摘要	科目名称	借方金额	贷方金额
结转销售成本	主营业务成本	20000000	
结转销售成本	主营业务成本	25000000	
结转销售成本	主营业务成本	36000000	
结转销售成本	主营业务成本	10000000	
结转销售成本	主营业务成本	55000000	
票号 日期	数量 单价	合计 162600000	162600000

备注　项目　智能门锁　　部门
　　　个人　　客户
　　　业务员

记账　　审核　　出纳　　制单　李伟

图4-2-31　填制业务26凭证

操作录屏
4-14

常用凭证的
保存与调用

操作步骤2：常用凭证的保存与调用

（1）在“填制凭证”界面，通过“◆”按钮找到付字0002号凭证。

（2）在当前界面，单击“常用凭证”→“生成常用凭证”命令，系统弹出“常用凭证生成”对话框，输入代号“01”，说明“提现备用”，单击“确认”按钮保存为常用凭证，如图4-2-32所示。

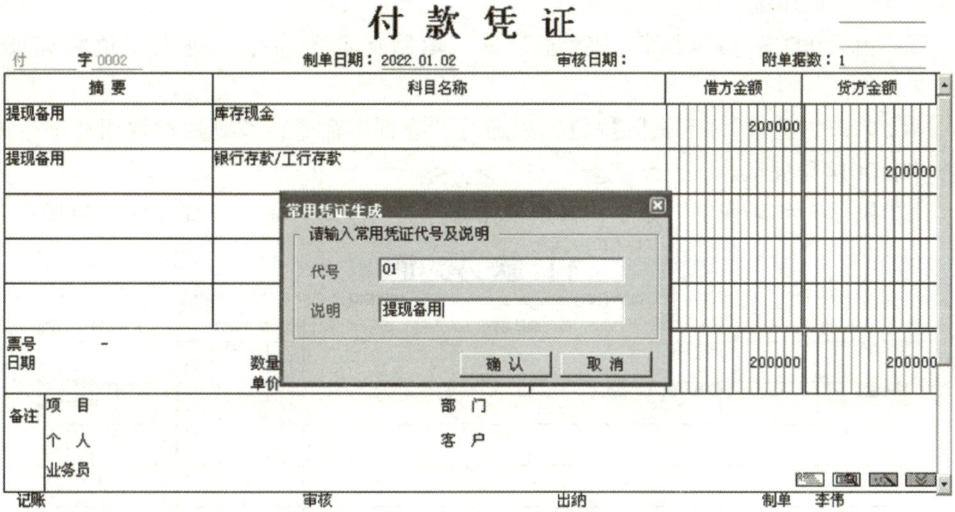

图4-2-32 常用凭证生成

（3）在“填制凭证”界面，单击“常用凭证”→“调用常用凭证”命令，系统弹出“调用常用凭证”对话框，输入编码“01”，或在“常用凭证窗口”选入“01”号常用凭证。

（4）系统自动生成一张付字0014号凭证，将业务日期改为“2022.01.31”，金额改为“1 000”，然后保存，如图4-2-33所示。

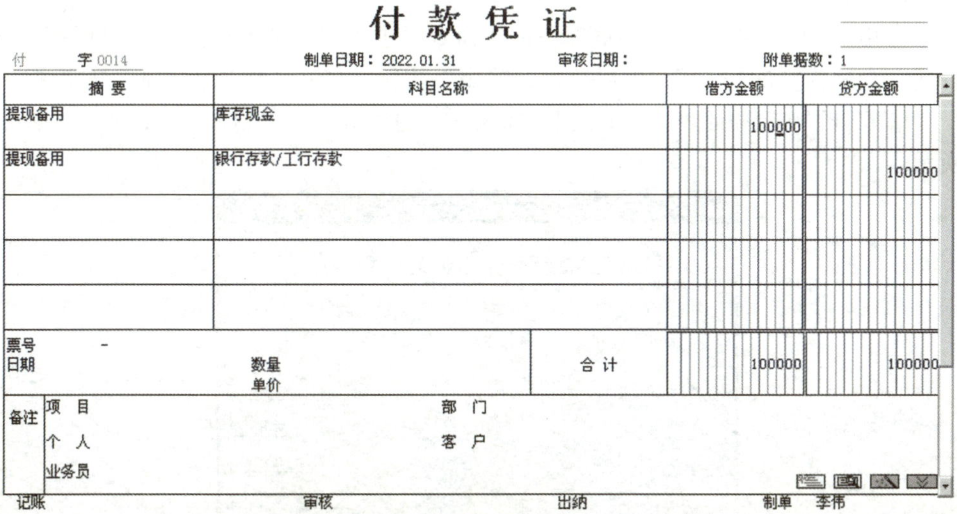

图4-2-33 调用常用凭证生成记账凭证

特别提示：

对于每月重复发生的会计业务，如果其借贷方对应科目不变，只是每次业务的日期和金额发生变化，这时可利用常用凭证功能，一次生成，多次调用，提高凭证录入速度。

操作步骤3：凭证作废与整理操作（凭证删除）

重难点微课
4-3
凭证删除

（1）凭证作废。

①由“002 李伟”执行“凭证”→“填制凭证”命令，进入“填制凭证”窗口。

②单击“上张”“下张”按钮，或通过“查询”命令，找到通过常用凭证生成的付字0014号凭证。

③执行“作废/恢复”命令，将该张凭证打上“作废”标志，如图4-2-34所示。

操作录屏
4-15
凭证删除

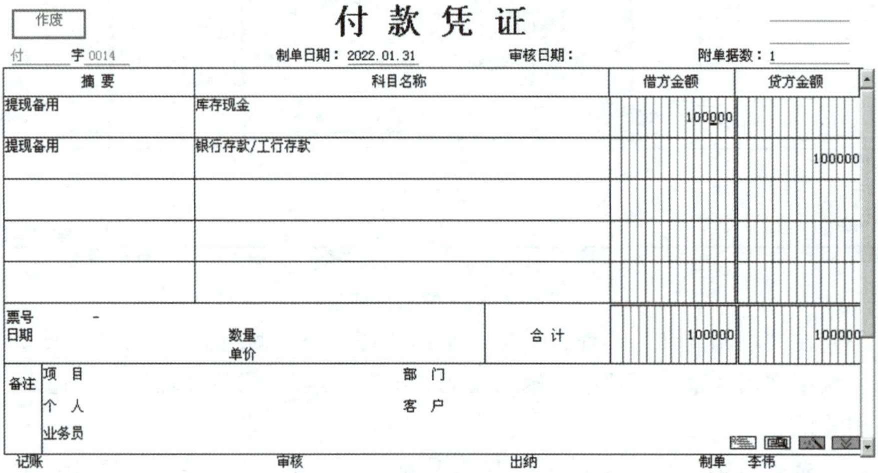

图4-2-34 删除凭证——作废凭证

（2）凭证整理。

①由“002 李伟”执行“整理凭证”命令，进入“凭证期间选择”对话框，选择凭证期间为“2022.01”，然后单击“确定”按钮，打开“作废凭证表”对话框。

②双击“作废凭证表”对话框中需要删除凭证所在行的“删除”栏，如图4-2-35所示。

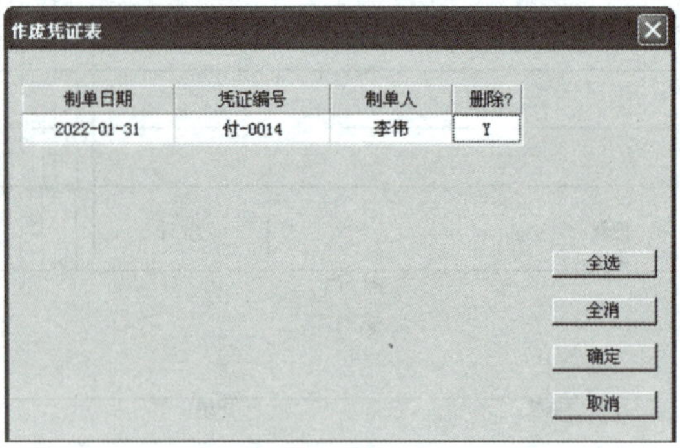

图4-2-35 删除凭证——作废凭证表

③单击“确定”按钮，系统弹出“是否还需整理凭证断号”提示框，并提供三种断号整理方式：“按凭证号重排”“按凭证日期重排”“按审核日期重排”。

④选择“按凭证号重排”，单击“是”，系统完成对凭证号的重新整理。

操作步骤4：出纳签字与取消签字

操作录屏 4-16 出纳签字与取消签字

（1）出纳签字。

①以“003王刚”的身份注册进入企业应用平台。若已经以其他操作员的身份进入企业应用平台，则需要单击左上角的“重注册”按钮。

②选中“业务工作”选项卡，执行“总账”→“凭证”→“出纳签字”命令，进入“出纳签字”对话框，如图4-2-36所示，也可在此窗口进行条件筛选，分批进行出纳签字。

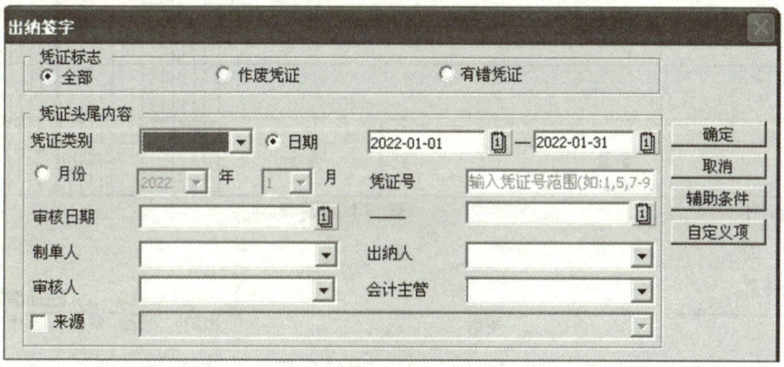

图4-2-36 出纳签字查询条件

③单击“确定”按钮，选定全部需要出纳签字的凭证，进入“出纳签字列表”对话框，如图4-2-37所示。

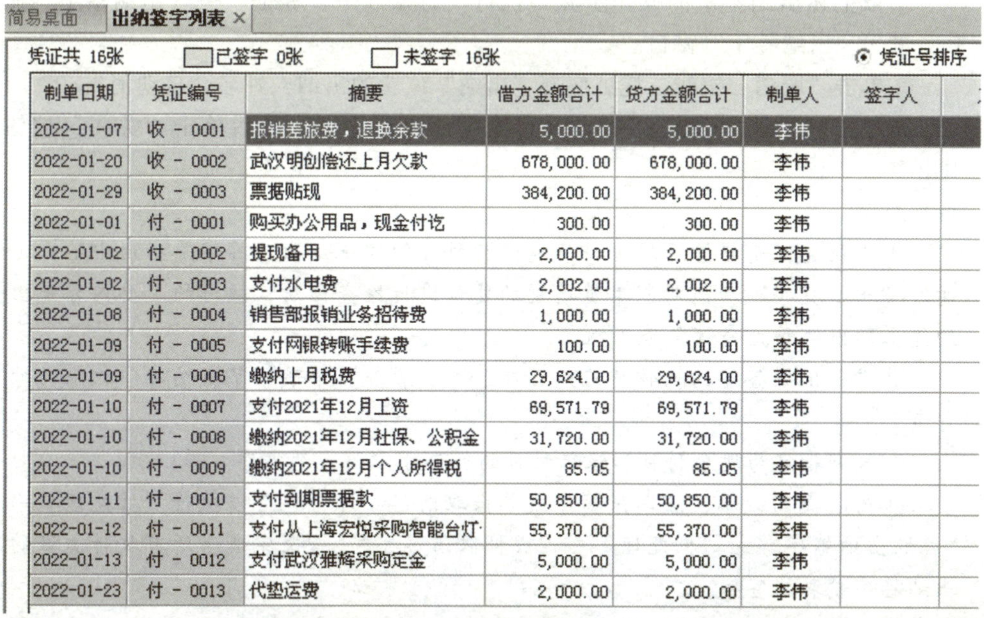
简易桌面　出纳签字列表

凭证共 16张　已签字 0张　未签字 16张　凭证号排序

制单日期	凭证编号	摘要	借方金额合计	贷方金额合计	制单人	签字人
2022-01-07	收 - 0001	报销差旅费，退换余款	5,000.00	5,000.00	李伟	
2022-01-20	收 - 0002	武汉明创偿还上月欠款	678,000.00	678,000.00	李伟	
2022-01-29	收 - 0003	票据贴现	384,200.00	384,200.00	李伟	
2022-01-01	付 - 0001	购买办公用品，现金付讫	300.00	300.00	李伟	
2022-01-02	付 - 0002	提现备用	2,000.00	2,000.00	李伟	
2022-01-02	付 - 0003	支付水电费	2,002.00	2,002.00	李伟	
2022-01-08	付 - 0004	销售部报销业务招待费	1,000.00	1,000.00	李伟	
2022-01-09	付 - 0005	支付网银转账手续费	100.00	100.00	李伟	
2022-01-09	付 - 0006	缴纳上月税费	29,624.00	29,624.00	李伟	
2022-01-10	付 - 0007	支付2021年12月工资	69,571.79	69,571.79	李伟	
2022-01-10	付 - 0008	缴纳2021年12月社保、公积金	31,720.00	31,720.00	李伟	
2022-01-10	付 - 0009	缴纳2021年12月个人所得税	85.05	85.05	李伟	
2022-01-11	付 - 0010	支付到期票据款	50,850.00	50,850.00	李伟	
2022-01-12	付 - 0011	支付从上海宏悦采购智能台灯·	55,370.00	55,370.00	李伟	
2022-01-13	付 - 0012	支付武汉雅辉采购定金	5,000.00	5,000.00	李伟	
2022-01-23	付 - 0013	代垫运费	2,000.00	2,000.00	李伟	

图4-2-37 出纳签字列表

④双击某一要签字的凭证，进入“出纳签字”窗口。

⑤单击“签字”按钮，凭证底部的“出纳”位置被自动签上出纳人姓名，如图4-2-38所示。

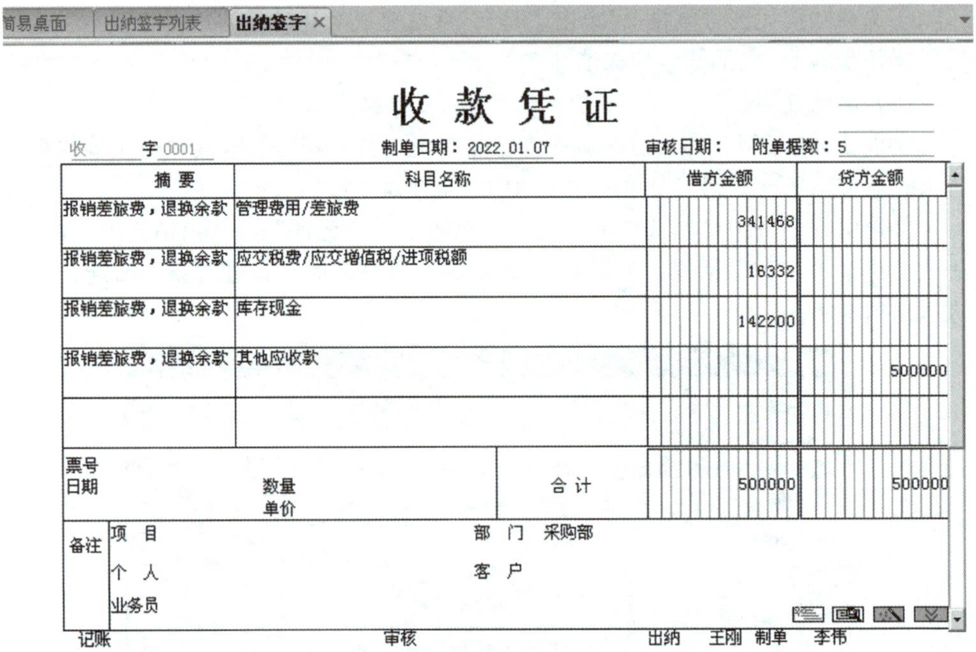
简易桌面 | 出纳签字列表 | 出纳签字

收款凭证

收 字 0001 制单日期：2022.01.07 审核日期： 附单据数：5

摘要	科目名称	借方金额	贷方金额
报销差旅费，退换余款	管理费用/差旅费	341468	
报销差旅费，退换余款	应交税费/应交增值税/进项税额	16332	
报销差旅费，退换余款	库存现金	142200	
报销差旅费，退换余款	其他应收款		500000
票号 日期 数量 单价	合计	500000	500000

备注 项目 部门 采购部

个人 客户

业务员

记账 审核 出纳 王刚 制单 李伟

图4-2-38 出纳签字

⑥单击“下张”按钮，依次对其他凭证进行签字，最后单击“关闭”按钮退出。

（2）取消出纳签字。

①依上述出纳签字的操作步骤，执行“总账”→“凭证”→“出纳签字”命令，进入“出纳签字”窗口。

②单击“取消”按钮，凭证底部“出纳”位置的出纳人姓名会自动消失。

③单击“下张”按钮，依次对其他凭证取消签字，最后单击“关闭”按钮退出。

特别提示：

①出纳凭证是指涉及现金科目和银行科目的凭证。出纳签字是指由出纳人员通过“出纳签字”功能对制单员填制的凭证进行检查核对，核对的主要内容是出纳凭证的出纳科目金额是否正确。

②进行出纳签字的操作员应是已在“系统管理”中赋予了出纳签字权限的操作员。

③只有指定为现金科目和银行科目的凭证才需要出纳签字。

④为了提高效率，除单张签字或单张取消签字外，也可以执行“批处理”→“成批出纳签字”或“批处理”→“成批取消签字”，一次完成对所有收付凭证的出纳签字或取消签字。

⑤凭证一经签字，就不能被修改或删除，取消签字后才可以修改或删除。取消签字只能由出纳自己进行。

操作步骤5：凭证审核与取消审核

操作录屏 4-17

凭证审核与取消审核

（1）凭证审核。

①以“001张明”的身份注册进入企业应用平台。若已经以其他操作员的身份进入企业应用平台，则需要单击左上角的“重注册”按钮。

②选中“业务工作”选项卡，执行“总账”→“凭证”→“审核凭证”命令，进入“凭证审核”对话框，如图4-2-39所示，也可以在此窗口进行条件筛选，分批进行凭证审核。

图4-2-39 凭证审核查询条件

③单击“确定”按钮，选定全部需要审核的凭证，进入“凭证审核列表”对话框，如图4-2-40所示。

简易桌面 凭证审核列表

凭证共 29张 已审核 0 张 未审核 29 张 凭证号

制单日期	凭证编号	摘要	借方金额合计	贷方金额合计	制单人	审核人
2022-01-07	收 - 0001	报销差旅费，退换余款	5,000.00	5,000.00	李伟	
2022-01-20	收 - 0002	武汉明创偿还上月欠款	678,000.00	678,000.00	李伟	
2022-01-29	收 - 0003	票据贴现	384,200.00	384,200.00	李伟	
2022-01-01	付 - 0001	购买办公用品，现金付讫	300.00	300.00	李伟	
2022-01-02	付 - 0002	提现备用	2,000.00	2,000.00	李伟	
2022-01-02	付 - 0003	支付水电费	2,002.00	2,002.00	李伟	
2022-01-08	付 - 0004	销售部报销业务招待费	1,000.00	1,000.00	李伟	
2022-01-09	付 - 0005	支付网银转账手续费	100.00	100.00	李伟	
2022-01-09	付 - 0006	缴纳上月税费	29,624.00	29,624.00	李伟	
2022-01-10	付 - 0007	支付2021年12月工资	69,571.79	69,571.79	李伟	
2022-01-10	付 - 0008	缴纳2021年12月社保、公积	31,720.00	31,720.00	李伟	
2022-01-10	付 - 0009	缴纳2021年12月个人所得税	85.05	85.05	李伟	
2022-01-11	付 - 0010	支付到期票据款	50,850.00	50,850.00	李伟	
2022-01-12	付 - 0011	支付从上海宏悦采购智能台	55,370.00	55,370.00	李伟	
2022-01-13	付 - 0012	支付武汉雅辉采购定金	5,000.00	5,000.00	李伟	
2022-01-23	付 - 0013	代垫运费	2,000.00	2,000.00	李伟	
2022-01-11	转 - 0001	采购体脂秤，商品已入库，	90,400.00	90,400.00	李伟	
2022-01-14	转 - 0002	向武汉雅辉采购摄像头到货	559,350.00	559,350.00	李伟	
2022-01-14	转 - 0003	预付冲应付	0.00	0.00	李伟	
2022-01-15	转 - 0004	采购商品，签发银行承兑汇	372,900.00	372,900.00	李伟	

图4-2-40 凭证审核列表

④双击某一张要审核的凭证，进入“审核凭证”窗口。

⑤单击“审核”按钮，系统会在凭证底部的“审核”位置自动签上审核人姓名，并自动进入下一张需要审核的凭证，如图4-2-41所示。

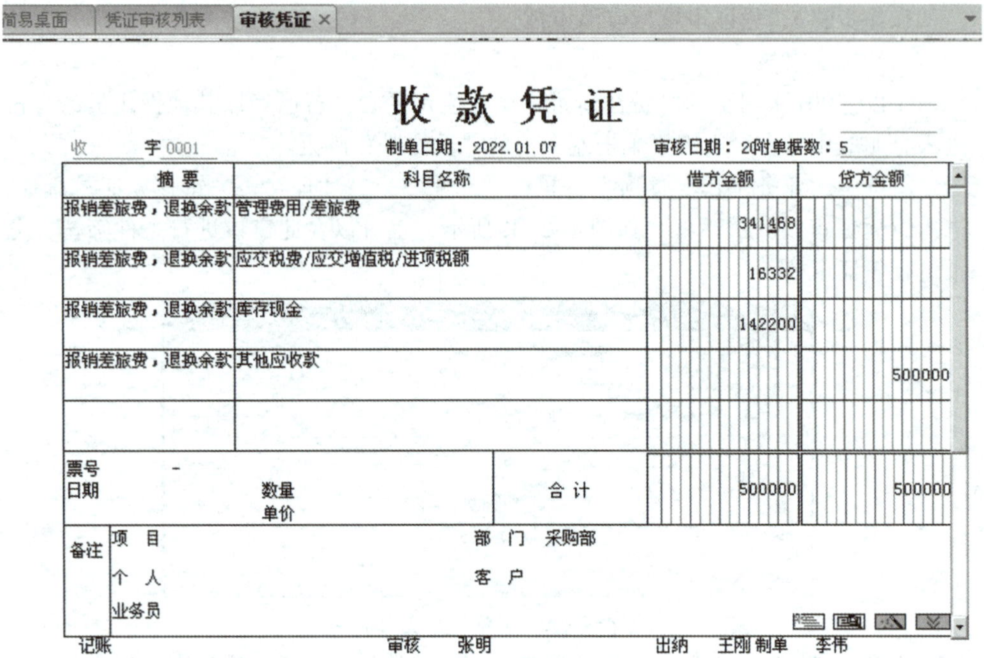
简易桌面　凭证审核列表　审核凭证 ×

收款凭证

收 字 0001　制单日期：2022.01.07　审核日期：20附单据数：5

摘要	科目名称	借方金额	贷方金额
报销差旅费，退换余款	管理费用/差旅费	341468	
报销差旅费，退换余款	应交税费/应交增值税/进项税额	16332	
报销差旅费，退换余款	库存现金	142200	
报销差旅费，退换余款	其他应收款		500000
票号 - 日期　数量 单价	合计	500000	500000

备注　项目　部门　采购部

个人　客户

业务员

记账　审核　张明　出纳　王刚　制单　李伟

图4-2-41　审核凭证

⑥单击“关闭”按钮退出。

（2）取消凭证审核。

①依上述凭证审核操作步骤，执行“总账”→“凭证”→“审核凭证”命令，进入“审核凭证”窗口。

②单击“取消”按钮，凭证底部“审核”位置的审核人姓名会自动消失。

③单击“下张”按钮，依次对其他凭证取消审核，最后单击“关闭”按钮退出。

特别提示：

①系统要求审核人与制单人不能为同一人，因此在审核前必须确保当前操作员不是制单人。

②为了提高效率，除单张审核或单张取消审核外，也可以执行“批处理”→“成批审核凭证”或“批处理”→“成批取消审核”，一次完成对所有凭证的审核或取消审核。

③凭证一经审核签字，就不能被修改或删除，只有取消签字后才可以修改或删除。取消签字只能由审核人自己进行。

操作步骤6：查询未记账的转字1号凭证

操作录屏
4-18
凭证查询

（1）以“001张明”身份注册进入企业应用平台，选中“业务工作”选项卡，执行“总账”→“凭证”→“查询凭证”命令，进入“凭证查询”对话框。

（2）在“记账范围”栏选择“未记账凭证”，在“凭证标志”栏选择“全部”，在“凭证类别”栏选择“转 转账凭证”，在“月份”栏选择“2022年1月”，在“凭证号”栏填写“1”，其余默认，如图4-2-42所示。

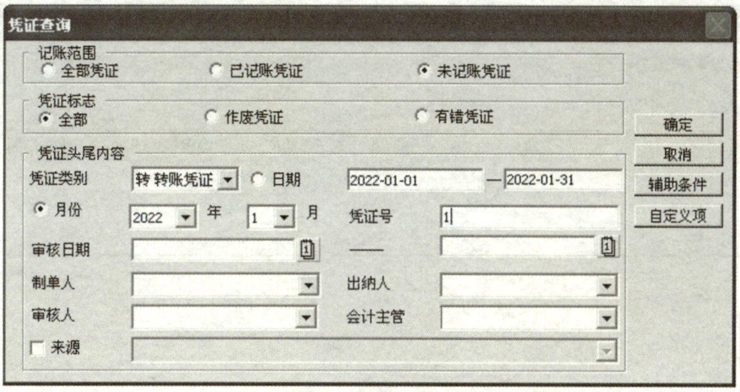

图 4-2-42 凭证查询范围

（3）单击“确定”按钮，进入“查询凭证列表”对话框，定位所要查询的凭证行，双击该凭证行，系统会显示所要查询的未记账凭证信息，如图 4-2-43 所示。

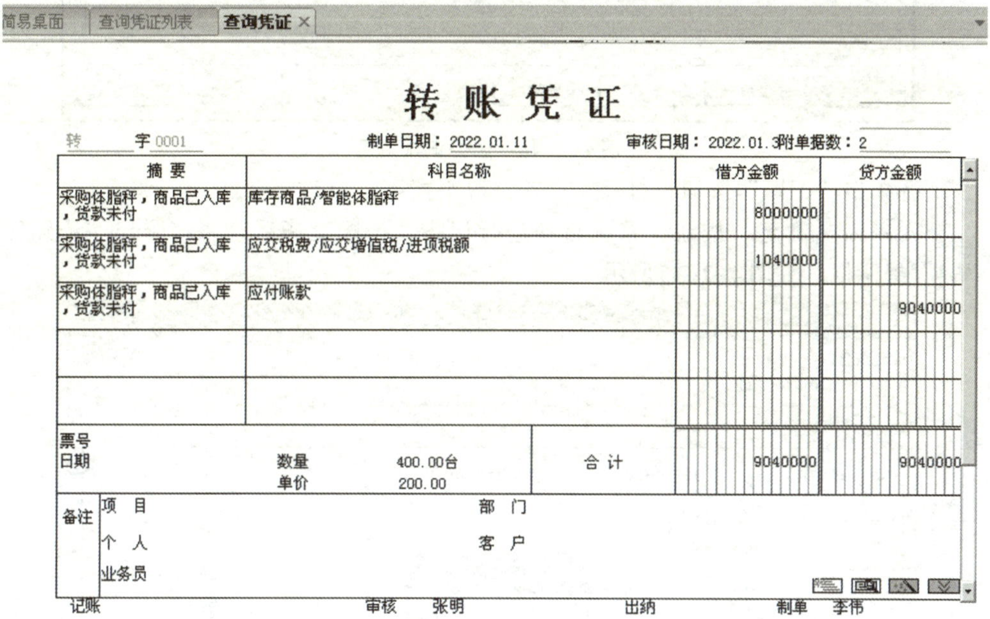

转账凭证

转 字 0001 制单日期：2022.01.11 审核日期：2022.01.3 附单据数：2

摘要	科目名称	借方金额	贷方金额
采购体脂秤，商品已入库，货款未付	库存商品/智能体脂秤	8000000	
采购体脂秤，商品已入库，货款未付	应交税费/应交增值税/进项税额	1040000	
采购体脂秤，商品已入库，货款未付	应付账款		9040000
票号 日期 数量 400.00台 单价 200.00	合计	9040000	9040000

备注 项目 部门
个人 客户
业务员

记账 审核 张明 出纳 制单 李伟

图 4-2-43 查询凭证

（4）查询完毕后，单击“关闭”按钮退出。

特别提示：

在“查询凭证”功能中，既可以查询已记账凭证，也可以查询未记账凭证；在“填制凭证”窗口则只能查询未记账凭证。

操作步骤 7：凭证记账与取消记账

操作录屏 4-19

凭证记账与取消记账

（1）凭证记账。

①以“001 张明”的身份注册进入企业应用平台。

②选中“业务工作”选项卡，执行“总账”→“凭证”→“记账”命令，进入“记账”窗口，选择“2022.01 月份凭证”，“记账范围”为全选，如图 4-2-44 所示。

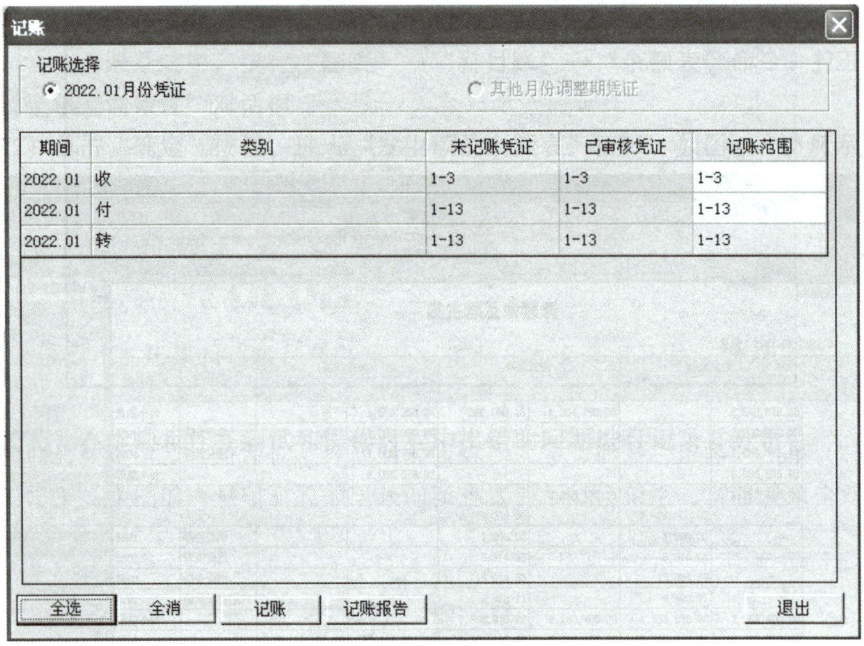

图4-2-44　选择记账范围

③单击“记账”按钮，打开“期初试算平衡表”窗口。

④单击“确定”按钮，系统自动进行记账，记账完毕后，系统弹出“记账完毕！”提示框，如图4-2-45所示。

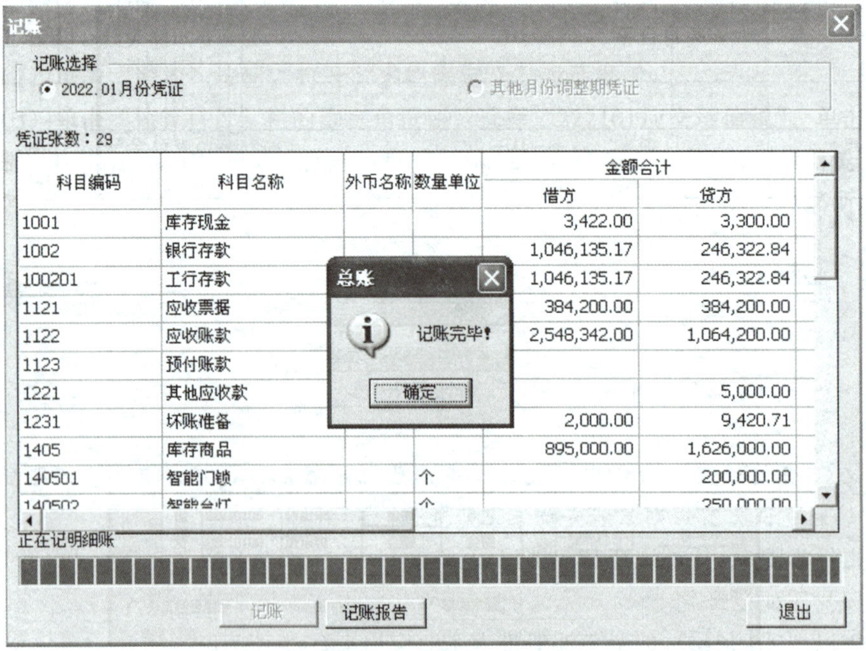

图4-2-45　记账完毕

⑤单击“确定”按钮，系统显示科目汇总表信息，可进行“预览”“打印”“输出”。单击“退出”按钮，记账完毕。

特别提示：

①凭证经过出纳签字及审核后，即可进行账簿登记，记账通常也称为登账或过账。系统提供的记账功能采用向导方式，这使得记账过程更加直观、明确，也便于操作。

②期初余额试算不平衡不允许记账；有未审核的凭证不允许记账；上月未记账或结账，本月不能记账。

（2）取消记账。

①选中“业务工作”选项卡，执行“总账”→“期末”→“对账”命令，进入“对账”窗口。

②按“Ctrl+H”键，系统弹出“恢复记账前状态功能已被激活。”提示框，如图4-2-46所示，同时，在屏幕左边“凭证”菜单下显示“恢复记账前状态功能”菜单项。

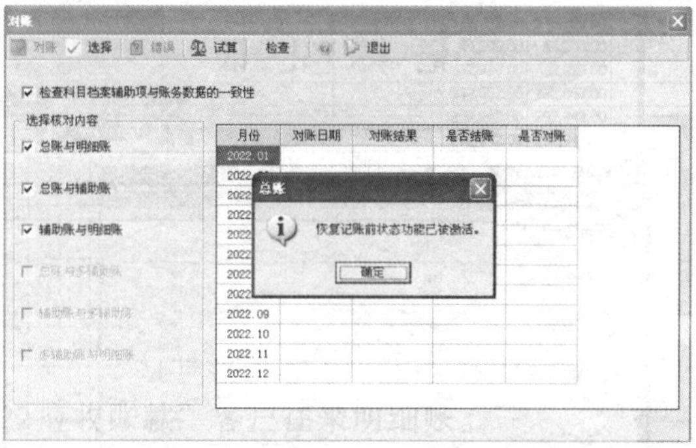

图4-2-46 恢复记账前状态

③单击“确定”按钮，然后单击工具栏上的“退出”按钮。

④执行“凭证”→“恢复记账前状态”命令，打开“恢复记账前状态”对话框。

⑤选择一种恢复方式，如选择“最近一次记账前状态”。

⑥单击“确定”按钮，系统弹出“输入”窗口，输入口令“1”，如图4-2-47所示。

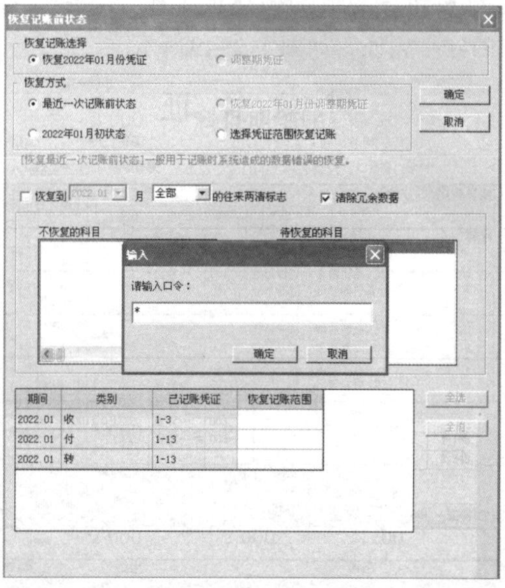

图4-2-47 选择恢复记账方式

⑦单击“确定”按钮，系统弹出“恢复记账完毕！”提示框，单击“确定”按钮。

⑧再次执行记账功能，记账完毕后单击“退出”按钮。

特别提示：

已结账月份不能取消记账，如果要恢复记账前状态，可以取消结账后再取消记账。

重难点微课 4-4 红字冲销法修改凭证

操作录屏 4-20 红字冲销法修改凭证

操作步骤8：用红字冲销法进行凭证修改

（1）以“002李伟”身份执行“凭证”→“填制凭证”命令，进入“填制凭证”窗口。

（2）执行“冲销凭证”命令，进入“冲销凭证”窗口。选择“月份”为“2022.01”，选择“凭证类别”为“付 付款凭证”，录入“凭证号”为“1”，如图4-2-48所示。

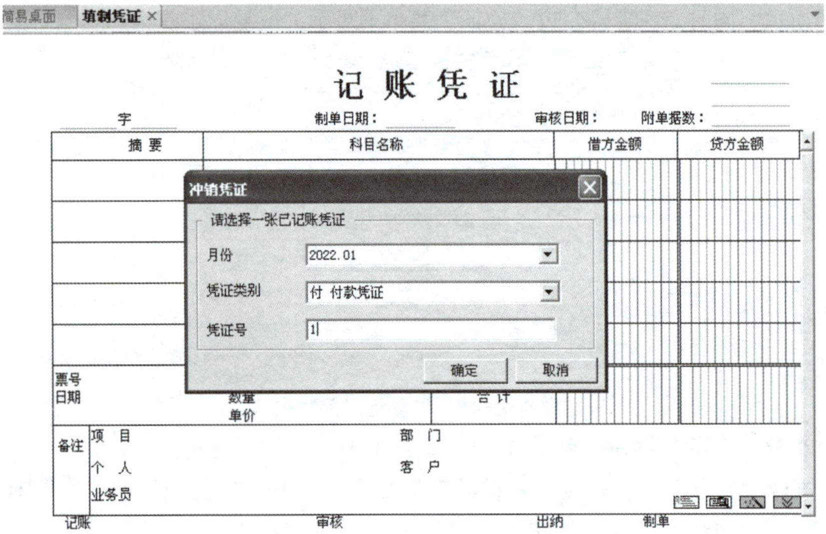

图4-2-48　选择待冲销凭证

（3）单击“确定”按钮，完成冲销凭证工作，系统会自动生成一张和付字0001号凭证内容相同的红字凭证，如图4-2-49所示。

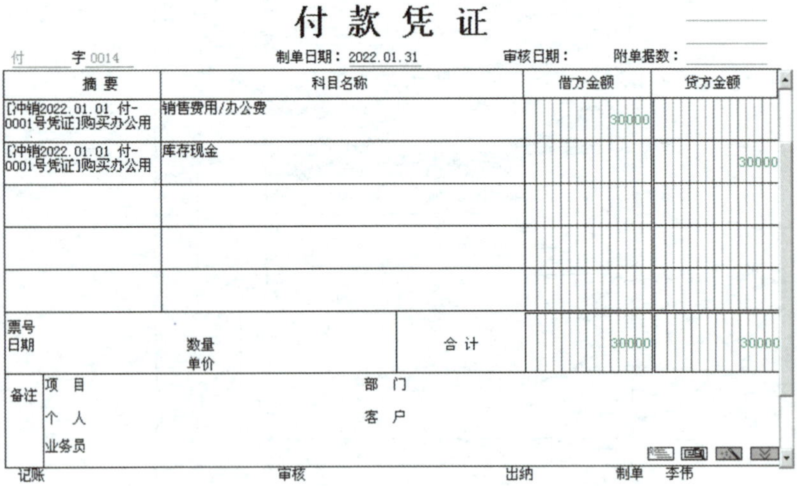

图4-2-49　红字冲销凭证

（4）单击“保存”按钮。

（5）单击“增加”按钮，按前面所述方法，填制一张正确的记账凭证，如图4-2-50所示，保存后退出该窗口。

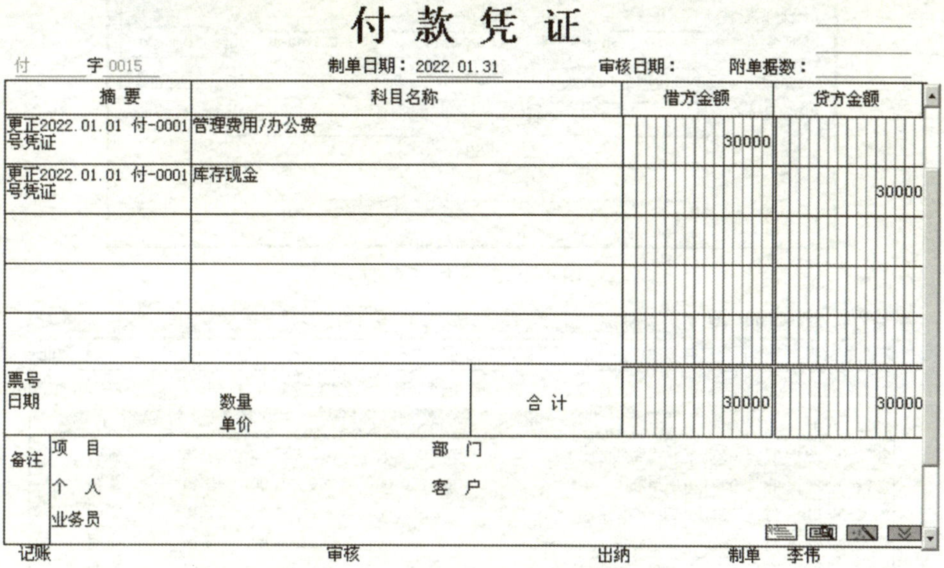

图4-2-50 更正已冲销凭证

（6）以“003王刚”的身份“重注册”，执行“凭证”→“出纳签字”命令，进行冲销凭证和新填制凭证的审核。

（7）以“001张明”的身份“重注册”，执行“凭证”→“审核凭证”命令，进行冲销凭证和新填制凭证的审核。

（8）以“001张明”的身份，执行“凭证”→“记账”命令，进行未记账凭证的记账工作。

特别提示：

①冲销凭证是针对已记账凭证由系统自动生成与冲销凭证内容相同的一张红字凭证。

②制作红字冲销凭证将错误凭证冲销后，需要再填制一张正确的凭证进行更正。

③冲销凭证和新填制的正确凭证仍需要出纳签字、审核和记账。

操作步骤9：查询本月已记账的全部凭证

（1）选中“业务工作”选项卡，执行“总账”→“凭证”→“查询凭证”命令，进入“凭证查询”对话框。

（2）在“记账范围”栏选择“已记账凭证”，在“凭证标志”栏选择“全部”，其余默认，如图4-2-51所示。

（3）单击“确定”按钮，进入“查询凭证列表”对话框，如图4-2-52所示。定位至所要查询的凭证行，双击该凭证行，系统会显示所要查询的记账凭证信息。

（4）查询完毕后，单击“关闭”按钮退出。

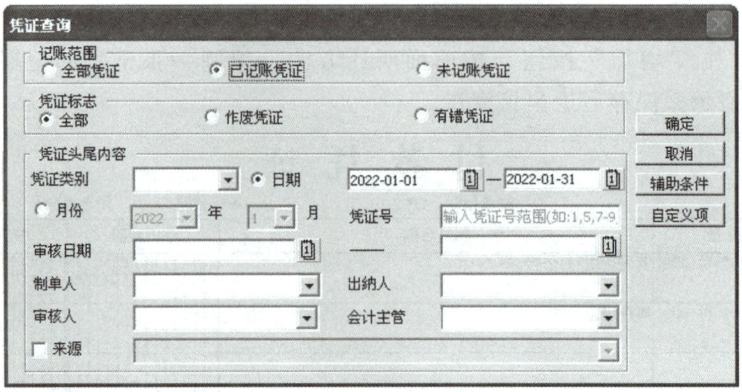

图 4-2-51　凭证查询

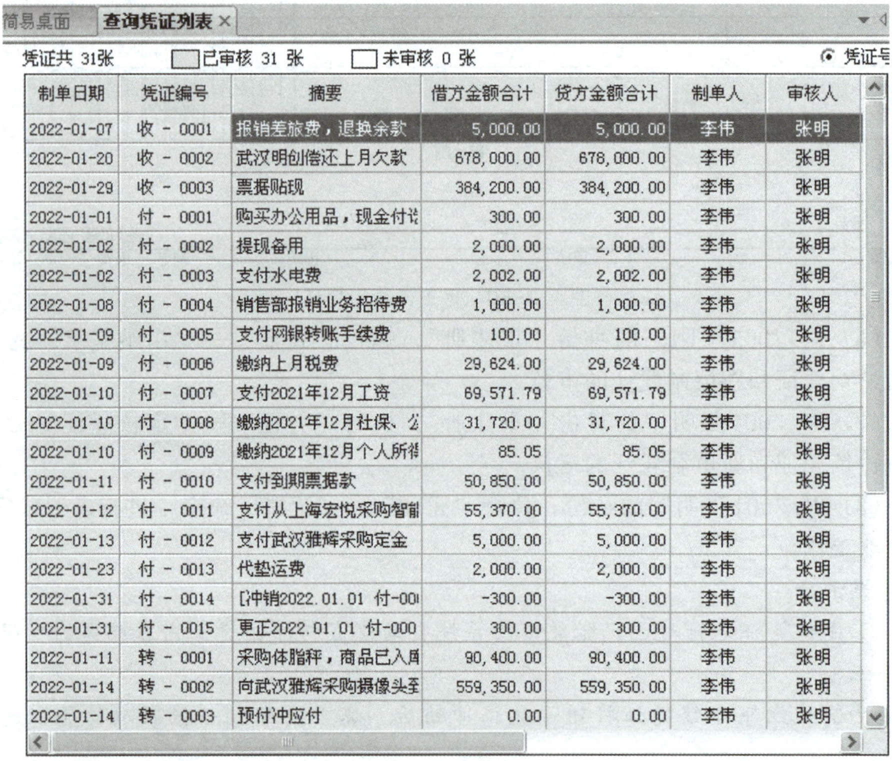

制单日期	凭证编号	摘要	借方金额合计	贷方金额合计	制单人	审核人
2022-01-07	收 - 0001	报销差旅费，退换余款	5,000.00	5,000.00	李伟	张明
2022-01-20	收 - 0002	武汉明创偿还上月欠款	678,000.00	678,000.00	李伟	张明
2022-01-29	收 - 0003	票据贴现	384,200.00	384,200.00	李伟	张明
2022-01-01	付 - 0001	购买办公用品，现金付讫	300.00	300.00	李伟	张明
2022-01-02	付 - 0002	提现备用	2,000.00	2,000.00	李伟	张明
2022-01-02	付 - 0003	支付水电费	2,002.00	2,002.00	李伟	张明
2022-01-08	付 - 0004	销售部报销业务招待费	1,000.00	1,000.00	李伟	张明
2022-01-09	付 - 0005	支付网银转账手续费	100.00	100.00	李伟	张明
2022-01-09	付 - 0006	缴纳上月税费	29,624.00	29,624.00	李伟	张明
2022-01-10	付 - 0007	支付2021年12月工资	69,571.79	69,571.79	李伟	张明
2022-01-10	付 - 0008	缴纳2021年12月社保、公	31,720.00	31,720.00	李伟	张明
2022-01-10	付 - 0009	缴纳2021年12月个人所得	85.05	85.05	李伟	张明
2022-01-11	付 - 0010	支付到期票据款	50,850.00	50,850.00	李伟	张明
2022-01-12	付 - 0011	支付从上海宏悦采购智能	55,370.00	55,370.00	李伟	张明
2022-01-13	付 - 0012	支付武汉雅辉采购定金	5,000.00	5,000.00	李伟	张明
2022-01-23	付 - 0013	代垫运费	2,000.00	2,000.00	李伟	张明
2022-01-31	付 - 0014	[冲销2022.01.01 付-000	-300.00	-300.00	李伟	张明
2022-01-31	付 - 0015	更正2022.01.01 付-000	300.00	300.00	李伟	张明
2022-01-11	转 - 0001	采购体脂秤，商品已入库	90,400.00	90,400.00	李伟	张明
2022-01-14	转 - 0002	向武汉雅辉采购摄像头空	559,350.00	559,350.00	李伟	张明
2022-01-14	转 - 0003	预付冲应付	0.00	0.00	李伟	张明

图 4-2-52　查询凭证列表

学思践悟 4-2

坚持准则，甘当会计信息清道夫

任务测试 4-2

凭证处理

任务三　出纳管理

任务资料

资料一：支付办公费用

10 日，经理办公室领用转账支票支付办公费用，限额 2 000 元，支票号码为 10203467。

资料二：银行对账资料

1.期初银行对账。

爱华商贸银行账启用日期为2022年1月1日，“银行存款——工行存款”日记账调整前余额为3 504 009元，银行对账单调整前余额为3 509 009元，存在未达账项一笔，系2021年12月30日银行已收企业未收款5 000元。

2.本月银行对账单见表4-3-1。

表4-3-1　　2022年1月银行对账单　　单位：元

日期	结算方式	票号	借方金额	贷方金额	余额
2022.01.02	201	00209881		2 000.00	3 507 009.00
2022.01.02	4	10283769425		2 002.00	3 505 007.00
2022.01.09	4	21279000001		100.00	3 504 907.00
2022.01.09	4	06790809		29 624.00	3 475 283.00
2022.01.10	201	00209882		69 571.79	3 405 711.21
2022.01.10	4	06790812		31 720.00	3 373 991.21
2022.01.10	4	06790815		85.05	3 373 906.16
2022.01.11	4	10283769420		50 850.00	3 323 056.16
2022.01.12	4	10283769421		55 370.00	3 267 686.16
2022.01.13	4	118738328		5 000.00	3 262 686.16
2022.01.20	4	25583769411	671 220.00		3 933 906.16
2022.01.29	302	763481239	374 915.17		4 308 821.33

任务要求

1.查询2022年1月库存现金日记账。

2.查询2022年1月银行存款日记账。

3.查询2022年1月2日资金日报表。

4.根据资料一，进行支票登记簿登记。

5.根据资料二，进行本月银行对账工作，并查看银行存款余额调节表。

知识导航

资金收付的核算与管理是企业的重要日常工作，也是出纳的一项重要工作内容。总账系统中的出纳管理为出纳人员提供了一个集成办公环境，可以完成库存现金日记账、银行存款日记账的查询和打印，可以随时输出最新的资金日报表，进行银行对账并生成银行存款余额调节表。

一、日记账

日记账包括库存现金日记账及银行存款日记账。日记账由计算机登记，日记账的作用只是输出数据。在建立会计科目时，只要在“日记账”选项打上“√”标志，即表明该科目要登记日记账。

二、资金日报表

资金日报表是反映“库存现金”科目和“银行存款”科目当日借贷方发生额及余额的报表。在手工方式下，资金日报表由出纳员逐日填写，反映当天营业终止时“库存现金”科目和“银行存款”科目的收支情况及余额；在电算化方式下，资金日报表提供当日借、贷金额合计和余额，以及发生的业务量等信息。

三、支票登记簿

总账系统为出纳员提供了支票登记簿功能，以供其详细登记支票领用人、领用日期、支票用途、是否报销等情况。

四、银行对账

银行对账是出纳员在月末进行的一项工作。企业为了了解未达账项的情况，通常会定期与开户银行进行对账。在电算化方式下，银行对账的程序为：

（一）录入银行对账期初数据

第一次利用总账系统进行银行对账前，应该录入银行对账启用日期的单位日记账及银行对账单的期初数据，包括期初余额及期初未达账项。银行对账启用日期是指使用银行对账功能前最后一次手工对账的截止日期，银行对账不一定和总账系统同时启用，银行对账的启用日期可以晚于总账系统的启用日期。录入期初数据后，应保证单位日记账的调整后余额等于银行对账单的调整后余额，否则会影响以后的银行对账。

（二）录入本期银行对账单

在开始对账前，必须将银行开出的银行对账单录入系统中，以便将其与企业银行存款日记账进行核对。

（三）进行银行对账

银行对账采用自动对账与手工对账相结合的方式。

自动对账即由计算机根据对账依据将银行日记账未达账项与银行对账单进行自动核对、勾销。对账依据通常是“结算方式+结算号+方向+金额”或“方向+金额”。对于已核对无误的银行业务，系统将自动在银行存款日记账和银行对账单双方标注两清标志，并视为已达账项；否则，视其为未达账项。

手工对账是对自动对账的补充。自动对账后，可能还有一些特殊的已达账项没有核对出来，而被视为未达账项。为了保证对账更彻底、正确，可通过手工对账进行调整。

（四）余额调节表的查询和输出

在对银行对账进行两清勾对后，计算机会自动整理汇总出未达账和已达账，生成银行存款余额调节表，以检查对账是否正确。该余额调节表为截至对账截止日期的余额调节表，若无对账截止日期，则为最新余额调节表。

任务实施

操作录屏
4-21
查询银行账

操作步骤1：查询2022年1月库存现金日记账

（1）以“003王刚”的身份注册进入企业应用平台。

（2）在“业务工作”选项卡中，执行“财务会计”→“总账”→“出纳”→“现金日记账”命令，打开“现金日记账查询条件”对话框，如图4-3-1所示。

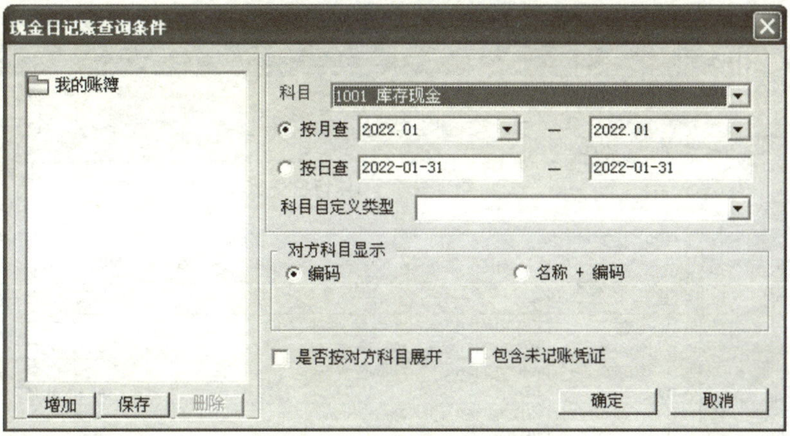

图4-3-1 现金日记账查询条件

（3）单击“确定”按钮，打开“现金日记账”窗口，如图4-3-2所示。

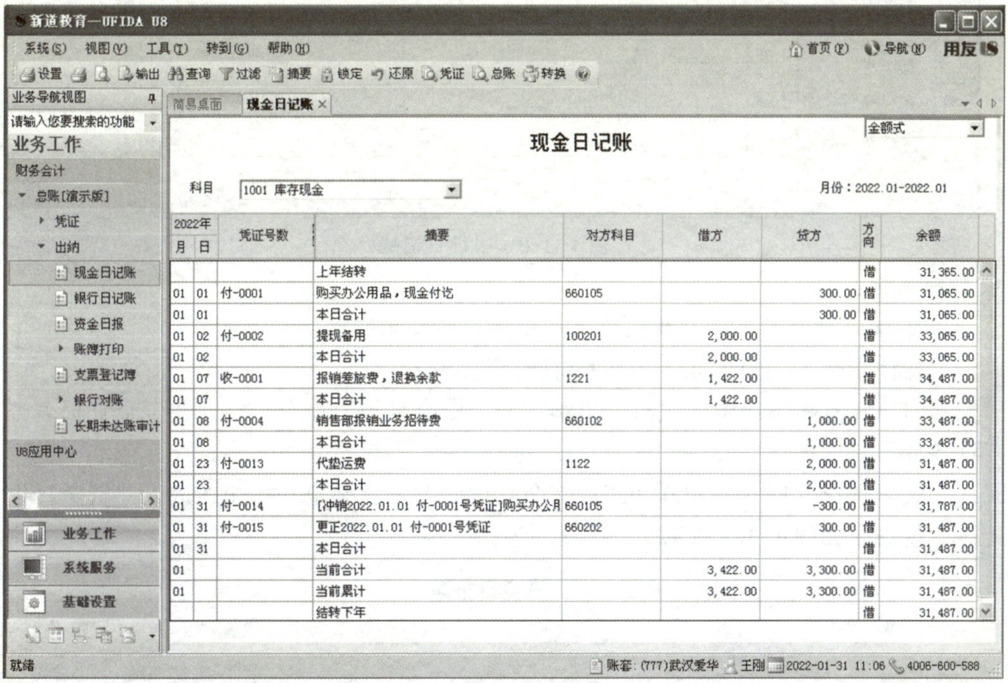

2022年 月	日	凭证号数	摘要	对方科目	借方	贷方	方向	余额
			上年结转				借	31,365.00
01	01	付-0001	购买办公用品，现金付讫	660105		300.00	借	31,065.00
01	01		本日合计			300.00	借	31,065.00
01	02	付-0002	提现备用	100201	2,000.00		借	33,065.00
01	02		本日合计		2,000.00		借	33,065.00
01	07	收-0001	报销差旅费，退换余款	1221	1,422.00		借	34,487.00
01	07		本日合计		1,422.00		借	34,487.00
01	08	付-0004	销售部报销业务招待费	660102		1,000.00	借	33,487.00
01	08		本日合计			1,000.00	借	33,487.00
01	23	付-0013	代垫运费	1122		2,000.00	借	31,487.00
01	23		本日合计			2,000.00	借	31,487.00
01	31	付-0014	[冲销2022.01.01 付-0001号凭证]购买办公用	660105		-300.00	借	31,787.00
01	31	付-0015	更正2022.01.01 付-0001号凭证	660202		300.00	借	31,487.00
01	31		本日合计				借	31,487.00
01			当前合计		3,422.00	3,300.00	借	31,487.00
01			当前累计		3,422.00	3,300.00	借	31,487.00
			结转下年				借	31,487.00

图4-3-2 现金日记账

（4）单击“关闭”按钮退出。

特别提示：

①在库存现金日记账查询界面，单击工具栏的“总账”按钮，可查看此科目的三栏式总账。

②将光标置于某业务行，单击工具栏的“凭证”按钮，可查看相应的凭证。

操作步骤2：查询2022年1月银行存款日记账

银行存款日记账查询的步骤同库存现金日记账，只是查询结果多了“结算号”，用于期末银行对账，如图4-3-3所示。

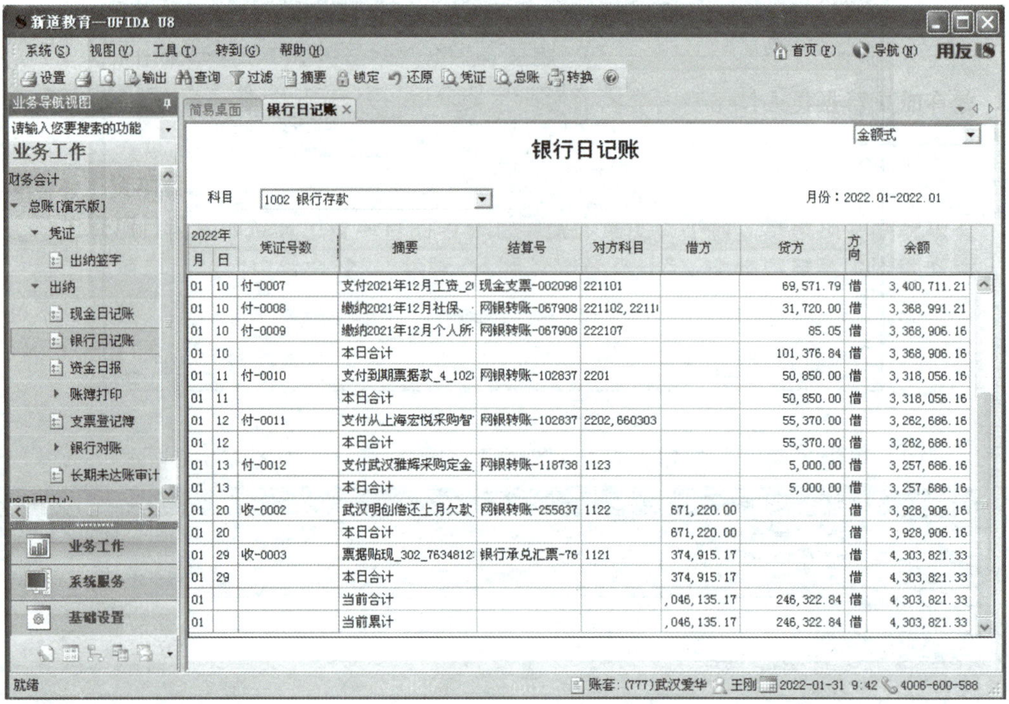

图4-3-3 银行日记账

特别提示：

查询日记账时可以查询包含未记账凭证的日记账。

操作步骤3：查询2022年1月2日资金日报表

（1）在总账系统中，执行“出纳”→“资金日报”命令，打开“资金日报表查询条件”对话框。

（2）选择日期“2022.01.02”，其余默认，单击“确定”按钮，进入“资金日报表”窗口，如图4-3-4所示。

资金日报表

日期:2022.01.02

科目编码	科目名称	币种	今日共借	今日共贷	方向	今日余额	借方笔数	贷方笔数
1001	库存现金		2,000.00		借	33,065.00	1	
1002	银行存款			4,002.00	借	3,500,007.00		2
合计			2,000.00	4,002.00	借	3,533,072.00	1	2

图4-3-4 资金日报表

（3）单击“关闭”按钮退出。

操作步骤4：登记支票登记簿

（1）在总账系统中，执行“出纳”→“支票登记簿”命令，打开“银行科目选择”对话框。

（2）选择科目“工行存款（100201）”，单击“确定”按钮，进入“支票登记簿”窗口。

（3）单击工具栏的“增加”按钮。

（4）录入或选择领用日期“2022.01.10”，领用部门“经理办公室”，支票号“10203467”，预计金额“2 000”，用途“支付办公费用”，如图4-3-5所示，单击“保存”按钮。

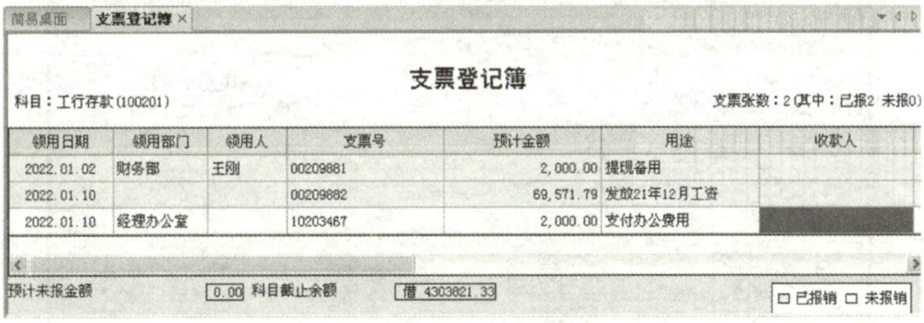

领用日期	领用部门	领用人	支票号	预计金额	用途	收款人
2022.01.02	财务部	王刚	00209881	2,000.00	提现备用	
2022.01.10			00209882	69,571.79	发放21年12月工资	
2022.01.10	经理办公室		10203467	2,000.00	支付办公费用	

图4-3-5　支票登记簿

（5）单击“关闭”按钮退出。

特别提示：

①只有在总账系统的初始设置中已选择“支票控制”，并在结算方式设置中已设置“票据结算”标志，在“会计科目”中已指定银行账的科目，才能使用支票登记簿。

②支票登记簿中的报销日期为空时，表示该支票未报销，否则系统认为该支票已报销。

③支票支出后，在填制凭证时输入该支票的结算方式和结算号，系统会自动在支票登记簿中登记该支票的报销日期，该支票即视为已报销。

操作步骤5：银行对账

（1）录入银行对账期初数据。

①以“003王刚”的身份，“2022-01-31”日期登录企业应用平台，执行“总账”→“出纳”→“银行对账”→“银行对账期初录入”命令，打开“银行科目选择”对话框。选择科目“工行存款（100201）”，单击“确定”按钮。

②进入“银行对账期初”窗口，确定右上角启用日期为“2022-01-01”，输入单位日记账调整前余额“3 504 009”；输入银行对账单调整前余额“3 509 009”。

③单击“对账单期初未达项”按钮，进入“银行方期初”窗口，单击“增加”按钮，录入期初银行已收企业未收款5 000元，日期“2021-12-30”，借方金额“5 000”，如图4-3-6所示，单击“保存”按钮，单击“退出”按钮。

重难点微课 4-5

银行对账业务

操作录屏 4-22

银行对账业务

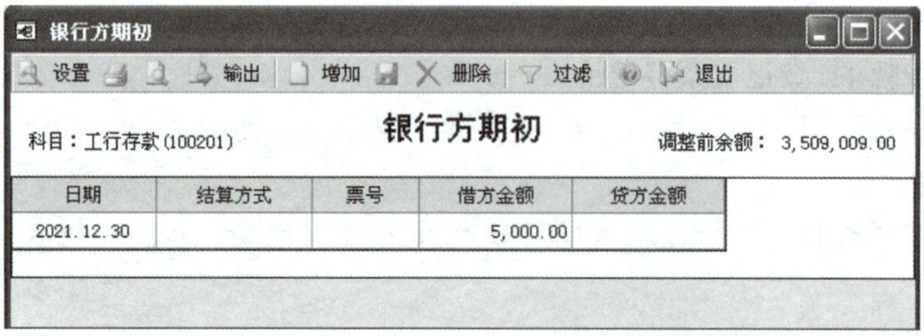

图 4-3-6　银行方期初调整

④返回“银行对账期初”窗口，单位日记账与银行对账单调整后期初余额相等，如图4-3-7所示，单击“退出”。

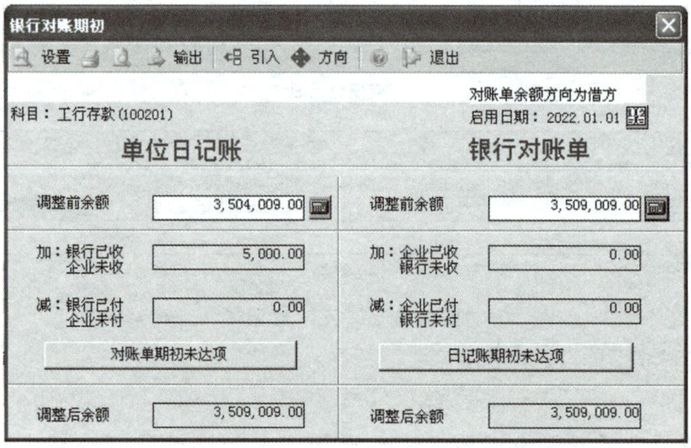

图 4-3-7　录入未达账项后的银行对账期初

特别提示：

①第一次使用银行对账功能时，应录入单位日记账及银行对账单的期初数据，包括期初余额及期初未达账项。

②系统默认银行对账单余额方向为借方，即银行对账单借方发生额为银行存款增加，贷方发生额为银行存款减少。按“方向”按钮可以调整银行对账单余额方向。

③系统会根据调整前余额及期初未达项自动计算出银行对账单与单位日记账的调整后余额，二者应该一致。

（2）录入本期银行对账单。

①在总账系统中，执行“出纳”→“银行对账”→“银行对账单”命令，打开“银行科目选择”对话框。选择科目“工行存款（100201）”，月份选择“2022.01”，单击“确定”按钮。

②在“银行对账单”窗口，单击“增加”按钮，根据任务资料给定的2022年1月银行对账单信息依次录入，如图4-3-8所示，录入完毕后单击“保存”按钮。

（3）银行对账。

①在总账系统中，执行“出纳”→“银行对账”→“银行对账”命令，打开“银行科目选择”对话框。选择科目“100201（工行存款）”，月份选择“2022.01”，单击“确定”按钮，进入“银行对账”窗口。

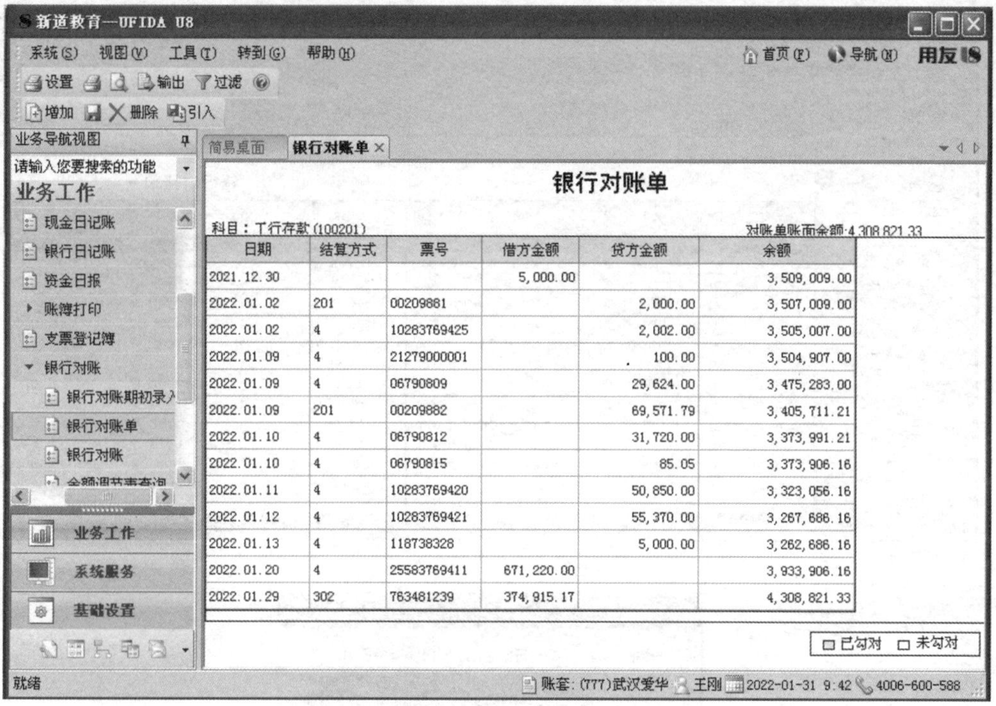

图 4-3-8　银行对账单

②单击工具栏的“对账”按钮，系统弹出“自动对账”对话框。选择截止日期“2022-01-31”，其他对账条件保持默认，如图4-3-9所示，再单击“确定”按钮。

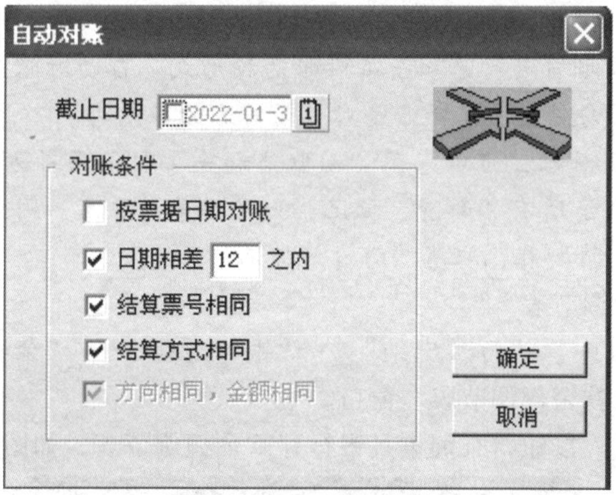

图 4-3-9　自动对账

③系统自动在符合对账条件的记录行打上“两清”标志“○”，如图4-3-10所示。

④如果对账单中有与日记账相对应却未选中的已达账记录，则可以进行手工对账，即分别双击银行对账单和单位日记账的“两清”栏，标上两清标志“√”。

⑤单击“保存”按钮，对账完毕，单击“检查”按钮，检查平衡结果，如图4-3-11所示。

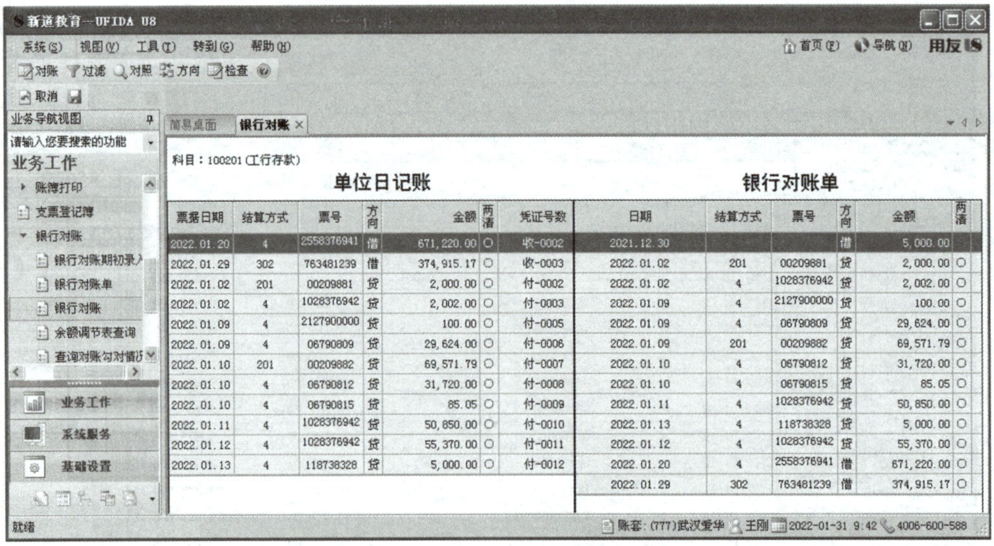

图 4-3-10　银行对账

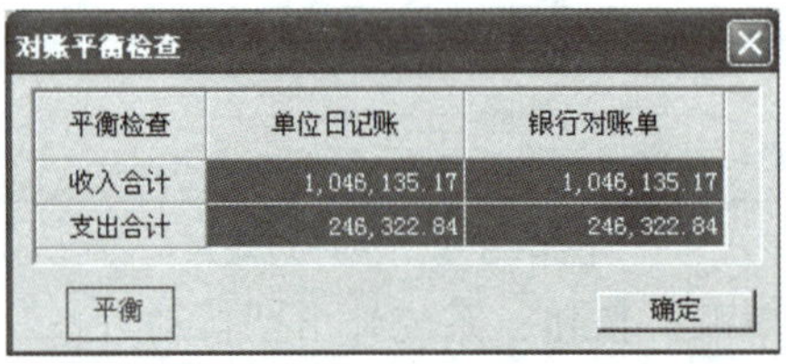

图 4-3-11　对账平衡检查

特别提示：

①银行对账包括自动对账和手工对账两种形式。自动对账是系统根据对账依据自动进行核对、勾销；手工对账是对自动对账的补充。

②如果想取消对账，可以采用自动取消和手工取消两种方式。单击“取消”按钮，可以自动取消所有“两清”标记；如果要手工取消，则可以双击要取消对账标志业务的“两清”栏，取消“两清”标记。

（4）输出余额调节表。

①在总账系统中，执行“出纳”→“银行对账”→“余额调节表查询”命令，进入“银行存款余额调节表”窗口。

②单击“查看”按钮，查询本月银行存款余额调节表，如图4-3-12所示。

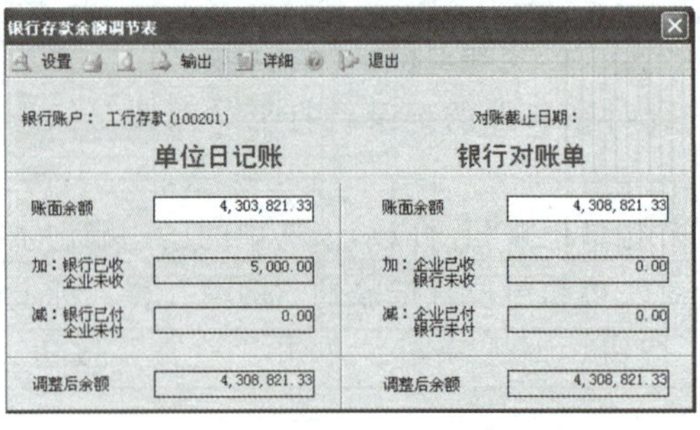

图 4-3-12　银行存款余额调节表

特别提示：

①银行存款余额调节表应显示账面余额平衡，如果不平衡，应分别查看银行对账期初、银行对账单及银行对账是否正确。

②在银行对账之后，可以查询对账勾对情况。如果确认银行对账结果是正确的，则可以使用“核销银行账”功能核销已达账；如果对账结果不平衡，则不要使用该功能，以免造成对账错误。

学思践悟4-3
提高廉洁“免疫力”

任务测试4-3
出纳管理

任务四　账簿管理

任务要求

1.查询“6602管理费用”总账并联查明细账和凭证。

2.查询“1405库存商品”数量金额明细账并联查总账和凭证。

3.查询全部科目本期发生额及余额表。

4.定义并查询“222101应交税费——应交增值税”多栏账。

5.查询“1122应收账款”客户往来明细账，并进行客户往来两清、往来催款单生成、往来账龄分析。

6.查询“4采购部”部门总账、部门多栏明细账，并进行所有部门收支分析。

7.查询“14智能体脂秤”项目总账，并进行项目统计分析。

知识导航

企业发生的经济业务，经过制单、审核、记账等程序后，就形成了正式的会计账簿。账簿管理包括基本会计核算账簿的查询、输出和各种辅助账的查询、输出。

一、基本会计核算账簿管理

总账系统提供了强大的账证查询功能，可以查询打印总账、发生额及余额表、明细账、序时账、多栏账等；不仅可以查询已记账凭证的数据，而且可以查询包含未记账凭证的数据；可以轻松实现总账、明细账和凭证的联查。

二、各种辅助核算账簿管理

为了细化企业的核算与管理，总账系统还提供了辅助核算管理功能。辅助类型主要包括以下几种：客户往来核算、供应商往来核算、项目核算、部门核算和个人往来核算。辅助核算功能使专项信息的查询更便捷。

任务实施

操作录屏
4-23
查询总账、明细账、余额表和多栏账

操作步骤1：查询“6602管理费用”总账并联查明细账和凭证

（1）以“001张明”的身份注册进入企业应用平台。

（2）在“业务工作”选项卡中，选择“总账”，执行“财务会计”→“总账”→“账表”→“科目账”→“总账”命令，进入“总账查询条件”对话框。

（3）直接录入或选择科目编码“6602”，单击“确定”按钮，进入“管理费用总账”窗口，如图4-4-1所示。

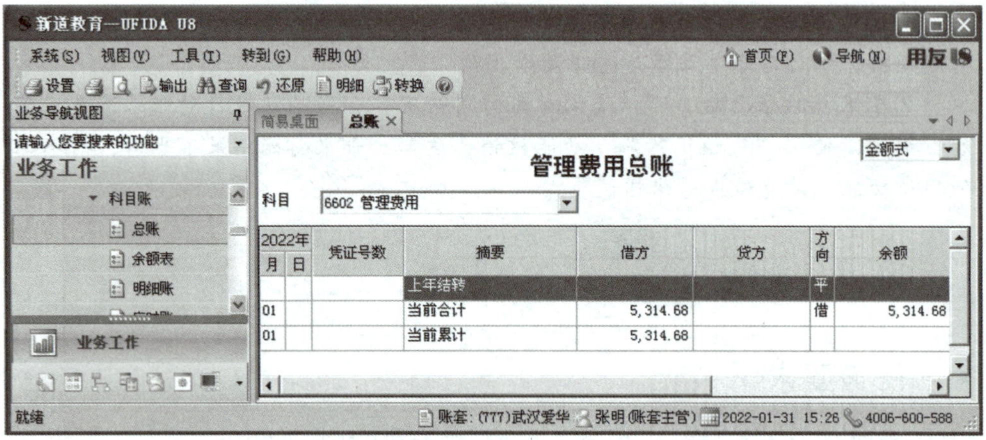

图4-4-1　管理费用总账

（4）将光标定位在“当前合计”栏，单击工具栏中的“明细”按钮，进入“管理费用明细账”窗口，如图4-4-2所示。

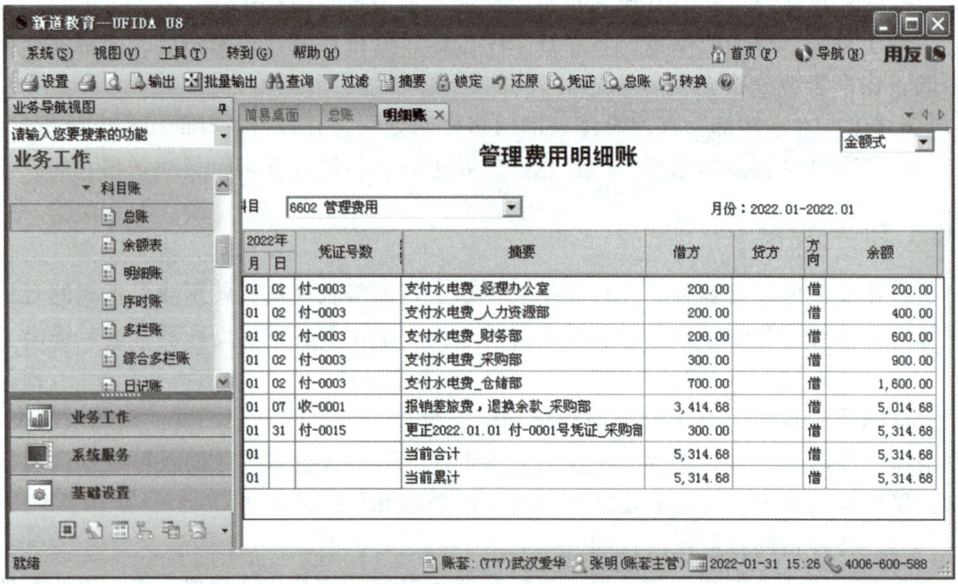

图4-4-2　管理费用总账联查明细账

（5）在“管理费用明细账”窗口，定位某业务行，单击工具栏的“凭证”按钮，进入“联查凭证”窗口，系统显示该笔业务的记账凭证，如图4-4-3所示。

操作步骤2：查询“1405库存商品”数量金额式明细账并联查总账和凭证

（1）在总账系统中，执行“账表”→“科目账”→“明细账”命令，进入“明细账查询条件”对话框。

（2）直接录入或选择科目编码“1405”，单击“确定”按钮，进入“库存商品明细账”窗口。

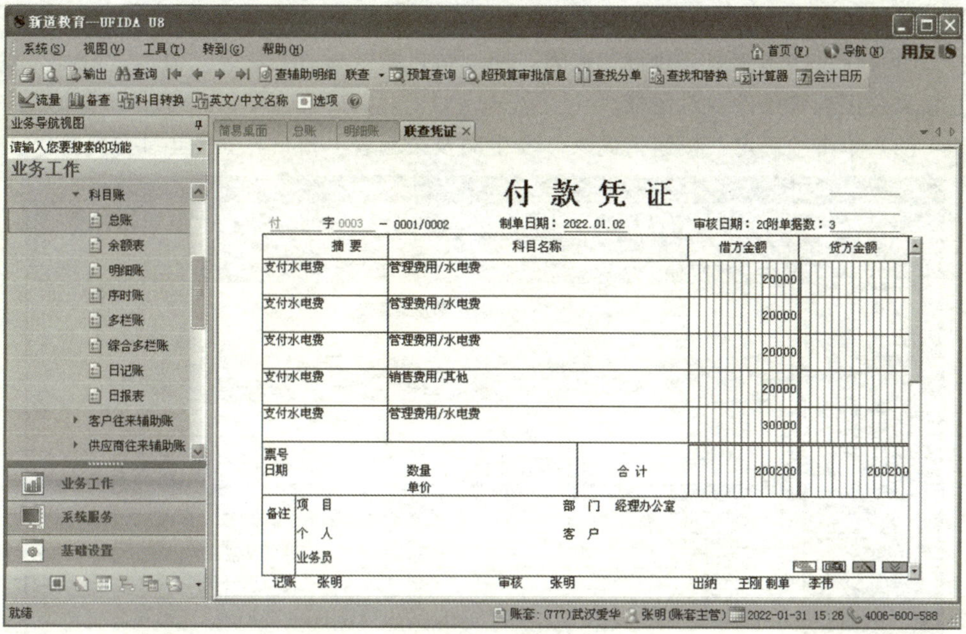

图 4-4-3　明细账联查记账凭证

（3）在右上角下拉框中选择“数量金额式”，进入数量金额式“库存商品明细账”窗口，系统除了列示该账户的借方、贷方、余额等金额信息，还显示数量、单价等信息，如图4-4-4所示。

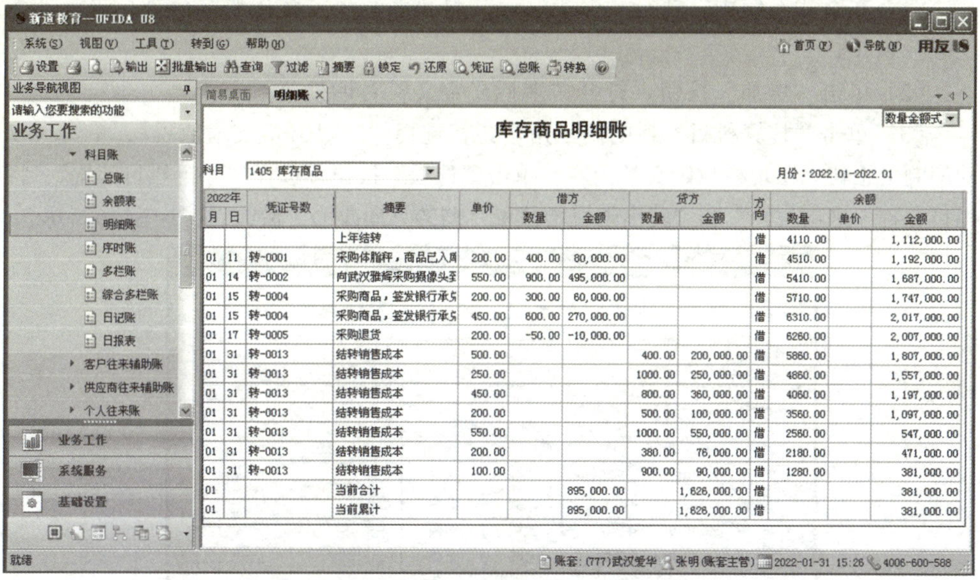

图 4-4-4　数量金额式明细账

（4）在“库存商品明细账”窗口，定位至某业务行，单击工具栏的“凭证”按钮，进入“联查凭证”窗口，系统显示该笔业务的记账凭证。

（5）单击工具栏中的“总账”按钮，进入“库存商品总账”窗口，在右上角下拉框中选择“金额式”，系统显示“库存商品总账”。

操作步骤3：查询全部科目本期发生额及余额表

（1）在总账系统中，执行“账表”→“科目账”→“余额表”命令，打开“发生额及余额查询条件”对话框。

（2）单击“确定”按钮，进入“发生额及余额表”窗口，如图4-4-5所示。

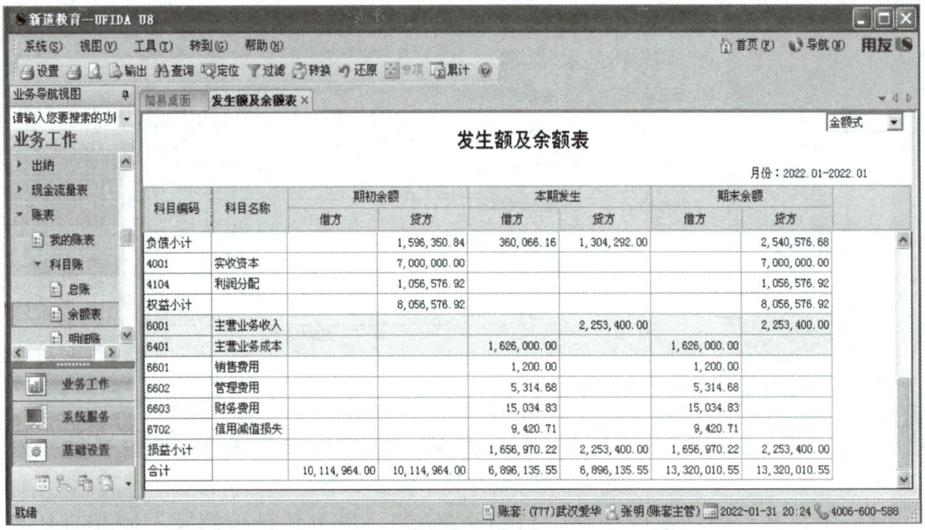

图4-4-5　发生额及余额表

操作步骤4：定义并查询“222101应交税费——应交增值税”多栏账

（1）在总账系统中，执行“账表”→“科目账”→“多栏账”命令，进入“多栏账”窗口。

（2）单击“增加”按钮，打开“多栏账定义”对话框。

（3）单击“核算科目”栏的倒三角按钮，选择“222101应交增值税”，单击“自动编制”按钮，出现栏目定义的内容，单击“选项”按钮，选择“分析栏目前置”，将栏目名称“进项税额”和“转出未交增值税”前的方向改为“借”，如图4-4-6所示。

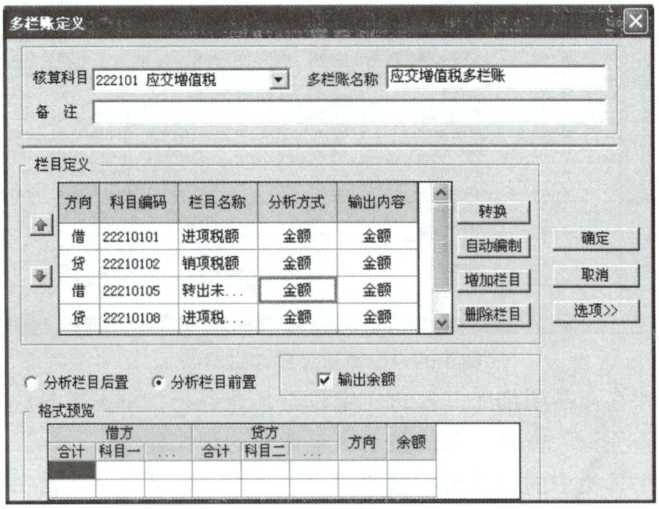

图4-4-6　多栏账定义

（4）单击“确定”按钮，完成“222101应交税费——应交增值税”多栏账的设置。

（5）单击“查询”按钮，打开“多栏账查询”对话框。单击“确定”按钮，查看应交增值税多栏账，如图4-4-7所示。

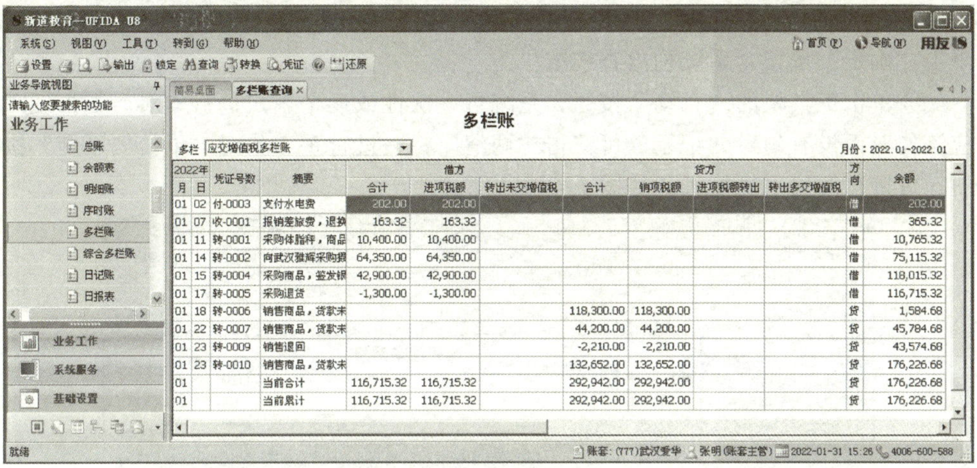

多栏账

多栏 应交增值税多栏账　　月份：2022.01-2022.01

2022年 月	日	凭证号数	摘要	借方 合计	借方 进项税额	借方 转出未交增值税	贷方 合计	贷方 销项税额	贷方 进项税额转出	贷方 转出多交增值税	方向	余额
01	02	付-0003	支付水电费	202.00	202.00						借	202.00
01	07	收-0001	报销差旅费，退换	163.32	163.32						借	365.32
01	11	转-0001	采购体脂秤，商品	10,400.00	10,400.00						借	10,765.32
01	14	转-0002	向武汉雅辉采购摄	64,350.00	64,350.00						借	75,115.32
01	15	转-0004	采购商品，签发银	42,900.00	42,900.00						借	118,015.32
01	17	转-0005	采购退货	-1,300.00	-1,300.00						借	116,715.32
01	18	转-0006	销售商品，货款未				118,300.00	118,300.00			贷	1,584.68
01	22	转-0007	销售商品，货款未				44,200.00	44,200.00			贷	45,784.68
01	23	转-0009	销售退回				-2,210.00	-2,210.00			贷	43,574.68
01	23	转-0010	销售商品，货款未				132,652.00	132,652.00			贷	176,226.68
01			当前合计	116,715.32	116,715.32		292,942.00	292,942.00			贷	176,226.68
01			当前累计	116,715.32	116,715.32		292,942.00	292,942.00			贷	176,226.68

图4-4-7　应交增值税多栏账

操作步骤5：查询“1122应收账款”客户往来明细账，并进行客户往来两清、往来催款单生成、往来账龄分析

（1）查询“1122应收账款”客户往来明细账。

①在总账系统中，执行“账表”→“客户往来辅助账”→“客户往来明细账”→“客户科目明细账”命令，打开“客户科目明细账查询条件”对话框。

②在“科目”栏选择“1122应收账款”，单击“确定”按钮，打开“客户科目明细账”窗口，如图4-4-8所示。

操作录屏4-24

查询客户往来明细账、部门账和项目账

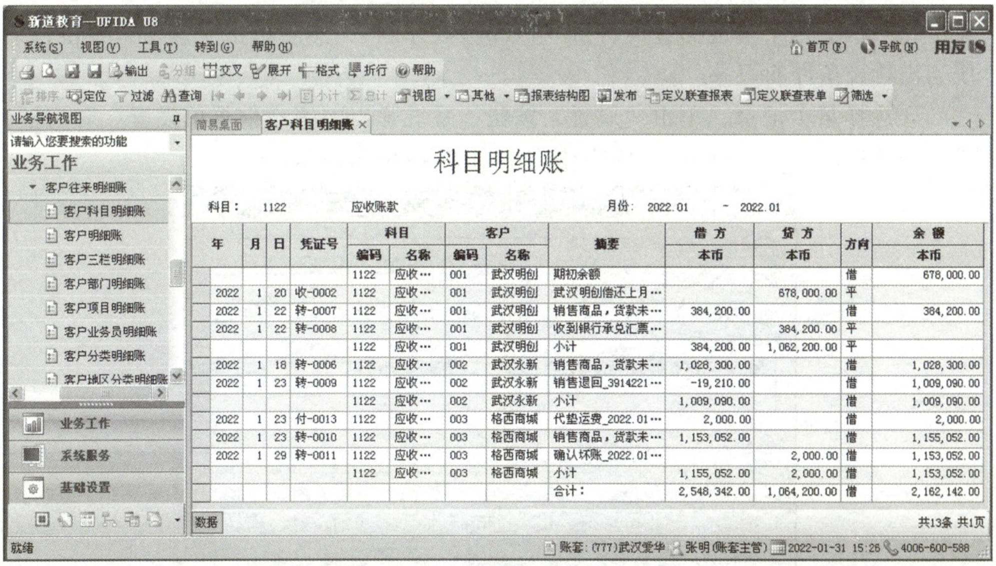

科目明细账

科目：1122 应收账款　　月份：2022.01 - 2022.01

年	月	日	凭证号	科目 编码	科目 名称	客户 编码	客户 名称	摘要	借方 本币	贷方 本币	方向	余额 本币
				1122	应收…	001	武汉明创	期初余额			借	678,000.00
2022	1	20	收-0002	1122	应收…	001	武汉明创	武汉明创偿还上月…		678,000.00	平	
2022	1	22	转-0007	1122	应收…	001	武汉明创	销售商品，货款未…	384,200.00		借	384,200.00
2022	1	22	转-0008	1122	应收…	001	武汉明创	收到银行承兑汇票…		384,200.00	平	
				1122	应收…	001	武汉明创	小计	384,200.00	1,062,200.00	平	
2022	1	18	转-0006	1122	应收…	002	武汉永新	销售商品，货款未…	1,028,300.00		借	1,028,300.00
2022	1	23	转-0009	1122	应收…	002	武汉永新	销售退回_3914221…	-19,210.00		借	1,009,090.00
				1122	应收…	002	武汉永新	小计	1,009,090.00		借	1,009,090.00
2022	1	23	付-0013	1122	应收…	003	格西商城	代垫运费_2022.01…	2,000.00		借	2,000.00
2022	1	23	转-0010	1122	应收…	003	格西商城	销售商品，货款未…	1,153,052.00		借	1,155,052.00
2022	1	29	转-0011	1122	应收…	003	格西商城	确认坏账_2022.01…		2,000.00	借	1,153,052.00
				1122	应收…	003	格西商城	小计	1,155,052.00	2,000.00	借	1,153,052.00
								合计：	2,548,342.00	1,064,200.00	借	2,162,142.00

共13条 共1页

图4-4-8　客户科目明细账

③单击“关闭”按钮退出。

（2）客户往来两清。

①单击“账表”→“客户往来辅助账”→“客户往来两清”命令，打开“客户往来两清查询条件”对话框。

②在“科目”栏选择“1122应收账款”，在“客户”栏选择“002武汉永新”，单击“确定”按钮，系统列出查询结果。

③单击工具栏的“自动”按钮，系统可一次性或逐个客户进行勾对。如果发现应该勾对而没有勾对的记录，可双击“两清”栏，进行手工勾对。单击“平衡”按钮，可进行两清平衡检查，如图4-4-9所示。

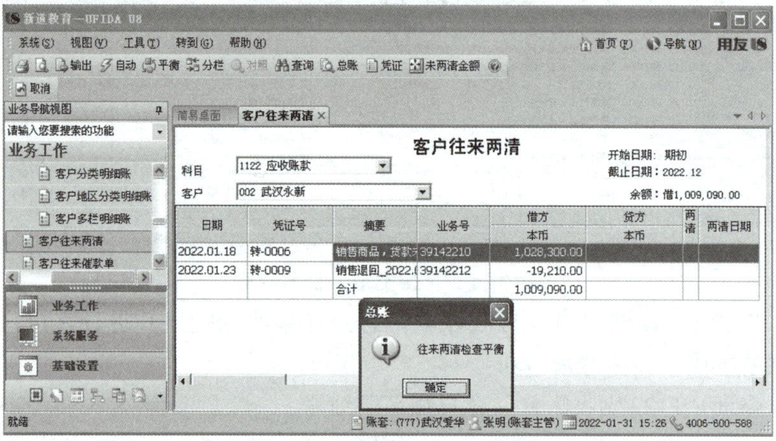

图4-4-9　客户往来两清

（3）客户往来催款单生成。

①单击“账表”→“客户往来辅助账”→“客户往来催款单”命令，打开“客户往来催款单查询条件”对话框。

②点击下拉菜单选择查询科目“1122应收账款”，然后单击“确定”按钮，系统列出符合条件的记录。

③选择某个记录，单击“设置”按钮，系统弹出“客户催款单设置”对话框，进行催款单设置后，单击“确定”按钮，如图4-4-10所示。

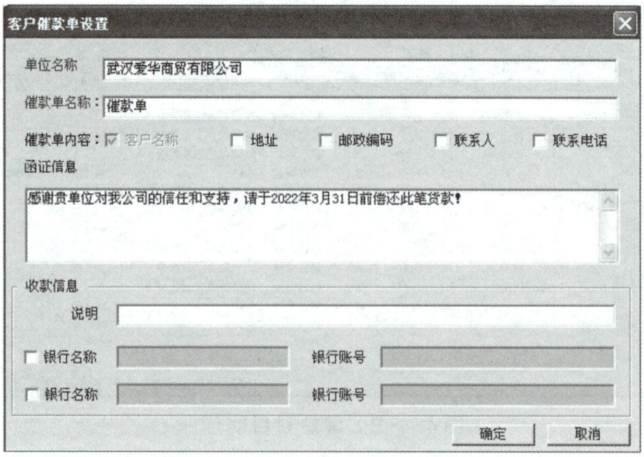

图4-4-10　客户催款单设置

（4）客户往来账龄分析。

①单击“账表”→“客户往来辅助账”→“客户往来账龄分析”命令，打开“客户往来账龄查询条件”对话框。

②点击下拉菜单选择查询科目“1122应收账款”，然后单击“确定”按钮，系统列出符合条件的客户往来账。

③单击工具栏的“详细”按钮，系统列出所有客户往来账龄分析结果；单击工具栏的“比率”按钮，系统除列示每个账龄区间的金额外，还列示其所占百分比，如图4-4-11所示。

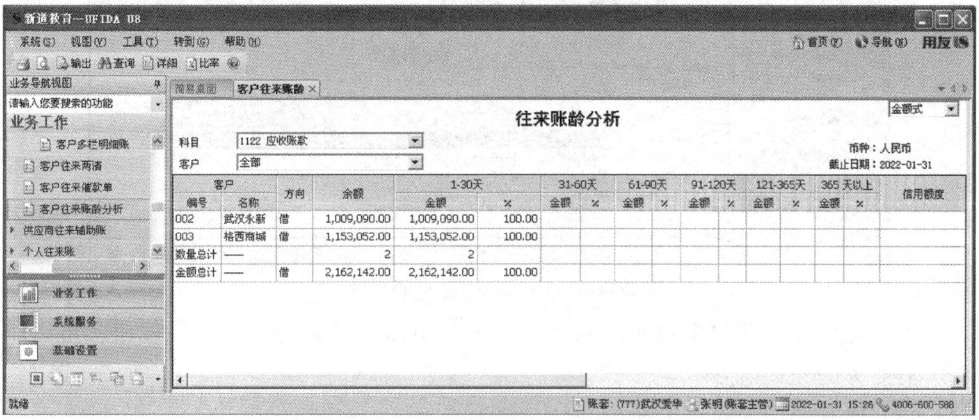

图4-4-11 客户往来账龄分析

操作步骤6：查询“4采购部”部门总账、部门多栏式明细账，并进行所有部门的收支分析

（1）查询“4采购部”部门总账。

①在总账系统中，执行“账表”→“部门辅助账”→“部门总账”→“部门总账”命令，打开“部门总账条件”窗口。

②在部门栏点击选择“采购部”，单击“确定”按钮，打开“部门总账”窗口，显示查询结果，如图4-4-12所示。

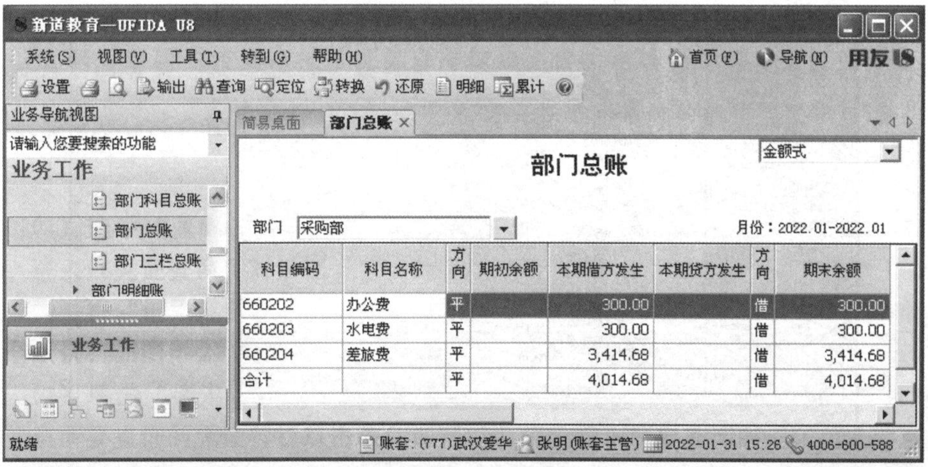

图4-4-12 部门总账

③将光标置于总账的某笔业务上，单击工具栏的“明细”按钮，可以联查明细账。

（2）查询“4 采购部”部门多栏式明细账。

①在总账系统中，执行“账表”→“部门辅助账”→“部门明细账”→“部门多栏式明细账”命令，进入“部门多栏明细账条件”窗口。

②选择科目“6602 管理费用”，部门“采购部”，分析方式“金额分析”，单击“确认”按钮，显示查询结果，如图 4-4-13 所示。

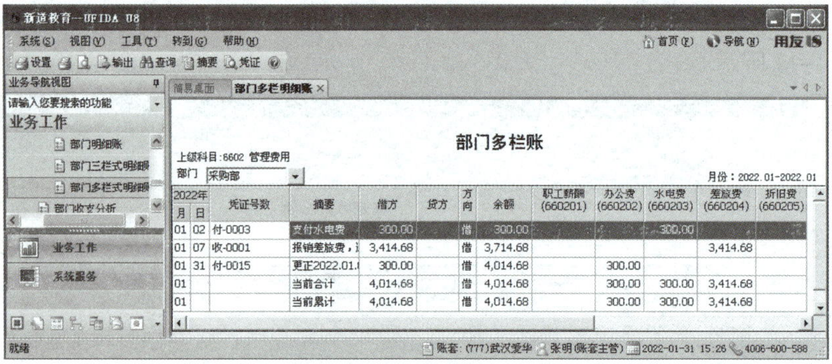

图 4-4-13　部门多栏明细账

③将光标置于部门多栏账的某笔业务上，单击工具栏的“凭证”按钮，可以联查该笔业务的凭证。

（3）所有部门的收支分析。

①在总账系统中，执行“账表”→“部门辅助账”→“部门收支分析”命令，进入“部门收支分析条件”窗口。

②选择分析科目：选择所有的部门核算科目，单击“下一步”按钮。

③选择分析部门：选择所有的部门，单击“下一步”按钮。

④选择分析月份：起止月份“2022.01—2022.01”，单击“完成”按钮，显示查询结果，如图 4-4-14 所示。

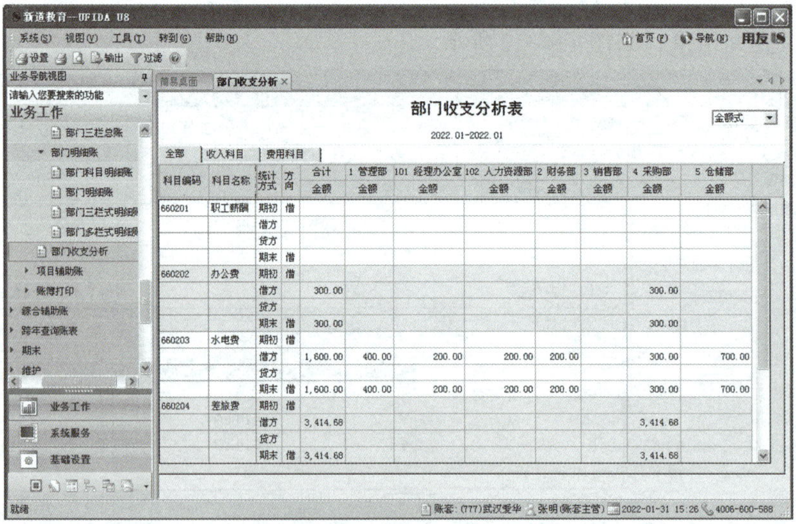

图 4-4-14　部门收支分析表

操作步骤7：查询“14智能体脂秤”项目总账，并进行项目统计分析

（1）查询“14智能体脂秤”项目总账。

①在总账系统中，执行“账表”→“项目辅助账”→“项目总账”→“项目总账”命令，打开“项目总账条件”窗口。

②“项目大类”选择“商品项目管理”，“项目”选择“14智能体脂秤”，单击“确定”按钮，打开“项目总账（详细）”窗口，显示查询结果，如图4-4-15所示。

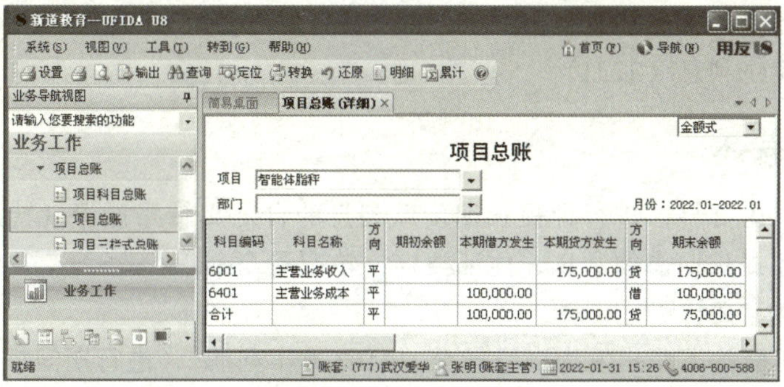

科目编码	科目名称	方向	期初余额	本期借方发生	本期贷方发生	方向	期末余额
6001	主营业务收入	平			175,000.00	贷	175,000.00
6401	主营业务成本	平		100,000.00		借	100,000.00
合计		平		100,000.00	175,000.00	贷	75,000.00

图4-4-15 项目总账

③将光标定位在某笔业务上，单击工具栏的“明细”按钮，可以联查明细账；在“项目明细账”窗口将光标定位在某笔业务上，单击“凭证”按钮，可以联查凭证。

（2）项目统计分析。

①在总账系统中，执行“账表”→“项目辅助账”→“项目统计分析”命令，进入“项目统计条件”窗口。

②选择统计项目：“项目大类”栏选择“生产成本”，单击“下一步”按钮。

③选择统计科目：选择所有的科目，单击“下一步”按钮。

④选择统计月份：起止月份“2022.01—2022.01”，单击“完成”按钮，显示查询结果，如图4-4-16所示。

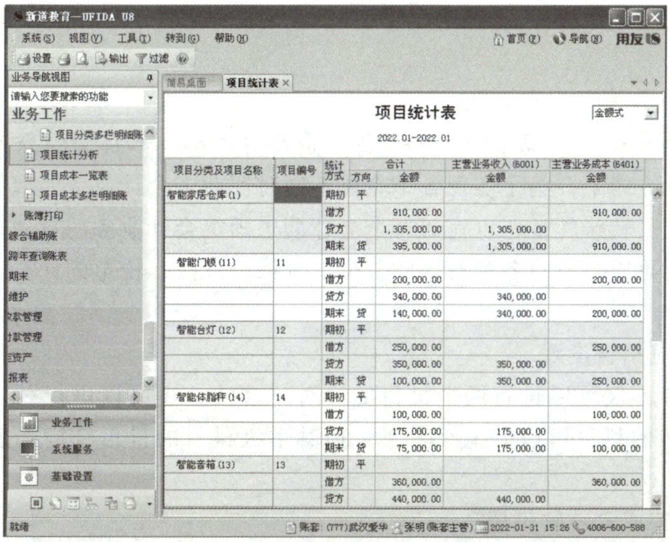

项目分类及项目名称	项目编号	统计方式	合计		主营业务收入(6001)	主营业务成本(6401)
			方向	金额	金额	金额
智能家居仓库(1)		期初	平			
		借方		910,000.00		910,000.00
		贷方		1,305,000.00	1,305,000.00	
		期末	贷	395,000.00	1,305,000.00	910,000.00
智能门锁(11)	11	期初	平			
		借方		200,000.00		200,000.00
		贷方		340,000.00	340,000.00	
		期末	贷	140,000.00	340,000.00	200,000.00
智能台灯(12)	12	期初	平			
		借方		250,000.00		250,000.00
		贷方		350,000.00	350,000.00	
		期末	贷	100,000.00	350,000.00	250,000.00
智能体脂秤(14)	14	期初	平			
		借方		100,000.00		100,000.00
		贷方		175,000.00	175,000.00	
		期末	贷	75,000.00	175,000.00	100,000.00
智能音箱(13)	13	期初	平			
		借方		360,000.00		360,000.00
		贷方		440,000.00	440,000.00	

图4-4-16 项目统计表

学思践悟4-4

勇于纠错，弘扬精益求精的工匠精神

任务测试4-4

账簿管理

任务五　期末处理

任务资料

长期借款年利率为5%，分期付息，本金到期一次性偿付。公式如下：

借：财务费用——利息支出（660301）　　　　QM（2501，月）×5%÷12

　贷：应付利息（2231）　　　　　　　　　　　　　　　　　JG（）

任务要求

1.根据上述资料，进行计提长期借款利息的自定义转账设置（转账序号0001，转账说明：计提长期借款利息，凭证类别：转 转账凭证）。

2.生成自定义转账凭证。

3.将本期损益类账户发生额结转至“4103本年利润”，进行期间损益转账设置。

4.按收入与支出分别生成期间损益结转凭证。

5.进行期末对账操作。

6.进行期末结账与取消结账操作。

知识导航

总账管理子系统期末处理主要包括自动转账凭证的定义、自动转账凭证的生成、对账、结账。由于各会计期间的许多期末业务均具有较强的规律性，因此由计算机来处理期末会计业务，不但可以规范会计业务的处理还可以大大提高处理期末业务的工作效率。

一、定义转账凭证

转账凭证的定义提供了自定义转账凭证、对应结转、销售成本结转及期间损益结转等功能。

（一）自定义转账凭证设置

由于各个企业的情况不同，因此各个企业对各类成本费用的分摊结转方式不同。在电算化方式下，为了实现各个企业不同时期期末会计业务处理的通用性，用户可以自行定义转账凭证，以完成每个会计期末固定会计业务的自动转账。自定义转账凭证功能可以完成对各种费用的分配、分摊、计提、税金的计算，以及期间损益转账凭证的设置等。

（二）对应结转设置

对应结转不仅可以进行两个科目的一对一结转，还可以进行科目的一对多结转。对应结转的科目可以是上级科目，但其下级科目的科目结构必须一致（相同明细科目）。

（三）销售成本结转设置

销售成本结转设置功能主要用来辅助没有启用购销存业务模块的企业完成销售

成本的计算和结转。

（四）期间损益结转设置

期间损益结转设置功能用于在一个会计期间终了时将损益类科目的余额结转到“本年利润”科目中，从而及时反映企业利润的盈亏情况。

二、转账生成

在定义完转账凭证后，每月月末只需要执行本功能即可快速生成转账凭证，在此生成的转账凭证将自动追加到未记账凭证中去。由于转账是按照已记账凭证的数据进行计算的，因此在进行月末转账工作之前，必须先将所有未记账凭证记账；否则，将影响生成的转账凭证数据的准确性。

三、月末结账

在会计期末，除了要对收入、费用类账户余额进行结转外，还要进行对账、结账，并在结账之前进行试算平衡。

（一）对账

对账是指对账簿数据进行核对，以检查记账是否正确，以及账簿是否平衡。用户可通过核对总账与明细账、总账与辅助账数据来完成账账核对。为了保证账证相符、账账相符，用户应经常使用“对账”功能，至少一个月一次，一般可在月末结账前进行。

（二）结账

结账是指每月月末计算和结转各账簿的本期发生额和期末余额，并终止本期账务处理工作的过程。结账每月只能进行一次，要顺利完成结账工作，必须符合系统对结账工作的要求。

任务实施

重难点微课 4-6

自定义转账业务

操作录屏 4-25

自定义转账业务

操作步骤1：自定义转账设置

（1）以“002李伟”的身份，“2022-01-31”日期重注册，执行“总账”→“期末”→“转账定义”→“自定义转账”命令，进入“自定义转账设置”窗口。单击“增加”按钮，打开“转账目录”对话框，输入转账序号“0001”，转账说明“计提长期借款利息”，凭证类别“转 转账凭证”，如图4-5-1所示，单击“确定”按钮。

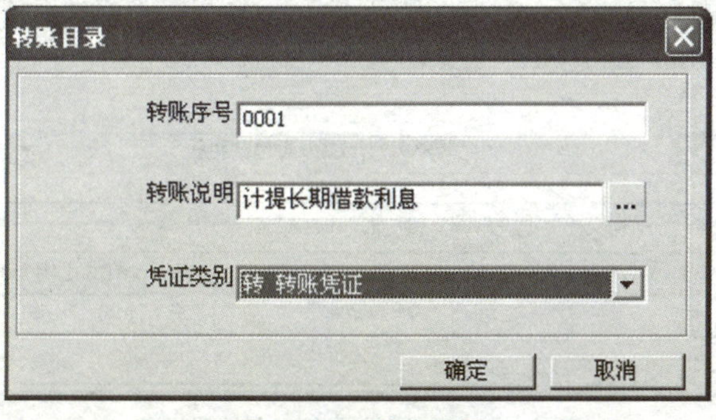

图4-5-1 转账目录

（2）进入“自定义转账设置”窗口。单击工具栏的“增行”按钮，录入科目编码“660301财务费用——利息支出”，方向“借”，单击“金额公式”栏参照按钮，打开“公式向导”窗口，选择“期末余额QM（）”函数，单击“下一步”按钮，选择科目“2501长期借款”，其他默认，如图4-5-2所示，单击“完成”按钮。

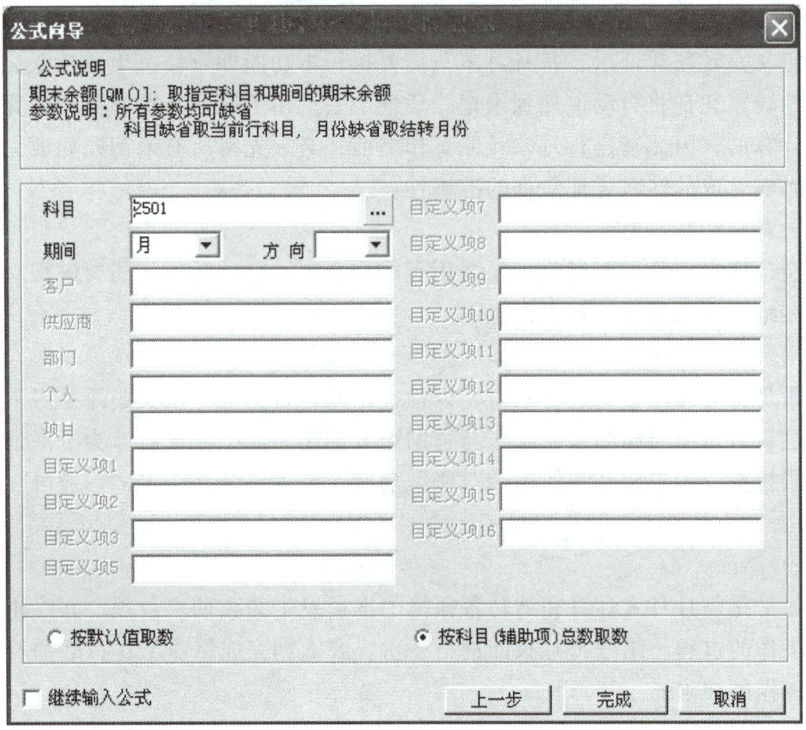

图4-5-2 公式向导

（3）返回“金额公式”栏后，继续输入“*0.05/12”，单击任意处保存金额公式。

（4）继续单击工具栏的“增行”按钮，选择科目编码“2231应付利息”，方向“贷”，在“金额公式”栏输入“JG（）”或单击“金额公式”栏参照按钮，打开“公式向导”窗口，选择“取对方科目计算结果JG（）”函数，单击“下一步”按钮，单击“完成”按钮，单击工具栏“保存”按钮，如图4-5-3所示。

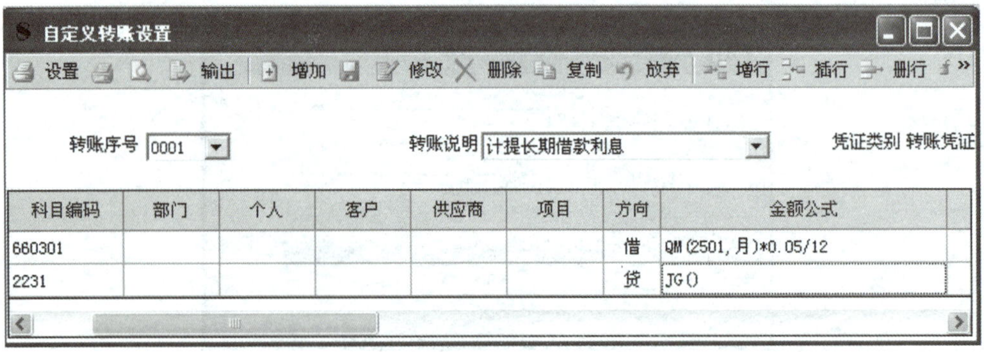

图4-5-3 长期借款自定义转账设置

操作步骤2：自定义转账生成

（1）以“002李伟”的身份，“2022-01-31”日期重注册，执行“总账”→“期末”→“转账生成”命令，进入“转账生成”窗口。

（2）选中“自定义转账”单选按钮，单击“全选”按钮，“是否结转”栏显示“Y”，单击“确定”按钮，系统生成计提长期借款利息凭证。单击“保存”按钮，凭证上出现“已生成”标志，如图4-5-4所示。

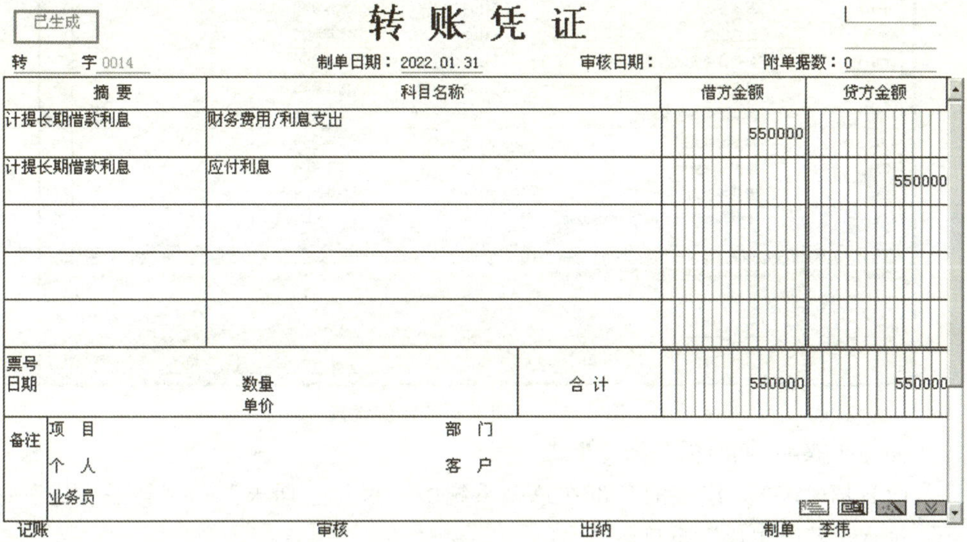

已生成

转账凭证

转 字 0014　制单日期：2022.01.31　审核日期：　附单据数：0

摘要	科目名称	借方金额	贷方金额
计提长期借款利息	财务费用/利息支出	550000	
计提长期借款利息	应付利息		550000
票号 日期	数量 单价 合计	550000	550000

备注　项目　部门　个人　客户　业务员

记账　审核　出纳　制单 李伟

图4-5-4　长期借款利息自定义转账生成凭证

（3）以“001张明”的身份重注册，进行自定义转账生成凭证审核、记账。

特别提示：

①由于期末转账业务的数据来自账簿，因此，为了保证数据的准确性，应在所有业务都记账后，再进行期末转账业务的操作。

②转账凭证每月只生成一次，不要重复生成。如果已生成的转账凭证有误，必须删除后重新生成。

③转账生成的工作应在月末进行。如果有多种转账凭证形式，特别是涉及多项转账业务时，一定要注意转账的先后次序，否则计算金额时会发生错误。

重难点微课 4-7　期间损益结转业务

操作步骤3：期间损益结转设置

（1）以“002李伟”的身份，“2022-01-31”日期登录企业应用平台，执行“总账”→“期末”→“转账定义”→“期间损益”命令，进入“期间损益结转设置”窗口。

操作录屏 4-26　期间损益结转业务

（2）在“本年利润科目”栏录入或选择“4103本年利润”，单击“确定”按钮，如图4-5-5所示。

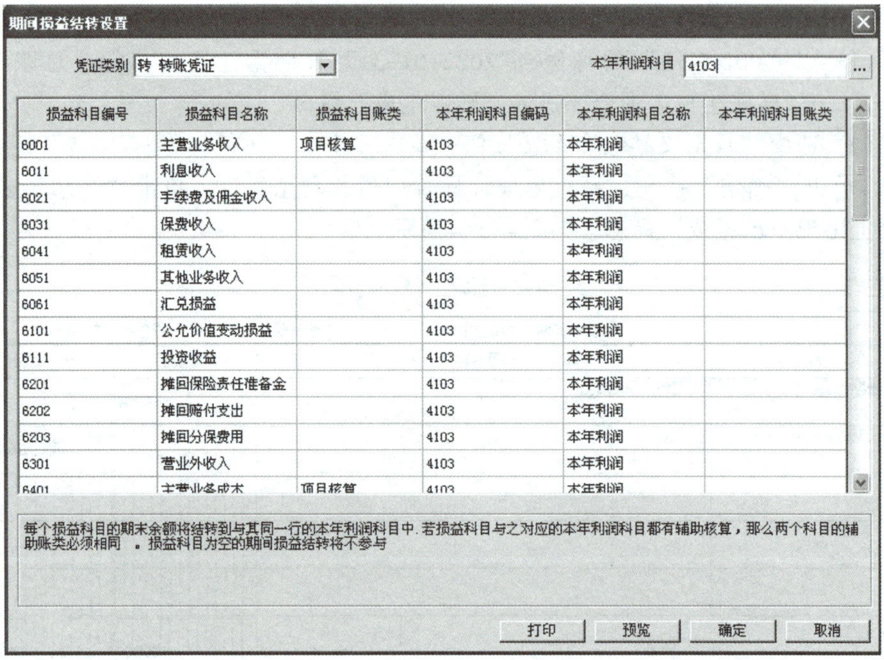

图4-5-5 期间损益结转设置

操作步骤4：期间损益结转生成

（1）以“002李伟”的身份在总账系统中，执行“期末”→“转账生成”命令，进入“转账生成”窗口。

（2）选中“期间损益结转”单选按钮，单击“类型”栏下拉按钮，选择“收入”，单击“全选”按钮，单击“确定”按钮。

（3）系统自动生成期间损益收入结转凭证。单击“保存”按钮，凭证上出现“已生成”标志，如图4-5-6和图4-5-7所示。

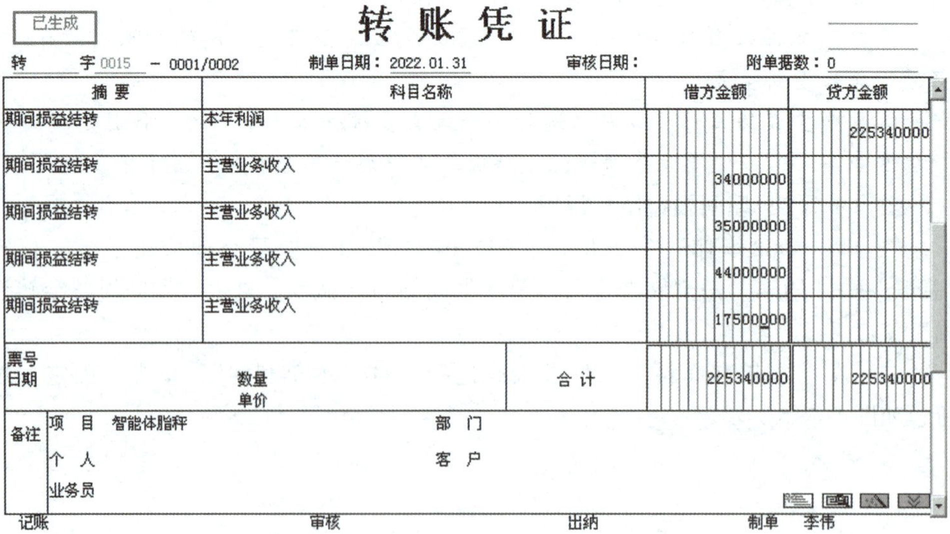

图4-5-6 期间损益收入转账生成凭证（1）

已生成

转 账 凭 证

转 字 0015 － 0002/0002　　制单日期：2022.01.31　　审核日期：　　附单据数：0

摘要	科目名称	借方金额	贷方金额
期间损益结转	主营业务收入	17500000	
期间损益结转	主营业务收入	67000000	
期间损益结转	主营业务收入	12540000	
期间损益结转	主营业务收入	15300000	
票号 日期　数量 单价	合计	225340000	225340000

备注　项　目　智能车载摄像头　　部　门
个　人　　客　户
业务员

记账　　审核　　出纳　　制单　李伟

图 4-5-7　期间损益收入转账生成凭证（2）

（4）单击“退出”按钮，返回“转账生成”窗口，修改类型为“支出”，单击“全选”按钮，单击“确定”按钮，系统提示“2022.01月之前有未记账凭证，是否继续结转?”单击“是”，生成期间损益支出结转凭证。单击“保存”按钮，凭证上出现“已生成”的标志，如图4-5-8至图4-5-12所示。

已生成

转 账 凭 证

转 字 0016 － 0001/0005　　制单日期：2022.01.31　　审核日期：　　附单据数：0

摘要	科目名称	借方金额	贷方金额
期间损益结转	本年利润	166247022	
期间损益结转	主营业务成本		20000000
期间损益结转	主营业务成本		25000000
期间损益结转	主营业务成本		36000000
期间损益结转	主营业务成本		10000000
票号 日期　数量 单价	合计	166247022	166247022

备注　项　目　　部　门
个　人　　客　户
业务员

记账　　审核　　出纳　　制单　李伟

图 4-5-8　期间损益支出转账生成凭证（1）

已生成

转 账 凭 证

转 字 0016 － 0002/0005 制单日期：2022.01.31 审核日期： 附单据数：0

摘要	科目名称	借方金额	贷方金额
期间损益结转	主营业务成本		55000000
期间损益结转	主营业务成本		7600000
期间损益结转	主营业务成本		9000000
期间损益结转	销售费用/业务招待费		100000
期间损益结转	销售费用/其他		20000
票号 日期	数量 单价 合计	166247022	166247022

备注 项目 部门

个人 客户

业务员

记账 审核 出纳 制单 李伟

图 4-5-9 期间损益支出转账生成凭证（2）

已生成

转 账 凭 证

转 字 0016 － 0003/0005 制单日期：2022.01.31 审核日期： 附单据数：0

摘要	科目名称	借方金额	贷方金额
期间损益结转	管理费用/办公费		30000
期间损益结转	管理费用/水电费		20000
期间损益结转	管理费用/水电费		20000
期间损益结转	管理费用/水电费		20000
期间损益结转	管理费用/水电费		30000
票号 日期	数量 单价 合计	166247022	166247022

备注 项目 部门 采购部

个人 客户

业务员

记账 审核 出纳 制单 李伟

图 4-5-10 期间损益支出转账生成凭证（3）

已生成

转 账 凭 证

转 字 0016 － 0004/0005 制单日期：2022.01.31 审核日期： 附单据数：0

摘要	科目名称	借方金额	贷方金额
期间损益结转	管理费用/水电费		70000
期间损益结转	管理费用/差旅费		341468
期间损益结转	财务费用/利息支出		1478483
期间损益结转	财务费用/手续费		10000
期间损益结转	财务费用/现金折扣		565000
票号 日期	数量 单价 合计	166247022	166247022

备注 项目 部门 仓储部

个人 客户

业务员

记账 审核 出纳 制单 李伟

图 4-5-11 期间损益支出转账生成凭证（4）

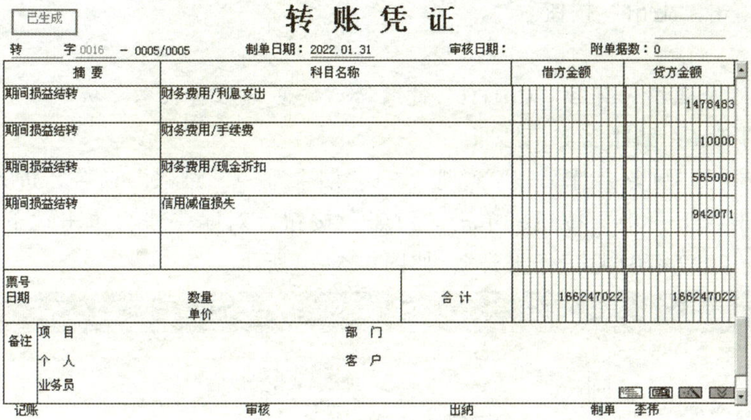
已生成

转 账 凭 证

转 字 0016 - 0005/0005 制单日期：2022.01.31 审核日期： 附单据数：0

摘要	科目名称	借方金额	贷方金额
期间损益结转	财务费用/利息支出		1478483
期间损益结转	财务费用/手续费		10000
期间损益结转	财务费用/现金折扣		585000
期间损益结转	信用减值损失		942071
票号 日期	数量 单价 合计	166247022	166247022

备注 项目 部门
个人 客户
业务员

记账 审核 出纳 制单 李伟

图 4-5-12 期间损益支出转账生成凭证（5）

（5）以“001 张明”的身份重注册，对期间损益结转生成的收入、支出两张凭证进行审核、记账。

特别提示：

①由于期末转账业务的数据来自账簿，因此，为了保证数据的准确性，应在所有业务都记账后，再进行期末转账业务的操作。

②转账凭证每月只生成一次，不要重复生成。如果已生成的转账凭证有误，必须删除后重新生成。

③期间损益结转数据错误，可通过科目账余额表查询寻找错误，不可直接修改自动生成的凭证。

操作步骤 5：对账

操作录屏 4-27 对账与结账

（1）在总账系统中，执行“期末”→“对账”命令，进入“对账”窗口。

（2）单击工具栏的“试算”按钮，查看“2022.01 试算平衡表”。

（3）单击“确定”按钮，再单击“选择”按钮，在“是否对账”栏出现“Y”标志。

（4）单击“对账”按钮，系统开始对账，并显示对账结果，如图 4-5-13 所示。

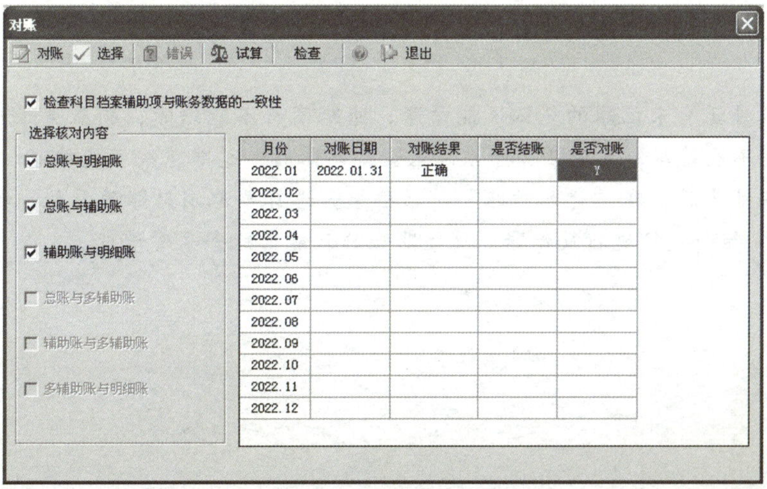

图 4-5-13 对账结果

（5）单击“退出”按钮。

特别提示：

在对账功能中，可按“Ctrl+H”键激活“恢复记账前状态”功能。

操作步骤6：结账与取消结账

（1）执行“财务会计”→“总账”→“期末”→“结账”命令，进入“结账”窗口。单击“下一步”按钮，单击“对账”按钮，对账完毕再单击“下一步”按钮，查看“2022年01月工作报告”，如图4-5-14所示。

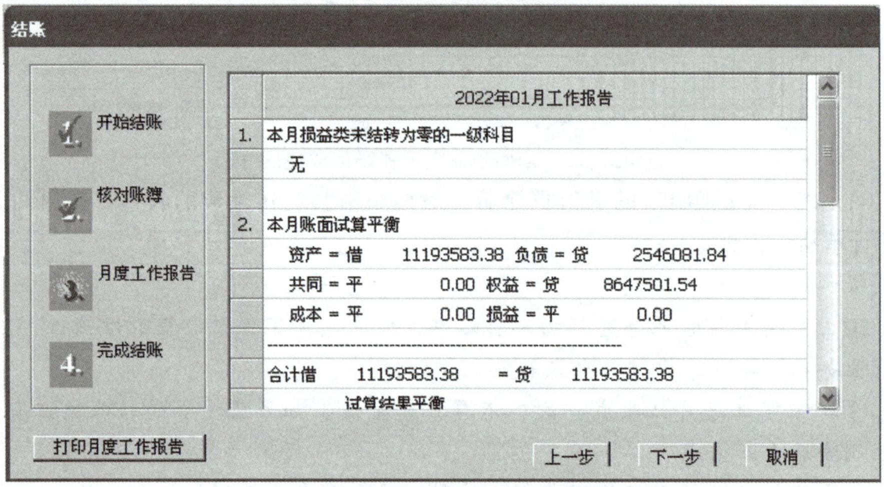

图4-5-14　2022年01月工作报告

（2）单击“下一步”按钮，弹出“2022年01月未通过工作检查，不可以结账！”提示框。

（3）单击“上一步”按钮，检查不能结账的原因。在“2022年01月工作报告”中检查出其他系统结账状态：应付系统本月未结账、应收系统本月未结账、固定资产管理系统本月未结账、薪资管理系统本月未结账。

特别提示：

①结账必须按月连续进行，上月未结账，本月不能结账，但可以填制、审核凭证。

②本月还有未记账的凭证不能结账；账账不符不能结账；损益类账户未全部结转完毕不能结账；其他业务子系统未全部结账时，总账系统不能结账。

③在结账时，在“开始结账”对话框中，选择要取消结账的月份，按“Ctrl+Shift+F6”组合键可进行反结账。反结账操作只能由账套主管进行。

任务测试4-5

总账系统期末处理

项目反馈与评价（项目四）

重难点梳理

1.末级科目、非末级科目和辅助核算科目的期初余额如何录入？请分别举例说明。

2.填制记账凭证的要点有哪些？

3.怎样删除一张记账凭证？

4.已填制未审核、已审核未记账和已记账凭证的修改方法有何不同？请分别说明。

关键数据反馈

请以合适操作员身份进行查账，并对系统中能反映下列关键数据的页面进行截图反馈（页面须显示操作员信息）：

1.期初余额试算数据。

2.全部科目本期发生额及余额表数据。

3.“应交税费——应交增值税”多栏账数据。

4.“4采购部”部门总账、部门多栏明细账，并进行所有部门收支分析。

易错点分析

请将你在本项目任务测试和操作过程中出错的问题进行记录并分析。

项目评价

项目四多维评价量表

序号	评价内容	设定分值（分）	评价主体	得分情况（分）
线上环节	自主学习进度	20	平台自评	
	任务测试准确度	10	平台自评	
	小计	30		
线下环节	安全与规范操作意识	10	学生自评	
	劳动、探究与合作意识	10	小组互评	
	实训操作进度	20	小组互评	
	实训数据准确度	20	教师评议	
	项目反思态度	10	教师评议	
	小计	70		
合计		100		

5

项目五

薪资管理系统

知识目标

了解薪资管理系统的任务、处理流程、基本功能结构；理解工资账套和企业账套的区别；掌握薪资管理系统中的基本概念和基本理论常识；明确薪资管理系统的初始设置、日常处理和期末处理的主要内容。

技能目标

掌握建立薪资账套、设置基本分类档案、工资项目和计算公式的操作方法；熟悉个人所得税、工资数据计算和汇总的操作方法；学会工资分配与计提、工资转账凭证生成的原理与操作方法。

素养目标

了解社会主义分配制度中，兼顾效率与公平的原则，弘扬社会主义核心价值观；认识个人所得税政策演变和“五险一金”社会保障制度，理解我国“民为本、重民生”的社会主义制度优越性。

项目导图

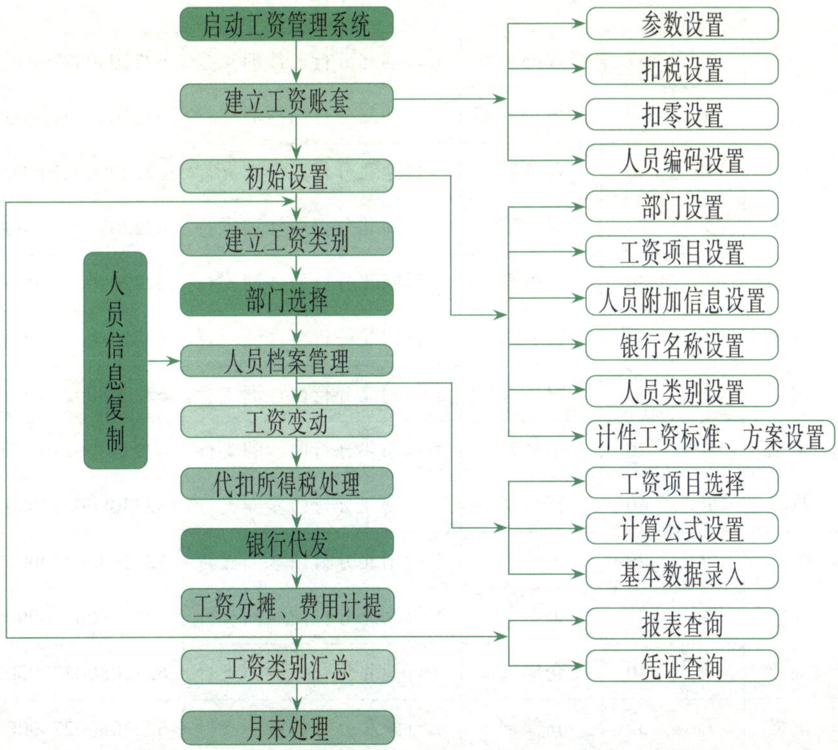

任务一 初始设置

任务资料

一、薪资管理参数设置

工资类别个数：单类别；

核算币别：人民币；

要求代扣个人所得税；

不进行扣零处理；

人员编码：3位；

启用日期：2022年1月。

二、银行设置

增加银行档案资料，银行名称：工行湖北分行白沙洲支行；银行编码：05；设置个人账号长度为19。

三、在职人员档案（见表5-1-1）

表5-1-1 人员档案

职员编号	职员名称	性别	年龄	所属部门	代发银行	银行账号
001	李卫国	男	37	经理办公室	工行湖北分行白沙洲支行	6222080027000003223
002	何林	女	30	人力资源部	工行湖北分行白沙洲支行	6222080027000001377
003	张明	男	40	财务部	工行湖北分行白沙洲支行	6222080027000008356
004	李伟	女	29	财务部	工行湖北分行白沙洲支行	6222080027000007232
005	王刚	男	34	财务部	工行湖北分行白沙洲支行	6222080027000009452
006	赵亮	男	45	财务部	工行湖北分行白沙洲支行	6222080027000004755
007	周军	女	40	财务部	工行湖北分行白沙洲支行	6222080027000002388
008	宋飞	男	26	销售部	工行湖北分行白沙洲支行	6222080027000007395
009	赵军	男	40	销售部	工行湖北分行白沙洲支行	6222080027000006112
010	张军	男	29	采购部	工行湖北分行白沙洲支行	6222080027000007329
011	孙朋	男	33	采购部	工行湖北分行白沙洲支行	6222080027000005599
012	刘云	女	40	仓储部	工行湖北分行白沙洲支行	6222080027000004523
013	王强	男	32	仓储部	工行湖北分行白沙洲支行	6222080027000001177

以上人员全部为中方人员，计税，不核算计件工资。

四、工资项目设置（见表5-1-2）

表5-1-2　　工资项目设置

项目名称	类　型	长度	小数	增减项
基本工资	数字	8	2	增项
岗位工资	数字	8	2	增项
奖　金	数字	8	2	增项
交　补	数字	8	2	增项
应发合计	数字	10	2	增项
请假天数	数字	8	0	其他
请假扣款	数字	8	2	减项
社保公积金计提基数	数字	8	2	其他
个人承担三险一金	数字	8	2	减项
个人专项附加扣除	数字	8	2	其他
代扣税	数字	10	2	减项
上月累计预扣预缴税额	数字	8	2	减项
扣款合计	数字	10	2	减项
实发合计	数字	10	2	增项
企业承担社会保险	数字	8	2	其他
企业设定提存计划	数字	8	2	其他
企业承担住房公积金	数字	8	2	其他
应付工资	数字	8	2	其他
累计应付工资	数字	8	2	其他
累计减除费用	数字	8	2	其他
累计专项扣除	数字	8	2	其他
累计专项附加扣除	数字	8	2	其他
累计预扣预缴应纳税所得额	数字	8	2	其他

五、计算公式

交补=IFF（人员类别=“销售人员”，800，IFF（人员类别=“采购人员”，600，500））

应发合计=基本工资+岗位工资+奖金+交补

请假扣款=请假天数*25

应付工资=基本工资+岗位工资+奖金+交补-请假扣款

个人承担三险一金=社保公积金计提基数*0.183

企业承担社会保险=社保公积金计提基数*0.09
企业设定提存计划=社保公积金计提基数*0.167
企业承担住房公积金=社保公积金计提基数*0.08
累计减除费用=5000*month（）
累计专项扣除=个人承担三险一金*month（）
累计专项附加扣除=个人专项附加扣除*month（）
累计预扣预缴应纳税所得额=累计应付工资-累计减除费用-累计专项扣除-累计专项附加扣除
扣款合计=请假扣款+个人承担三险一金+代扣税+上月累计预扣预缴税额
实发合计=应发合计-扣款合计

备注：

该公司“四险一金”计提比例见表5-1-3。

表5-1-3　　社保公积金计提比例

项目	企业承担（%）	个人承担（%）	小计（%）
医疗保险	8.7	2	10.7
工伤保险	0.3	0	0.3
基本养老保险	16	8	24
失业保险	0.7	0.3	1
小计	25.7	10.3	36
住房公积金	8	8	16
合计	33.7	18.3	52

六、税率设置

收入额合计修改为“累计预扣预缴应纳税所得额”，扣税基数0，附加费用0，个人所得税税率见表5-1-4。

表5-1-4　　个人所得税税率表

级数	累计预扣预缴应纳税所得额	税率（%）	速算扣除数（元）
1	不超过36 000元的部分	3	0
2	超过36 000元至144 000元的部分	10	2 520
3	超过144 000元至300 000元的部分	20	16 920
4	超过300 000元至420 000元的部分	25	31 920
5	超过420 000元至660 000元的部分	30	52 920
6	超过660 000元至960 000元的部分	35	85 920
7	超过960 000元的部分	45	181 920

任务要求

1.根据上述资料，建立薪资管理系统子账套。

2.根据上述资料，录入薪资管理系统银行信息和职员信息。

3.根据上述资料，完成工资项目设置、公式设置及个人所得税税率设置。

知识导航

重难点微课
5-1
工资项目及
公式设置

一、薪资管理系统的主要功能

在用友ERP-U8 V10.1管理软件中，薪资管理系统是人力资源管理系统的一个子系统，它的主要功能包括以下方面：

（一）薪资类别管理

薪资管理系统提供处理多个工资类别的功能。如果单位按周或月多次发放工资，或者单位中有多种不同类别（部门）的人员，并且工资发放项目不同、工资计算公式也不同，但需要进行统一工资核算管理，则应选择建立多个工资类别。

如果单位中所有人员的工资统一管理，并且人员的工资项目、工资计算公式全部相同，则只需要建立单个工资类别，以提高系统的运行效率。

（二）人员档案管理

薪资管理系统提供设置人员的基础信息并对人员变动进行调整的功能，以及设置人员附加信息的功能。

（三）薪资数据管理

在薪资管理系统中，用户可以进行薪资数据管理，包括：根据不同企业的需要设计工资项目和计算公式；管理所有人员的工资数据，并对平时发生的工资变动进行调整；自动计算个人所得税，结合工资发放形式进行扣零处理或向代发工资的银行传输工资数据；自动计算、汇总工资数据；自动完成工资分摊、计提转账业务。

（四）薪资报表管理

薪资管理系统提供多层次、多角度的工资数据查询功能。

二、薪资管理系统与其他系统的关系

薪资管理系统与总账管理系统共享基础数据；薪资管理系统将工资分摊的结果生成转账凭证，传递到总账管理系统中；薪资管理系统向成本管理系统传送相关费用的合计数据。

三、初始设置

薪资管理系统的初始设置包括建立工资账套、基础信息设置和建立工资类别三部分。

（一）建立工资账套

工资账套与“系统管理”中的账套是不同的概念。“系统管理”中的账套针对的是整个核算系统，而工资账套针对的是薪资管理系统。要建立工资账套，前提是在“系统管理”中建立本单位的核算账套。建立工资账套时可以根据建账向导分四步进行，即参数设置、扣税设置、扣零设置、人员编码。

（二）基础信息设置

建立工资账套以后，用户要对系统运行所需的一些基础信息进行设置，主要包括以下几项：

1.部门设置。

员工薪资一般是按部门进行管理的。

2.人员类别设置。

人员类别与工资费用的分配、分摊有关，设置人员类别便于按人员类别进行工资汇总计算。

3.人员附加信息设置。

此项设置可以增加人员信息，丰富人员档案的内容，便于对人员进行更加有效的管理。例如，设置人员的性别、民族、婚姻状况等。

4.工资项目设置。

工资项目设置即定义工资项目的名称、类型、宽度、小数、增减项。系统中有一些固定项目，如“应发合计”“扣款合计”“实发合计”，这些项目是工资账套中必不可少的，不能删除和重命名。其他项目可根据实际情况定义或参照增加，如“基本工资”“奖金”“事假天数”等。在此设置的工资项目是针对所有工资类别的全部工资项目。

5.银行名称设置。

发放工资的银行可根据需要设置多个，这里设置的银行名称针对的是所有工资类别。例如，同一工资类别中的人员由于在不同的地点工作，因此需要在不同的银行代发工资；或者不同工资类别中的人员由不同的银行代发工资，均需要设置相应的银行名称。

（三）建立工资类别及其基础设置

1.人员档案设置。

人员档案设置用于登记人员姓名、职员编号、所属部门、人员类别等信息。此外，员工的增减变动也必须在本功能中处理。人员档案的操作是针对某个工资类别的，即应先打开相应的工资类别。

2.本工资类别的工资项目设置。

这里只能选择系统初始设置中的工资项目，不可自行输入。工资项目的类型、长度、小数位数、增减项等不可更改。

3.计算公式设置。

这是指定义某些工资项目的计算公式及工资项目之间的运算关系。例如，事假扣款=基本工资÷月工作日×事假天数。运用公式可以直观地表达工资项目的实际运算过程，灵活地进行工资计算处理。定义公式可通过工资项目、运算符、关系符、函数等组合完成。

“应发合计”“扣款合计”“实发合计”等固定工资项目的计算公式，由系统根据工资项目设置的“增减项”自动给出。用户只能增加、修改、删除其他工资项目的计算公式。

工资项目的计算公式要符合逻辑，系统会对计算公式进行合法性检查，对于不符合逻辑的计算公式，系统将提示错误。定义公式时要注意先后顺序，先得到的数据应先设置公式。“应发合计”“扣款合计”“实发合计”的公式应是公式定义框中最后3个公式，并且“实发合计”的公式要在“应发合计”和“扣款合计”的公式之后。如果出现计算公式超长的情况，可缩短（减少字符）对应的工资项目名称，或者设置过渡项目。定义公式时还可以使用“函数公式向导输入”。

4.个人所得税税率设置。

个人所得税税率在工资管理模块中进行设置，依次执行“人力资源”→“薪资管理”→“设置”→“选项”命令，点击“税率设置”，可以在此界面设置税率和速算扣除数。

任务实施

操作录屏5-1

薪资管理系统初始设置

操作步骤1：建立工资账套

（1）以“001张明”的身份，“2022-01-01”日期登录企业应用平台，执行“人力资源”→“薪资管理”命令，系统弹出“建立工资套”对话框。

（2）在“参数设置”中，选择本账套所需处理的工资类别个数为“单个”，币别名称为“人民币RMB”，如图5-1-1所示。

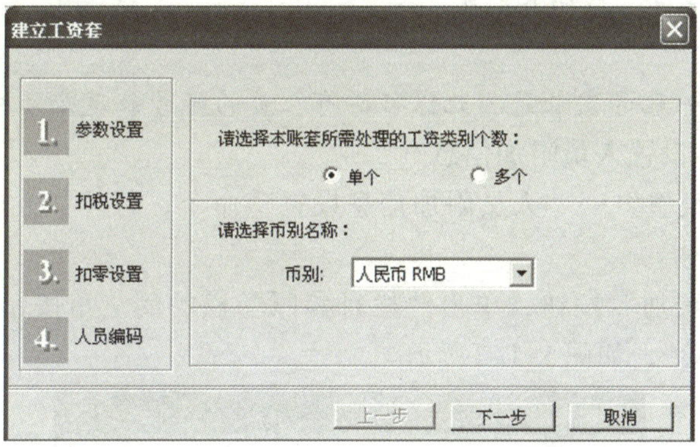

图5-1-1　建立工资套——参数设置

（3）单击“下一步”按钮，进入“扣税设置”对话框，选中“是否从工资中代扣个人所得税”复选框。

（4）单击“下一步”按钮，进入“扣零设置”对话框，本例中不进行扣零处理，所以直接单击“下一步”按钮，进入“人员编码”对话框。

（5）单击“完成”按钮，完成建立工资账套的过程。

特别提示：

①如果薪资管理系统还没有启用，可执行“基础设置”→“基本信息”→“系统启用”命令，打开“系统启用”对话框，选中“WA 薪资管理”复选框，弹出“日历”对话框，选择薪资管理系统启用日期为“2022年1月1日”，单击“确定”按钮，系统弹出“确实要启用当前系统吗？”提示框，单击“是”按钮返回。

②工资账套建立完成后，部分建账参数可以在“设置”→“选项”中进行修改。

操作步骤2：设置银行名称

（1）在企业应用平台的“基础设置”选项卡中，执行“基础档案”→“收付结算”→“银行档案”命令，单击“增加”按钮，打开“增加银行档案”对话框。

（2）根据资料增加银行名称信息，如图5-1-2所示。

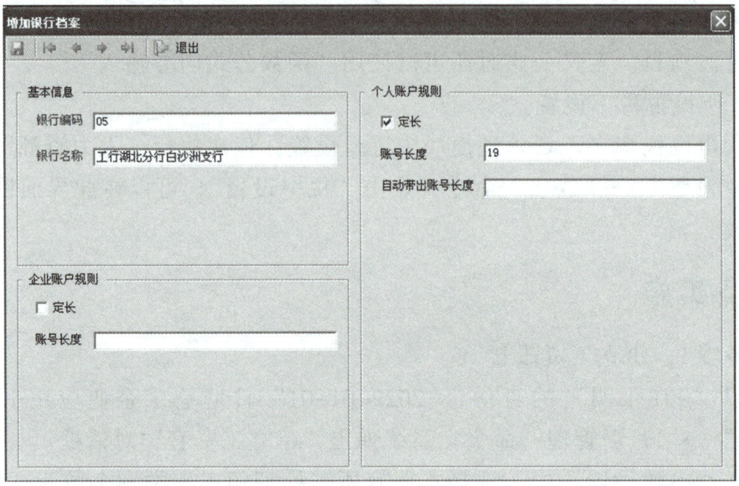

图5-1-2　设置银行名称

（3）单击“保存”按钮并退出。

特别提示：

要求个人账户账号定长是指此银行所有人员的账号长度必须相同。

操作步骤3：设置人员附加信息

（1）执行“设置”→“人员附加信息设置”命令，打开“人员附加信息设置”对话框。

（2）单击“增加”按钮，单击“栏目参照”栏的倒三角按钮，选择“性别”；同理，增加“年龄”，如图5-1-3所示。

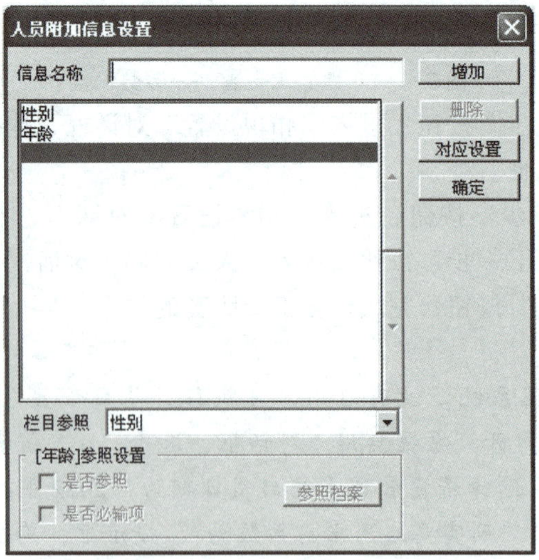

图5-1-3　人员附加信息设置

操作步骤4：设置人员档案

（1）执行“设置”→“人员档案”命令，进入“人员档案”窗口。

（2）单击工具栏上的“增加”按钮，打开“人员档案明细”对话框。

（3）在“基本信息”选项卡中，单击“人员姓名”参照按钮，选择“李卫国”，人员编号“001”自动带出，薪资部门名称选择“经理办公室”，人员类别“管理人员”自动带出。

（4）单击“银行名称”下拉列表框，从下拉列表框中选择“工行湖北分行白沙洲支行”，输入银行账号“6222080027000003223”，如图5-1-4所示。

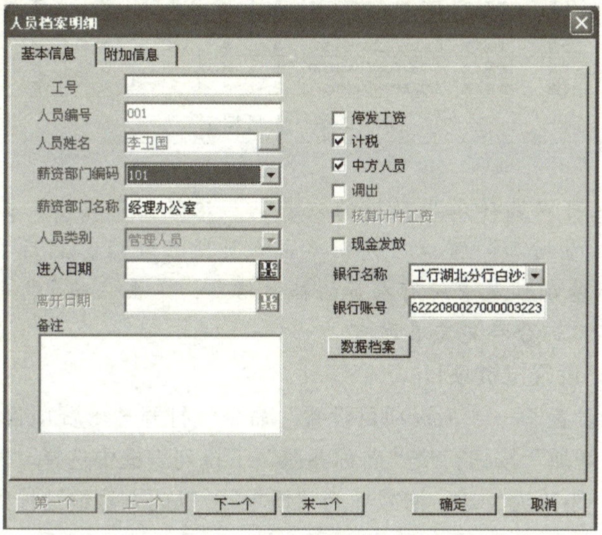

图5-1-4　人员档案明细

（5）单击“附加信息”，输入“性别”为“男”，输入“年龄”为“37”，如图5-1-5所示，单击“确定”按钮。

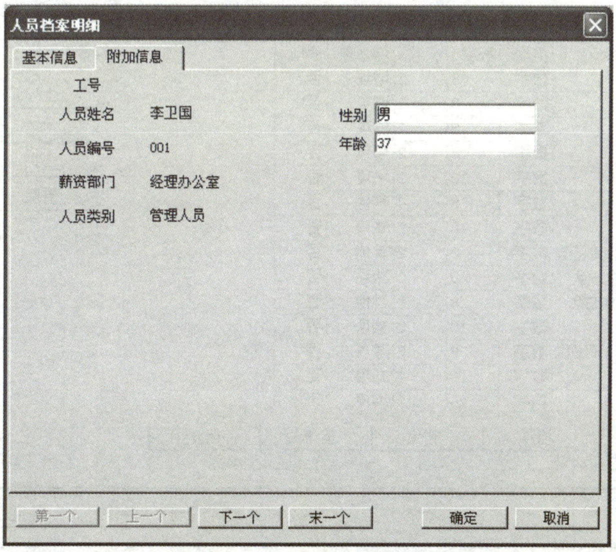

图5-1-5　人员档案附加信息

（6）依照上述操作方法输入其他人员档案，输入结果如图5-1-6所示，最后单击工具栏上的“退出”按钮。

人员档案

总人数：13

选择	薪资部门名称	工号	人员编号	人员姓名	人员类别	账号	中方人员	是否计税	工资停发	核算计件工资	现金发放	进入日期	离开日期	性别	年龄
	经理办公室		001	李卫国	管理人员	6222080027000003223	是	是	否	否	否			男	37
	人力资源部		002	何林	管理人员	6222080027000001377	是	是	否	否	否			女	30
	财务部		003	张明	管理人员	6222080027000008356	是	是	否	否	否			男	40
	财务部		004	李伟	管理人员	6222080027000007232	是	是	否	否	否			女	29
	财务部		005	王刚	管理人员	6222080027000009452	是	是	否	否	否			男	34
	财务部		006	赵亮	管理人员	6222080027000004755	是	是	否	否	否			男	45
	财务部		007	周军	管理人员	6222080027000002388	是	是	否	否	否			女	40
	销售部		008	宋飞	销售人员	6222080027000007395	是	是	否	否	否			男	26
	销售部		009	赵军	销售人员	6222080027000006112	是	是	否	否	否			男	40
	采购部		010	张军	采购人员	6222080027000007329	是	是	否	否	否			男	29
	采购部		011	孙朋	采购人员	6222080027000005599	是	是	否	否	否			男	33
	仓储部		012	刘云	管理人员	6222080027000004523	是	是	否	否	否			女	40
	仓储部		013	王强	管理人员	6222080027000001177	是	是	否	否	否			男	32

图5-1-6 人员档案

特别提示：

人员档案也可以选择采用批增的方式，一次性全部增加。执行“批增”命令，在“人员批量增加”窗口，分别单击人员所在部门，然后单击“查询”按钮，系统会列示基础档案中所有人员的档案信息，单击“确定”按钮，然后将批量导入信息的不足部分补充完善即可。

操作步骤5：设置工资项目

（1）执行“设置”→“工资项目设置”命令，打开“工资项目设置”对话框。

（2）单击“增加”按钮，从“名称参照”下拉列表框中选择“基本工资”，设置类型为“数字”，小数为“2”，增减项为“增项”。以此方法继续增加其他工资项目，并通过“上移”或“下移”等按钮根据任务资料工资项目顺序排序，如图5-1-7所示。

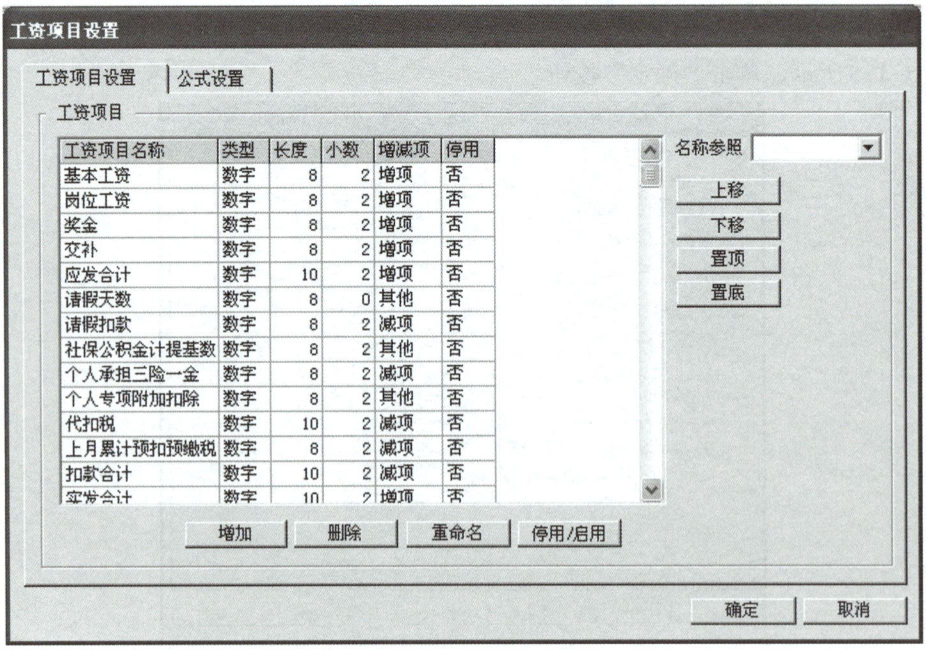

图5-1-7 工资项目设置

特别提示：

①“名称参照”下拉列表框中没有的项目可以直接输入，或者先从“名称参照”中选择一个类似的项目再进行修改，其他项目也可以根据需要修改。

②如果在“参数设置”中选中“是否核算计件工资”复选框，则在此界面可以看到“计件工资”项目属性。

③如果在“扣税设置”中选中“是否从工资中代扣个人所得税”复选框，则在此可以看到“扣税合计”“代扣税”“代付税”等预置工资项目。

④没有选择的工资项目不允许在计算公式中出现。不能删除已输入数据的工资项目和已设置计算公式的工资项目。

(3) 单击“确定”按钮，系统弹出“工资项目已经改变，请确认各工资类别的公式是否正确。否则计算结果可能不正确”提示框，单击“确定”按钮。

特别提示：

系统提供的固定工资项目不能修改、删除。

操作步骤6：设置计算公式

(1) 设置“交补”计算公式。

①执行“设置”→“工资项目设置”，选择“公式设置”页签，单击“增加”按钮，在“工资项目”列表中增加一个空行，单击该行，在下拉列表框中选择“交补”。

②单击“函数公式向导输入”按钮，打开“函数向导——步骤之1”对话框，如图5-1-8所示。

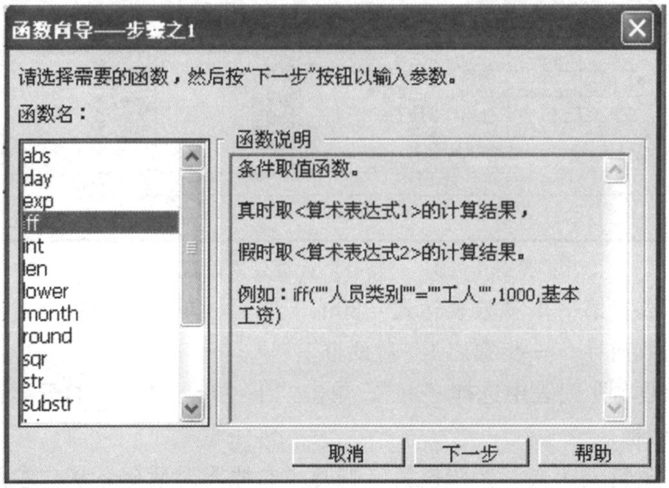

图5-1-8 函数向导——步骤1

③从“函数名”列表中选择“iff”，单击“下一步”按钮，打开“函数向导——步骤之2”对话框。

④单击“逻辑表达式”参照按钮，打开“参照”对话框，从“参照列表”的下拉列表框中选择“人员类别”选项，然后选择“销售人员”，单击“确定”按钮，如图5-1-9所示。

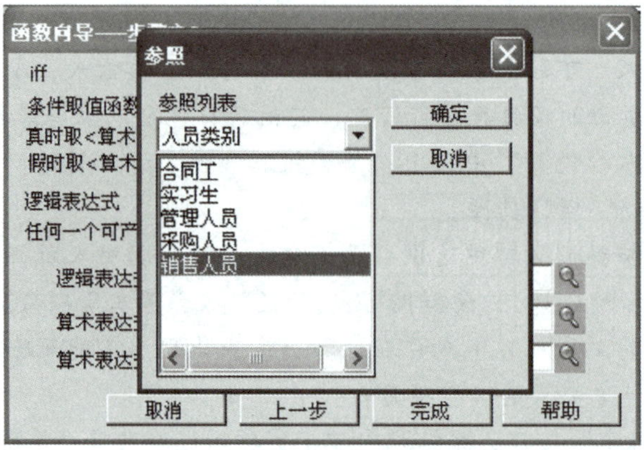

图 5-1-9　函数向导——步骤 2

⑤在“算术表达式 1”后的文本框中输入“800”，单击“完成”按钮返回“公式设置”界面，如图 5-1-10 所示。

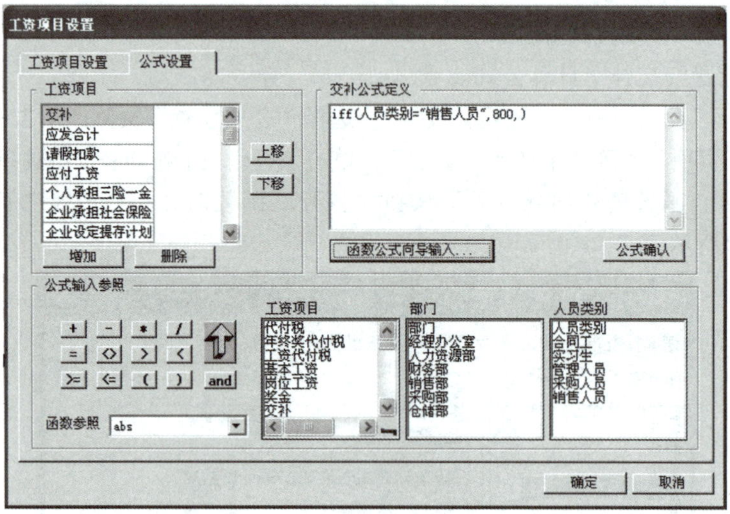

图 5-1-10　“交补”计算公式设置（1）

⑥将鼠标放在第一个算数表达式“800,”之后，单击“函数公式向导输入”按钮，打开“函数向导——步骤之 1”对话框。

⑦从“函数名”列表中选择“iff”，单击“下一步”按钮，打开“函数向导——步骤之 2”对话框。

⑧单击“逻辑表达式”参照按钮，打开“参照”对话框，从“参照列表”下拉列表框中选择“人员类别”选项，然后选择“采购人员”，单击“确定”按钮。

⑨在“算术表达式 1”后的文本框中输入“600”，在“算术表达式 2”后的文本框中输入“500”，如图 5-1-11 所示。

⑩单击“完成”按钮，返回“公式设置”窗口，单击“公式确认”按钮。公式结果如图 5-1-12 所示。

（2）设置“请假扣款”计算公式。

①在“工资项目设置”对话框中打开“公式设置”选项卡。

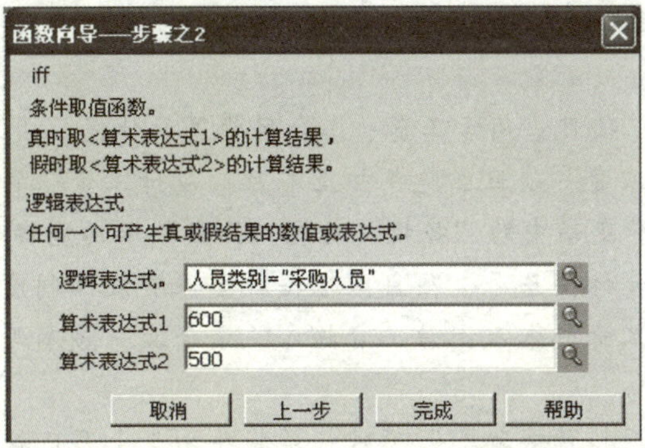

图 5-1-11 设置算术表达式

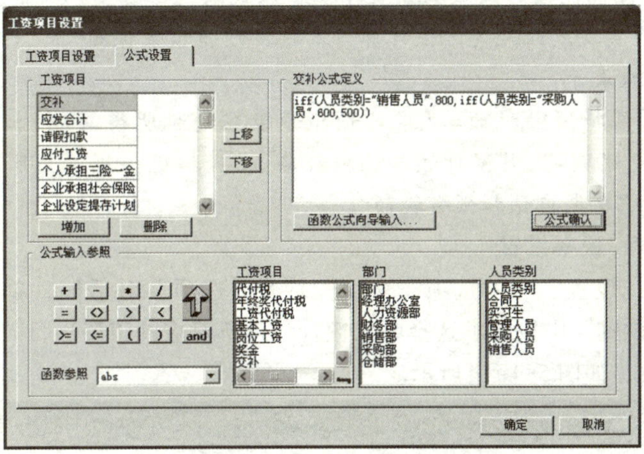

图 5-1-12 “交补”计算公式设置（2）

②单击“增加”按钮，在“工资项目”列表中增加一个空行，单击该行，然后在下拉列表框中选择“请假扣款”。

③单击“请假扣款公式定义”文本框，然后单击工资项目列表中的“请假天数”。

④单击运算符“*”，在“*”后输入数字“25”，单击“公式确认”按钮，如图5-1-13所示。

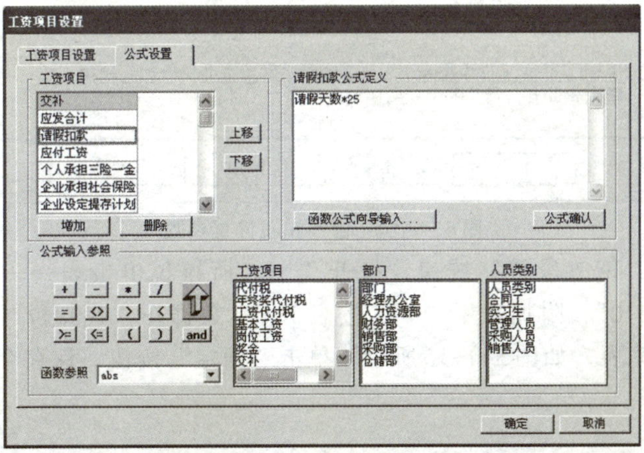

图 5-1-13 请假扣款公式设置

⑤同理，设置其他计算公式。

特别提示：

①“应付工资”项目：用于工资、工会经费等的计提。

②“累计应付工资”项目：是年初至本月“应付工资”的总和，该数据需要手工输入或通过工资变动中的“替换”功能“函数”子功能实现。

③“社保公积金计提基础”项目：根据社会保险法律制度规定，一般为职工本人上一年度平均工资或本人上月工资收入。该金额一般不等于“应付工资”或“应发合计”。

④“上月累计预扣预缴税额”项目：是指年初至上月已按税法规定累计预扣预缴的个人所得税税额。该数据需要手工输入或通过工资变动中的“替换”功能“函数”子功能实现。此处为方便计算“本期应预扣预缴税额”，“上月累计预扣预缴税额”用负数表示。

⑤本期应预扣预缴税额=（累计预扣预缴应纳税所得额×预扣率−速算扣除数）−累计减免税额+上月累计预扣预缴税额。“代扣税”与“上月累计预扣预缴税额”之和为“本期应预扣预缴税额”。

操作步骤7：税率设置

（1）执行“设置”→“选项”命令，打开“选项”对话框，单击“编辑”按钮，在“扣税设置”中按要求选择收入额合计项所对应的工资项目“累计预扣预缴应纳税所得额”，如图5-1-14所示。

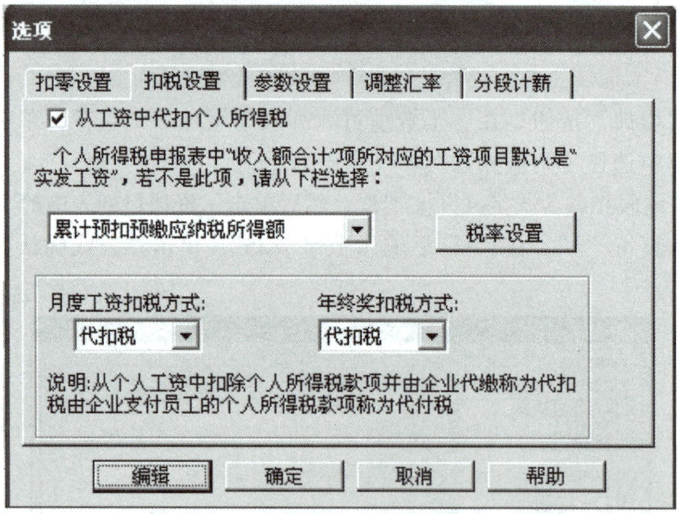

图5-1-14　修改扣税设置参数

（2）单击“税率设置”按钮，打开“个人所得税申报表——税率表”对话框，输入基数“0”，附加费用“0”，按表5-1-4数据在“代扣税”选项卡中录入个人所得税税率表，如图5-1-15所示。单击“确定”按钮，保存个人所得税税率表信息。

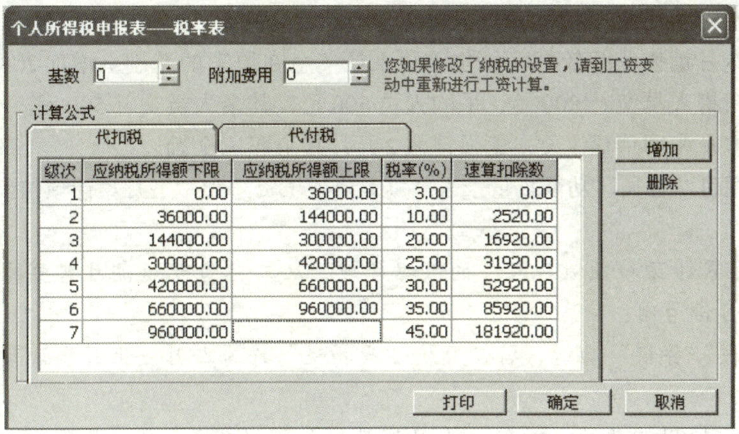
个人所得税申报表——税率表

基数 0　附加费用 0　您如果修改了纳税的设置，请到工资变动中重新进行工资计算。

计算公式

代扣税　代付税

级次	应纳税所得额下限	应纳税所得额上限	税率(%)	速算扣除数
1	0.00	36000.00	3.00	0.00
2	36000.00	144000.00	10.00	2520.00
3	144000.00	300000.00	20.00	16920.00
4	300000.00	420000.00	25.00	31920.00
5	420000.00	660000.00	30.00	52920.00
6	660000.00	960000.00	35.00	85920.00
7	960000.00		45.00	181920.00

增加　删除

打印　确定　取消

图 5-1-15　设置个人所得税税率表

学思践悟 5-1

个税改革背后的民生福祉

任务测试 5-1

薪资管理系统初始设置

任务二　工资变动业务

任务资料

一、职工固定工资数据（见表 5-2-1）

表 5-2-1　职工固定工资数据

姓 名	所属部门	基本工资	岗位工资	奖金	社保公积金计提基数	个人专项附加扣除
李卫国	经理办公室	5 000	4 000	200	8 000	1 000
何林	人力资源部	3 000	2 000	200	5 000	1 000
张明	财务部	3 000	2 000	200	5 000	2 000
李伟	财务部	3 000	2 000	200	4 000	
王刚	财务部	3 000	2 000	200	4 000	1 000
赵亮	财务部	3 000	3 000	200	5 000	1 000
周军	财务部	3 000	3 000	200	5 000	1 000
宋飞	销售部	3 000	2 000	200	4 000	
赵军	销售部	3 000	2 000	200	4 000	2 000
张军	采购部	3 000	2 000	200	4 000	
孙朋	采购部	3 000	2 000	200	4 000	1 000
刘云	仓储部	2 000	3 000	200	5 000	2 000
王强	仓储部	2 000	2 000	200	4 000	1 000
合计		39 000	31 000	2 600	61 000	13 000

二、本月工资变动信息

（1）本月销售业绩较好，每位销售人员奖金在原来的基础上增加200元。

（2）销售人员交补800元，采购人员600元，其余人员交补500元。

（3）本月张明请假1天，王强请假2天，其余职工全勤。

（4）通过“替换”功能批量录入“累计应付工资”和“上月累计预扣预缴税额”。

特别提示：

“上月累计预扣预缴税额”的数据处理，从二月份开始每月需要执行两次替换，以三月份为例：

①通过“替换”功能，将二月份“代扣税”作为本月“上月累计预扣预缴税额”数据；

②再次使用“替换”功能：上月累计预扣预缴税额*-1，得到负数数据，采用负数仅因计算需要。

任务要求

1.根据上述资料，录入该公司职工固定工资数据。

2.根据上述资料，录入该公司职工变动工资数据。

知识导航

薪资管理系统的日常处理包括工资类别管理、工资数据管理、工资分钱清单、个人所得税的计算与申报、银行代发、工资数据查询统计等。

一、工资类别管理

在实际工作中，如果一个企业的人员比较多而且比较复杂，薪资管理系统可以按不同的工资类别，分门别类地来进行管理。每个工资类别下有职工档案、工资变动、工资数据、报税处理、银行代发等。对工资类别的日常维护包括打开工资类别、删除工资类别、关闭工资类别和汇总工资类别等。本章由于人员比较少而且简单，所以就只按单个工资类别进行薪资管理。

二、工资数据管理

第一次使用薪资管理系统必须将所有人员的基本工资数据录入计算机，每月发生工资数据的变动也在此进行调整。为了快速、准确地录入工资数据，系统提供以下功能。

（一）筛选和定位

如果对部分人员的工资数据进行修改，最好采用数据过滤的方法，先将所要修改的人员过滤出来，然后进行工资数据修改。修改完毕后进行“重新计算”和“汇总”。

（二）页编辑

在工资变动窗口点击“编辑”按钮，可以对选定的个人进行快速录入。单击“上一人”“下一人”按钮可变更人员，录入或修改其他人员的工资数据。

（三）替换

在数据信息量比较大的情况下，将符合条件的人员的某个工资项目的数据，统一替换成某个数据，如管理人员的奖金上调100元。这样便于高效快速统一地替换某些数据。

（四）过滤器

如果只对工资项目中的某一个或几个项目修改，可将要修改的项目过滤出来。例如，只对“事假天数”“病假天数”两个工资项目的数据进行修改。对于常用到的过滤项目可以在项目过滤选择后，输入一个名称进行保存，以后可通过过滤项目名称调用，不用时也可以删除。

任务实施

操作步骤1：输入职工工资固定数据

（1）以“002李伟”的身份，“2022-01-31”日期登录企业应用平台，执行“人力资源”→“薪资管理”→“业务处理”→“工资变动”命令，进入“工资变动”窗口。

（2）从“过滤器”下拉列表框中，选择“过滤设置”选项，打开“项目过滤”对话框。

（3）分别选择“工资项目”列表框中的“基本工资”“岗位工资”等五个选项，分别单击“>”按钮，将这五项选入“已选项目”列表框中，如图5-2-1所示。

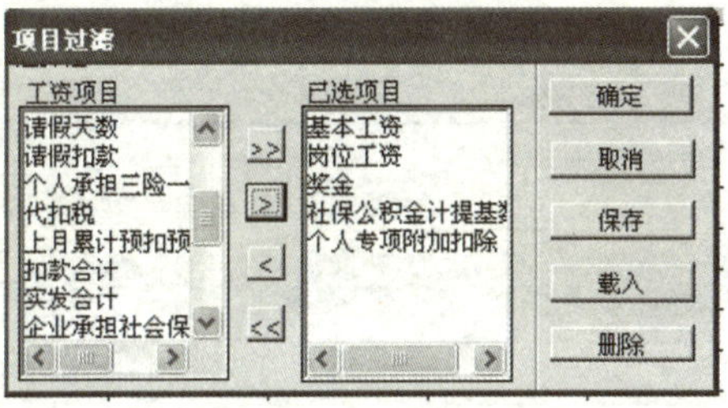

图5-2-1　项目过滤

（4）单击“确定”按钮，返回“工资变动”窗口，此时每个人的工资项目只显示五项。

（5）按任务资料输入各项目工资数据，结果如图5-2-2所示。

工资变动

过滤器　　　　□ 定位器

选择	工号	人员编号	姓名	部门	人员类别	基本工资	岗位工资	奖金	社保公积金计提基数	个人专项附加扣除
		001	李卫国	经理办公室	管理人员	5,000.00	4,000.00	200.00	8,000.00	1,000.00
		002	何林	人力资源部	管理人员	3,000.00	2,000.00	200.00	5,000.00	1,000.00
		003	张明	财务部	管理人员	3,000.00	2,000.00	200.00	5,000.00	2,000.00
		004	李伟	财务部	管理人员	3,000.00	2,000.00	200.00	4,000.00	
		005	王刚	财务部	管理人员	3,000.00	2,000.00	200.00	4,000.00	1,000.00
		006	赵亮	财务部	管理人员	3,000.00	3,000.00	200.00	5,000.00	1,000.00
		007	周军	财务部	管理人员	3,000.00	3,000.00	200.00	5,000.00	1,000.00
		008	宋飞	销售部	销售人员	3,000.00	2,000.00	200.00	4,000.00	
		009	赵军	销售部	销售人员	3,000.00	2,000.00	200.00	4,000.00	2,000.00
		010	张军	采购部	采购人员	3,000.00	2,000.00	200.00	4,000.00	
		011	孙朋	采购部	采购人员	3,000.00	2,000.00	200.00	4,000.00	1,000.00
		012	刘云	仓储部	管理人员	2,000.00	3,000.00	200.00	5,000.00	2,000.00
		013	王强	仓储部	管理人员	2,000.00	2,000.00	200.00	4,000.00	1,000.00
合计						39,000.00	31,000.00	2,600.00	61,000.00	13,000.00

图5-2-2　职工固定工资输入结果

（6）单击“计算”按钮和“汇总”按钮。

特别提示：

这里只输入没有进行公式设定的项目，如基本工资、岗位工资、奖金等五项，其余各项由系统根据计算公式自动计算生成。

操作录屏5-2

工资变动业务

操作步骤2：输入职工工资变动数据

（1）执行“薪资管理”→“业务处理”→“工资变动”命令，单击“过滤器”下拉列表框，从下拉列表中选择“过滤设置”选项，选择“请假天数”，屏幕上显示所有员工请假天数信息。

（2）在“请假天数”下输入考勤情况：本月张明请假1天，王强请假2天，其余职工全勤。

（3）单击“全选”按钮，在人员记录的选择栏出现选中标记“Y”。

（4）单击“替换”按钮，打开“工资项数据替换”对话框，将工资项目“奖金”替换成“奖金+200”。

（5）在“替换条件”文本框中分别选择：“人员类别”“=”“销售人员”，单击“确定”按钮。

（6）系统弹出“数据替换后将不可恢复。是否继续？”提示框，如图5-2-3所示。单击“是”按钮，系统弹出“2条记录被替换，是否重新计算？”提示框，单击“是”按钮，系统自动完成工资计算。

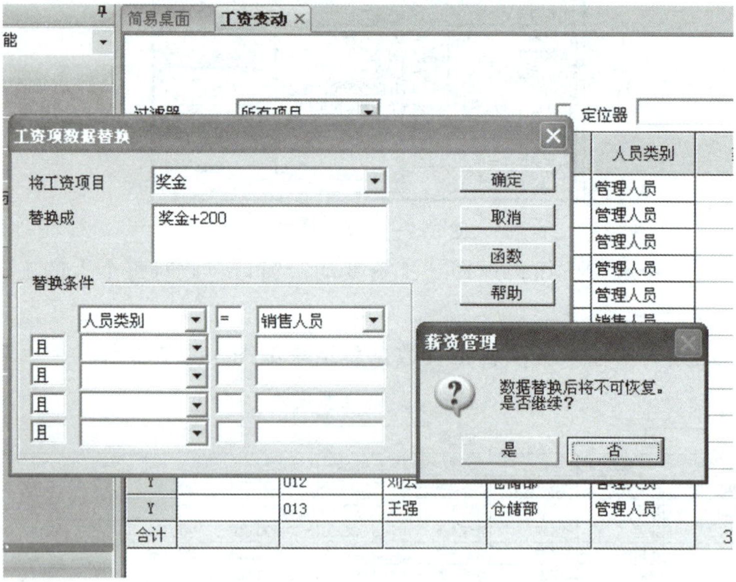

图5-2-3　岗位工资数据替换

（7）以同样的方式通过“替换”功能批量录入“累计应付工资”。

（8）在工资变动界面，单击“全选”按钮，单击“替换”按钮，打开“工资项数据替换”对话框，“将工资项目”选择“累计应付工资”。点击“函数”按钮，在“系统函数”文本框中选择“工资项目”为“应付工资”，单击“确定”按钮，如图5-2-4所示。

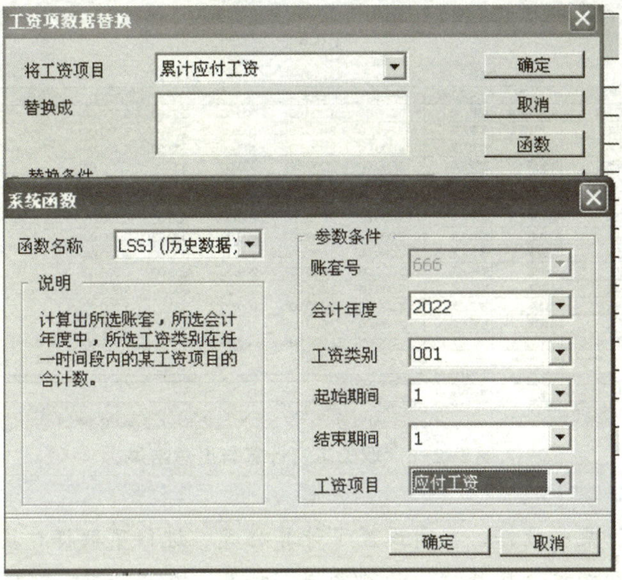

图 5-2-4　累计应付工资数据替换（1）

（9）“工资项数据替换”对话框如图5-2-5所示，单击“确定”按钮。系统弹出“数据替换后将不可恢复。是否继续？”提示框，单击“是”按钮，系统弹出“13条记录被替换，是否重新计算？”提示框，单击“是”按钮返回。

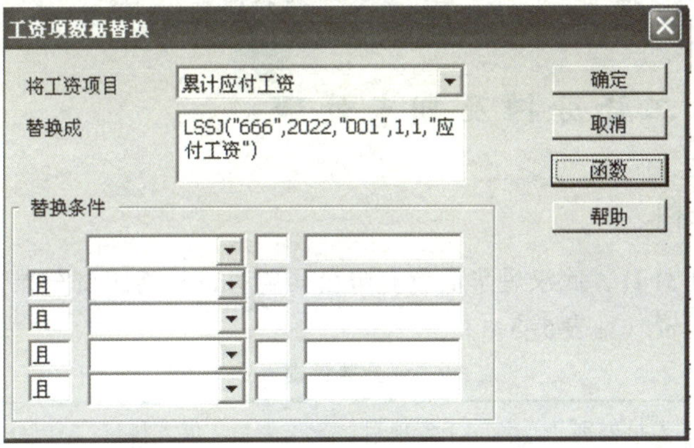

图 5-2-5　累计应付工资数据替换（2）

特别提示：

第一次使用工资系统必须将所有人员的基本工资数据录入系统。工资数据可以在录入人员档案时直接录入，需要计算的内容再在“工资变动”功能中进行计算；也可以在工资变动功能中录入，当工资数据发生变动时应在此录入。如果工资数据的变化具有规律性，可以使用“替换”功能进行成批数据替换。

操作步骤3：职工工资数据计算与汇总

（1）在“工资变动”窗口中，单击工具栏上的“计算”按钮，计算工资数据。

（2）单击工具栏上的“汇总”按钮，汇总工资数据，如图5-2-6所示。

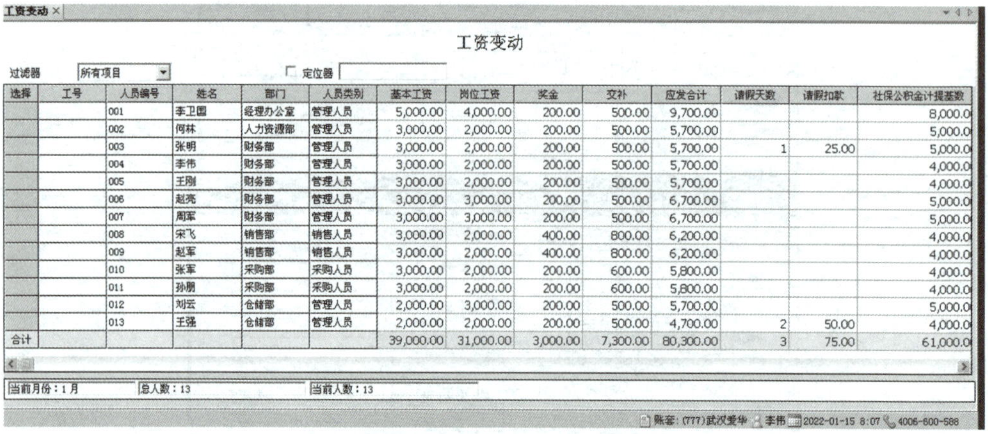

工资变动 ×

工资变动

过滤器 所有项目 定位器

选择	工号	人员编号	姓名	部门	人员类别	基本工资	岗位工资	奖金	交补	应发合计	请假天数	请假扣款	社保公积金计提基数
		001	李卫国	经理办公室	管理人员	5,000.00	4,000.00	200.00	500.00	9,700.00			8,000.0
		002	何林	人力资源部	管理人员	3,000.00	2,000.00	200.00	500.00	5,700.00			5,000.0
		003	张明	财务部	管理人员	3,000.00	2,000.00	200.00	500.00	5,700.00	1	25.00	5,000.0
		004	李伟	财务部	管理人员	3,000.00	2,000.00	200.00	500.00	5,700.00			4,000.0
		005	王刚	财务部	管理人员	3,000.00	2,000.00	200.00	500.00	5,700.00			4,000.0
		006	赵亮	财务部	管理人员	3,000.00	3,000.00	200.00	500.00	6,700.00			5,000.0
		007	周军	财务部	管理人员	3,000.00	3,000.00	200.00	500.00	6,700.00			5,000.0
		008	宋飞	销售部	销售人员	3,000.00	2,000.00	400.00	800.00	6,200.00			4,000.0
		009	赵军	销售部	销售人员	3,000.00	2,000.00	400.00	800.00	6,200.00			4,000.0
		010	张军	采购部	采购人员	3,000.00	2,000.00	200.00	600.00	5,800.00			4,000.0
		011	孙朋	采购部	采购人员	3,000.00	2,000.00	200.00	600.00	5,800.00			4,000.0
		012	刘云	仓储部	管理人员	2,000.00	3,000.00	200.00	500.00	5,700.00			5,000.0
		013	王强	仓储部	管理人员	2,000.00	2,000.00	200.00	500.00	4,700.00	2	50.00	4,000.0
合计						39,000.00	31,000.00	3,000.00	7,300.00	80,300.00	3	75.00	61,000.0

当前月份：1月 总人数：13 当前人数：13

账套：(777)武汉爱华 李伟 2022-01-15 8:07 4006-600-588

图 5-2-6　职工工资计算与汇总结果

特别提示：

①在修改了某些数据，重新设置了计算公式、进行了数据替换或在个人所得税中执行了自动扣税等操作后，必须调用“计算”和“汇总”功能对个人工资数据重新计算，以保证数据正确。

②如果对工资数据只进行了“计算”操作，而未进行“汇总”操作，则退出时系统弹出“数据发生变动后尚未进行汇总，是否进行汇总？”提示框，如果需要汇总则单击“是”按钮，否则，单击“否”按钮即可。

任务测试 5-2

工资变动业务

任务三　工资分摊及期末处理

任务资料

2022年1月31日，武汉爱华商贸有限公司财务部进行工资分摊设置。

一、计提工资（见表 5-3-1）

表 5-3-1　工资分摊计提表

部门	人员类别	工资项目	借方科目	贷方科目
经理办公室、人力资源部、财务部、仓储部	管理人员	应付工资	660201 管理费用——职工薪酬	221101 应付职工薪酬——工资
销售部	销售人员		660101 销售费用——职工薪酬	
采购部	采购人员		660201 管理费用——职工薪酬	

二、计提企业负担的四险一金（见表5-3-2）

表5-3-2　　企业负担的四险一金分摊计提表

部门	人员类别	工资项目	借方科目	贷方科目
经理办公室、人力资源部、财务部、仓储部	管理人员	企业承担社会保险	660201管理费用——职工薪酬	221102应付职工薪酬——社会保险费
销售部	销售人员		660101销售费用——职工薪酬	
采购部	采购人员		660201管理费用——职工薪酬	
经理办公室、人力资源部、财务部、仓储部	管理人员	企业设定提存计划	660201管理费用——职工薪酬	221103应付职工薪酬——设定提存计划
销售部	销售人员		660101销售费用——职工薪酬	
采购部	采购人员		660201管理费用——职工薪酬	
经理办公室、人力资源部、财务部、仓储部	管理人员	企业承担住房公积金	660201管理费用——职工薪酬	221104应付职工薪酬——住房公积金
销售部	销售人员		660101销售费用——职工薪酬	
采购部	采购人员		660201管理费用——职工薪酬	

三、代扣职工负担的三险一金（见表5-3-3）

表5-3-3　　职工负担的三险一金分摊计提表

部门	人员类别	工资项目	借方科目	贷方科目
经理办公室、人力资源部、财务部、仓储部	管理人员	个人承担三险一金	221101应付职工薪酬——工资	224101其他应付款——代扣职工三险一金
销售部	销售人员			
采购部	采购人员			

四、预扣个人所得税（见表5-3-4）

表5-3-4 预扣个人所得税分摊表

部门	人员类别	工资项目	借方科目	贷方科目
经理办公室、人力资源部、财务部、仓储部	管理人员	代扣税	221101应付职工薪酬——工资	222107应交税费——应交个人所得税
销售部	销售人员			
采购部	采购人员			
经理办公室、人力资源部、财务部、仓储部	管理人员	上月累计预扣预缴税额	221101应付职工薪酬——工资	222107应交税费——应交个人所得税
销售部	销售人员			
采购部	采购人员			

五、计提工会经费（按应付工资2%计提，见表5-3-5）

表5-3-5 工资分摊计提表

部门	人员类别	工资项目	借方科目	贷方科目
经理办公室、人力资源部、财务部、仓储部	管理人员	应付工资	660201管理费用——职工薪酬	221105应付职工薪酬——工会经费
销售部	销售人员		660101销售费用——职工薪酬	
采购部	采购人员		660201管理费用——职工薪酬	

任务要求

1.根据上述资料，进行工资分摊设置。

2.生成本月工资、工会经费计提、企业承担四险一金、个人承担三险一金、预扣个人所得税凭证。

3.查询1月份个人所得税申报表。

4.查询1月份银行代发一览表。

5.查询1月份部门工资汇总表。

6.查询1月份人员类别工资汇总表。

7.进行月末处理，并进行变动工资项目清零处理。

知识导航

重难点微课 5-2 工资分摊设置

重难点微课 5-3 工资分摊生成

一、工资分摊设置与凭证生成

在用友ERP-U8管理软件中，工资分摊就是将实际发生的即将支付的工资总额，分配计算到“生产成本”“制造费用”“管理费用”“销售费用”甚至“应付福利费”中去。工资是费用中人工费最主要的部分，还需要对工资费用进行工资总额的计提计算、分配及各种经费的计提，并编制转账会计凭证，供登账处理之用。工资分摊作为薪资管理业务中一个重要的专业功能而存在，有着重要意义。

二、工资分钱清单

工资分钱清单是按单位计算的工资发放分钱票面额清单，会计人员根据此表从银行取款发给各部门。系统提供了票面额设置的功能，用户可根据单位需要自由设置，系统根据实发工资项目分别自动计算出按部门、按人员、按企业各种面额的张数。

三、个人所得税的计算与申报

鉴于企事业单位计算职工工资薪金所得税工作量较大，本系统特提供个人所得税自动计算功能，用户只需自定义所得税税率，系统自动计算个人所得税。

四、银行代发

目前社会上许多单位发放工资时都采用职工凭工资卡去银行取款。银行代发业务是指每月末单位在银行柜面或通过企业网银提交员工薪资数据，由银行代为发放工资的业务。这样做既减轻了财务部门发放工资的繁重工作，又有效地避免了财务人员去银行提取大笔款项所承担的风险，同时还提高了对员工个人工资的保密程度。

五、工资数据查询统计

工资数据处理结果最终通过工资报表的形式反映，薪资管理系统提供了主要的工资报表，报表的格式由系统提供。如果对报表提供的固定格式不满意，可以通过“修改表”和“新建表”功能自行设计。

（一）工资表

工资表包括工资发放签名表、工资发放条、工资卡、部门工资汇总表、人员类别工资汇总表、条件汇总表、条件统计表、条件明细表、工资变动明细表、工资变动汇总表等由系统提供的原始表。工资表主要用于本月工资发放和统计，可以进行修改和重建。

（二）工资分析表

工资分析表是以工资数据为基础，对各部门、人员类别的工资数据进行分析和比较，产生的各种分析表，供决策人员使用。

任务实施

操作录屏5-3 工资分摊

操作步骤1：工资分摊类型设置

（1）以“002李伟”的身份，“2022-01-31”日期登录企业应用平台，执行“人力资源”→“薪资管理”→“业务处理”→“工资分摊”命令，打开“工资分摊”对话框。

（2）单击“工资分摊设置”按钮，打开“分摊类型设置”对话框。单击“增加”按钮，打开“分摊计提比例设置”对话框。

（3）输入计提类型名称为“计提工资”，如图5-3-1所示。

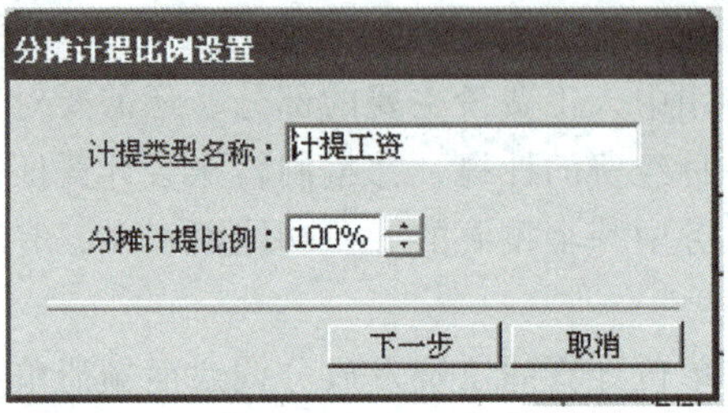

图5-3-1　计提工资比例设置

（4）单击“下一步”按钮，打开“分摊构成设置”对话框。根据任务资料内容进行设置，设置完成后，结果如图5-3-2所示。单击“完成”按钮。

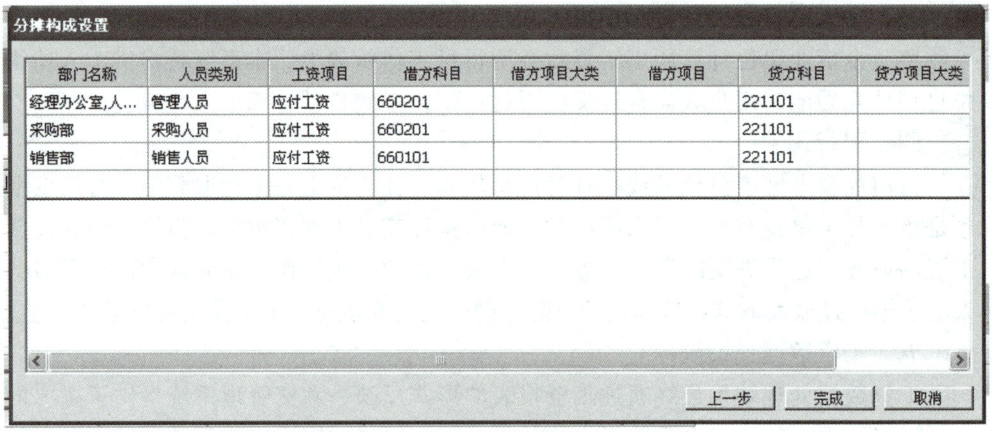

部门名称	人员类别	工资项目	借方科目	借方项目大类	借方项目	贷方科目	贷方项目大类
经理办公室,人…	管理人员	应付工资	660201			221101	
采购部	采购人员	应付工资	660201			221101	
销售部	销售人员	应付工资	660101			221101	

图5-3-2　计提工资分摊构成设置

（5）返回“分摊类型设置”对话框。单击“增加”按钮，在“计提类型名称”栏录入“计提工会经费”，在“分摊计提比例”栏录入“2%”，如图5-3-3所示。

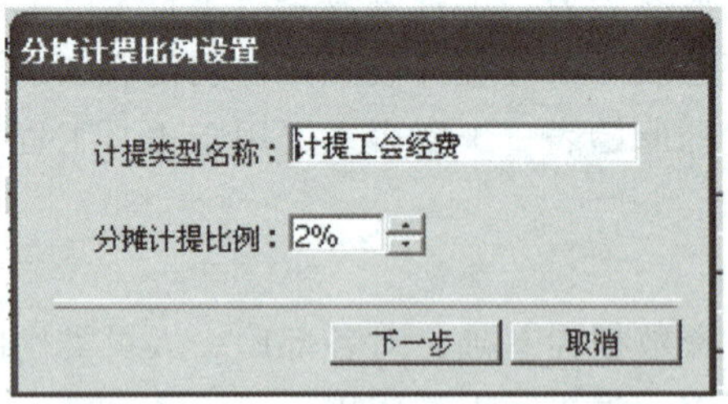

图5-3-3　计提工会经费比例设置

（6）单击“下一步”按钮，打开“分摊构成设置”对话框，在“分摊构成设置”对话框中分别选择分摊构成的各个项目内容，如图5-3-4所示。

（7）以同样的方式继续增加“计提企业负担的四险一金”，比例100%，如图5-3-5所示。

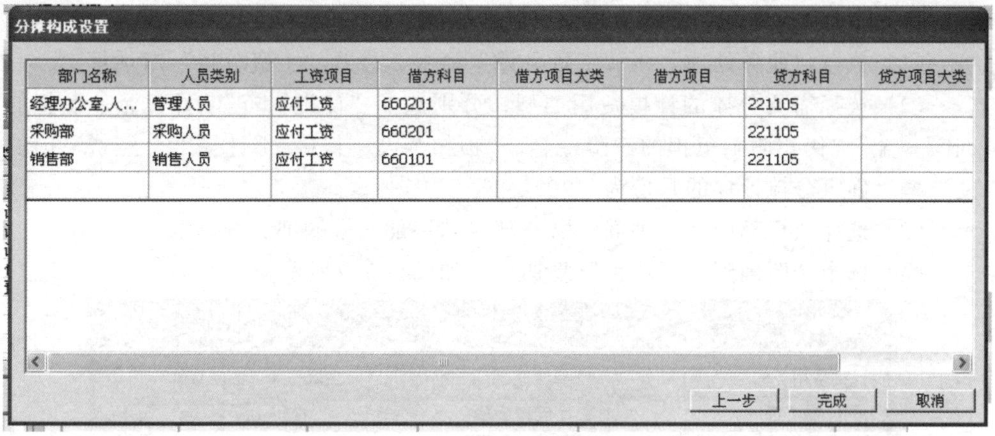

分摊构成设置

部门名称	人员类别	工资项目	借方科目	借方项目大类	借方项目	贷方科目	贷方项目大类
经理办公室,人...	管理人员	应付工资	660201			221105	
采购部	采购人员	应付工资	660201			221105	
销售部	销售人员	应付工资	660101			221105	

上一步 完成 取消

图5-3-4 计提工会经费构成设置

分摊构成设置

部门名称	人员类别	工资项目	借方科目	借方项目大类	借方项目	贷方科目	贷方项目大
经理办公室,人...	管理人员	企业承担社...	660201			221102	
经理办公室,人...	管理人员	企业设定提...	660201			221103	
经理办公室,人...	管理人员	企业承担住...	660201			221104	
采购部	采购人员	企业承担社...	660201			221102	
采购部	采购人员	企业设定提...	660201			221103	
采购部	采购人员	企业承担住...	660201			221104	
销售部	销售人员	企业承担社...	660101			221102	
销售部	销售人员	企业设定提...	660101			221103	
销售部	销售人员	企业承担住...	660101			221104	

上一步 完成 取消

图5-3-5 计提企业负担的四险一金构成设置

（8）以同样的方式继续，增加“代扣职工负担的三险一金”和“预扣个人所得税”等内容，并分别进行分摊构成设置，计提比例100%。设置完成后返回到“分摊类型设置”对话框，如图5-3-6所示。点击“返回”按钮返回到“工资分摊”对话框，点击“关闭”按钮退出。

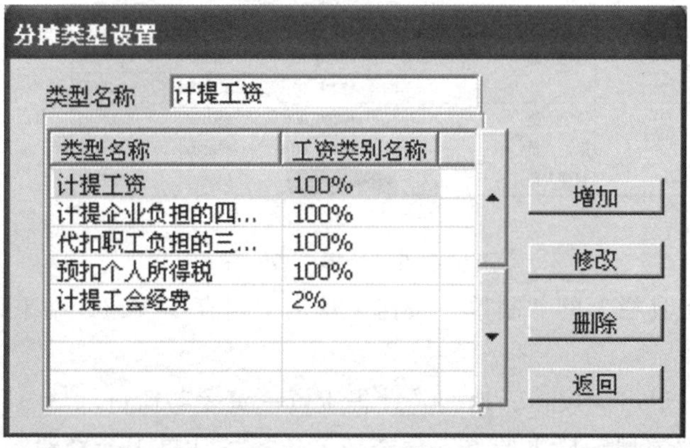

分摊类型设置

类型名称 计提工资

类型名称	工资类别名称
计提工资	100%
计提企业负担的四...	100%
代扣职工负担的三...	100%
预扣个人所得税	100%
计提工会经费	2%

增加 修改 删除 返回

图5-3-6 分摊类型设置

操作步骤2：分摊工资费用并生成会计凭证

（1）执行“业务处理”→“工资分摊”命令，打开“工资分摊”对话框。

（2）选择需要分摊的计提费用类型，分别选择“计提工资”“计提企业负担的四险一金”“代扣职工负担的三险一金”“预扣个人所得税”“计提工会经费”前的复选框，确定分摊计提的月份为“2022-1”。

（3）选择核算部门：管理部、财务部、销售部、采购部、仓储部。

（4）选中“明细到工资项目”复选框，如图5-3-7所示。

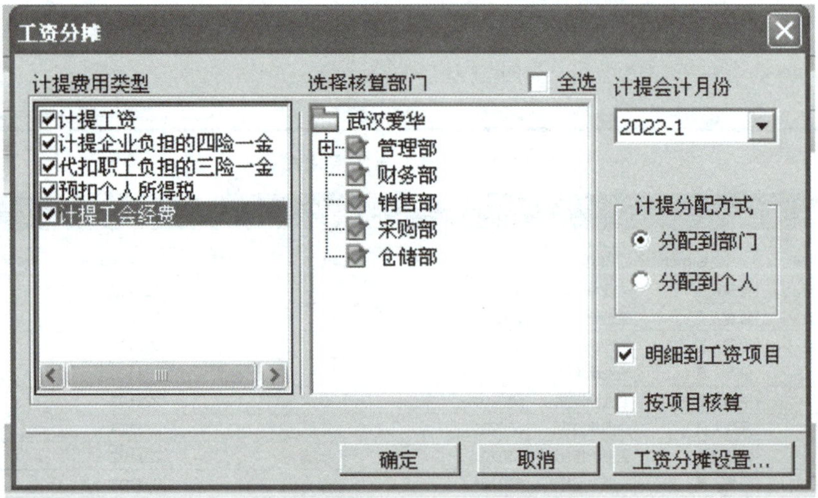

图5-3-7 工资分摊选择

（5）单击“确定”按钮，打开“计提工资一览表”对话框。

（6）选中“合并科目相同、辅助项相同的分录”复选框，如图5-3-8所示。

计提工资一览表

☑ 合并科目相同、辅助项相同的分录

类型 计提工资

部门名称	人员类别	应付工资		
		分配金额	借方科目	贷方科目
经理办公室	管理人员	9700.00	660201	221101
人力资源部		5700.00	660201	221101
财务部		17075.00	660201	221101
销售部	销售人员	19600.00	660101	221101
采购部	采购人员	18400.00	660201	221101
仓储部	管理人员	10350.00	660201	221101

图5-3-8 计提工资一览表

（7）单击工具栏上的“制单”按钮，单击“保存”按钮，结果如图5-3-9和图5-3-10所示。

（8）单击“退出”按钮，返回“计提工资一览表”窗口。

（9）单击“类型”栏下的下三角按钮，选择“计提工会经费”，生成计提工会经费转账凭证，如图5-3-11和图5-3-12所示。

转账凭证

转 字 0017 - 0001/0002　　制单日期：2022.01.31　　审核日期：　　附单据数：0

摘要	科目名称	借方金额	贷方金额
计提工资	销售费用/职工薪酬	1240000	
计提工资	管理费用/职工薪酬	970000	
计提工资	管理费用/职工薪酬	570000	
计提工资	管理费用/职工薪酬	3047500	
计提工资	管理费用/职工薪酬	1160000	
票号 日期	数量 单价　合计	8022500	8022500

备注　项目　部门　个人　客户　业务员

记账　审核　出纳　制单　李伟

图 5-3-9　计提工资转账凭证生成（1）

转账凭证

转 字 0017 - 0002/0002　　制单日期：2022.01.31　　审核日期：　　附单据数：0

摘要	科目名称	借方金额	贷方金额
计提工资	管理费用/职工薪酬	570000	
计提工资	管理费用/职工薪酬	3047500	
计提工资	管理费用/职工薪酬	1160000	
计提工资	管理费用/职工薪酬	1035000	
计提工资	应付职工薪酬/工资		8022500
票号 日期	数量 单价　合计	8022500	8022500

备注　项目　部门　个人　客户　业务员

记账　审核　出纳　制单　李伟

图 5-3-10　计提工资转账凭证生成（2）

转账凭证

转 字 0018 - 0001/0002　　制单日期：2022.01.31　　审核日期：　　附单据数：0

摘要	科目名称	借方金额	贷方金额
计提工会经费	销售费用/职工薪酬	24800	
计提工会经费	管理费用/职工薪酬	19400	
计提工会经费	管理费用/职工薪酬	11400	
计提工会经费	管理费用/职工薪酬	60950	
计提工会经费	管理费用/职工薪酬	23200	
票号 日期	数量 单价　合计	160450	160450

备注　项目　部门　个人　客户　业务员

记账　审核　出纳　制单　李伟

图 5-3-11　计提工会经费转账凭证生成（1）

转 账 凭 证

转 字 0018 － 0002/0002　　制单日期：2022.01.31　　审核日期：　　附单据数：0

摘要	科目名称	借方金额	贷方金额
计提工会经费	管理费用/职工薪酬	11400	
计提工会经费	管理费用/职工薪酬	60950	
计提工会经费	管理费用/职工薪酬	23200	
计提工会经费	管理费用/职工薪酬	20700	
计提工会经费	应付职工薪酬/工会经费		160450
票号 日期	数量 单价　　合计	160450	160450
备注	项目　　部门 个人　　客户 业务员		

记账　　审核　　出纳　　制单　李伟

图5-3-12　计提工会经费转账凭证生成（2）

（10）以同样的方式，生成计提企业负担的四险一金等其他凭证，分别如图5-3-13至图5-3-16所示。

转 账 凭 证

转 字 0019 － 0001/0002　　制单日期：2022.01.31　　审核日期：　　附单据数：0

摘要	科目名称	借方金额	贷方金额
计提企业负担的四险一金	销售费用/职工薪酬	269600	
计提企业负担的四险一金	管理费用/职工薪酬	269600	
计提企业负担的四险一金	管理费用/职工薪酬	168500	
计提企业负担的四险一金	管理费用/职工薪酬	775100	
计提企业负担的四险一金	管理费用/职工薪酬	269600	
票号 日期	数量 单价　　合计	2055700	2055700
备注	项目　　部门 个人　　客户 业务员		

记账　　审核　　出纳　　制单　李伟

图5-3-13　计提企业负担的四险一金转账凭证生成（1）

转 账 凭 证

转 字 0019 － 0002/0002　　制单日期：2022.01.31　　审核日期：　　附单据数：0

摘要	科目名称	借方金额	贷方金额
计提企业负担的四险一金	管理费用/职工薪酬	269600	
计提企业负担的四险一金	管理费用/职工薪酬	303300	
计提企业负担的四险一金	应付职工薪酬/社会保险费		549000
计提企业负担的四险一金	应付职工薪酬/设定提存计划		1018700
计提企业负担的四险一金	应付职工薪酬/住房公积金		488000
票号 日期	数量 单价　　合计	2055700	2055700
备注	项目　　部门 个人　　客户 业务员		

记账　　审核　　出纳　　制单　李伟

图5-3-14　计提企业负担的四险一金转账凭证生成（2）

转 账 凭 证

转 字 0020　　制单日期：2022.01.31　　审核日期：　　附单据数：0

摘要	科目名称	借方金额	贷方金额
代扣职工负担的三险一金	应付职工薪酬/工资	1116300	
代扣职工负担的三险一金	其他应付款/代扣职工三险一金		1116300
票号 日期　　数量 单价	合 计	1116300	1116300

备注　项 目　　部 门
　　　个 人　　客 户
　　　业务员

记账　　审核　　出纳　　制单 李伟

图5-3-15　代扣职工负担的三险一金转账凭证生成

转 账 凭 证

转 字 0021　　制单日期：2022.01.31　　审核日期：　　附单据数：0

摘要	科目名称	借方金额	贷方金额
预扣个人所得税	应付职工薪酬/工资	8316	
预扣个人所得税	应交税费/应交个人所得税		8316
票号 日期　　数量 单价	合 计	8316	8316

备注　项 目　　部 门
　　　个 人　　客 户
　　　业务员

记账　　审核　　出纳　　制单 李伟

图5-3-16　预扣个人所得税转账凭证生成

特别提示：

①如果有项目辅助核算科目，必须输入“辅助核算项目”。

②工资分摊应按分摊类型依次进行。

③在进行工资分摊时，如果不选择“合并科目相同、辅助项相同的分录”，则在生成凭证时每一条分录都对应一个贷方科目；如果单击“批制”按钮，可以一次生成所有参与本次分摊的“分摊类型”所对应的凭证。

④薪资管理系统生成的凭证会自动传递到总账系统，在总账系统中，对传递过来的凭证要进行审核和记账。

操作录屏5-4
薪资管理账表查询

操作步骤3：查询1月份个人所得税申报表

（1）执行“业务处理”→“扣缴所得税”命令，系统弹出“个人所得税申报模板”，选择报表名称“系统扣缴个人所得税年度申报表”，如图5-3-17所示。单击“打开”按钮。

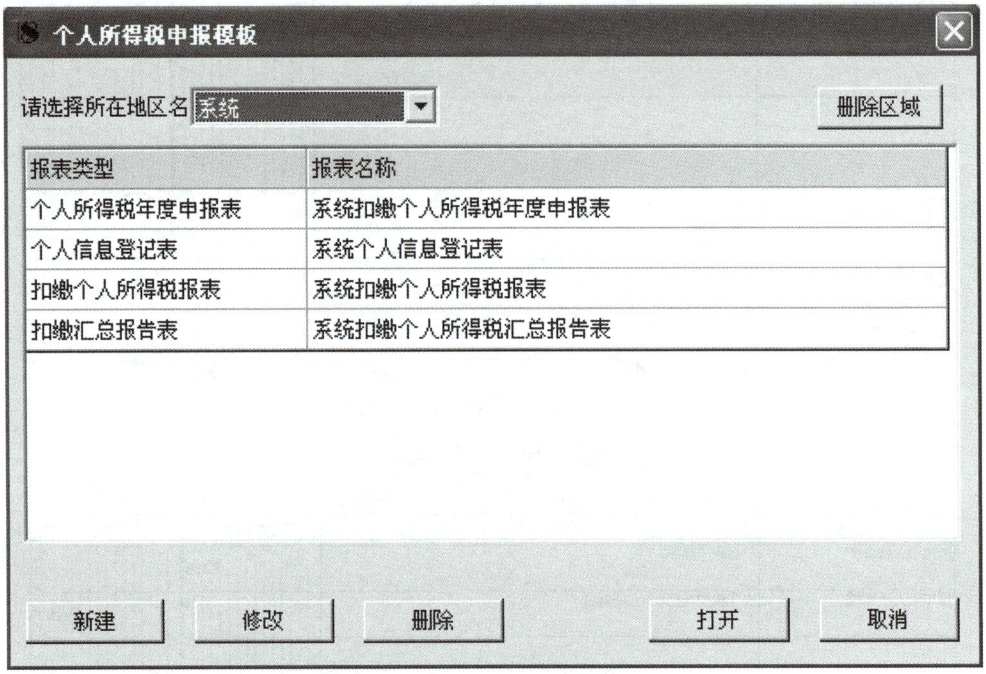

图5-3-17　个人所得税申报模板

（2）进入“所得税申报”窗口，默认各项设置，如图5-3-18所示。单击“确定”按钮。

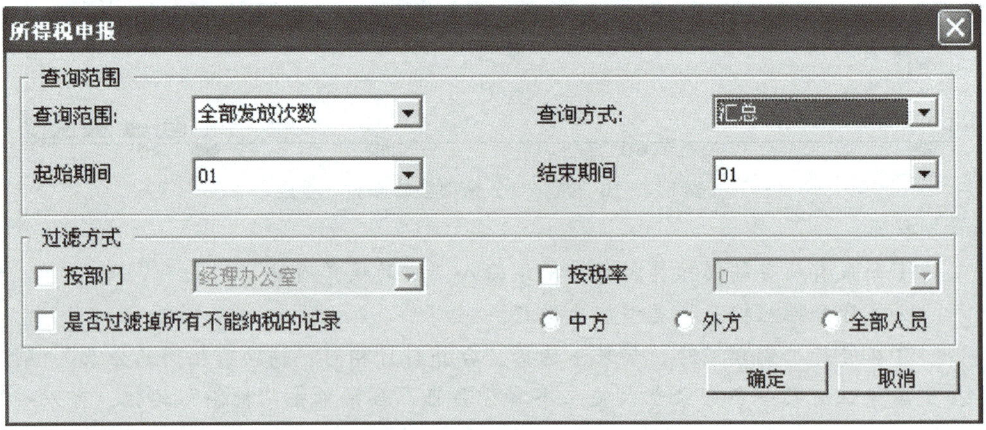

图5-3-18　所得税申报

（3）系统自动计算个人所得税金额，如图5-3-19所示。如果不需要修改税率和速算扣除数，单击“退出”按钮。

系统扣缴个人所得税年度申报表

2022年1月 -- 2022年1月

姓名	证件号码	所得项目	所属期间...	所属期间...	收入额	减费用额	应纳税所...	税率	速算扣除数	应纳税额	已扣缴税款
李卫国		工资	20220101	20221231			2236.00	3	0.00	67.08	67.08
何林		工资	20220101	20221231			0.00	0	0.00	0.00	0.00
张明		工资	20220101	20221231			0.00	0	0.00	0.00	0.00
李伟		工资	20220101	20221231			0.00	0	0.00	0.00	0.00
王刚		工资	20220101	20221231			0.00	0	0.00	0.00	0.00
赵亮		工资	20220101	20221231			0.00	0	0.00	0.00	0.00
周军		工资	20220101	20221231			0.00	0	0.00	0.00	0.00
宋飞		工资	20220101	20221231			468.00	3	0.00	14.04	14.04
赵军		工资	20220101	20221231			0.00	0	0.00	0.00	0.00
张军		工资	20220101	20221231			68.00	3	0.00	2.04	2.04
孙朋		工资	20220101	20221231			0.00	0	0.00	0.00	0.00
刘云		工资	20220101	20221231			0.00	0	0.00	0.00	0.00
王强		工资	20220101	20221231			0.00	0	0.00	0.00	0.00
合计							2772.00		0.00	83.16	83.16

图 5-3-19　职工个人所得税申报表

操作步骤4：查询1月份银行代发一览表

（1）执行“业务处理”→“银行代发”命令，选择所有部门，单击“确定”。

（2）打开“银行文件格式设置”对话框。银行模板选择“工行湖北分行白沙洲支行”，账号总长度设置为“19”。

（3）在“人员编号”栏，单击“插入行”。在栏目名称输入“职工姓名”，数据类型选择“字符型”，总长度输入“16”，数据来源选择“人员姓名”，单击“确定”，如图5-3-20所示。

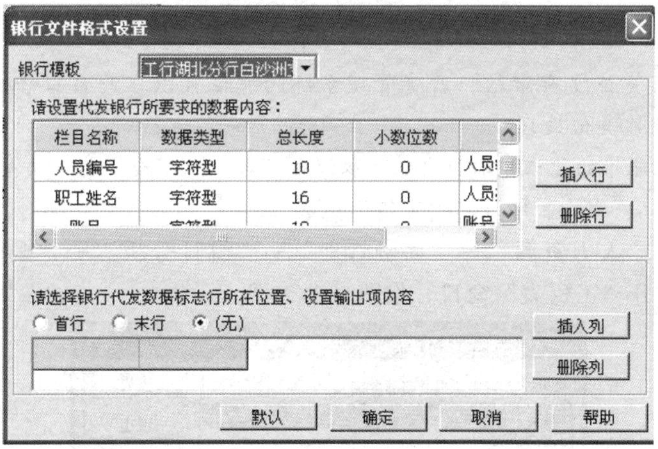

图 5-3-20　银行文件格式设置

（4）系统弹出“确认设置的银行文件格格式?”提示框，单击“是”，银行代发一览表如图5-3-21所示。

操作步骤5：查询1月份薪资计提凭证

执行“人力资源”→“薪资管理”→“统计分析”→“凭证查询”命令，系统弹出“凭证查询”窗口，如图5-3-22所示。

银行代发 ×

银行代发一览表

名称：工行湖北分行白沙洲支行

单位编号	人员编号	职工姓名	账号	金额	录入日期
1234934325	001	李卫国	6222080027000003223	8168.92	20220131
1234934325	002	何林	6222080027000001377	4785.00	20220131
1234934325	003	张明	6222080027000008356	4760.00	20220131
1234934325	004	李伟	6222080027000007232	4968.00	20220131
1234934325	005	王刚	6222080027000009452	4968.00	20220131
1234934325	006	赵亮	6222080027000004755	5785.00	20220131
1234934325	007	周军	6222080027000002388	5785.00	20220131
1234934325	008	宋飞	6222080027000007395	5453.96	20220131
1234934325	009	赵军	6222080027000006112	5468.00	20220131
1234934325	010	张军	6222080027000007329	5065.96	20220131
1234934325	011	孙朋	6222080027000005599	5068.00	20220131
1234934325	012	刘云	6222080027000004523	4785.00	20220131
1234934325	013	王强	6222080027000001177	3918.00	20220131
合计				68,978.84	

图 5-3-21　银行代发一览表

凭证查询

删除　冲销　单据　凭证　修改　退出

业务日期	业务类型	业务号	制单人	凭证日期	凭证号	标志
2022-01-31	计提工资	1	李伟	2022-01-31	转-17	未审核
2022-01-31	计提工会经费	2	李伟	2022-01-31	转-18	未审核
2022-01-31	计提企业负担的四险	3	李伟	2022-01-31	转-19	未审核
2022-01-31	代扣职工负担的三险	4	李伟	2022-01-31	转-20	未审核
2022-01-31	预扣个人所得税	5	李伟	2022-01-31	转-21	未审核

图 5-3-22　凭证查询

特别提示：

①如果有凭证没有审核，薪资管理系统的凭证可以在此窗口修改、删除。总账系统中不能作类似处理。

②已经记账了的凭证，取消记账、取消审核后才能删除，也可以直接冲销处理。

操作步骤6：查询1月份部门工资汇总表

（1）执行“人力资源”→“薪资管理”→“统计分析”→“账表”→“工资表”命令，打开“工资表”窗口，如图5-3-23所示。

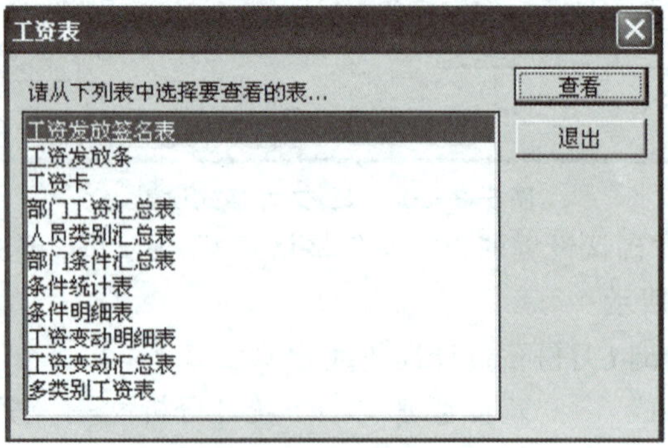

图 5-3-23　工资表

（2）选择“部门工资汇总表”，单击“查看”按钮，进入部门选择范围，勾选所有部门，单击“确定”按钮。再次勾选一二级部门，单击“确定”按钮，如图5-3-24所示。

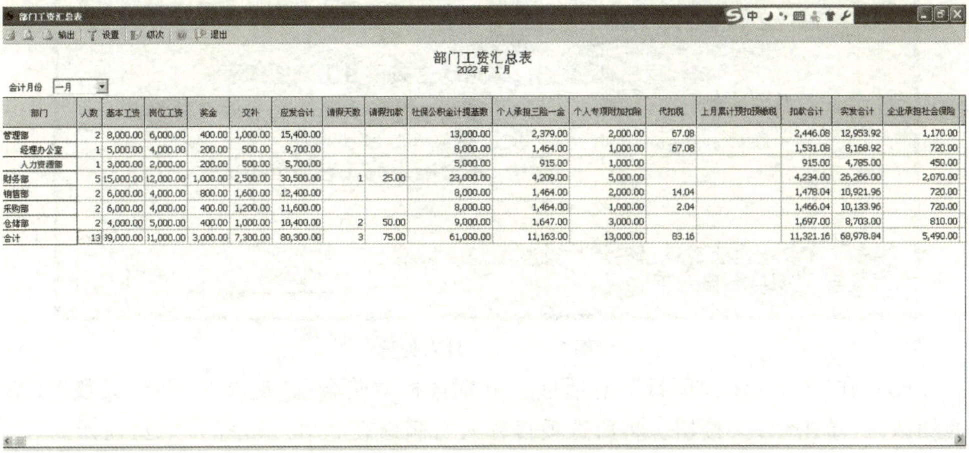

部门	人数	基本工资	岗位工资	奖金	交补	应发合计	请假天数	请假扣款	社保公积金计提基数	个人承担三险一金	个人专项附加扣除	代扣税	上月累计预扣预缴税	扣款合计	实发合计	企业承担社会保险
管理部	2	8,000.00	6,000.00	400.00	1,000.00	15,400.00			13,000.00	2,379.00	2,000.00	67.08		2,446.08	12,953.92	1,170.00
经理办公室	1	5,000.00	4,000.00	200.00	500.00	9,700.00			8,000.00	1,464.00	1,000.00	67.08		1,531.08	8,168.92	720.00
人力资源部	1	3,000.00	2,000.00	200.00	500.00	5,700.00			5,000.00	915.00	1,000.00			915.00	4,785.00	450.00
财务部	5	15,000.00	12,000.00	1,000.00	2,500.00	30,500.00	1	25.00	23,000.00	4,209.00	5,000.00			4,234.00	26,266.00	2,070.00
销售部	2	6,000.00	4,000.00	800.00	1,600.00	12,400.00			8,000.00	1,464.00	2,000.00	14.04		1,478.04	10,921.96	720.00
采购部	2	6,000.00	4,000.00	400.00	1,200.00	11,600.00			8,000.00	1,464.00	1,000.00	2.04		1,466.04	10,133.96	720.00
仓储部	2	4,000.00	5,000.00	400.00	1,000.00	10,400.00	2	50.00	9,000.00	1,647.00	3,000.00			1,697.00	8,703.00	810.00
合计	13	39,000.00	31,000.00	3,000.00	7,300.00	80,300.00	3	75.00	61,000.00	11,163.00	13,000.00	83.16		11,321.16	68,978.84	5,490.00

图5-3-24　部门工资汇总表

操作步骤7：查询1月份人员类别工资汇总表

（1）执行“统计分析”→“账表”→“工资表”命令，打开“工资表”窗口。

（2）选择“人员类别工资汇总表”，单击“查看”按钮，如图5-3-25所示。

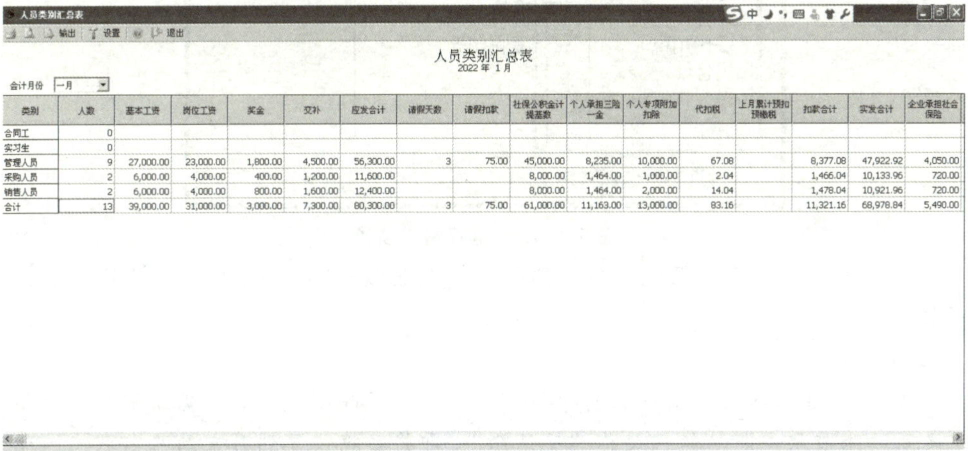

类别	人数	基本工资	岗位工资	奖金	交补	应发合计	请假天数	请假扣款	社保公积金计提基数	个人承担三险一金	个人专项附加扣除	代扣税	上月累计预扣预缴税	扣款合计	实发合计	企业承担社会保险
合同工	0															
实习生	0															
管理人员	9	27,000.00	23,000.00	1,800.00	4,500.00	56,300.00	3	75.00	45,000.00	8,235.00	10,000.00	67.08		8,377.08	47,922.92	4,050.00
采购人员	2	6,000.00	4,000.00	400.00	1,200.00	11,600.00			8,000.00	1,464.00	1,000.00	2.04		1,466.04	10,133.96	720.00
销售人员	2	6,000.00	4,000.00	800.00	1,600.00	12,400.00			8,000.00	1,464.00	2,000.00	14.04		1,478.04	10,921.96	720.00
合计	13	39,000.00	31,000.00	3,000.00	7,300.00	80,300.00	3	75.00	61,000.00	11,163.00	13,000.00	83.16		11,321.16	68,978.84	5,490.00

图5-3-25　人员类别汇总表

操作步骤8：薪资管理系统月末处理

将奖金、交补、请假天数、请假扣款等变动工资项目设置为清零项。

（1）执行“人力资源”→“薪资管理”→“业务处理”→“月末处理”命令，打开“月末处理”对话框，如图5-3-26所示。

（2）单击“确定”按钮，系统弹出“月末处理之后，本月工资将不许变动！继续月末处理吗？”提示框，单击“是”按钮，系统继续弹出“是否选择清零项？”提示框，单击“是”按钮。

操作录屏5-5

薪资管理月末处理

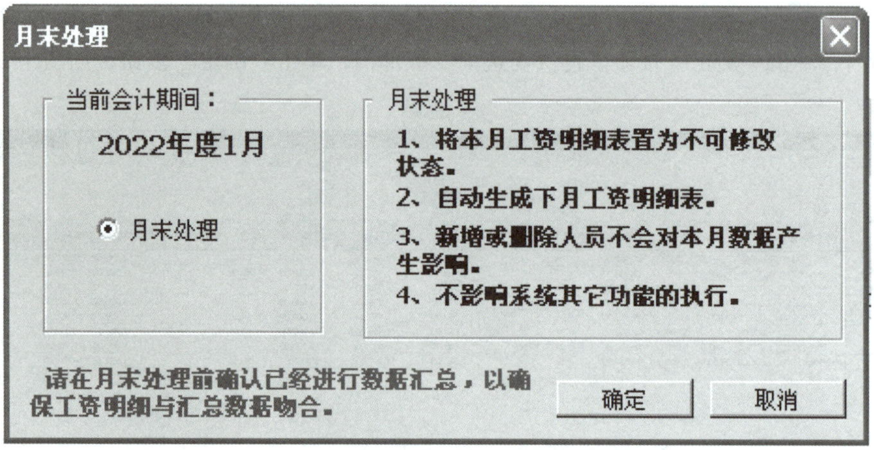

图 5-3-26　月末处理

（3）在“选择清零项目”对话框，分别选择“奖金”“交补”“请假天数”“请假扣款”，单击“>”按钮，将所选项目移入右侧列表框中，如图 5-3-27 所示。

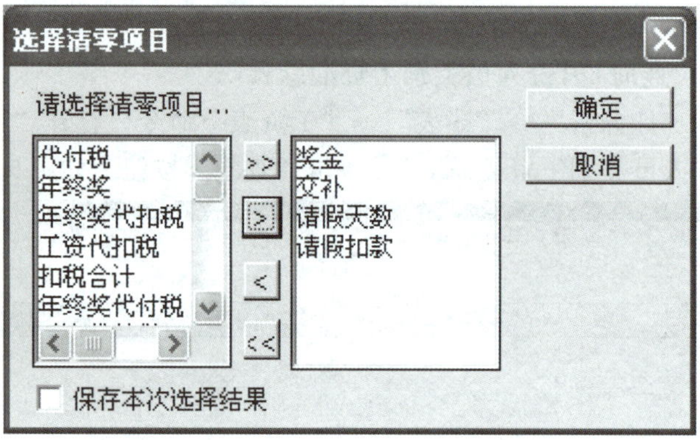

图 5-3-27　选择清零项目

学思践悟 5-2

社会保障你我他，五险一金知多少

（4）单击“确定”按钮，系统弹出“月末处理完毕！”提示框，单击“确定”按钮返回。

特别提示：

①如果在结账后发现结账前操作有误，必须修改结账前的数据，则可以使用“恢复结账前状态”功能，又称“反结账”，即将数据恢复到月末结账前状态，结账时所做的所有工作都被无痕迹删除。

②在总账系统未进行月末结账时，才可以使用“恢复月末结账前状态”功能。

任务测试 5-3

工资分摊及期末处理

项目反馈与评价（项目五）

重难点梳理

1.怎样用IFF函数定义不同类别职工的交补？

2.职工固定工资数据与变动工资数据有何不同？替换功能一般在什么情况下使用？

3.工资分摊设置参数设置后，发现有误，怎么修改？怎样生成工资分摊的相关凭证？

关键数据反馈

请在实训操作过程中，对系统中能反映下列关键数据的页面进行截图反馈：

1.完成实训操作后的个人所得税税率表。

2.完成工资变动操作后的职工工资计算与汇总结果（必须包括“应付工资”“实发合计”“代扣税”工资项目数据）。

易错点分析

请同学们在本项目任务测试和操作过程中，归纳总结出自己容易出错的问题，并分析原因。

项目评价

项目五多维评价量表

序号	评价内容	设定分值（分）	评价主体	得分情况（分）
线上环节	自主学习进度	20	平台自评	
	任务测试准确度	10	平台自评	
	小计	30		
线下环节	安全与规范操作意识	10	学生自评	
	劳动、探究与合作意识	10	小组互评	
	实训操作进度	20	小组互评	
	实训数据准确度	20	教师评议	
	项目反思态度	10	教师评议	
	小计	70		
合计		100		

6

项目六

固定资产管理系统

知识目标

了解会计信息化固定资产管理系统的基本概念及其基本理论；熟悉固定资产日常业务处理的资产变动业务、资产增减、计提折旧、账簿管理等相关内容；了解其常见业务的一般处理流程。

技能目标

掌握用友软件中固定资产管理系统基本设置的处理和日常业务处理基本方法；熟悉并掌握日常业务处理中，诸如资产变动业务、资产增减、计提折旧、账簿管理等相关内容的常见业务的一般流程及其操作处理方法。

素养目标

通过固定资产管理，增强有效利用资产、安全管理资产的岗位责任意识；合理选择折旧政策，理解科技创新驱动社会进步的重要意义；据实计提折旧费用，养成客观诚信、遵守准则的职业操守，养成严谨、诚信的职业精神。

项目导图

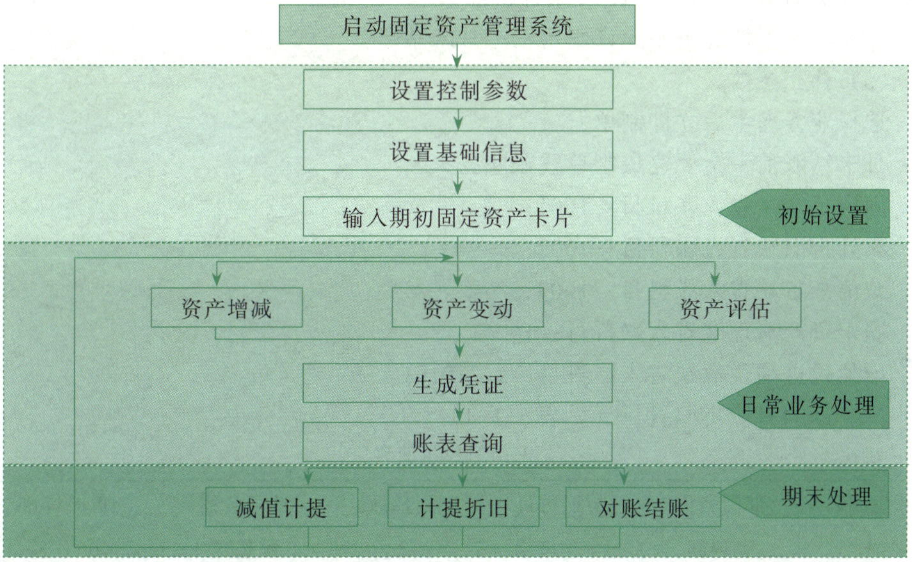

任务一　初始设置

任务资料

一、账套信息

（1）启用月份。

2022-01。

（2）折旧信息。

本账套计提折旧；

计提折旧主要折旧方法：平均年限法（一）；

汇总分配期间：1个月，当（月初已计提月份=可使用月份-1）时，将剩余折旧全部提足。

（3）编码方式。

资产类别编码方式：2-1-1-2；

固定资产编码方式：按“类别编码+部门编码+序号”自动编码；

序号长度：5位。

（4）财务接口。

与账务系统对账；

固定资产对账科目：“1601 固定资产”；

累计折旧对账科目：“1602 累计折旧”；

在对账不平情况下不允许固定资产月末结账。

（5）补充参数。

选择业务发生后立即制单；

月末结账前一定要完成制单登账业务；

固定资产缺省入账科目：1601；

累计折旧缺省入账科目：1602；

减值准备缺省入账科目：1603；

固定资产清理缺省入账科目：1606；

增值税进项税额缺省入账科目：22210101。

二、部门对应折旧科目（见表6-1-1）

表6-1-1　部门对应折旧科目

部门编码	部门名称	折旧科目	部门编码	部门名称	折旧科目
1	管理部		3	销售部	660104
101	经理办公室	660205	4	采购部	660205
102	人力资源部	660205	5	仓储部	660205
2	财务部	660205			

三、固定资产类别（见表6-1-2）

表6-1-2 固定资产类别

类别编码	类别名称	净残值率	计提属性	折旧方法	卡片样式
01	房屋及建筑物	5%	正常计提	平均年限法（一）	含税卡片样式
02	交通运输设备	5%	正常计提	平均年限法（一）	含税卡片样式
03	电子设备	4%	正常计提	平均年限法（一）	含税卡片样式
04	办公家具	4%	正常计提	平均年限法（一）	含税卡片样式

四、增减方式及对应科目（见表6-1-3）

表6-1-3 增减方式及对应科目

增加方式			减少方式		
编码	方式	对应科目	编码	方式	对应科目
101	直接购入	100201	201	出售	1606
102	投资者投入	4001	202	盘亏	1901
104	盘盈	6901	205	报废	1606
105	在建工程转入	1604	206	毁损	1606

五、录入原始卡片（见表6-1-4）

表6-1-4 原始卡片

名称	类别编号	原值	部门	累计折旧	预计残值率	年限（月）	开始日期
办公楼	01	4 000 000	经理办公室、人力资源部、财务部、销售部、采购部、仓储部	374 400	5%	360	2018.12.1
轿车	02	250 000	经理办公室	71 100.00	5%	120	2018.12.20
办公家具	04	4 390	经理办公室	2 528.64	4%	60	2018.12.20
联想电脑	03	4 000	经理办公室	1 536	4%	60	2019.12.20
联想电脑	03	4 000	人力资源部	1 536	4%	60	2019.12.20
联想电脑	03	4 000	财务部	1 536	4%	60	2019.12.20
联想电脑	03	4 000	仓储部	1 536	4%	60	2019.12.20
联想电脑	03	4 000	销售部	1 536	4%	60	2019.12.20
佳能传真机	03	2 300	销售部	662.4	4%	60	2020.6.30
惠普打印机	03	2 000	仓储部	576	4%	60	2020.6.30
格力空调	03	2 300	经理办公室	662.4	4%	60	2020.6.30
格力空调	03	2 300	财务部	662.4	4%	60	2020.6.30
货架	04	1 300	仓储部	374.4	4%	60	2020.6.30
合计		4 284 590		458 646.24			

系统默认固定资产卡片项目、卡片样式，所有固定资产增加方式均为直接购入，使用状态均为在用。办公楼由经理办公室、人力资源部、财务部、销售部、采购部、仓储部共用，使用比例分别为10%、10%、20%、20%、20%、20%。

任务要求

1.根据上述资料，建立固定资产管理子账套，并进行固定资产管理系统参数设置。

2.根据上述资料，录入固定资产基础设置资料。

3.根据上述资料，录入固定资产原始卡片，并进行卡片查询管理操作。

知识导航

重难点微课 6-1

原始卡片录入

一、固定资产管理系统的功能

在用友ERP-U8管理系统中，固定资产管理系统主要用于完成企业固定资产日常业务的核算和管理，生成固定资产卡片，按月反映固定资产的增加、减少、原值变化及其他变动，并输出相应的增减变动明细账，按月自动计提折旧，生成折旧分配凭证，同时输出一些同设备管理相关的报表和账簿。

二、固定资产管理系统与其他系统的关系

固定资产管理系统中资产的增加和减少、原值和累计折旧的调整、折旧的计提等，都要将有关数据以记账凭证的形式传输到总账系统中；同时，通过对账保持固定资产账目与总账的平衡，并可以修改、删除，以及查询凭证。固定资产管理系统为成本管理系统提供有关折旧费用的数据。UFO报表子系统也可以通过相应的取数函数从固定资产管理系统中提取分析数据。

三、初始设置

固定资产管理系统初始设置是根据用户单位的具体情况，建立一个适用的固定资产子账套的过程。初始设置的内容包括设置控制参数、设置基础信息、输入期初固定资产卡片。

（一）设置控制参数

控制参数包括约定及说明、启用月份、折旧信息、编码方式、账务接口等。这些参数在初次启用固定资产管理系统时设置，其他参数可以在“选项”命令中补充。

（二）设置基础信息

1.资产类别设置。

固定资产的种类繁多、规格不一，单位要强化固定资产管理，及时、准确地做好固定资产核算，必须科学设置固定资产类别，从而为固定资产的核算和统计提供依据。

2.部门设置。

在部门设置中，用户可以对单位的所有部门进行设置，以便确定固定资产的归属。企业应用平台的“基础设置”中的部门设置是共享的。

3.部门对应折旧科目设置。

对应折旧科目是指折旧费用的入账科目。资产计提折旧后，必须把折旧归入成本或费用。根据不同企业的具体情况，折旧有按部门归集的，也有按类别归集的。部门对应折旧科目的设置就是给每个部门选择一个折旧科目，这样在输入卡片时，该科目可以自动添入卡片中，不必一个一个输入。

如果对某一上级部门设置了对应的折旧科目，那么下级部门将继承上级部门的设置。

4.增减方式设置。

增减方式包括增加方式和减少方式两种。系统内置的增加方式有直接购入、投资者投入、捐赠、盘盈、在建工程转入、融资租入六种。系统内置的减少方式有出售、盘亏、投资转出、捐赠转出、报废、毁损、融资租出、拆分减少八种。在用友ERP-U8管理系统中，固定资产的增减方式可以设置两级，也可以根据需要自行增加。

5.折旧方法设置。

折旧方法设置是系统自动计算折旧的基础。系统默认的折旧方法包括不提折旧、工作量法、年数总和法、双倍余额递减法、平均年限法（一）、平均年限法（二），并列出了相应的折旧计算公式。这几种折旧方法只能选用，不能删除和修改。如果这几种折旧方法不能满足企业的需要，系统还提供了折旧方法的自定义功能。

（三）输入期初固定资产卡片

固定资产卡片是进行固定资产核算和管理的依据。为了保证历史资料的连续性，用户必须将建账日期以前的数据录入系统中。此外，用户在任何时候都可以输入原始卡片。

任务实施

操作录屏6-1

固定资产管理系统初始设置

操作步骤1：启用并注册固定资产管理系统

（1）执行“开始”→“程序”→“用友ERP-U8 V10.1”→“企业应用平台”命令，打开“登录”窗口。

（2）输入操作员“001”或“张明”，输入密码“1”，在“账套”下拉列表框中选择“[777]（default）武汉爱华”，输入操作日期“2022-01-01”，单击“登录”按钮，进入企业应用平台。

（3）如果没有启用固定资产管理系统，则执行“基础设置”→“基本信息”→“系统启用”命令，打开“系统启用”对话框，选中“FA固定资产管理”复选框，弹出“日历”对话框，选择固定资产管理系统启用日期为2022年1月1日，单击“确定”按钮，系统弹出“确实要启用当前系统吗？”提示框，单击“是”按钮返回。

（4）执行“财务会计”→“固定资产”命令，系统弹出“这是第一次打开此账套，还未进行过初始化，是否进行初始化？”提示框，单击“是”。

操作步骤2：设置控制参数

（1）打开“初始化账套向导”对话框，选择“我同意”。

（2）单击“下一步”按钮，打开“启用月份”对话框，确认启用月份为“2022.01”。

（3）单击“下一步”按钮，打开“折旧信息”对话框，选中“本账套计提折旧”复选框；选择“主要折旧方法”为“平均年限法（一）”，选择“折旧汇总分配周期”为“1个月”；选中“当（月初已计提月份=可使用月份-1）时将剩余折旧全部提足（工作量法除外）”复选框，如图6-1-1所示。

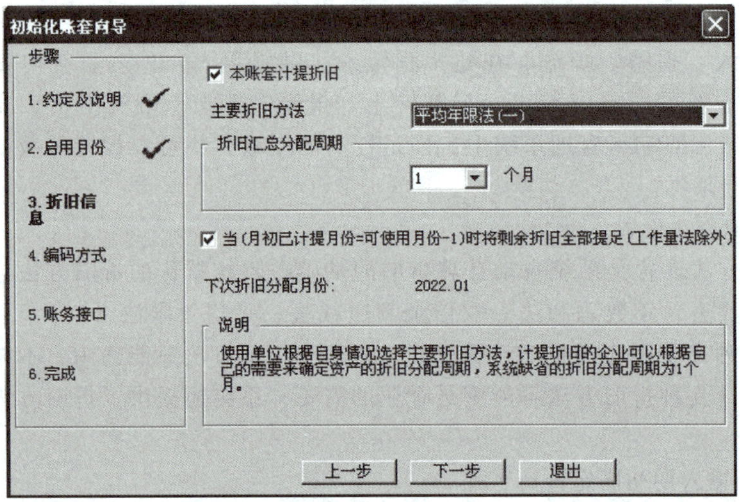

图6-1-1　初始化账套向导——折旧信息

（4）单击“下一步”按钮，打开“编码方式”对话框，确定资产类别编码长度为“2-1-1-2”，选择“自动编码”单选按钮，选择“固定资产编码方式”为“类别编号+部门编号+序号”，选择“序号长度”为“5”，如图6-1-2所示。

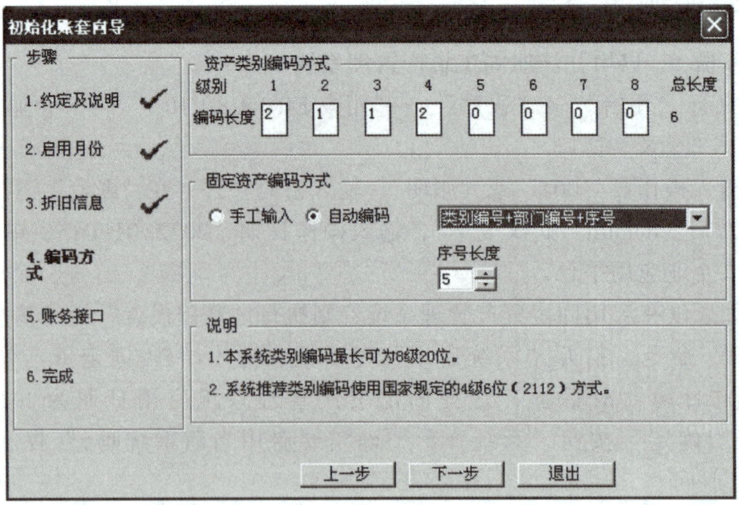

图6-1-2　初始化账套向导——编码方式

（5）单击“下一步”按钮，打开“账务接口”对话框，选中“与账务系统进行对账”复选框，选择“固定资产对账科目”为“1601，固定资产”，选择“累计折旧对账科目”为“1602，累计折旧”，不选择“在对账不平情况下允许固定资产月末结账”，如图6-1-3所示。

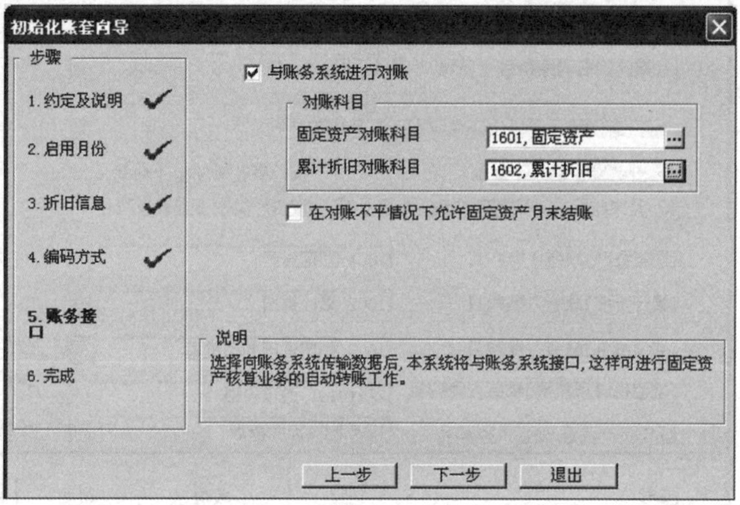

图6-1-3 初始化账套向导——账务接口

（6）单击“下一步”按钮，打开“完成”对话框，单击“完成”按钮，完成本账套的初始化，系统弹出“已经完成了新账套的所有设置工作。是否确定所设置的信息完全正确并保存对新账套的所有设置？”提示框，单击“是”按钮，系统弹出“已成功初始化本固定资产账套！”提示框，单击“确定”按钮。

特别提示：

①初始化设置完成后，有些参数可以在固定资产系统“设置”→“选项”命令下编辑修改，有些参数不能修改，所以初始化工作要慎重。

②如果发现不能修改的参数有错，必须改正，只能通过固定资产管理系统的“维护”→“重新初始化账套功能”命令实现，该操作将清空对该子账套所做的一切工作。

操作步骤3：补充参数设置

（1）执行“设置”→“选项”命令，进入“选项”窗口。

（2）单击“编辑”按钮，打开“与账务系统进行对账”选项卡。

（3）选中“业务发生后立即制单”和“月末结账前一定要完成制单登账业务”复选框，分别选择固定资产、累计折旧、减值准备、增值税进项税额、固定资产清理缺省入账科目为“1601，固定资产”“1602，累计折旧”“1603，固定资产减值准备”“22210101，进项税额”“1606，固定资产清理”，单击“确定”按钮，如图6-1-4所示。

操作步骤4：部门对应折旧科目设置

（1）执行“设置”→“部门对应折旧科目设置”命令，进入“部门对应折旧科目”窗口。

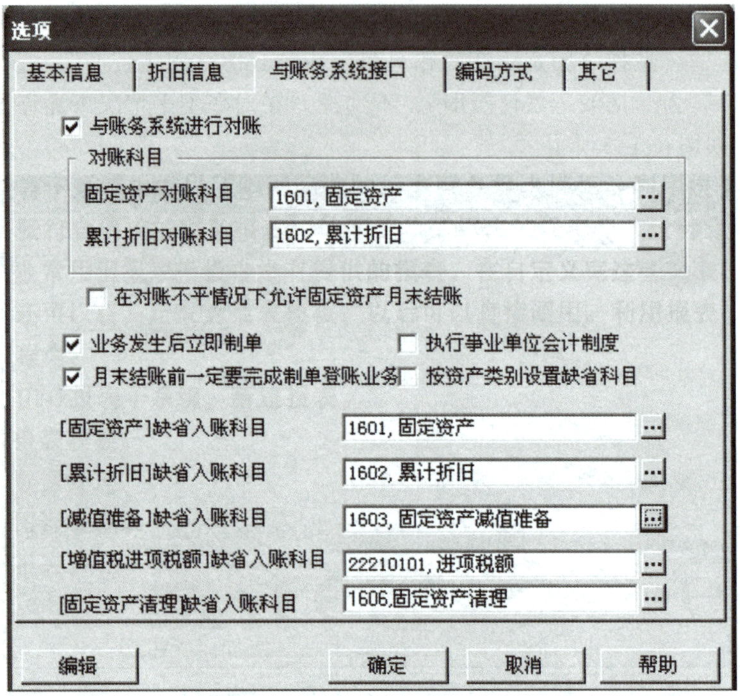

图 6-1-4　选项

（2）选择部门“101 经理办公室”，单击“修改”按钮。

（3）选择折旧科目为“660205，折旧费用”，如图 6-1-5 所示，单击“保存”按钮。

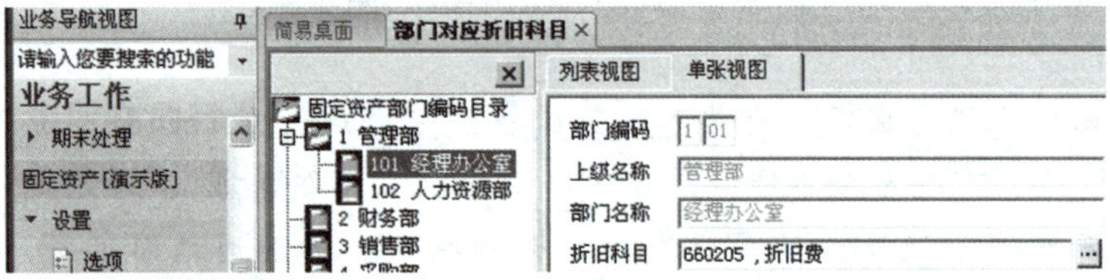

图 6-1-5　部门对应折旧科目

（4）以此方法继续录入其他部门对应的折旧科目，可单击“列表视图”查询结果。

特别提示：

如果部门对应折旧科目没有设置或者设置有错误，则期末计提折旧时，系统自动生成的记账凭证科目会出现缺失或错误。

操作步骤 5：设置资产类别

（1）执行“设置”→“资产类别”命令，进入“资产类别”窗口。

（2）单击“增加”按钮，输入“类别编码”为“01”，“类别名称”为“房屋及建筑物”，“净残值率”为“5%”，选择“计提属性”为“正常计提”，“折旧方法”为“平均年限法（一）”，“卡片样式”为“含税卡片样式”，如图 6-1-6 所示，单击“保存”按钮。

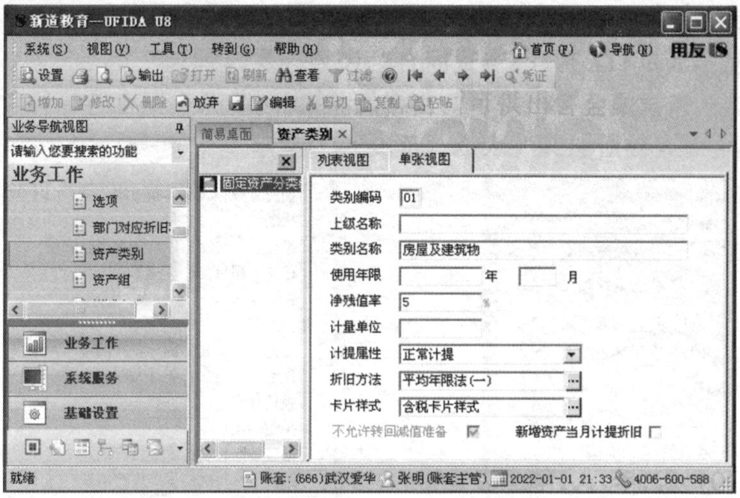

图 6-1-6　资产类别设置

（3）同理，完成其他资产类别的设置。

操作步骤 6：设置增减方式的对应科目

（1）增加方式对应科目设置。

①执行“设置”→“增减方式”命令，进入“增减方式”窗口。在左侧列表框中，单击“101 直接购入”，单击“修改”按钮。

②输入“对应入账科目”为“100201，工行存款”，单击“保存”按钮，如图 6-1-7 所示。

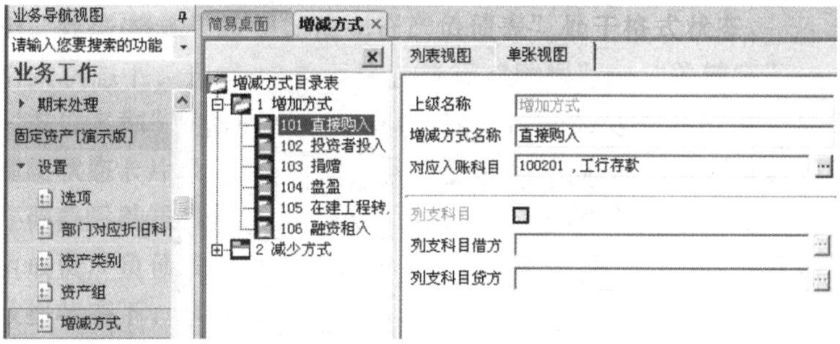

图 6-1-7　增加方式对应科目设置

③同理，根据资料设置其他增加方式对应科目。

（2）减少方式对应科目设置。

①执行“设置”→“增减方式”命令，进入“增减方式”窗口。在左侧列表框中，单击“201 出售”，单击“修改”按钮。输入“对应入账科目”为“1606，固定资产清理”，单击“保存”按钮。

②同理，根据资料设置其他减少方式对应科目。

③单击“列表视图”，可以查看全部增减方式对应的科目设置情况，如图 6-1-8 所示。

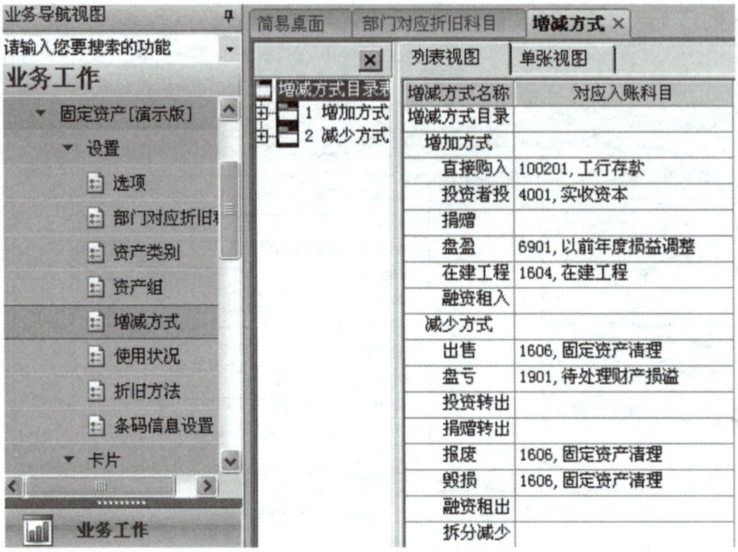

图6-1-8 增减方式对应科目列表

特别提示：

日常资产增减时，系统会根据增减方式自动生成凭证，凭证中科目的设置与此处一致。

操作步骤7：录入原始卡片

（1）执行“卡片”→“录入原始卡片”命令，进入“固定资产类别档案”窗口。

（2）选择“01房屋及建筑物”，单击“确定”按钮，进入“固定资产卡片”窗口。

（3）输入“固定资产名称”为“办公楼”，单击“使用部门”，弹出“固定资产”对话框，选择“多部门使用”，单击“确定”按钮。

（4）双击“使用部门”，选择“经理办公室”，录入使用比例“10”，双击对应折旧科目，选择“660205，折旧费”；点击“增加”按钮，录入其他使用部门、使用比例和对应折旧科目信息，如图6-1-9所示，点击“确定”按钮。

使用部门	使用比例%	对应折旧科目	项目大类	对应项目	部门编码
经理办公室	10.0000	660205，折旧费			101
人力资源部	10.0000	660205，折旧费			102
财务部	20.0000	660205，折旧费			2
采购部	20.0000	660205，折旧费			4
销售部	20.0000	660105，折旧费			3
仓储部	20.0000	660205，折旧费			5

图6-1-9 办公楼各部门使用情况

（5）双击“增加方式”，选择“直接购入”；双击“使用状况”，选择“在用”；输入“开始使用日期”为“2018-12-01”，输入“原值”为“4 000 000”，输入“累计折旧”为“374 400”，输入“使用年限（月）”为“360”；其他信息自动算出，如图6-1-10所示。

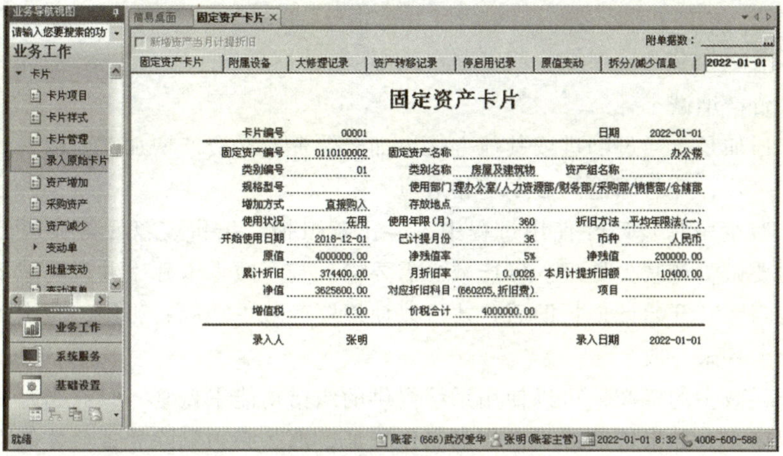

图6-1-10　固定资产卡片——办公楼

（6）单击“保存”按钮，系统弹出“数据成功保存！”提示框，单击“确定”按钮。

同理，完成其他固定资产卡片的输入。

特别提示：

①如果录入的是原始卡片，则开始使用日期必须早于固定资产账套建立日期，本例中必须在2022-01-01之前，否则系统会提示出错。

②如果使用系统编号，则只有在编号所需要的全部信息录入完成后，系统才会显示编号。

③已计提月份由系统根据开始使用日期自动算出。

④与计算折旧有关的项目输入后，系统会按照输入的内容自动计算出月折旧率、本月计提折旧额，并显示在相应的项目内，用户可以将其与手工计算的值进行比较，以核对是否有错误。

学思践悟6-1
实验室设备管理不善隐藏大问题

任务测试6-1
固定资产管理系统初始设置

任务二　日常业务处理

任务资料

业务1：1月25日，因工作需要，原仓储部使用的惠普打印机变更使用部门为财务部。

业务2：1月26日，仓储部购入佳能打印机1台，不含税售价3 000元/台，价税合计3 390元，以网银支付。该资产预计使用5年，净残值率为4%。

业务1
原始单据

业务2
原始单据

任务要求

1. 根据业务1，进行相关资产变动处理。

2. 根据业务2，在固定资产管理系统完成资产增加操作。

知识导航

重难点微课
6-2
资产增加业务

一、资产增减

资产增加是指通过购进或其他方式增加企业资产。资产增加需要输入一张新的固定资产卡片，并与固定资产期初相对应。

资产减少是指资产在使用过程中，会由于毁损、出售、盘亏等原因而退出企业，此时要做资产减少处理。资产减少需要输入资产减少卡片，并说明减少原因。

只有当账套开始计提折旧后，才可以使用资产减少功能；否则，减少资产只能通过删除卡片来完成。

对于误减少的资产，可以使用系统提供的纠错功能来恢复。只有当月减少的资产才可以恢复。如果资产减少操作已制作凭证，那么必须删除凭证后才能恢复。

只要卡片未被删除，就可以通过“卡片管理”功能中的“已减少资产”功能来查看减少的资产。

二、资产变动

资产变动包括原值变动、部门转移、使用状况调整、使用年限调整、折旧方法调整、净残值（率）调整、工作总量调整、累计折旧调整、资产类别调整、变动单管理等内容。其他项目如名称、编号、自定义项目等的变动，可直接在卡片上修改。

资产变动要求输入相应的“变动单”，以记录资产调整结果。

（一）原值变动

具体来说，资产在使用过程中，其原值发生变动有五种情况：

第一，根据国家规定对固定资产重新估价；

第二，增加补充设备或改良设备；

第三，将固定资产的一部分拆除；

第四，根据实际价值调整原来的暂估价值；

第五，原来记录的固定资产价值有误。

（二）部门转移

资产在使用过程中，因内部调配而发生的部门变动应及时处理，否则会影响部门的折旧计算。

（三）使用状况调整

资产的使用状况分为在用、未使用、不需用、停用、封存五种。资产在使用过程中，受某些因素的影响，其使用状况可能会发生变化，这种变化会影响设备折旧的计算，因此应及时调整。

（四）使用年限调整

资产在使用过程中，可能会由于重估、大修等原因而调整使用年限。进行使用年限调整的资产在调整的当月，就应按调整后的使用年限计提折旧。

（五）折旧方法调整

一般来说，折旧方法在一年之内很少改变，但是当有特殊情况确需调整时，用户也可以调整折旧方法。

（六）变动单管理

使用变动单管理功能，用户可以对系统制作的变动单进行查询、修改、制单、删除等处理。

三、资产评估

固定资产管理系统提供了对固定资产评估作业的功能，主要包括以下步骤：

（1）将评估机构的评估数据手工录入或定义公式录入系统中。

（2）根据国家要求手工录入评估结果，或根据定义的评估公式生成评估结果。

（3）对评估单进行管理。

固定资产管理系统可评估的资产内容包括：原值、累计折旧、净值、使用年限、工作总量、净残值率。

四、资产盘点

固定资产管理系统提供了对固定资产盘点的功能，主要包括以下步骤：

（1）在“卡片管理”中打印输出固定资产盘点单。

（2）在“资产盘点”中选择按部门或按类别等对固定资产进行盘点，录入盘点数据，与固定资产盘点单进行核对，检查资产的完整性。

五、账务处理

固定资产管理系统和总账系统之间存在着数据传输关系，这种传输是由固定资产管理系统通过记账凭证向总账系统传递有关数据。制作记账凭证可以采取“立即制单”或“批量制单”的方法实现。

六、账表管理

通过系统提供的账表功能，及时掌握资产的统计、汇总和其他各方面的信息。账表包括账簿、折旧表、统计表、分析表四类。另外，如果所提供的报表种类不能满足需要，系统还提供了自定义报表功能，可以根据实际要求进行设置。

（一）账簿

系统自动生成的账簿有（单个）固定资产明细账、（部门、类别）明细账、固定资产登记簿、固定资产总账。这些账簿以不同方式，序时地反映了资产变化情况，在查询过程中可联查某时期（部门、类别）明细及相应原始凭证，从而获得所需财务信息。

（二）折旧表

系统提供了四种折旧表：（部门）折旧计提汇总表、固定资产折旧计算明细表、固定资产及累计折旧表（一）和（二）。通过该类表可以了解并掌握本企业所有资产本期、本年乃至某部门计提折旧及其明细情况。

（三）统计表

统计表是出于管理资产的需要，按管理目的统计的数据。系统提供了7种统计表：固定资产原值一览表、固定资产统计表、评估汇总表、评估变动表、盘盈盘亏报告表、逾龄资产统计表、役龄资产统计表。

（四）分析表

分析表主要通过对固定资产的综合分析，为管理者提供管理和决策依据。系统提供了4种分析表：价值结构分析表、固定资产使用状况分析表、部门构成分析表、类别构成分析表。管理者可以通过这些表了解本企业资产计提折旧的程度和剩余价值的大小。

（五）自定义报表

当系统提供的报表不能满足企业要求时，用户也可以自己定义报表。

任务实施

操作录屏6-2

资产变动业务

操作步骤1：资产变动业务

（1）以操作员“002李伟”登录系统，更改操作日期“2022-01-25”重注册，执行“财务会计”→“固定资产”→“卡片”→“变动单”→“部门转移”→“更改变动单”命令。

（2）双击资产编号，弹出“固定资产卡片档案”信息，选择“惠普打印机”，单击“变动后部门”，选择“单部门”，选择“财务部”，单击“确定”按钮。在变动原因处，输入“因工作需要”，单击“保存”按钮，单击“确定”按钮，如图6-2-1所示。

固定资产变动单

— 部门转移 —

变动单编号	00001			变动日期	2022-01-25
卡片编号	00010	资产编号	03500002	开始使用日期	2020-06-30
资产名称			惠普打印机	规格型号	
变动前部门	仓储部	变动后部门			财务部
存放地点		新存放地点			
变动原因					因工作需要
				经手人	李伟

图6-2-1　固定资产部门变动单

特别提示：

①系统对已做出变动的资产，要求输入相应的变动单来记录资产调整结果。

②变动单不能修改，只能当月删除重做，所以应仔细检查后再保存。

③必须保证变动后的净值大于变动后的净残值。

④并非所有的变动单都会产生记账凭证，只有涉及到固定资产原值、累计折旧等与账务系统有关的要素发生变动，才可能产生凭证。

操作录屏6-3

资产增加业务

操作步骤2：资产增加

（1）以操作员“002李伟”登录系统，选择操作日期“2022-01-26”，执行“卡片”→“资产增加”命令。

（2）输入卡片信息。选择“资产类别→电子设备”，进入“固定资产卡片”窗口，在固定资产名称处，输入“佳能打印机”，然后输入使用部门“仓储部”、使用状况“在用”、使用年限（月）“60”、原值“3 000”和增值税“390”等信息，如图6-2-2所示。

固定资产卡片

卡片编号	00014			日期	2022-01-26
固定资产编号	03500003	固定资产名称	佳能打印机		
类别编号	03	类别名称	电子设备	资产组名称	
规格型号		使用部门			仓储部
增加方式	直接购入	存放地点			
使用状况	在用	使用年限(月)	60	折旧方法	平均年限法(一)
开始使用日期	2022-01-26	已计提月份	0	币种	人民币
原值	3000.00	净残值率	4%	净残值	120.00
累计折旧	0.00	月折旧率	0	本月计提折旧额	0.00
净值	3000.00	对应折旧科目	660205,折旧费	项目	
增值税	390.00	价税合计	3390.00		
录入人	李伟			录入日期	2022-01-26

图6-2-2　固定资产新增资产卡片

(3) 单击“保存”后，再单击“确定”。系统提示立即制单，生成凭证，如图6-2-3所示。

已生成

付 款 凭 证

付 字 0016　　制单日期：2022.01.26　　审核日期：　　附单据数：0

摘要	科目名称	借方金额	贷方金额
直接购入资产.	固定资产	300000	
直接购入资产.	应交税费/应交增值税/进项税额	39000	
直接购入资产.	银行存款/工行存款		339000
票号 日期	数量 单价　　合计	339000	339000

备注　项目　　部门
　　　个人　　客户
　　　业务员

记账　　审核　　出纳　　制单 李伟

图6-2-3　固定资产新增资产立即制单生成的付款凭证

任务测试6-2

固定资产管理系统日常业务处理

特别提示：

①新卡片第一个月不计提折旧，累计折旧为空或0。

②卡片输入完后，可以不立即制单，月末再批量制单。

③通过“资产增加”录入的卡片，不同于原始卡片，开始使用日期一定在固定资产账套启用之后。

任务三　期末处理

任务资料

业务3：1月31日，仓储部毁损原值为1 300元的货架。

业务3
原始单据

任务要求

1.1月31日，计提本月折旧费用，并生成折旧凭证。

2.根据所给资料，进行资产减少操作，并生成固定资产减少凭证。

3.查看本月固定资产管理系统生成的记账凭证。

4.在总账管理系统中，对固定资产管理系统传递过来的凭证进行审核、记账。

5.进行固定资产管理系统与总账系统月末对账操作。

6.进行固定资产管理系统月末结账与取消结账操作。

知识导航

固定资产管理系统的期末处理工作主要包括计提折旧、对账、月末结账等。

一、计提折旧

计提折旧是固定资产管理系统的主要功能之一。用户可以根据录入系统的资料，利用系统提供的计提折旧功能，对各项资产每期计提一次折旧。

开始计提折旧时，系统将自动计提所有资产当期的折旧额，并将当期的折旧额自动累加到累计折旧项目中。计提工作完成后，系统将进行折旧分配，形成折旧费用，自动生成折旧清单和折旧分配表，从而完成本期折旧费用的登账工作。

系统提供的折旧清单显示了所有应计提折旧资产的折旧数据信息。

折旧分配表是编制记账凭证，把计提折旧额分配到有关成本和费用的依据。折旧分配表有两种类型，即类别折旧分配表和部门折旧分配表。折旧分配表的生成由“折旧汇总分配周期”决定，记账凭证要在生成折旧分配表之后生成。

计提折旧应遵循以下原则：

（1）在一个期间内可以多次计提折旧，每次计提折旧后，只是将计提的折旧累加到月初的累计折旧上，不会重复累计。

（2）若上次计提折旧已制单并传递到总账管理系统，则必须删除该凭证才能重新计提折旧。

（3）若计提折旧后又对账套进行了影响折旧计算或分配的操作，则必须重新计提折旧，否则系统不允许结账。

（4）在自定义的折旧方法下，若月折旧率或月折旧额出现负数，则系统会自动终止计提。

（5）资产的使用部门和资产折旧的分配部门可能不同，为了加强资产管理，资产的使用部门必须是明细部门，而折旧分配部门不一定是明细部门。

重难点微课
6-3

资产减少业务

二、资产减少

固定资产减少是指对固定资产的处置，主要指固定资产的报损、报废、借用、核销、有偿利用或变价出售、安全与完整的责任处理及产权纠纷调处等。固定资产减少的会计处理主要涉及投资转出固定资产、捐赠转出固定资产、以非现金资产抵偿债务方式转出固定资产、以非货币交易方式换出固定资产、无偿调出固定资产、盘亏固定资产、出售、报废和毁损固定资产。会计制度规定本月减少的固定资产照提折旧，因此，本账套需要进行折旧计提后，才能减少资产。

三、凭证处理

（一）批量制单

固定资产管理系统提供了两种制单方式，即立即制单和批量制单。

1.立即制单。

如果在选项中已经选择“业务发生后立即制单”，则在卡片处理完毕后，系统会自动进入凭证页面，补充完善，保存后即可显示“已生成”字样。如果没有保存，该项制单任务将会列示在批量制单任务栏。

2.批量制单。

如果在选项中没有选择“业务发生后立即制单”，则在卡片处理完毕后，系统不会自动进入凭证页面，制单任务可以在月末批量进行。

（二）凭证查询、删除与冲销

执行固定资产管理系统“凭证查询”命令，进入“凭证查询”窗口，定位具体某行，单击页面上方“凭证”按钮，可以联查该凭证内容。

如果要删除所查询到的某张凭证，没有传递至总账前，通过“删除”功能，可以删除该凭证。如果该凭证已经传递至总账并已记账，通过“冲销”功能，系统会产生一张红字凭证，与已记账凭证进行对冲。

四、与总账对账

为了保证固定资产管理系统中的资产价值与总账管理系统中固定资产科目的数值相等，用户可随时使用对账功能对两个系统进行审查。系统在执行月末结账时自动对账一次，并给出对账结果。

五、月末结账

当固定资产管理系统完成了本月全部制单业务以后，就可以进行月末结账了。月末结账每月进行一次，结账后当期数据不能修改。如果有错误必须修改，可通过系统提供的“恢复月末结账前状态”功能反结账，再进行相应的修改。

本期不结账，将不能处理下期的数据。结账前一定要进行数据备份，否则数据一旦丢失，将造成无法挽回的结果。

任务实施

操作步骤1：计提折旧业务

操作录屏6-4

计提折旧业务

（1）以操作员“002李伟”的身份，操作日期“2022-01-31”登录企业应用平台，执行“业务工作”→“财务会计”→“固定资产”→“处理”→“计提本月折旧”命令，系统弹出“是否要查看折旧清单？”提示框，如图6-3-1所示。单击“是”按钮。

图6-3-1 查看折旧清单提示

（2）系统继续弹出“本操作将计提本月折旧，并花费一定时间，是否要继续？”提示框，如图6-3-2所示。

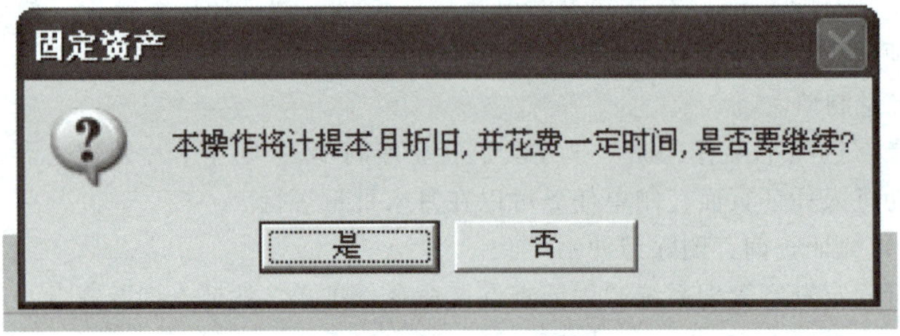

图6-3-2　信息提示窗口

（3）单击“是”按钮，进入“折旧清单”窗口，如图6-3-3所示。

卡片编号	资产编号	资产名称	原值	计提原值	本月计提折旧额	累计折旧	本年计提折旧	减值准备	净值	净残值	折旧率
00001	0110100002	办公楼	4,000,000.00	4,000,000.00	10,400.00	384,800.00	10,400.00	0.00	3,615,200.00	200,000.00	0.0026
00002	0210100001	轿车	250,000.00	250,000.00	1,975.00	73,075.00	1,975.00	0.00	176,925.00	12,500.00	0.0079
00003	0410100001	办公家具	4,390.00	4,390.00	70.24	2,598.88	70.24	0.00	1,791.12	175.60	0.0160
00004	0310100001	联想电脑	4,000.00	4,000.00	64.00	1,600.00	64.00	0.00	2,400.00	160.00	0.0160
00005	0310200001	联想电脑	4,000.00	4,000.00	64.00	1,600.00	64.00	0.00	2,400.00	160.00	0.0160
00006	03200001	联想电脑	4,000.00	4,000.00	64.00	1,600.00	64.00	0.00	2,400.00	160.00	0.0160
00007	03500001	联想电脑	4,000.00	4,000.00	64.00	1,600.00	64.00	0.00	2,400.00	160.00	0.0160
00008	03300001	联想电脑	4,000.00	4,000.00	64.00	1,600.00	64.00	0.00	2,400.00	160.00	0.0160
00009	03300002	佳能传真机	2,300.00	2,300.00	36.80	699.20	36.80	0.00	1,600.80	92.00	0.0160
00010	03500002	惠普打印机	2,000.00	2,000.00	32.00	608.00	32.00	0.00	1,392.00	80.00	0.0160
00011	0310100002	格力空调	2,300.00	2,300.00	36.80	699.20	36.80	0.00	1,600.80	92.00	0.0160
00012	03200002	格力空调	2,300.00	2,300.00	36.80	699.20	36.80	0.00	1,600.80	92.00	0.0160
00013	04500001	货架	1,300.00	1,300.00	20.80	395.20	20.80	0.00	904.80	52.00	0.0160
合计			4,284,590.00	4,284,590.00	12,928.44	471,574.68	12,928.44	0.00	3,813,015.32	213,883.60	

图6-3-3　折旧清单

（4）单击“退出”按钮，进入“折旧分配表”，如图6-3-4所示。

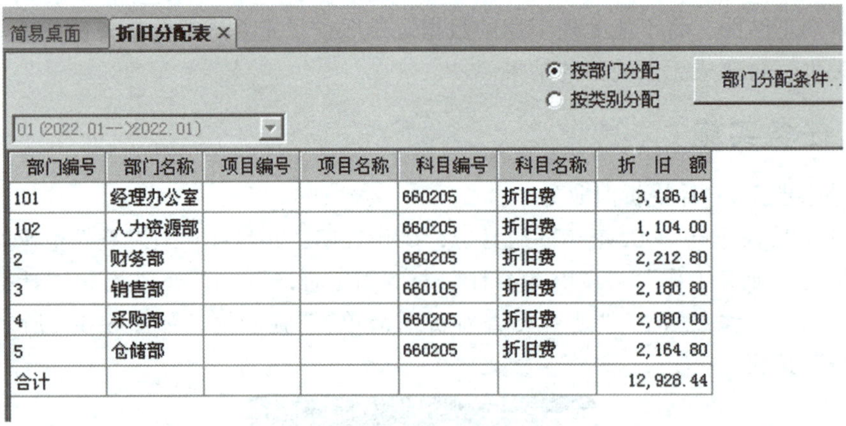

部门编号	部门名称	项目编号	项目名称	科目编号	科目名称	折旧额
101	经理办公室			660205	折旧费	3,186.04
102	人力资源部			660205	折旧费	1,104.00
2	财务部			660205	折旧费	2,212.80
3	销售部			660105	折旧费	2,180.80
4	采购部			660205	折旧费	2,080.00
5	仓储部			660205	折旧费	2,164.80
合计						12,928.44

图6-3-4　折旧分配表

（5）单击“批量制单”→“确定”→“全选”→“制单设置”→“凭证”→“保存”按钮，凭证左上角出现“已生成”字样，表示凭证已传递到总账，如图6-3-5所示。单击“退出”按钮。

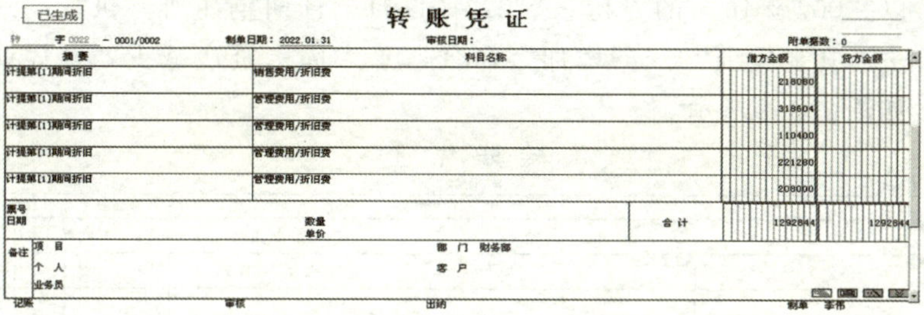

图 6-3-5　计提折旧凭证

特别提示：

①在折旧费用分配表界面中，可以单击“凭证”按钮制单，也可以以后利用“批量制单”功能进行制单。

②每月可以多次计提折旧，但是系统只会将最近一次折旧数据累加到月初累计折旧上，不会重复计算。

③在本次折旧计提之后，若进行了影响折旧计算或分配的操作，系统会提示应再次计提折旧，否则不允许结账。

④如果上次计提折旧后已经生成凭证传递至总账，则应先删除记账凭证后，再进行计提，并生成新的折旧凭证。

操作录屏 6-5

资产减少业务

操作步骤 2：资产减少

（1）以“002 李伟”的身份，“2022-01-31”日期登录企业应用平台，执行“固定资产”→“卡片”→“资产减少”命令，进入“资产减少”窗口。

（2）录入卡片编号“00013”，单击“增加”按钮。在减少方式处选择“毁损”；在清理原因处输入“毁损”，如图 6-3-6 所示。

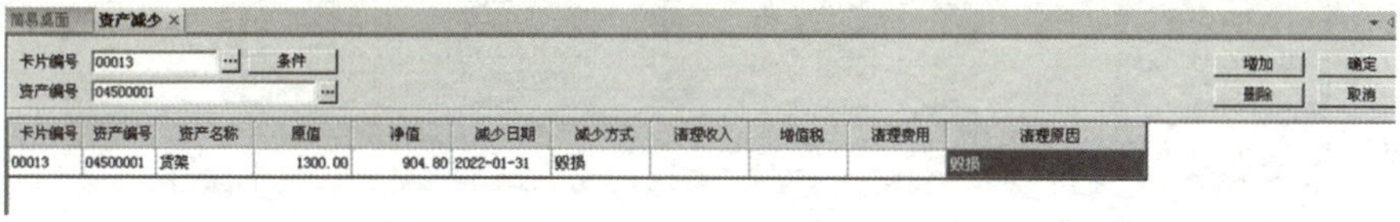

图 6-3-6　资产减少

（3）单击“确定”按钮，进入“填制凭证”窗口，单击“保存”按钮，如图 6-3-7 所示。系统提示“所选卡片减少成功”，单击“确定”。选择转账凭证类别，单击“保存”。

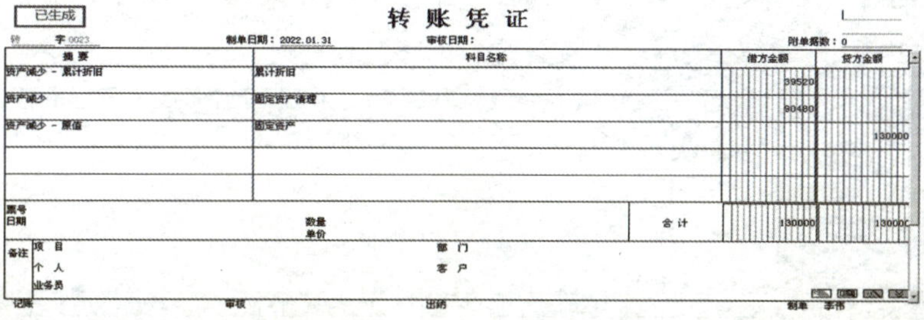

图 6-3-7　资产减少凭证

（4）以“002李伟”的身份，“2022-01-31”日期重注册。执行“总账”→“凭证”→“填制凭证”→“增加”命令，录入固定资产减少处理凭证，单击“保存”，如图6-3-8所示。

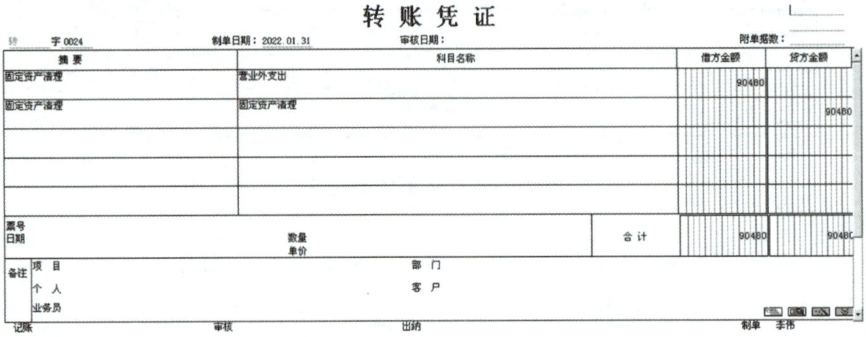

转账凭证

转 字 0024　制单日期：2022.01.31　审核日期：　附单据数：

摘要	科目名称	借方金额	贷方金额
固定资产清理	营业外支出	90480	
固定资产清理	固定资产清理		90480
票号 日期	数量 单价 合计	90480	90480

备注　项目　部门　个人　客户　业务员

记账　审核　出纳　制单 李伟

图6-3-8　固定资产清理凭证

操作步骤3：查看减少的固定资产卡片

（1）执行“固定资产管理”→“卡片”→“卡片管理”命令，不勾选开始使用时间，单击“确定”，进入“卡片管理”窗口，如图6-3-9所示。

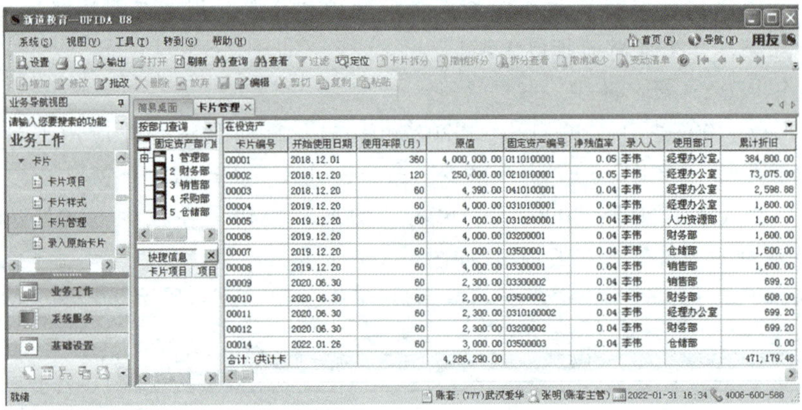

在役资产

卡片编号	开始使用日期	使用年限(月)	原值	固定资产编号	净残值率	录入人	使用部门	累计折旧
00001	2018.12.01	360	4,000,000.00	0110100001	0.05	李伟	经理办公室	384,800.00
00002	2018.12.20	120	250,000.00	0210100001	0.05	李伟	经理办公室	73,075.00
00003	2018.12.20	60	4,390.00	0410100001	0.04	李伟	经理办公室	2,598.88
00004	2019.12.20	60	4,000.00	0310100001	0.04	李伟	经理办公室	1,600.00
00005	2019.12.20	60	4,000.00	0310200001	0.04	李伟	人力资源部	1,600.00
00006	2019.12.20	60	4,000.00	03200001	0.04	李伟	财务部	1,600.00
00007	2019.12.20	60	4,000.00	03500001	0.04	李伟	仓储部	1,600.00
00008	2019.12.20	60	4,000.00	03300001	0.04	李伟	销售部	1,600.00
00009	2020.06.30	60	2,300.00	03300002	0.04	李伟	销售部	699.20
00010	2020.06.30	60	2,000.00	03500002	0.04	李伟	财务部	608.00
00011	2020.06.30	60	2,300.00	0310100002	0.04	李伟	经理办公室	699.20
00012	2020.06.30	60	2,300.00	03200002	0.04	李伟	财务部	699.20
00014	2022.01.26	60	3,000.00	03500003	0.04	李伟	仓储部	0.00
合计：(共计卡			4,286,290.00					471,179.48

图6-3-9　固定资产卡片表

（2）单击“在役资产”选择框的下拉三角按钮，选择“已减少资产”选项，即可以查看已减少资产，如图6-3-10所示。

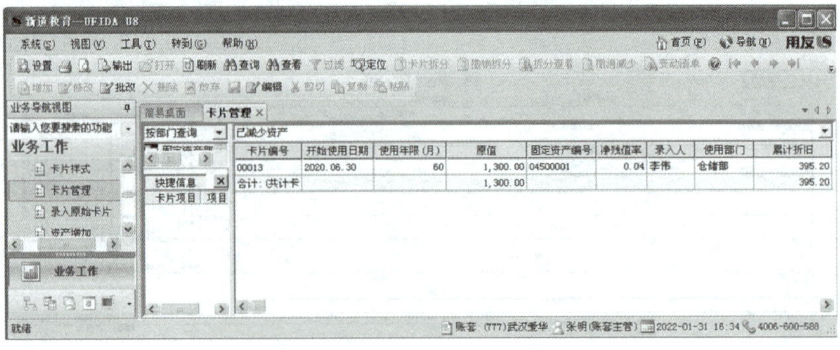

已减少资产

卡片编号	开始使用日期	使用年限(月)	原值	固定资产编号	净残值率	录入人	使用部门	累计折旧
00013	2020.06.30	60	1,300.00	04500001	0.04	李伟	仓储部	395.20
合计：(共计卡			1,300.00					395.20

图6-3-10　已减少资产

特别提示：

①由于固定资产当月减少当月仍应计提折旧，所以只有当资产在当月计提折旧以后才可以使用资产减少功能。

②在固定资产减少时，首先要从固定资产卡片中将该资产卡片删除，然后再进行凭证处理。

③已减少的资产，在卡片管理“在役资产”中不再列示，如果发生误减少操作，可以在卡片管理“已减少资产”中将其找到。定位该项资产，可通过单击页面上方的“撤销减少”按钮，如图6-3-11所示。系统将其恢复至在役资产。如果已经生成凭证，则需要先删除凭证。

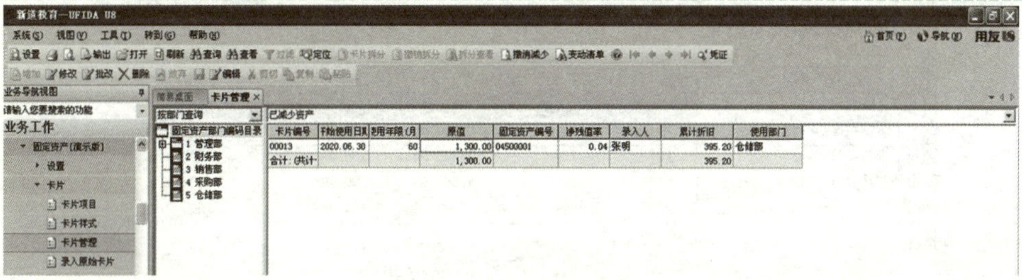

图6-3-11 撤销已减少资产

操作步骤4：查询1月固定资产管理系统生成的凭证

操作录屏6-6

固定资产账表查询业务

以操作员“002李伟”的身份，“2022-01-31”日期登录企业应用平台，执行“财务会计”→“固定资产”→“处理”→“凭证查询”命令，如图6-3-12所示。

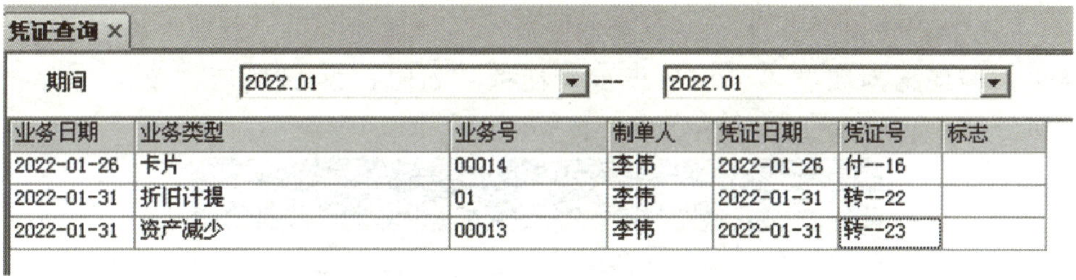

凭证查询

期间 2022.01 --- 2022.01

业务日期	业务类型	业务号	制单人	凭证日期	凭证号	标志
2022-01-26	卡片	00014	李伟	2022-01-26	付--16	
2022-01-31	折旧计提	01	李伟	2022-01-31	转--22	
2022-01-31	资产减少	00013	李伟	2022-01-31	转--23	

图6-3-12 凭证查询

特别提示：

①固定资产系统产生的凭证修改或删除操作只能在本系统进行，不能在总账中处理。

②固定资产管理系统生成的凭证自动传递到总账系统，在总账系统中，对传递过来的凭证要进行审核和记账。

③如果已经记了账，可以对其进行冲销处理。

操作步骤5：凭证进行审核、记账

以王刚和张明的身份，分别对固定资产的凭证进行出纳签字和审核签字，再由李伟记账处理。其方法与总账的凭证处理相同。

特别提示：

如果固定资产的凭证在总账中没有审核和记账，那么在与总账进行对账时，会出现不平的现象。

操作步骤6：查询1月份固定资产类别构成分析表

执行“财务会计”→“固定资产”→“账表”→“我的账表”→“分析表”→“类别构成分析表”命令，选择“2022.01”，单击“确定”按钮，如图6-3-13所示。

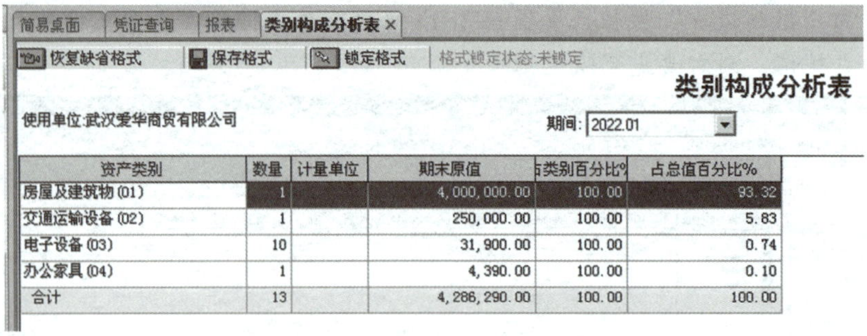

资产类别	数量	计量单位	期末原值	类别百分比%	占总值百分比%
房屋及建筑物(01)	1		4,000,000.00	100.00	93.32
交通运输设备(02)	1		250,000.00	100.00	5.83
电子设备(03)	10		31,900.00	100.00	0.74
办公家具(04)	1		4,390.00	100.00	0.10
合计	13		4,286,290.00	100.00	100.00

图6-3-13　类别构成分析表

特别提示：

固定资产系统还提供了很多其他账表的查询处理业务如分析表、统计表、折旧表和各种账簿的明细表、自定义报表等，工作中可以依据需要进行查询打印处理。

操作录屏6-7

固定资产管理系统月末结账与取消结账

操作步骤7：固定资产管理系统月末结账与取消结账

（1）执行“财务会计”→“固定资产”→“处理”→“对账”命令，系统弹出“与账务对账结果”信息提示对话框，如图6-3-14所示，单击“确定”按钮。

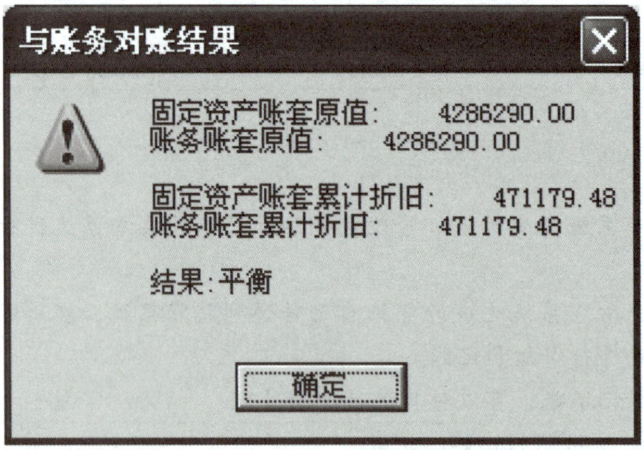

图6-3-14　固定资产与账务对账结果

特别提示：

只有总账系统记账完毕后，固定资产管理系统才可以进行对账。对账平衡，才可以开始月末结账。

（2）执行“处理”→“月末结账”命令，打开“月末结账”对话框，如图6-3-15所示。单击“开始结账”按钮，系统弹出“月末结账成功完成!”提示框。单击“确定”按钮，系统提示结账后不能进行本月数据修改。

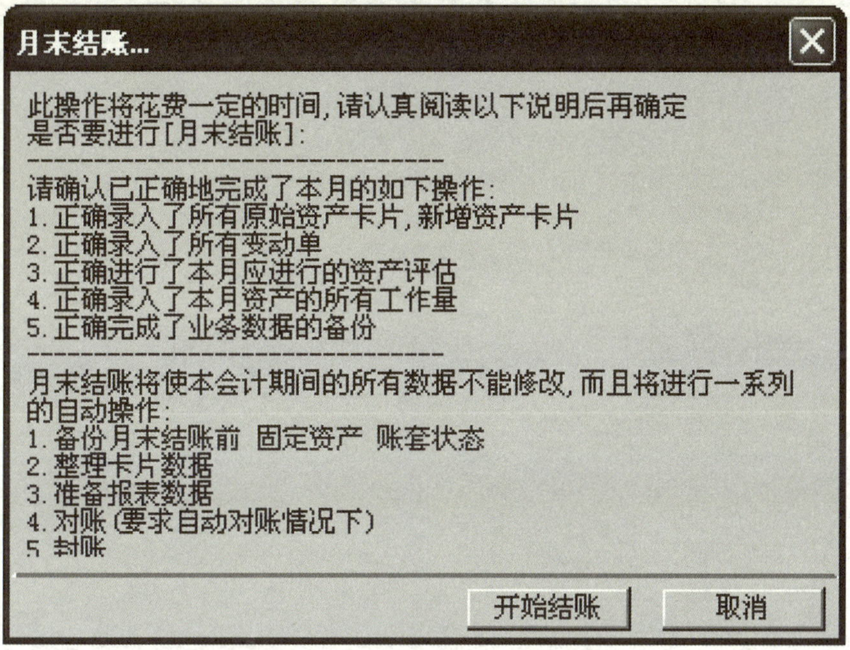

图6-3-15 月末结账前提示

（3）固定资产取消结账。

取消结账也称为恢复月末结账状态。以要恢复的月份登录，如要恢复到1月底，则以1月份登录。在【固定资产】/【处理】菜单中单击“恢复月末结账前状态”，屏幕显示提示信息，提醒要恢复到的日期，单击“是”，系统即执行本操作，完成后自动以登录日期打开，并询问该日期是否是可操作日期。

特别提示：

①月末结账完成，月末结账按钮就隐藏了，只有恢复月末结账状态之后，才能看到。

②不能跨年度恢复数据，即本系统年末结转后，不能利用本功能恢复年末结转。

学思践悟6-2

谨防折旧成为个别企业利润的“调节阀”

任务测试6-3

固定资产管理系统期末处理

项目反馈与评价（项目六）

重难点梳理

1.固定资产增加业务如何处理？

2.固定资产减少业务如何处理？

3.固定资产的凭证如何修改、删除？

关键数据反馈

请在完成原始卡片录入后，对系统中反映固定资产期初累计折旧和原值金额数据的页面进行截图反馈。

易错点分析

请同学们在本项目任务测试和操作过程中，归纳总结出自己容易出错的问题，并分析原因。

项目评价

项目六多维评价量表

序号	评价内容	设定分值（分）	评价主体	得分情况（分）
线上环节	自主学习进度	20	平台自评	
	任务测试准确度	10	平台自评	
	小计	30		
线下环节	安全与规范操作意识	10	学生自评	
	劳动、探究与合作意识	10	小组互评	
	实训操作进度	20	小组互评	
	实训数据准确度	20	教师评议	
	项目反思态度	10	教师评议	
	小计	70		
合计		100		

项目七

报表管理系统

7

知识目标

通过本项目的学习，了解报表管理系统的特点和功能，了解会计信息化环境下报表管理系统的有关概念，掌握报表格式设计和公式设置的方法。

技能目标

通过本项目的实训，能结合企业实际，利用报表模板生成报表数据和通过自定义报表生成报表数据。

素养目标

通过本项目的学习，养成严谨细致的工作态度，确保报表数据的准确性和真实性。杜绝人为调节报表项目进行不实披露的现象，强化客观公正、诚实守信的职业道德和社会责任意识。

项目导图

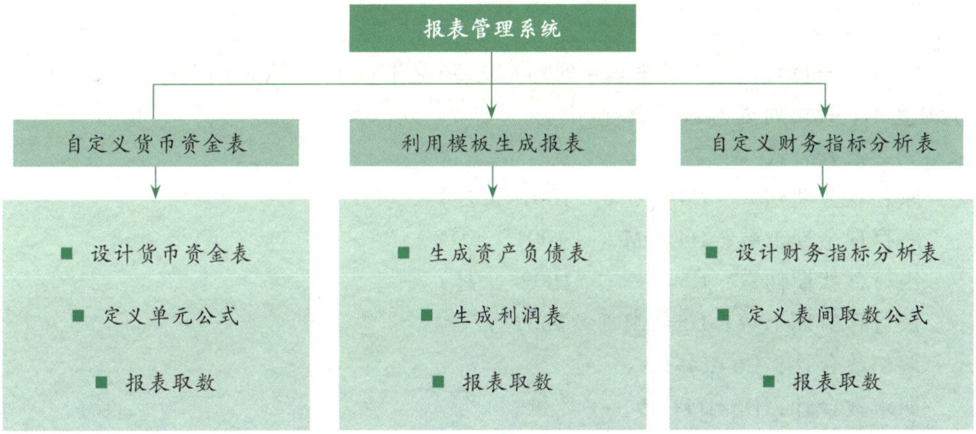

任务一 自定义报表

任务资料

一、货币资金表（见表7-1-1）

表7-1-1 货币资金表

单位名称： 年 月 日

单位：元

项目	行次	期初数	期末数
库存现金	1		
银行存款	2		
合计	3		

制表人：

二、报表格式

（一）表头

标题“货币资金表”设置为黑体、14号、居中；单位名称和年、月、日应设置为关键字；“单位：元”设置为宋体、12号、居右。

（二）表体

表体中文字设置为楷体、12号、居中。

（三）表尾

“制表人：”设置为宋体、10号、居右。

（四）其他

设置第一行行高为7毫米；A列列宽为50毫米；B列列宽为15毫米；C列列宽为50毫米；D列列宽为50毫米。

三、报表公式

库存现金期初数：C4=QC（“1001”，月）

库存现金期末数：D4=QM（“1001”，月）

银行存款期初数：C5=QC（“1002”，月）

银行存款期末数：D5=QM（“1002”，月）

期初数合计：C6=C4+C5

期末数合计：D6=D4+D5

任务要求

1. 根据所给资料，自定义货币资金表格式。
2. 进行货币资金表数据生成及输出操作。

知识导航

用友ERP-U8管理系统中的UFO报表子系统主要完成报表格式设计和报表数据

处理，它可以从账务子系统或其他业务系统中取得有关会计核算的信息，进而生成会计报表，进行报表汇总，生成各种分析图，并按预定格式输出各种会计报表。UFO报表子系统与用友ERP-U8管理系统中的各业务系统都有完善的接口，同时内置多个行业的常用会计报表，具有方便的自定义报表功能和数据处理功能；同时，该系统也可以独立运行，用于处理日常办公事务。

一、UFO报表子系统的主要功能

（一）报表格式设计功能

报表格式设计是指在系统中设计一张报表中相对固定的部分，相当于在系统中建立一个报表模板，供以后编制此类报表时调用。UFO报表子系统提供了丰富的格式设计功能，包括设置报表尺寸、组合单元、画表格线、调整行高列宽、设置字体和颜色等。同时，为方便用户制作标准报表，UFO报表子系统还内置了11种套用格式和33个行业的标准财务报表模板。

（二）数据处理功能

数据处理是指根据预先设置的报表格式和报表公式进行数据采集、计算、汇总等，生成会计报表。除此之外，UFO报表子系统还提供了排序、查询、审核、舍位平衡、汇总等功能。

（三）图表功能

UFO报表子系统可以对数据进行图形组织和分析，制作直方图、立体图、圆饼图、折线图等多种分析图表，并能编辑图表的位置、大小、标题、字体、颜色。

（四）文件管理功能

UFO报表子系统提供了文件管理功能，不仅能够创建、保存报表文件，而且能够将报表文件转换成不同格式的文件，如文本文件、mdb文件、xls文件等。此外，通过UFO报表子系统提供的“导入”和“导出”功能，可以实现和其他常用财务软件之间的数据交换。

（五）打印功能

采用“所见即所得”的打印，报表和图形都可以打印输出。通过“打印预览”功能，用户可以随时观看报表或图形的打印效果。

打印报表时，用户可以打印格式或数据，可以设置表头和表尾，可以在0.3倍到3倍之间缩放打印，可以横向或纵向打印。

此外，UFO报表子系统还提供了强大的二次开发功能，用户利用该功能可以开发适合本企业的专用系统。

二、UFO报表子系统的基本概念

（一）格式状态和数据状态

UFO报表子系统将含有数据的报表分为两大部分来处理，即报表格式设计工作与报表数据处理工作。报表格式设计工作和报表数据处理工作是在不同的状态下进行的。通过报表工作区左下角的“格式/数据”按钮，可以实现格式状态和数据状态之间的切换。

1.格式状态。

在格式状态下可以设计报表的格式，如表尺寸、行高、列宽、单元风格、组合单元、关键字、可变区等。报表的三类公式——单元公式（计算公式）、审核公式、舍位平衡公式也在格式状态下定义。在格式状态下所做的操作对本报表所有的表页都有作用。在格式状态下不能进行数据的录入、计算等操作，报表的数据全部都隐藏了。

2.数据状态。

在数据状态下可以管理报表的数据，如输入数据、增加或删除表页、审核、舍位平衡、制作图形、汇总及合并报表等。在数据状态下不能修改报表的格式，但是可以看到报表的全部内容，包括格式和数据。

（二）单元

单元是组成报表的最小单位，单元名称由所在行、列标识。行号用数字表示，列标用字母表示。单元有以下三种类型：

1.数值单元。

数值单元是报表的数据，在数据状态下（“格式/数据”按钮显示为“数据”时）输入。数值单元的内容可以直接输入或由单元中存放的单元公式运算生成。建立一个新表时，所有单元的类型缺省为数值单元。

2.字符单元。

字符单元是报表的数据，在数据状态下输入。字符单元的内容可以是汉字、字母、数字及键盘可输入的符号组成的一串字符，一个单元中最多可输入255个字符。字符单元的内容也可以由单元公式生成。

3.表样单元。

表样单元是报表的格式，是定义一个没有数据的空表所需的所有文字、符号或数字。一旦单元被定义为表样，那么在其中输入的内容对所有表页都有效。表样在格式状态下（“格式/数据”按钮显示为“格式”时）输入和修改，在数据状态下不允许输入和修改。

（三）组合单元

组合单元由相邻的两个或更多的单元组成，这些单元必须是同一种单元类型（表样、数值、字符），UFO报表子系统在处理报表时将组合单元视为一个单元。用户可以组合同一行相邻的几个单元，可以组合同一列相邻的几个单元，也可以把一个多行多列的平面区域设为一个组合单元。组合单元的名称可以用区域的名称或区域中单元的名称来表示。

（四）区域

区域由一张表页上的一组单元组成，自起点单元至终点单元是一个完整的方形矩阵。

在UFO报表子系统中，区域是二维的，最大的区域是一个二维表的所有单元（整个表页），最小的区域是一个单元。

（五）表页

一个UFO报表最多可容纳99 999张表页，每张表页都是由许多单元组成的。

一个报表中的所有表页都具有相同的格式，但其中的数据不同。表页在报表中的序号在表页的下方以标签的形式出现，称为“页标”。

（六）固定区与可变区

固定区是指组成一个区域的行数和列数是固定的。固定区一旦设定好，则其单元总数是不变的。可变区是指组成一个区域的行数或列数不是固定的。在一个报表中，只能设置一个可变区。

有可变区的报表称为可变表。没有可变区的报表称为固定表。

（七）关键字

关键字是游离于单元之外的特殊数据单元，是表页的唯一标识，用于在大量表页中快速选择某张表页。UFO报表子系统提供了“单位名称”“单位编号”“年”“季”“月”“日”“日期”七种关键字，除此之外，还有自定义关键字功能。

关键字的显示位置在格式状态下设置，关键字的内容则在数据状态下录入，每个报表可以定义多个关键字。

三、自定义报表的应用流程

重难点微课 7-1

自定义报表

第一步，启动UFO报表子系统，新建报表。

第二步，报表格式设计。

第三步，报表公式定义。

第四步，报表数据处理。

第五步，报表图形处理。

第六步，打印报表。

其中，重要的操作步骤是启动系统新建报表、报表格式设计、报表公式定义、报表数据处理。

操作录屏7-1

自定义报表

任务实施

操作步骤1：启动UFO报表子系统

（1）执行“开始”→“程序”→“用友ERP-U8 V10.1”→“企业应用平台”命令，打开“登录”对话框。输入操作员“001”或“张明”，输入密码“1”，在“账套”下拉列表框中选择“[777]（default）武汉爱华”，更改“操作日期”为“2022-01-31”，单击“登录”按钮，进入企业应用平台。

（2）在“业务工作”选项卡中，执行“财务会计”→“UFO报表”命令，进入“UFO报表”窗口。

（3）执行“文件”→“新建”命令，建立一张空白报表，报表名默认为“report1”。

操作步骤2：定义报表格式

（1）设置报表尺寸。

①执行“格式”→“表尺寸”命令，打开“表尺寸”对话框。

②在“行数”栏输入“7”，在“列数”栏输入“4”，单击“确认”按钮，如图7-1-1所示。

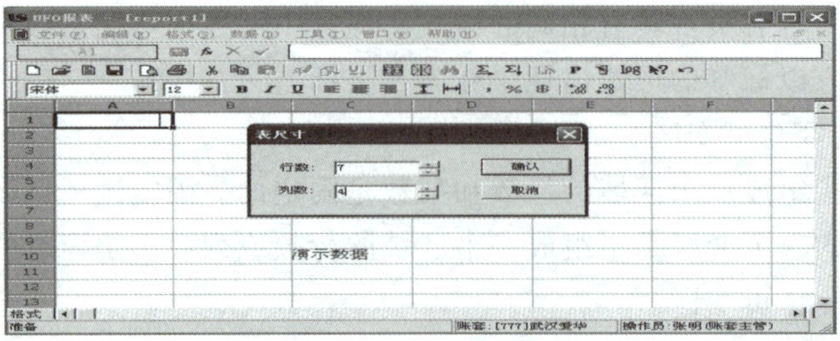

图 7-1-1　设置报表尺寸

（2）定义组合单元。

①选择单元格区域 A1：D1。

②执行“格式”→“组合单元”命令，打开“组合单元”对话框，如图7-1-2所示。

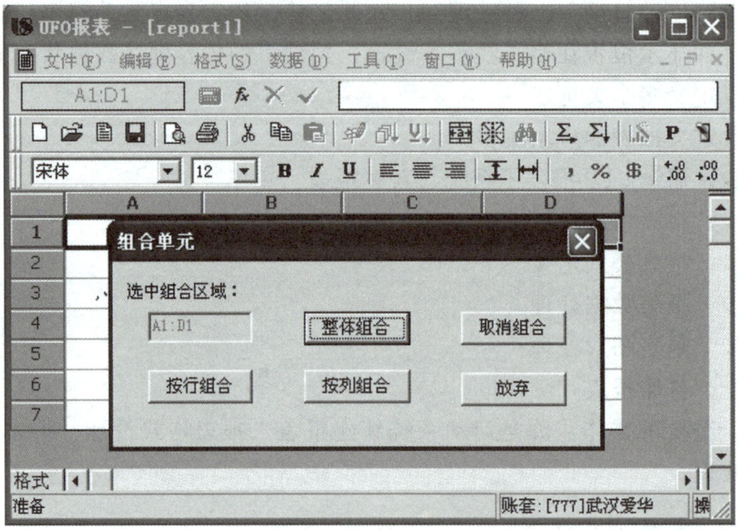

图 7-1-2　定义组合单元

③选择“整体组合”或“按行组合”，该区域即合并成一个单元。

（3）画表格线。

①选中报表中需要画线的区域 A3：D6。

②执行“格式”→“区域画线”命令，打开“区域画线”对话框，如图7-1-3所示。

图 7-1-3　区域画线

③选择“网线”单选按钮，单击“确认”按钮，将所选区域画上表格线。

（4）输入报表项目。

①选中需要输入内容的单元或组合单元。

②在该单元或组合单元中依次输入“货币资金表”“单位：元”“项目”“单位”“期初数”“期末数”等表头和表体中相关文字内容。

（5）设置单元风格。

①选中标题所在组合单元A1。

②执行“格式”→“单元属性”命令，打开“单元格属性”对话框。

③单击“字体图案”选项卡，设置字体为“黑体”，字号为“14”，如图7-1-4所示。

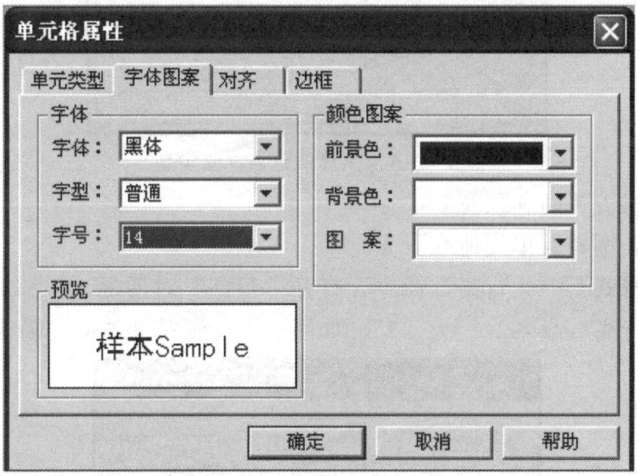

图7-1-4 设置单元格字体图案

④单击“对齐”选项卡，设置“水平方向”和“垂直方向”的对齐方式都为“居中”，如图7-1-5所示，单击“确定”按钮。

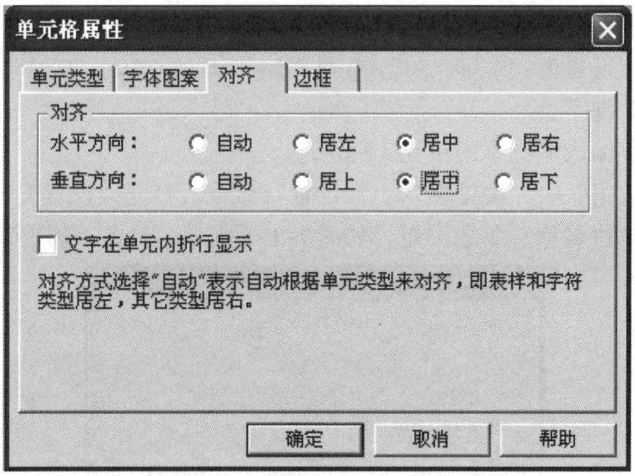

图7-1-5 设置单元格对齐方式

⑤同理，表头“单位：元”设置为宋体、12号、居右；表体中文字设置为楷体、12号、居中。

⑥选择单元格区域A7：D7，将其合并成一个单元，执行“格式”→“单元属性”命

令，打开“单元格属性”对话框，单击“单元类型”选项卡，设置单元类型为“字符”，如图7-1-6所示，单击“对齐”选项卡，设置“水平方向”的对齐方式为“居右”。

⑦在表尾录入“制表人：王刚”。

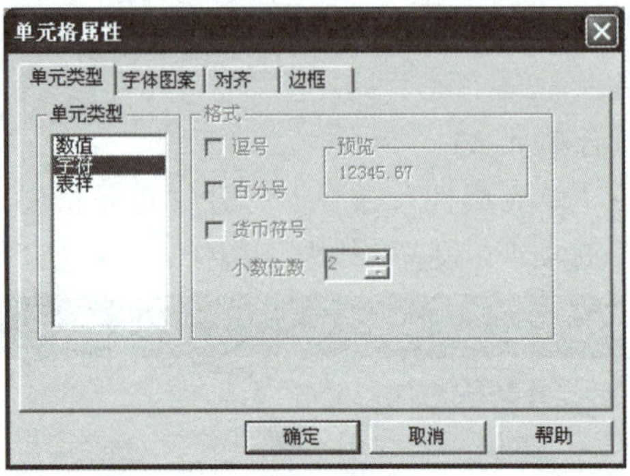

图7-1-6　设置单元格单元类型

（6）定义报表行高和列宽。

①选中需要调整的单元所在行A1。

②执行“格式”→“行高”命令，打开“行高”对话框。

③输入“行高［毫米］”为“7”，如图7-1-7所示，单击“确认”按钮。

图7-1-7　设置单元格行高

④同理，选中需要调整的单元所在列，执行“格式”→“列宽”命令，设置该列的列宽。本例设置为：A列“50”，B列“15”，C列“50”，D列“50”。

（7）设置关键字。

①选中需要输入关键字的单元A2。

②执行“数据”→“关键字”→“设置”命令，打开“设置关键字”对话框。

③选择“单位名称”单选按钮，如图7-1-8所示，单击“确定”按钮。

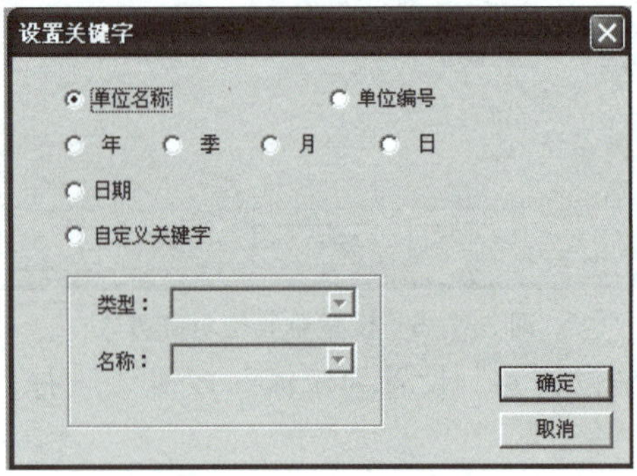

图7-1-8　设置关键字

④同理，在C2处设置“年”“月”“日”关键字。(如果要取消关键字，则应执行“数据”→“关键字”→“取消”命令)

⑤执行“数据”→“关键字”→“偏移”命令，打开“定义关键字偏移”对话框。

⑥在需要调整位置的关键字后面输入偏移量，年“-100”，月“-60”，日“-20”，如图7-1-9所示。

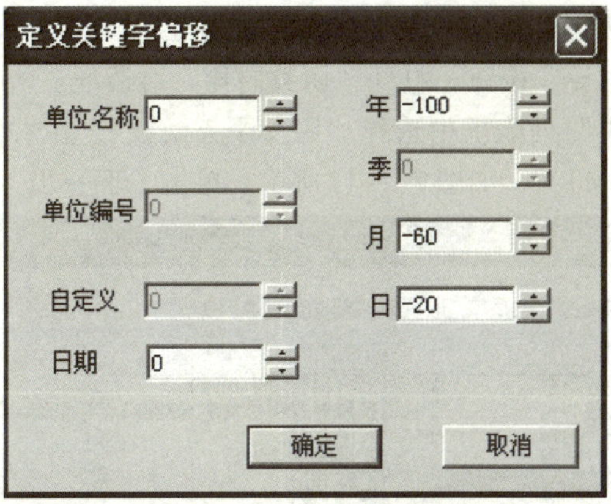

图7-1-9 定义关键字偏移

特别提示：

关键字的位置可以用偏移量来表示，负数表示向左移，正数表示向右移。在调整时，只需要输入正数或负数即可。

⑦单击“确定”按钮。格式设置完毕的货币资金表如图7-1-10所示。

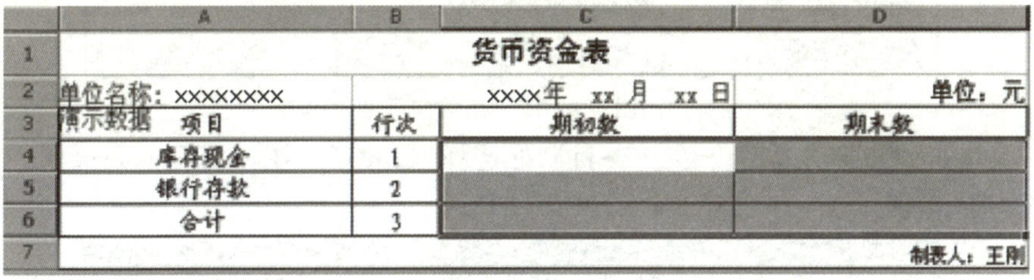

	A	B	C	D
1			货币资金表	
2	单位名称：xxxxxxxx		xxxx年 xx月 xx日	单位：元
3	演示数据 项目	行次	期初数	期末数
4	库存现金	1		
5	银行存款	2		
6	合计	3		
7				制表人：王刚

图7-1-10 货币资金表格式

操作步骤3：定义报表公式

(1) 定义单元公式——直接输入公式。

①选定需要定义公式的单元C4，即“库存现金”的期初数。

②执行“数据”→“编辑公式”→“单元公式”命令，打开“定义公式”对话框（单击“fx”按钮或按“=”键，都可以打开“定义公式”对话框），如图7-1-11所示。

图7-1-11 定义公式

③在“定义公式”对话框中直接输入库存现金期初数函数公式：QC（"1001"，月），单击“确认”按钮；选定C5单元格，在“定义公式”对话框中直接输入银行存款期初数函数公式：QC（"1002"，月），单击“确认”按钮。

（2）定义单元公式——引导输入公式。

①选中需要定义公式的单元D4，即库存现金期末数。

②单击“fx”按钮，打开“定义公式”对话框。

③单击“函数向导”按钮，打开“函数向导”对话框。

④在“函数分类”列表框中选择“用友账务函数”，在右侧的“函数名”列表框中选择“期末（QM）”，如图7-1-12所示，单击“下一步”按钮。

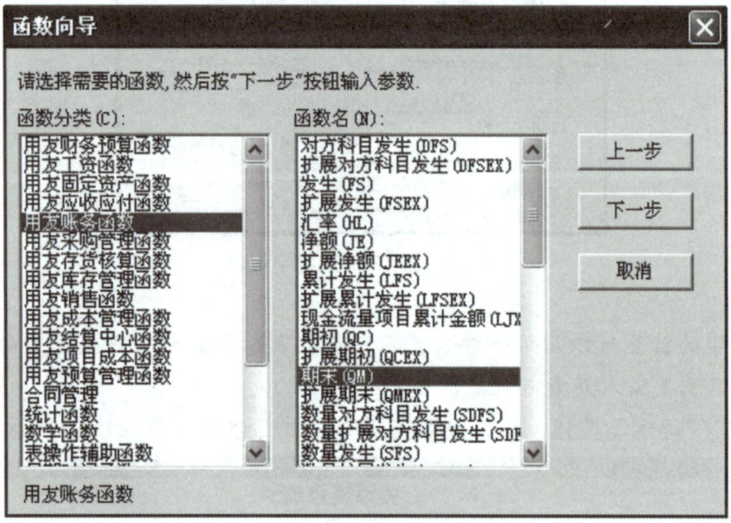

图7-1-12　函数向导

⑤单击“参照”按钮，在“科目”处选择“1001”，在“期间”处选择“月”，如图7-1-13所示。

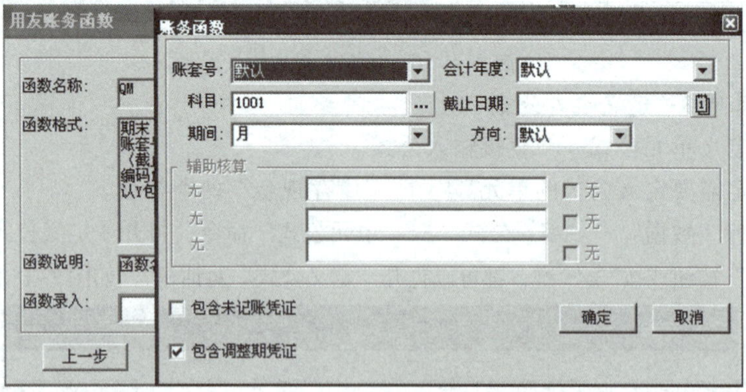

图7-1-13　用友账务函数向导

⑥其余均保持系统默认值，单击“确定”按钮，返回“用友账务函数”对话框。

⑦单击“确定”按钮，返回“定义公式”对话框，单击“确认”按钮。

⑧同理，输入D5的单元公式。

⑨在单元C6处定义“C6=C4+C5”的单元公式。

⑩在单元D6处定义“D6=D4+D5”的单元公式。

定义完的公式在单元中显示为“公式单元”，在页面上方的编辑栏显示公式的具体内容，结果如图7-1-14所示。

	A	B	C	D
1	货币资金表			
2	单位名称：xxxxxxxx		xxxx 年 xx 月 xx 日	单位：元
3	项目	行次	期初数	期末数
4	库存现金	1	公式单元	公式单元
5	银行存款	2	公式单元	公式单元
6	演示数据 合计	3	公式单元	公式单元
7				制表人：王刚

图7-1-14　定义完公式的货币资金表

操作步骤4：报表数据处理

（1）在数据状态下，执行“数据”→“关键字”→“录入”命令，打开“录入关键字”对话框。输入“单位名称”为“武汉爱华商贸有限公司”，“年”为“2022”，“月”为“1”，“日”为“31”。

（2）单击“确认”按钮，系统弹出“是否重算第1页？”提示框。单击“是”按钮，系统自动根据单元公式计算1月份的数据，完整的1月货币资金表如图7-1-15所示。

	A	B	C	D
1	货币资金表			
2	单位名称：武汉爱华商贸有限公司		2022 年 1 月 31 日	单位：元
3	项目	行次	期初数	期末数
4	库存现金	1	31365.00	31487.00
5	银行存款	演示数据 2	3504009.00	4300431.33
6	合计	3	3535374.00	4331918.33
7				制表人：王刚

图7-1-15　2022年1月货币资金表

操作步骤5：保存报表

（1）执行“文件”→“保存”命令。如果是第一次保存，则打开“另存为”对话框。

（2）选择保存文件夹，输入报表文件名“货币资金表”，“保存类型”处选择“.rep”，单击“保存”按钮。

任务测试7-1

自定义报表

特别提示：

“.rep”报表格式文件只有在用友软件中才能打开，如果需要在Excel中查看报表数据，则需要在“保存类型”处选择“.xls”。

任务二　利用报表模板生成报表

任务要求

1. 利用报表模板，生成2022年1月31日资产负债表，根据最新会计准则调整报表项目。

2. 利用报表模板，生成2022年1月利润表，根据最新会计准则调整报表项目。

知识导航

UFO报表子系统中提供了不同行业的标准财务报表模板，利用报表模板可以迅速建立一张符合要求的财务报表，从而简化了用户的报表格式设计工作。另外，对一些本企业常用但报表模板中没有提供的报表，在自定义完这些报表的格式和公式后，用户还可以将其定义为报表模板，以后可以直接调用。利用报表模板生成报表的应用流程为：

1.启用UFO报表子系统，新建报表。

2.调用报表模板。

3.报表数据处理。

4.报表图形处理。

5.打印报表。

任务实施

操作录屏7-2

利用报表模板生成报表

操作步骤1：利用模板生成资产负债表

（1）调用报表资产负债表模板。

①启动UFO报表子系统，执行“文件”→“新建”命令，建立一张空白报表。

②在格式状态下，执行“格式”→“报表模板”命令，打开“报表模板”对话框。

③在“您所在的行业”处选择“2007年新会计制度科目”，在“财务报表”处选择“资产负债表”，如图7-2-1所示。

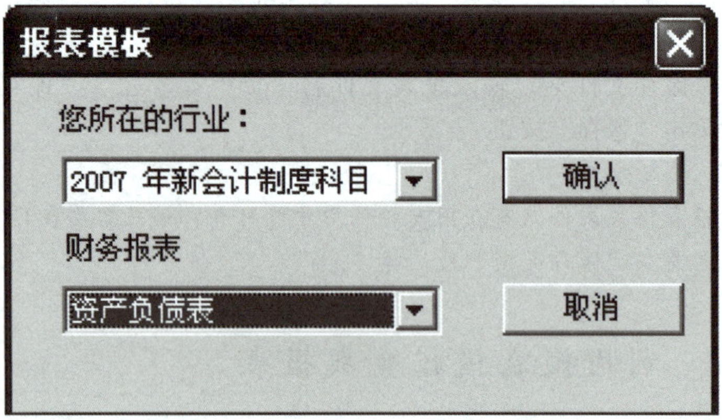

图7-2-1　报表模板——资产负债表

④单击“确认”按钮，系统弹出“模板格式将覆盖本表格式！是否继续？”提示框。

⑤单击“确定”按钮，即可打开“资产负债表”模板。

（2）根据最新会计准则调整报表项目。

将A12单元格由“应收利息”改为“合同资产”；将A13单元格由“应收股利”改为“持有待售资产”；将A20单元格由“可供出售金融资产”改为“债权投资”；将A21单元格由“持有至到期投资”改为“其他债权投资”；将E14单元格由“应付利息”改为“合同负债”；将E15单元格由“应付股利”改为“持有待售负债”。

（3）调整报表计算公式。

删除C12、D12、C13、D13单元格的计算公式，同时将C14单元格的计算公式修改为“QM("1221", 月,,, 年,,)+QM("1131", 月,,, 年,,)+QM（"1132", 月,,, 年,,）”，即“其他应付款”项目的期末金额等于“其他应付款”“应付利息”“应付股利”科目的期末余额合计。同理，将D14单元格的计算公式修改为“QC（"1221", 全年,,, 年,,）+QC（"1131", 全年,,, 年,,）+QC（"1132", 全年,,, 年,,）”。

删除G14、H14、G15、H15单元格的计算公式，同时将G16单元格的计算公式修改为“QM("2241", 月,,, 年,,)+QM（"2231", 月,,, 年,,）+QM("2232", 月,,, 年,,)”。即“其他应付款”项目的期末余额等于“其他应付款”“应付股利”科目的期末余额合计。同理，将H16单元格的计算公式修改为“QC（"2241", 全年,,, 年,,）+QC（"2231", 全年,,, 年,,）+QC（"2232", 全年,,, 年,,）”。

（4）调整报表模板。

①单击“数据/格式”按钮，使“资产负债表”处于格式状态。

②在格式状态下，选择A3单元格，执行“数据”→“关键字”→“设置”命令，设置“单位名称”为关键字，同时将“年”“月”“日”三个关键字进行位置偏移，调至理想状态。

③另存调整后的报表模板，文件名为“资产负债表.rep”。

（5）生成资产负债表数据。

①在数据状态下，执行“数据”→“关键字”→“录入”命令，打开“录入关键字”对话框。

②输入“单位名称”为“武汉爱华商贸有限公司”，“年”为“2022”，“月”为“1”，“日”为“31”。

③单击“确认”按钮，系统弹出“是否重算第1页?”提示框。

④单击“是”按钮，系统自动根据单元公式计算1月份的数据。

⑤单击工具栏上的“保存”按钮，将生成的报表数据保存，如图7-2-2所示。

操作步骤2：利用模板生成利润表

（1）调用利润表模板。

①在格式状态下，执行“格式”→“报表模板”命令，打开“报表模板”对话框。

②在“您所在的行业”处选择“2007年新会计制度科目”，在“财务报表”处

选择“利润表”，如图 7-2-3 所示。

资产负债表

会企01表

单位名称：武汉爱华商贸有限公司　　2022 年 1 月 31 日　　单位:元

资　产	行次	期末余额	年初余额	负债和所有者权益（或股东权益）	行次	期末余额	年初余额
流动资产:				流动负债:			
货币资金	1	4,331,918.33	3,535,374.00	短期借款	32		
交易性金融资产	2			交易性金融负债	33		
应收票据	3			应付票据	34	372,900.00	50,850.00
应收账款	4	2,151,331.29	674,610.00	应付账款	35	633,450.00	56,500.00
预付款项	5			预收款项	36		
合同资产	6			应付职工薪酬	37	91,140.34	90,128.79
持有待售资产	7			应交税费	38	213,919.84	67,709.05
其他应收款	8		5,000.00	合同负债	39		
存货	9	381,000.00	1,112,000.00	持有待售负债	40		
一年内到期的非流动资产	10			其他应付款	41	16,663.00	11,163.00
其他流动资产	11			一年内到期的非流动负债	42		
流动资产合计	12	6,864,249.62	5,326,984.00	其他流动负债	43		
非流动资产:				流动负债合计	44	1,328,073.18	276,350.84
债权投资	13			非流动负债:			
其他债权投资	14			长期借款	45	1,320,000.00	1,320,000.00
长期应收款	15			应付债券	46		
长期股权投资	16			长期应付款	47		
投资性房地产	17			专项应付款	48		
固定资产	18	3,815,110.52	3,825,943.76	预计负债	49		
在建工程	19			递延所得税负债	50		
工程物资	20			其他非流动负债	51		
固定资产清理	21			非流动负债合计	52	1,320,000.00	1,320,000.00
生产性生物资产	22			负债合计	53	2,648,073.18	1,596,350.84
油气资产	23			所有者权益（或股东权益）:			
无形资产	24	500,000.00	500,000.00	实收资本（或股本）	54	7,000,000.00	7,000,000.00
开发支出	25			资本公积	55		
商誉	26			减：库存股	56		
长期待摊费用	27			盈余公积	57		
递延所得税资产	28			未分配利润	58	1,531,286.96	1,056,576.92
其他非流动资产	29			所有者权益（或股东权益)合	59	8,531,286.96	8,056,576.92
非流动资产合计	30	4,315,110.52	4,325,943.76				
资产总计	31	11,179,360.14	9,652,927.76	和所有者权益(或股东权益)	60	11,179,360.14	9,652,927.76

数据　第1页

准备　　账套:[777]武汉爱华　　操作员:张明(账套主管)

图 7-2-2　2022 年 1 月 31 日资产负债表

特别提示：

为保证章节内容的完整性，在前面项目四总账系统期末处理中，已对总账业务进行期间损益结转。后续项目五薪资管理系统和项目六固定资产管理系统生成的凭证继续传递到总账系统，在总账系统中审核、记账后，需要再次对薪资管理系统和固定资产管理系统生成的凭证进行期间损益结转。对再次结转生成的期间损益凭证进行审核、记账后，此处再利用报表模板取数，才能生成数据完整的资产负债表和利润表，否则会出现薪资管理系统和固定资产管理系统数据没有反映在报表中的错误。

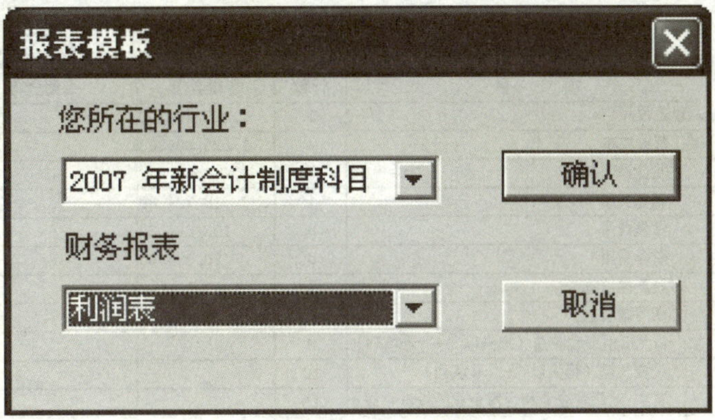

图 7-2-3　报表模板——利润表

③单击“确认”按钮，系统弹出“模板格式将覆盖本表格式！是否继续？”提示框。

④单击“确定”按钮，即可打开“利润表”模板。

（2）根据最新会计准则调整报表项目。

将A7单元格由“营业税金及附加”改为“税金及附加”；在A11单元格下插入一行，项目名称输入“信用减值损失”；在A15单元格下插入两行，项目名称分别输入“资产处置收益（损失以“-”号填列）”“其他收益（损失以“-”号填列）”；删除“营业外支出”下面的那一行。

（3）调整报表计算公式。

设置信用减值损失本期金额公式为“fs(6702，月，"借"，，年)”，修改营业利润本期金额计算公式为“?C5-?C6-?C7-?C8-?C9-?C10-?C11-?C12+?C13+?C14+?C16+?C17”。

（4）调整报表模板。

①单击“数据/格式”按钮，使“利润表”处于格式状态。

②在格式状态下，选择A3单元格，执行“数据”→“关键字”→“设置”命令，设置“单位名称”为关键字，同时将“年”“月”两个关键字进行位置偏移，调至理想状态。

③另存调整后的报表模板，文件名为“利润表.rep”。

（5）生成利润表数据。

①在数据状态下，执行“数据”→“关键字”→“录入”命令，打开“录入关键字”对话框。

②输入“单位名称”为“武汉爱华商贸有限公司”，“年”为“2022”，“月”为“1”。

③单击“确认”按钮，系统弹出“是否重算第1页？”提示框。

④单击“是”按钮，系统自动根据单元公式计算1月份的数据。

⑤单击工具栏上的“保存”按钮，将生成的报表数据保存，如图7-2-4所示。

学思践悟7-1
虚假报表
误国误民

任务测试7-2
利用报表模板
生成报表

1	**利润表**			
2				会企02表
3	单位名称:武汉爱华商贸有限公司	2022 年	1 月	单位:元
4	项　　目	行数	本期金额	上期金额
5	一、营业收入	1	2,253,400.00	
6	减：营业成本	2	1,626,000.00	
7	税金及附加	3		
8	销售费用	4	18,724.80	
9	管理费用	5	103,104.82	
10	财务费用	6	20,534.83	
11	资产减值损失	7		
12	信用减值损失	8	9,420.71	
13	加：公允价值变动收益（损失以“-”号填列）	9		
14	投资收益（损失以“-”号填列）	10		
15	其中:对联营企业和合营企业的投资收益	11		
16	资产处置收益（损失以“-”号填列）	演示数据		
17	其他收益（损失以“-”号填列）	13		
18	二、营业利润（亏损以“-”号填列）	14	475,614.84	
19	加：营业外收入	15		
20	减：营业外支出	16	904.80	
21	三、利润总额（亏损总额以“-”号填列）	17	474,710.04	

图 7-2-4　2022 年 1 月利润表

任务三　基本财务指标分析

任务资料

财务指标分析表见表 7-3-1：

表 7-3-1　财务指标分析表

年　月

分析指标	具体公式	计算结果
流动比率	流动资产/流动负债	
销售净利率	净利润/销售收入	
存货周转率	营业成本/存货平均余额	

制表人：　　　　审核人：

重难点微课 7-2
基本财务指标分析

任务要求

1. 根据上述资料，自定义财务指标分析表格式。
2. 通过账务函数和表间取数，定义各分析指标的计算公式，生成数据并分析。

操作录屏 7-3
基本财务指标分析

任务实施

操作步骤 1：启动 UFO 报表子系统

（1）执行“开始”→“程序”→“用友 ERP-U8 V10.1”→“企业应用平台”命令，打开“登录”对话框。输入操作员“001”或“张明”，输入密码“1”，在

“账套”下拉列表框中选择“[777](default)武汉爱华”，更改“操作日期”为“2022-01-31”，单击“登录”按钮，进入企业应用平台。

（2）在“业务工作”选项卡中，执行“财务会计”→“UFO报表”命令，进入“UFO报表”窗口。

（3）执行“文件”→“新建”命令，建立一张空白报表，报表名默认为“report1”。

操作步骤2：定义财务指标分析表格式

设计财务指标分析表的操作过程与设计货币资金表相同，此处不再赘述。设计结果如图7-3-1所示。

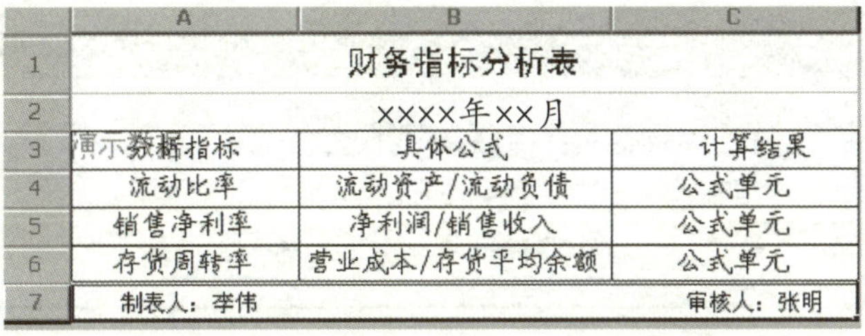

	A	B	C
1	财务指标分析表		
2	××××年××月		
3	财务指标	具体公式	计算结果
4	流动比率	流动资产/流动负债	公式单元
5	销售净利率	净利润/销售收入	公式单元
6	存货周转率	营业成本/存货平均余额	公式单元
7	制表人：李伟		审核人：张明

图7-3-1 设计完毕的财务指标分析表

操作步骤3：定义表间取数公式

（1）选中C4单元格，单击工具栏的“fx”按钮，或者执行“数据”菜单下的“编辑公式”→“单元公式”命令，打开“定义公式”对话框。在“定义公式”对话框中手工输入“"C:\资产负债表.rep"->C18@1/"C:\资产负债表.rep"->G19@1”，如图7-3-2所示。单击“确认”按钮。

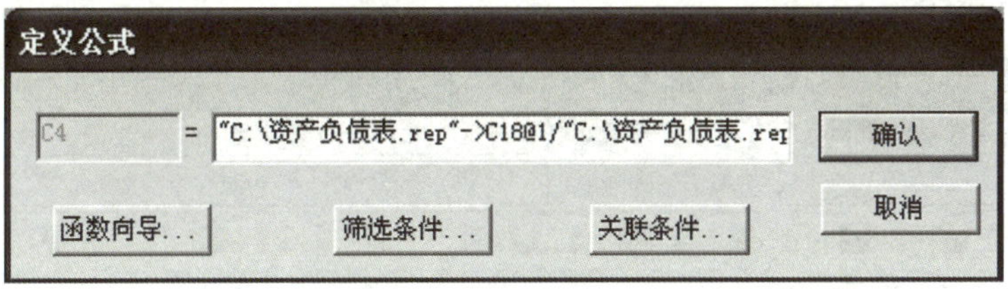

图7-3-2 流动比率计算公式

特别提示：

关于流动比率的计算公式说明如下：

C4= "C:\资产负债表.rep"->C18@1/"C:\资产负债表.rep"->G19@1

“"C:\资产负债表.rep"->C18@1”表示取C盘“资产负债表.rep”第1个表页中C18单元格的数值，即取该表流动资产的期末数。

“"C:\资产负债表.rep"->G19@1”表示取C盘“资产负债表.rep”第1个表页中G19单元格的数值，即取该表流动负债的期末数。

（2）单击C5单元格，参照上述方法设置“销售净利率”的计算公式，其计算公式为“"C:\利润表.rep"->C23@1/"C:\利润表.rep"->C5@1”，如图7-3-3所示。单击“确认”按钮。

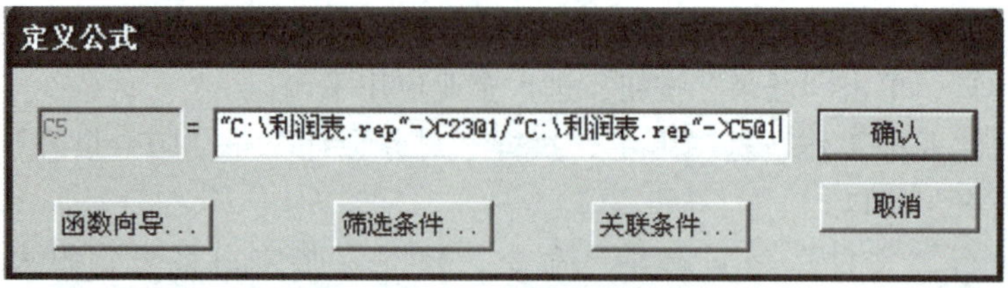

图 7-3-3　销售净利率计算公式

（3）单击C6单元格，参照上述方法设置“存货周转率”的计算公式，其计算公式为“"C:\利润表.rep"->C6@1/(("C:\资产负债表.rep"->C15@1+"C:\资产负债表.rep"->D15@1)/2)”，如图7-3-4所示。单击“确认”按钮。

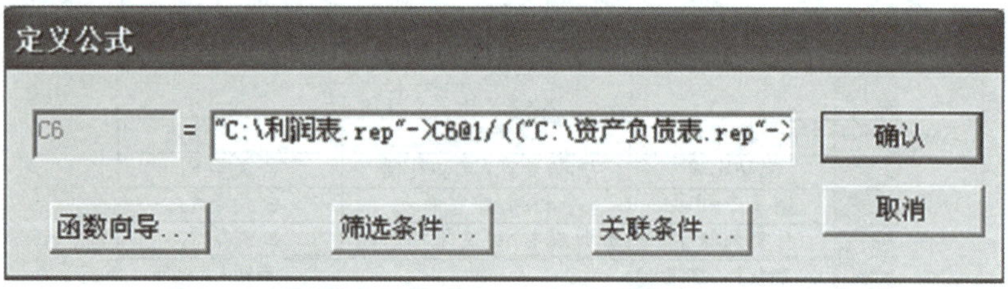

图 7-3-4　存货周转率计算公式

操作步骤4：报表取数

（1）单击窗口左下角的“格式”按钮，将报表切换为数据状态。

（2）录入关键字并计算报表数据。执行“数据”菜单下的“关键字”→“录入”命令，打开“录入关键字”对话框，录入关键字“2022年1月”。单击“确认”按钮，系统弹出“是否重算第1页？”提示框，单击“是”按钮，重算结果如图7-3-5所示。

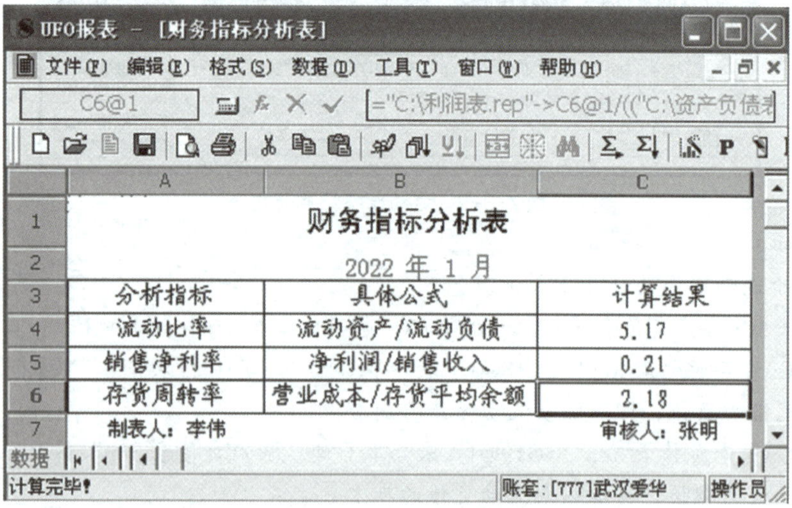

图 7-3-5　计算完成的财务指标分析表

（3）单击工具栏的保存按钮，打开“另存为”对话框，存储位置选择C盘根目录，在“文件名”栏输入“财务指标分析表”。单击“另存为”按钮，完成保存。

任务测试7-3

基本财务指标分析

项目反馈与评价（项目七）

重难点梳理

1. 自定义报表的操作要点有哪些？

2. 如何设置财务指标分析表中的“流动比率”计算公式？

关键数据反馈

请以合适的操作员身份进行报表查询，并对系统中能反映下列关键数据的页面进行截图反馈：

1. 查询本月利润表。

2. 查询本月资产负债表。

易错点分析

请将你在本项目任务测试和操作过程中出错的问题进行记录并分析。

项目评价

项目七多维评价量表

序号	评价内容	设定分值（分）	评价主体	得分情况（分）
线上环节	自主学习进度	20	平台自评	
	任务测试准确度	10	平台自评	
	小计	30		
线下环节	安全与规范操作意识	10	学生自评	
	劳动、探究与合作意识	10	小组互评	
	实训操作进度	20	小组互评	
	实训数据准确度	20	教师评议	
	项目反思态度	10	教师评议	
	小计	70		
合计		100		

8

项目八

应付款管理系统

知识目标

通过本项目的学习，掌握用友ERP-U8软件中应付款管理系统的相关内容，了解应付款业务在总账管理系统核算与在应付款管理系统核算的区别。

技能目标

通过本项目的学习和实训，掌握应付款管理系统票据结算、付款业务等日常业务处理操作。

素养目标

规范应付款业务处理，树立客观公正、廉洁自律的职业素养，同时强化商业文化素养，培养契约精神；树立流程意识，培养爱岗敬业、廉洁自律的职业精神。

项目导图

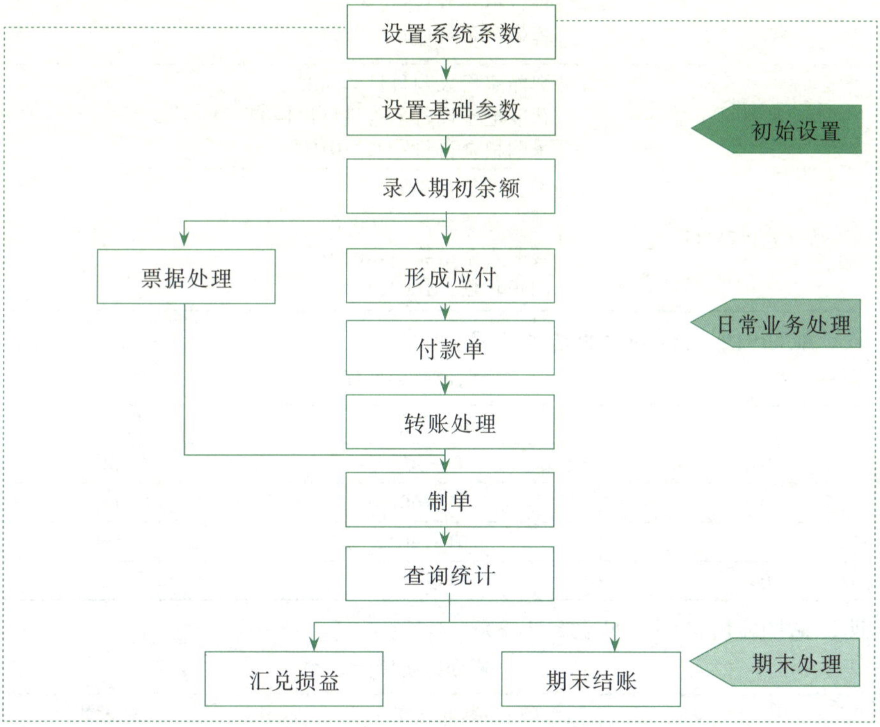

任务一　初始设置

任务资料

一、应付款系统控制参数

应付款核销方式：按单据；勾选“自动计算现金折扣”；取消“控制操作员权限”。

二、科目设置

应付款科目设置见表8-1-1。

表8-1-1　应付款科目设置

科目类别	设置方式
基本科目设置	应付科目（本币）：2202 预付科目（本币）：1123 采购科目：1402 税金科目：22210101 现金折扣科目：660303 银行承兑科目：2201 票据利息科目：660301
产品科目设置	智能家居采购科目：1402 智能电子设备采购科目：1402 采购税金科目：22210101
结算方式科目设置	现金结算：1001 现金支票结算：100201 转账支票结算：100201 网银转账：100201

三、账期内账龄区间（见表8-1-2）

表8-1-2　账期内账龄区间

序号	起止天数	总天数
01	0～30	30
02	31～60	60
03	61～90	90
04	91以上	

四、逾期账龄区间（见表8-1-3）

表8-1-3　逾期账龄区间

序号	起止天数	总天数
01	1～30	30
02	31～60	60
03	61～90	90
04	91以上	

五、单据编号设置

设置采购管理系统中的“采购专用发票”和应付款管理系统中的“其他应付单”“付款单”的单据编号为“手工改动，重号时自动重取”。

六、应付账款科目的期初余额（见表8-1-4）

表8-1-4 应付账款期初余额（采购专用发票）

日期	供应商	业务员	摘要	方向	金额（元）
2021-12-25	上海宏悦	张军	采购智能台灯200个，无税单价250元，税率13%，发票号5678213，付款条件（2/20，1/40，n/60）	贷	56 500

七、应付票据科目的期初余额（见表8-1-5）

表8-1-5 应付票据期初余额

日期	供应商	业务员	摘要	方向	金额（元）
2021-12-11	广东鑫海	张军	采购智能音箱100个，无税单价450元，税率13%，银行承兑汇票票号6255413，到期日2022-01-11，承兑银行：中国工商银行	贷	50 850

任务要求

1.注册应付款管理系统。

2.进行应付款管理系统参数设置。

3.进行应付款管理系统期初余额录入，并与总账系统对账。

知识导航

一、应付款管理系统主要功能

应付款管理系统，通过发票、其他应付单、付款单等单据的录入，对企业的往来账款进行综合管理，及时、准确地提供供应商的往来账款余额资料和各种分析报表，帮助企业更合理地进行资金的调配，提高资金的利用效率。系统根据对供应商往来款项核算和管理的程度不同，提供了应付款详细核算和简单核算两种管理方案。

（一）详细核算方案

如果企业的采购业务及应付款业务繁多，需要追踪每一笔业务的应付款、付款等情况，或者需要将应付款核算到产品一级，那么可以选择该方案，即在应付款管理系统中核算并管理往来供应商的款项。该方案下，所有的供应商往来凭证全部由应付款管理系统生成，其他系统不再生成这类凭证。该方案能够帮助企业了解每个供应商每笔业务详细的应付情况、付款情况，并进行账龄分析，进行供应商及往来款项的管理，根据供应商的具体情况，制订付款方案。应付款管理系统的主要功能有：

（1）根据输入的单据或由采购系统传递过来的单据，记录应付款项的形成。

（2）处理应付项目的付款以及转账业务。

（3）对应付票据进行记录和管理。

（4）在应付项目的处理过程中生成凭证，并向总账系统进行传递。

（5）对外币业务及汇兑损益进行处理。

（6）根据所提供的条件，提供各种查询及分析。

（二）简单核算方案

如果企业采购业务及应付款核算业务比较简单，或者现结业务较多，可选择在总账系统核算并管理往来供应商款项。其主要功能有：

（1）若同时使用采购系统，可接受采购系统的发票，并对其进行制单处理。

（2）供应商往来业务在总账系统中生成凭证后，可以在应付款管理系统中进行查询。

具体选择哪一种方案，可在应付款管理系统中通过“应付账款核算模型”进行设置。本项目采用第一种方案介绍应付款管理系统的功能。

二、应付款管理系统与其他系统的主要关系

应付款管理系统与其他系统的主要关系如图8-1-1所示。

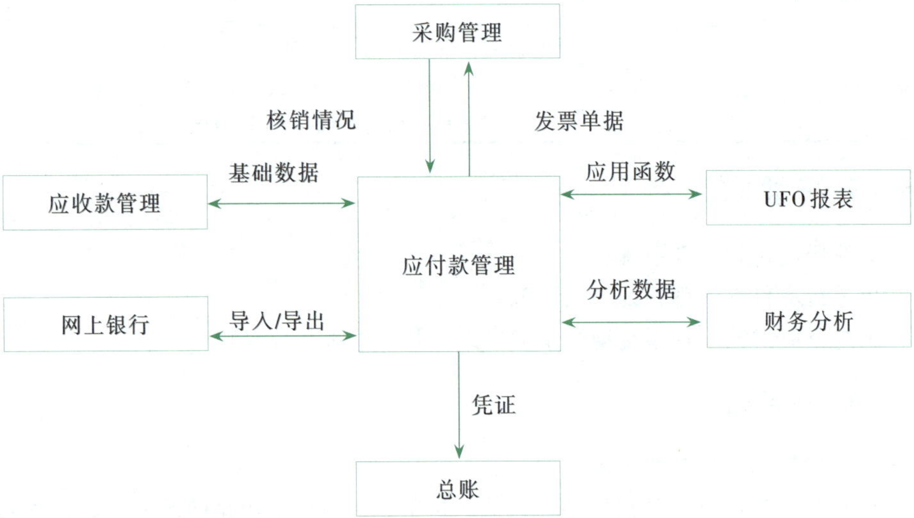

图8-1-1　应付款管理系统与其他系统的主要关系

重难点微课
8-1
应付款管理
系统设置

三、初始设置

（一）设置控制参数

在运行本系统前，应在此设置运行所需要的账套参数。控制参数各项目说明如下。

1.“常规”页签。

在“常规”页签中，对以下项目做出说明：

（1）单据审核日期，决定业务总账、业务明细账、余额表等的查询期间取值，一般建议选用“业务期间”。

（2）汇兑损益方式，系统提供两种汇兑损益的处理方法，企业可根据需要选择：外币余额结清时计算，即仅当某种外币余额结清时才计算汇兑损益，在计算汇兑损益时，界面中仅显示外币余额为0且本币余额不为0的外币单据；月末处理，

即每个月月末计算汇兑损益，在计算汇兑损益时，界面中显示所有外币余额不为0或者本币余额不为0的外币单据。

（3）现金折扣，在信用期间内提前付款的优惠。

（4）登记支票：自动将具有票据管理的结算方式的付款单登记支票登记簿，需要在总账的系统选项中勾选“支票控制”。

2.“凭证”页签。

在“凭证”页签中，对以下项目做出说明：

（1）受控科目制单方式，系统提供2种方式：明细到供应商、明细到单据。

（2）非受控科目制单方式，系统提供3种方式：明细到供应商、明细到单据、汇总制单。

（3）控制科目依据，系统提供6种设置依据：按供应商分类、按供应商、按地区、按采购类型、按存货分类、按存货。

（4）采购科目依据，系统提供5种设置依据：按存货分类、按存货、按采购类型、按供应商分类、按供应商。

（5）核销是否生成凭证，在核销双方单据入账科目不同时，需要生成调整凭证。

3.“权限与预警”页签。

在“权限与预警”页签中，对以下项目做出说明：

（1）单据报警。如果选择根据“信用方式”报警，预警平台会依据该设置筛选出符合条件的单据显示出来，以提醒企业哪些款项应该付款了；如果选择根据“折扣方式”报警，预警平台会依据该设置筛选出符合条件的单据显示出来，以提醒企业哪些采购业务再不付款就不能享受现金折扣待遇；如果选择“超过信用额度”报警，则满足上述设置的单据报警条件的同时，还需要满足该供应商已超过其设置的信用额度这个条件才会报警。

（2）信用额度报警。选择根据信用额度进行预警时，需要输入预警的提前比率，且可以选择是否包含信用额度为0的供应商，但该参数的作用范围仅限于在本系统中增加发票和应付单的时候。

4.“核销设置”页签。

在“核销设置”页签中，对以下项目做出说明：

应付款核销方式，系统提供2种应付款的核销方式：按单据、按产品。选择不同的核销方式，将影响到账龄分析的精确性。一般而言，选择按单据核销或按产品核销能够进行更精确的账龄分析。

5.“收付款控制”页签。

在“收付款控制”页签中，对以下项目做出说明：

（1）选择“启用付款申请单”后，付款单必须参照付款申请单生成，系统自动生成的付款单和红字付款单不受此限制。

（2）采购管理、进口管理等系统中付款申请的操作，受此选项控制。

（二）设置基础信息

在应用应付款管理系统之前，需要在“初始设置”中设置基础信息，包括建立应付款管理系统的基础数据、确定使用哪些单据处理应付业务、确定需要进行账龄管理的账龄区间。

1.设置科目。

按照已定义的科目体系，依据业务类型预先设置好各业务类型凭证中的常用科目，在制单时按制单业务规则自动带出科目，简化凭证生成操作。

2.设置账龄区间。

设置账期内、逾期账龄区间，用于对应付账款的账龄进行分析，随时掌握应付账款的动态变化。

3.设置报警级别。

将供应商按照对其欠款余额与其授信额度的比例分为不同类型，以便掌握各个供应商的信用情况。

4.设置单据类型。

系统提供发票、应付单两大类型单据。

如果同时使用采购系统，则发票的类型包括采购专用发票、普通发票、运费发票和废旧物资收购凭证等。如果单独使用应付系统，则发票类型只包括前两种。发票的类型不能修改和删除。

应付单记录采购业务以外的应付款情况，可以依据业务情况设置应付单的类型，如应付费用款、应付利息款、应付罚款、其他应付款等。

（三）输入期初余额

在初次使用本系统时，需要将上期未处理完的单据（包括未结算完的发票、应付单、预付款以及未结算完的应付单据）都录入系统作为期初余额，既保证数据的连续性，又保证数据的完整性，以便以后处理。

当进入第二年时，系统自动将上年未处理完的单据转成下一年的期初余额。

任务实施

操作录屏8-1

应付款管理系统初始设置

操作步骤1：注册应付款管理系统

（1）以“005周军”的身份登录企业应用平台，如图8-1-2所示。

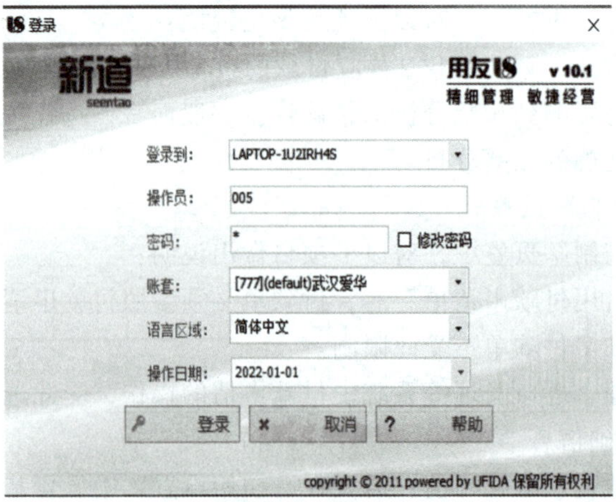

图8-1-2 应付款管理系统登录窗口

（2）在企业应用平台的“业务工作”选项卡，选择“财务会计”→“应付款管理”选项，打开“应付款管理”菜单。

操作步骤2：设置控制参数

（1）在企业应用平台，执行“财务会计”→“应付款管理”→“设置”→“选项”命令，打开“账套参数设置”对话框。

（2）单击“编辑”按钮，打开“常规”选项卡，勾选“自动计算现金折扣”，如图8-1-3所示。

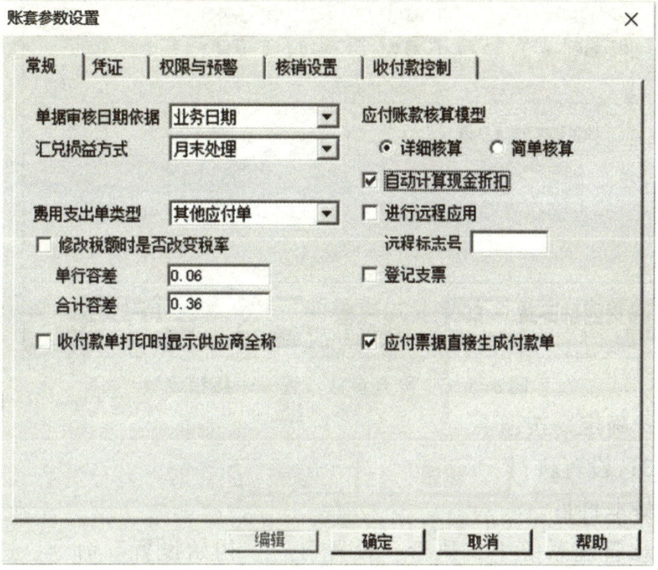

图8-1-3 账套参数设置——常规设置

（3）打开“权限与预警”选项卡，取消勾选“控制操作员权限”，如图8-1-4所示。

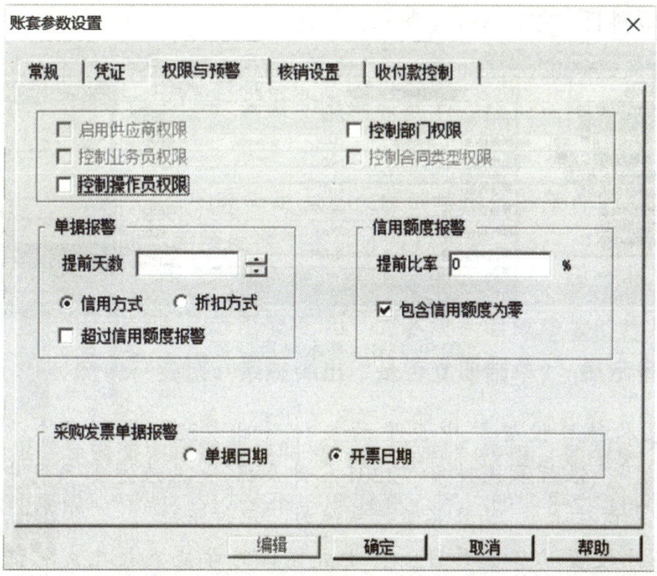

图8-1-4 账套参数设置——权限与预警

（4）打开“核销设置”选项卡，选择“应付款核销方式”为“按单据”，如图8-1-5所示。

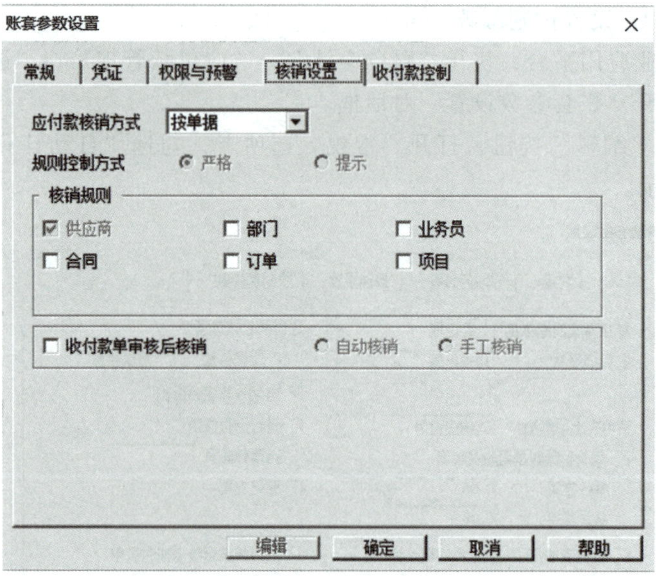

图8-1-5　账套参数设置——核销设置

（5）单击“确定”按钮。

操作步骤3：设置科目

（1）设置基本科目。

①在应付款管理系统中，执行“设置”→“初始设置”命令，进入“初始设置”窗口。

②选择“基本科目设置”，单击“增加”按钮，在应付科目栏录入“2202”，同理录入其他基本科目，如图8-1-6所示。

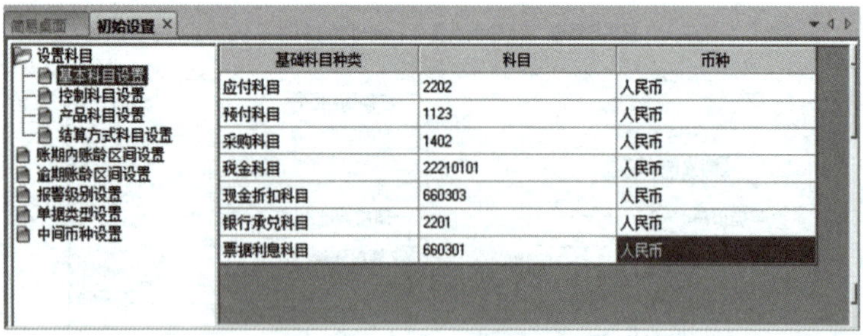

图8-1-6　基本科目设置

特别提示：

①在“基本科目设置”中设置的应付科目“2202应付账款”、预付科目“1123预付账款”、银行承兑科目“2201应付票据”，应在总账系统中设置辅助核算内容为“供应商往来”，并且其受控系统为“应付系统”，否则在此不能被选中。

②只有在此设置了基本科目，在生成凭证时才能直接生成凭证中的会计科目，否则凭证中将没有会计科目，相应的会计科目只能手工录入。

（2）设置产品科目。

选择“产品科目设置”，单击“增加”按钮，录入或选择智能家居采购科目为“1402”，产品采购税金科目为“22210101”，并录入智能电子设备相关科目，如图8-1-7所示。

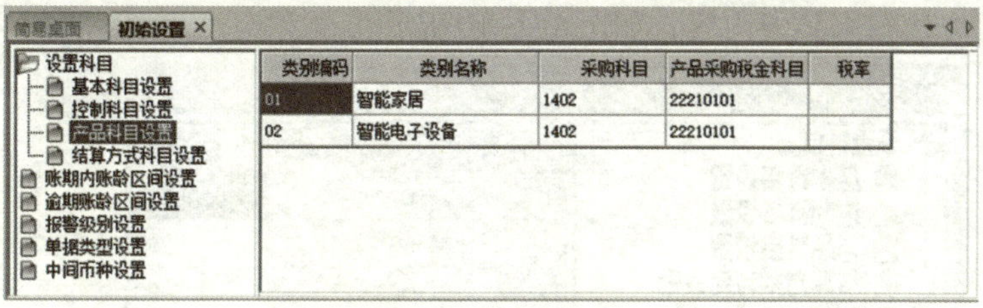

图8-1-7 产品科目设置

（3）设置结算方式科目。

①在“初始设置”窗口中，选择“结算方式科目设置”选项。

②单击“结算方式”栏，选择“现金结算”；单击“币种”栏，选择“人民币”；在“科目”栏录入或选择“1001”，按“Enter”键。按此方法继续录入其他结算方式科目，如图8-1-8所示。

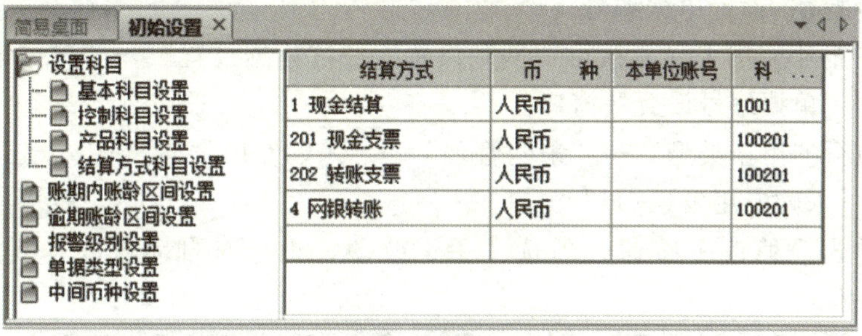

图8-1-8 结算方式科目设置

操作步骤4：设置账期内账龄区间

（1）在“初始设置”窗口，选择“账期内账龄区间设置”选项。

（2）在“总天数”栏输入“30”，按“Enter”键，接着在“总天数”栏输入“60”，按此方法输入其他内容，如图8-1-9所示。

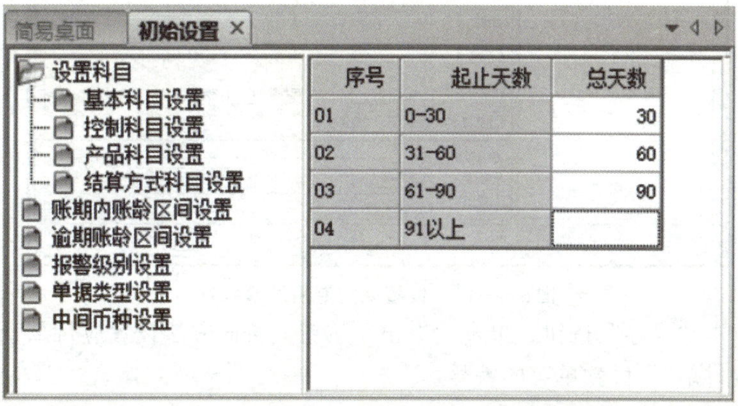

图8-1-9 账期内账龄区间设置

操作步骤5：设置逾期账龄区间

（1）在“初始设置”窗口中，选择“逾期账龄区间设置”选项。

（2）在“总天数”栏输入“30”，按“Enter”键，接着在“总天数”栏输入“60”，按此方法输入其他内容，如图8-1-10所示。

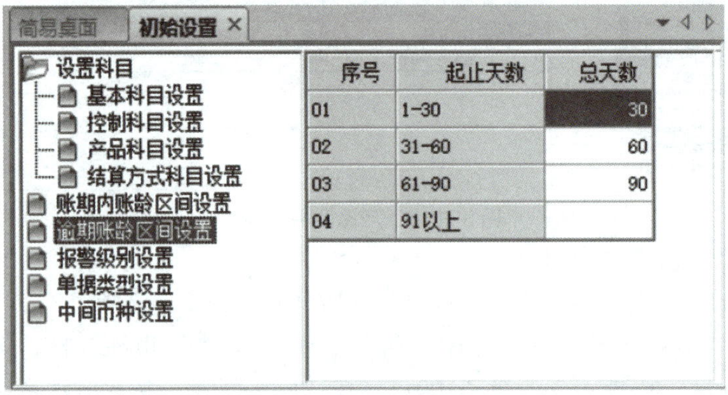

图8-1-10 逾期账龄区间设置

操作步骤6：设置单据编号

（1）在企业应用平台，执行“基础设置”→“单据设置”→“单据编号设置”命令，打开“单据编号设置”窗口。

（2）执行“单据类型”→“采购管理”→“采购专用发票”命令，打开“单据编号设置-［采购专用发票*］”窗口。

（3）单击“修改”按钮，勾选“手工改动，重号时自动重取”复选框，如图8-1-11所示。

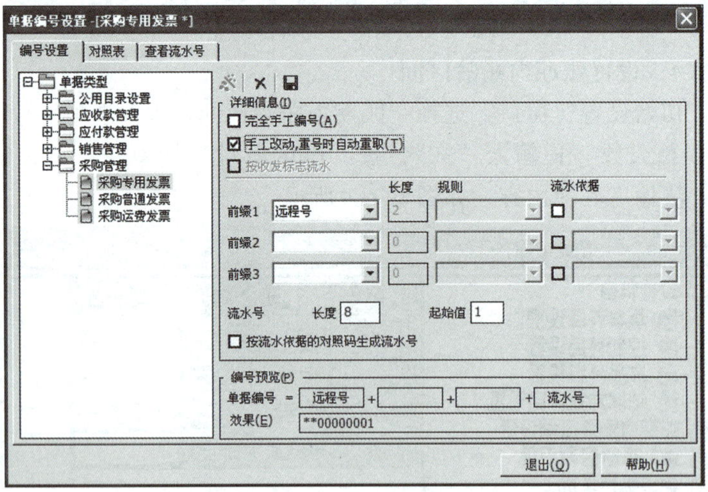

图8-1-11 设置采购专用发票编号

（4）单击“保存”按钮，单击“退出”按钮。按此方法设置应付款管理系统中的“其他应付单”“付款单”的编号。

操作步骤7：录入期初采购专用发票

（1）执行“设置”→“期初余额”命令，进入“期初余额-查询”窗口。单击

“确定”按钮，进入“期初余额明细表”窗口。

（2）单击“增加”按钮，打开“单据类别”窗口，选择“单据名称”为“采购发票”，选择“单据类型”为“采购专用发票”，选择“方向”为“正向”，单击“确定”按钮，进入“采购发票”窗口。

（3）单击“增加”按钮，在表头处修改开票日期为“2021-12-25”，供应商选择“上海宏悦”，付款条件选择“（2/20，1/40，n/60）”，在科目栏录入“2202”，部门选择“采购部”，业务员选择“张军”，在摘要栏录入“采购物资”，修改税率为“13%”。

（4）在表体处，选择存货名称“002　智能台灯”，输入数量“200”，录入原币单价“250”，如图8-1-12所示。

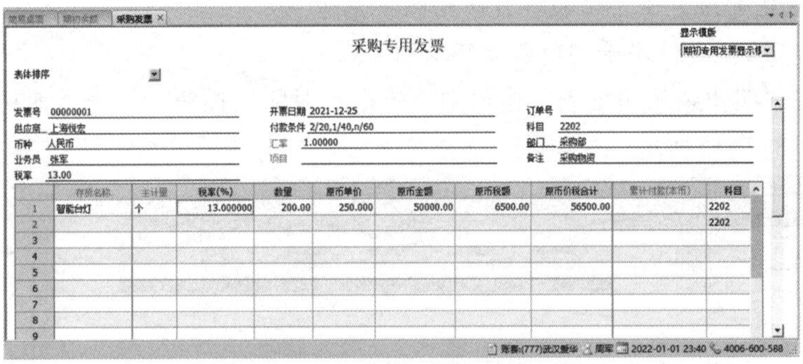

图8-1-12　期初采购专用发票

（5）单击“保存”按钮，单击“退出”按钮。

操作步骤8：录入期初银行承兑汇票

（1）单击“增加”按钮，打开“单据类别”窗口，选择“单据名称”为“应付票据”，选择“单据类型”为“银行承兑汇票”，选择“方向”为“正向”，单击“确定”按钮，进入“期初单据录入”窗口。

（2）单击“增加”按钮，录入票据编号“6255413”，收票单位选择“广东鑫海”，承兑银行选择“中国工商银行”，科目选择“2201应付票据”，票面面值和票面余额均录入“50 850”，签发日期录入“2021-12-11”，到期日录入“2022-01-11”，部门选择“采购部”，业务员选择“张军”，摘要写明“采购智能台灯”，如图8-1-13所示。

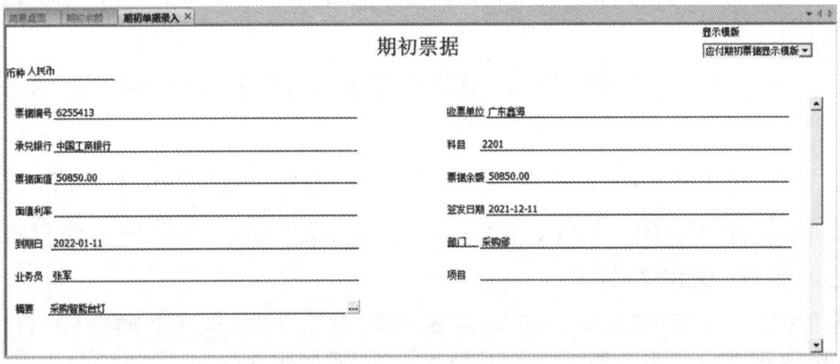

图8-1-13　期初票据

（3）单击“保存”按钮，单击“退出”按钮，单击“刷新”按钮，期初录入结果如图8-1-14所示。

期初余额明细表

本币合计：贷 107,350.00

单据类型	单据编号	单据日期	供应商	部门	业务员	币种	科目	方向	原币金额	原币余额	本币金额	本币余额
采购专用发票	00000001	2021-12-25	上海悦宏物联网科技有限…	采购部	张军	人民币	2202	贷	56,500.00	56,500.00	56,500.00	56,500.00
银行承兑汇票	6255413	2021-12-11	广东鑫海智能科技有限公…	采购部	张军	人民币	2201	贷	50,850.00	50,850.00	50,850.00	50,850.00

图8-1-14 期初余额

特别提示：

①如果退出期初单据录入，而在“期初余额明细表”窗口中并没有看到新录入的期初余额，则应单击“刷新”按钮，这时可以看到所有期初余额的内容。

②建议在录入期初单据时，同时录入科目信息，这样不仅可以执行与总账对账功能，而且可以查询正确的科目明细账、总账。

操作步骤9：应付账款与总账系统对账

（1）在“期初余额明细表”窗口中，单击“对账”按钮，打开“期初对账”选项卡，如图8-1-15所示。

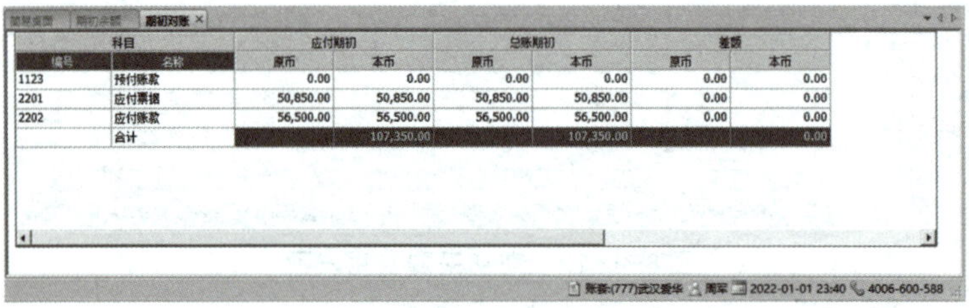

科目		应付期初		总账期初		差额	
编号	名称	原币	本币	原币	本币	原币	本币
1123	预付账款	0.00	0.00	0.00	0.00	0.00	0.00
2201	应付票据	50,850.00	50,850.00	50,850.00	50,850.00	0.00	0.00
2202	应付账款	56,500.00	56,500.00	56,500.00	56,500.00	0.00	0.00
	合计		107,350.00		107,350.00		0.00

账套:(777)武汉爱华 周军 2022-01-01 23:40 4006-600-588

图8-1-15 期初对账

任务测试8-1

应付款管理系统初始设置

（2）单击“退出”按钮，完成期初对账。

任务二 日常业务处理

任务资料

业务1 原始单据

1.11日，采购部张军向上海兴宝科技有限公司购买智能体脂秤400个，单价200元（采购合同CGHT001），验收入智能家居仓库，并收到供应商开具的专用发票一张（CGFP001）。采购部将单据交给财务部门，财务部门据此确认应付账款，并确认采购成本。

业务2 原始单据

2.11日，应付广东鑫海的银行承兑汇票到期，票号为6255413，财务部对其结算并制单。

业务3 原始单据

3.12日，支付2021年12月25日从上海宏悦采购智能台灯的价税款56 500元，根据付款条件（2/20，1/40，n/60），可享受2%的现金折扣，通过网银转账支付55 370元，票号10283769421。

4.（1）13日，采购部孙朋与武汉雅辉科技有限公司签订采购合同（CGHT002），订购智能车载摄像头900个，单价550元，通过网银支付定金5 000元，要求14日到货。

（2）14日，向武汉雅辉科技有限公司采购的智能车载摄像头到货，验收入智能电子设备仓库，同日收到发票（CGFP002），货款尚未支付。

业务4-1原始单据

5.15日，采购部孙朋与武汉智创智能科技有限公司签订采购合同（CGHT003），订购智能手环300个，单价200元；智能音箱600个，单价450元，当日到货，智能手环验收入智能电子设备仓库，智能音箱验收入智能家居仓库，收到全部货款专用发票（CGFP003），向武汉智创智能科技有限公司签发银行承兑汇票1张，票号6255414，用以支付货款，到期日为2月15日。

业务4-2原始单据

6.17日，发现11日从上海兴宝科技有限公司购入的智能体脂秤质量有问题，从智能家居仓库退回50个，单价200元，同日收到红字专用发票1张（CGFP004）。

业务5原始单据

任务要求

1.进行本月各项业务应付款单据的处理。

2.根据各种应付与付款单据，生成相关凭证，并在总账系统中进行审核、记账操作。

3.查询本系统1月生成的相关凭证。

业务6原始单据

知识导航

日常业务主要包括应付业务、付款业务、往来核销、转账业务、票据管理、制单处理和查询统计等。

一、应付业务

（一）应付单据录入

本系统可以录入采购业务中的各类发票以及采购业务以外的应付单。

如果同时使用应付款管理系统和采购管理系统，则发票由采购管理系统录入，在应付款管理系统可以对这些单据进行审核、弃审、查询、核销、制单等操作。此时，在应付款管理系统中需要录入的单据仅限于应付单。如果没有使用采购管理系统，则各类发票和应付单均应在应付款管理系统录入。

（二）应付单据审核

应付单据审核分为单张审核和批量审核。

1.单张审核。

单张审核是指在应付单据界面，直接单击“审核”按钮，对当前单据进行审核。

2.批量审核。

批量审核是指通过“应付单据审核”功能对所有显示单据进行审核。在“应付单据审核”界面中显示的单据，包括所有已审核、未审核的应付单据，以及从采购管理系统传入的单据。

二、付款业务

付款业务主要是对结算单据（付款单、收款单）进行管理，包括付款单、收款单的录入、审核。

付款单用来记录企业支付的供应商款项；收款单用来记录在发生采购退货时企业收到的供应商退款。

三、往来核销

核销是指确定收/付款单与原始发票、应付单之间对应关系的操作，即指明每次付款付的是哪几笔采购业务的款项。往来核销是往来会计日常工作之一，有利于加强对往来款项的管理。

四、转账业务

在日常业务处理中，以下几种转账业务经常发生：

（一）应付冲应付

当两个供应商之间有债权债务关系时，可能会发生应付冲应付的情况。

本功能可以使应付款业务在供应商、部门、业务员、项目和合同之间进行转入、转出，实现应付款业务的调整，解决应付款业务在不同供应商、部门、业务员、项目和合同之间入错户或合并户的问题。

（二）预付冲应付

当企业对某供应商有预付款时，可以用该供应商的预付款冲应付款。本功能可以处理企业的预付款和应付款间的转账核销业务。

（三）应付冲应收

若某供应商还是企业的销售客户，则可能会发生应付款冲应收款的情况。本功能可以实现应付款业务的调整，进行应收债权与应付债务的冲抵。

（四）红票对冲

采购退货时，企业可以用红字发票对冲蓝字发票。本功能可以实现某客户的红字应收单与其蓝字应收单、收款单与付款单冲抵的操作。

五、票据管理

一般情况下，企业都有应付票据。本系统提供了强大的票据管理功能，用户可以在此对银行承兑汇票和商业承兑汇票进行管理，记录票据详细信息和票据处理情况，如票据计息、结算、转出等。

六、制单处理

制单处理分为立即制单和批量制单。

立即制单是指在单据处理、转账处理、票据处理等功能操作中，在某些操作后系统会询问是否立即制单，选择“是”按钮，可立即生成凭证。

批量制单是指在所有业务处理完毕后，使用“批量制单”功能批量处理制单。

七、查询统计

应付款管理系统的查询统计功能主要有：单据查询、业务账表查询、业务分析和科目账表查询。

（一）单据查询

单据查询功能包括发票、应付单、收付款单和凭证等的查询。

（二）业务账表查询

使用业务账表查询功能可以进行总账、明细账、余额表和对账单的查询，并可以实现总账、明细账、单据之间的联查。

（三）业务分析

使用业务分析功能可以进行应付款账龄分析、付款账龄分析、欠款分析和付款预测。

（四）科目账表查询

科目账表查询功能包括科目余额表查询和科目明细表查询，并且可以实现总账、明细账、凭证的联查。

任务实施

业务1：输入、审核专用发票并制单

（1）11日，以“005周军”的身份在应付款管理系统中，执行“应付单据处理”→“应付单据录入”命令，打开“单据类别”窗口，如图8-2-1所示。

重难点微课 8-2

普通采购业务

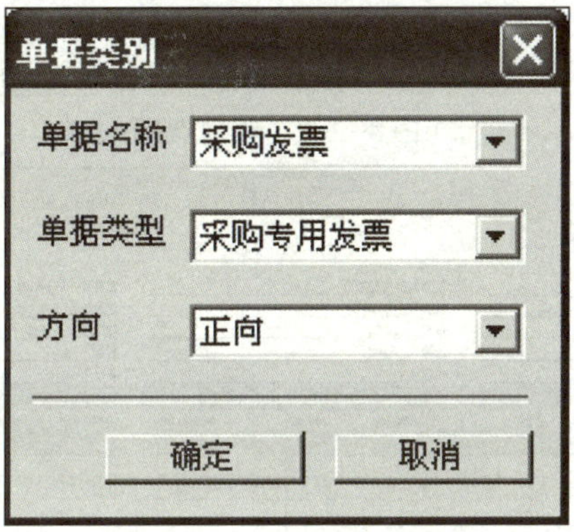

图8-2-1 单据类别

操作录屏8-2

普通采购业务

（2）单击“确定”按钮，进入“采购发票”窗口。单击“增加”按钮，输入发票日期为“2022-01-11”，录入发票号“CGFP001”，选择供应商为“上海兴宝”。

（3）单击“采购类型”参照按钮，进入“采购类型基本参照”窗口，单击“编辑”按钮，进入“采购类型”窗口。单击“增加”按钮，输入采购类型编码“01”，采购类型名称“普通采购”。单击“入库类别”参照按钮，进入“收发类别档案基本参照”窗口。单击“编辑”按钮，进入“收发类别”窗口。单击“增加”按钮，输入收发类别编码为“1”，收发类别名称为“采购入库”，选择收发标志为“收”，如图8-2-2所示，单击“保存”按钮。

（4）单击“退出”按钮，回到“收发类别档案基本参照”窗口。选择“采购入库”，单击“确定”按钮，回到“采购类型”窗口，单击“保存”按钮。

（5）单击“退出”按钮，关闭该窗口。

（6）回到“采购类型基本参照”窗口，选择“普通采购”。

（7）修改税率为“13%”，选择部门名称为“采购部”，业务员为“张军”，在“存货编码”栏录入“004”，或单击“参照”按钮选择“智能体脂秤”，在“数量”栏录入“400”，在“原币单价”栏录入“200”，如图8-2-3所示，单击“保存”按钮。

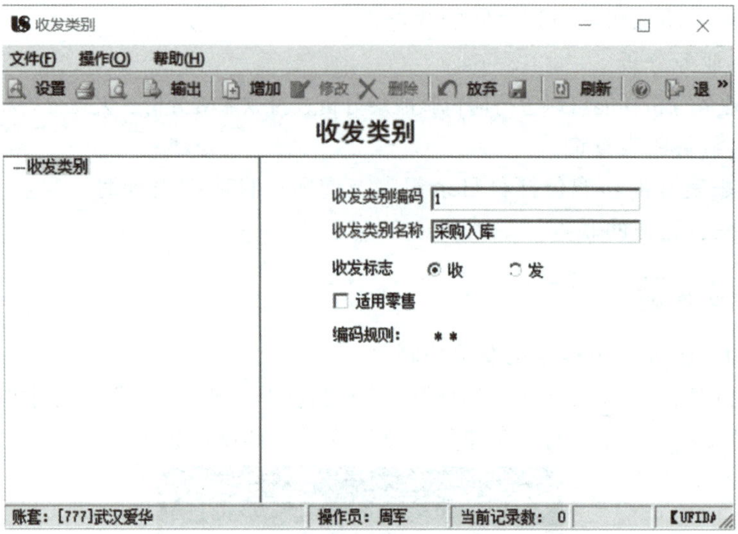

图 8-2-2 收发类别

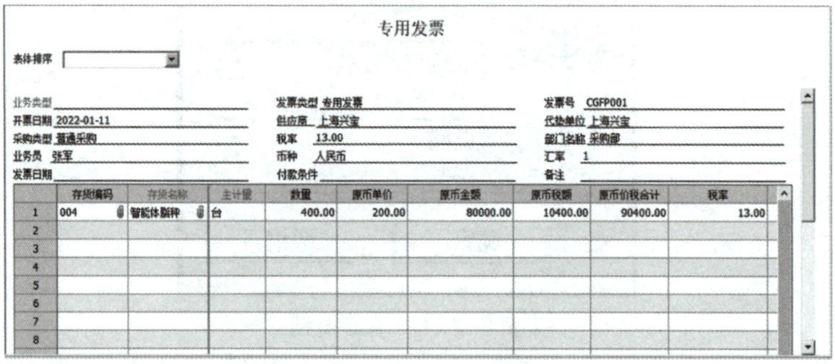

图 8-2-3 采购专用发票

（8）单击“审核”按钮，系统弹出“是否立即制单?”提示框，如图 8-2-4 所示。

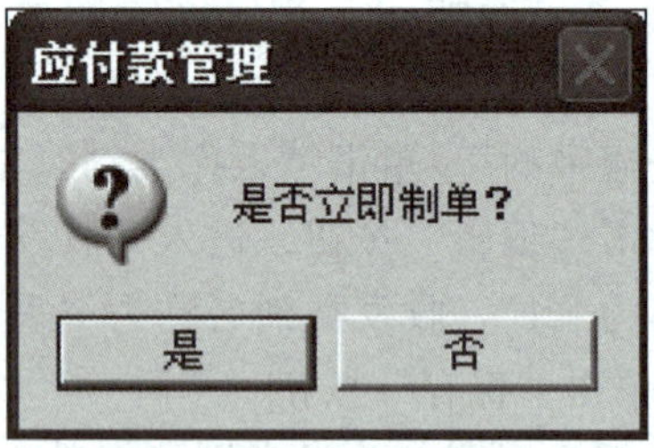

图 8-2-4 制单提示对话框

（9）单击“是”按钮生成凭证，修改凭证类别为“转账凭证”，将会计科目“1402 在途物资”修改为“140504 库存商品/智能体脂秤”，弹出“辅助项”对话框，输入数量“400”，单价“20”，如图 8-2-5 所示，单击“确定”按钮，单击“保存”按钮，结果如图 8-2-6 所示。

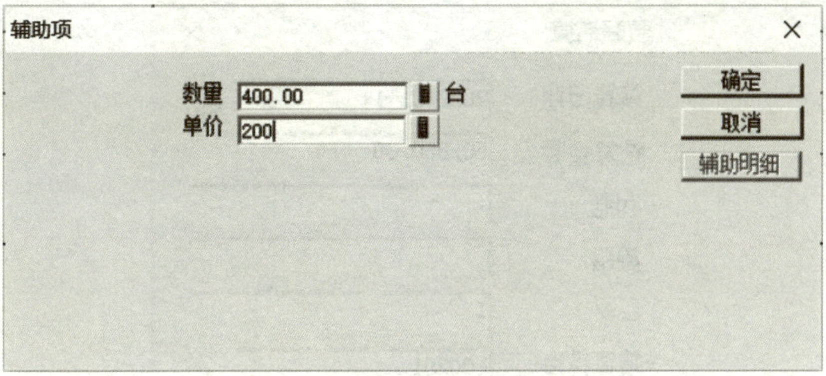

图 8-2-5 “辅助项”对话框

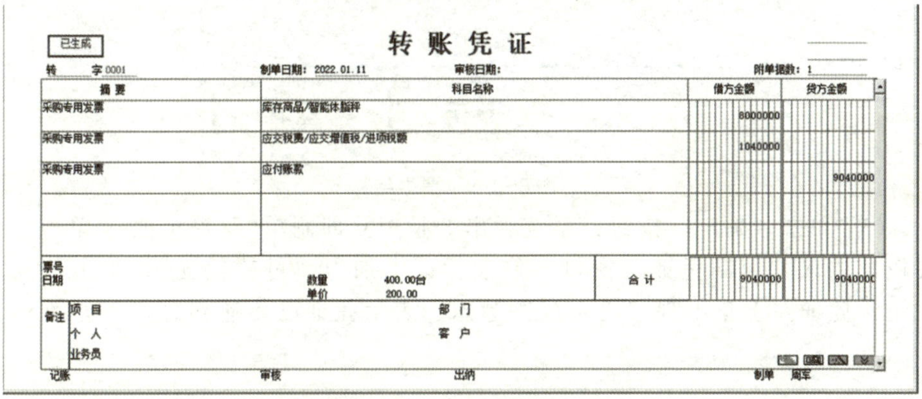

图 8-2-6 生成转账凭证

（10）单击“关闭”按钮退出。

特别提示：

在未启用供应链系统的情况下，存货入库可以有两种方式生成凭证：一是在总账管理系统中，录入“借：库存商品，贷：在途物资”的会计分录；二是直接在应付款管理系统中修改会计科目“在途物资”为“库存商品”。本例中，智能体脂秤购进当天即验收入库，可以理解为发票与货物同时到达并记账，因此本例采用第二种方式。

业务 2：银行承兑汇票结算并制单

操作录屏 8-3

银行承兑汇票结算业务

（1）11日，在应付款管理系统中，执行“票据管理”命令，打开“查询条件选择”对话框，单击“确定”按钮，进入“票据管理”窗口，如图 8-2-7 所示。

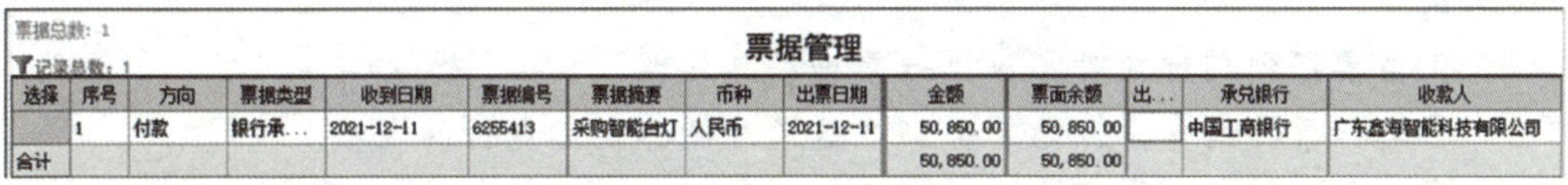

票据总数：1

记录总数：1

票据管理

选择	序号	方向	票据类型	收到日期	票据编号	票据摘要	币种	出票日期	金额	票面余额	出...	承兑银行	收款人
	1	付款	银行承...	2021-12-11	6255413	采购智能台灯	人民币	2021-12-11	50,850.00	50,850.00		中国工商银行	广东鑫海智能科技有限公司
合计									50,850.00	50,850.00			

图 8-2-7 票据管理

（2）选中结算单据，单击“结算”按钮，进入“票据结算”窗口，选择结算科目为“100201”，如图 8-2-8 所示。

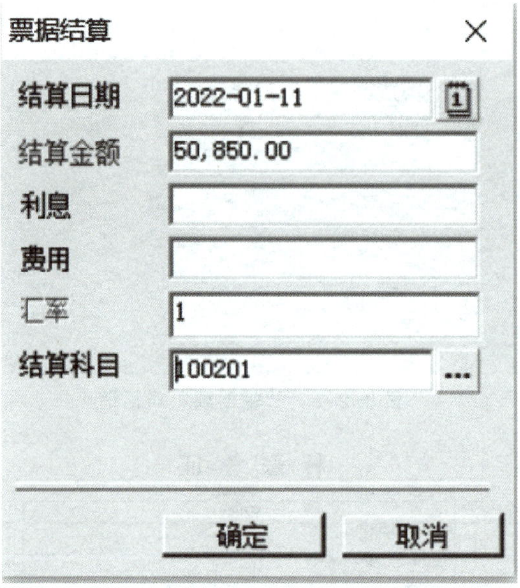

图 8-2-8　票据结算

（3）单击“确定”按钮，系统弹出“是否立即制单？”提示框，单击“是”按钮，进入“填制凭证”窗口。修改凭证类别为“付款凭证”，单击“保存”按钮，凭证左上角出现“已生成”标志，表示凭证已传递到总账，如图 8-2-9 所示。

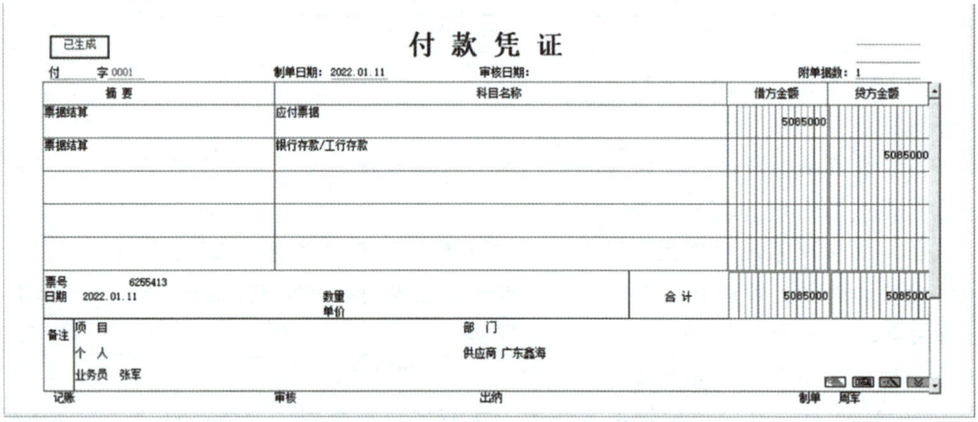

图 8-2-9　生成凭证

特别提示：

①当票据到期付款时，应执行票据结算处理。

②进行票据结算时，结算金额应是通过结算实际支付的金额。

③票据结算后，不能再进行其他与票据相关的操作。

操作录屏 8-4

支付带现金折扣的货款

业务 3：填制、审核付款单并核销后制单

（1）12 日，执行“付款单据处理”→“付款单据录入”命令，进入“收付款单录入”窗口。

（2）单击“增加”按钮，选择供应商为“上海宏悦”，结算方式为“网银转账”，金额为“55 370”，票据号为“10283769421”，录入摘要“偿还前欠货款”，单击“保存”按钮，如图8-2-10所示。

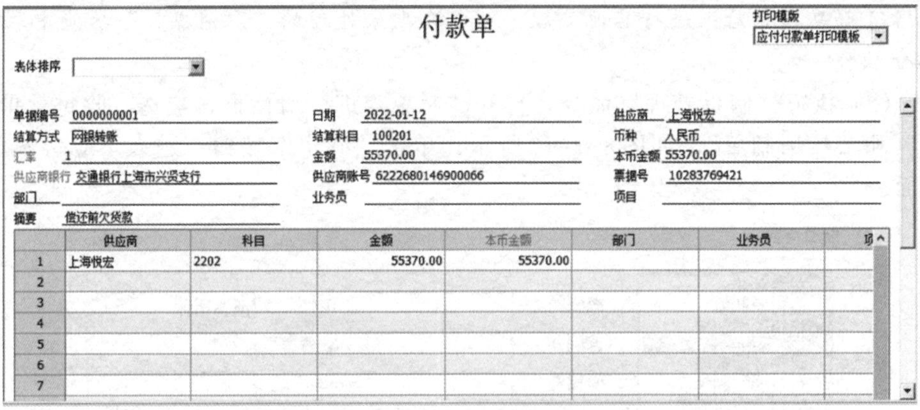

付款单

打印模版 应付付款单打印模板

表体排序

单据编号 0000000001　日期 2022-01-12　供应商 上海悦宏
结算方式 网银转账　结算科目 100201　币种 人民币
汇率 1　金额 55370.00　本币金额 55370.00
供应商银行 交通银行上海市兴贤支行　供应商账号 6222680146900066　票据号 10283769421
部门　业务员　项目
摘要 偿还前欠货款

	供应商	科目	金额	本币金额	部门	业务员	项
1	上海悦宏	2202	55370.00	55370.00			
2							
3							
4							
5							
6							
7							

图8-2-10　付款单

特别提示：

在付款时，可以通过“选择付款”来进行业务处理，也可以通过“录入付款单”来进行业务处理。通过“选择付款”功能进行处理，选择付款后会自动生成一张已审核的付款单，并且已与应付单或发票核销。通过录入付款单进行处理，则须手工录入付款单，然后审核，再进行核销后制单。

（3）单击“审核”按钮，系统弹出“是否立即制单？”提示框，单击“否”，系统完成审核，退出“收付款单录入”界面。

（4）执行“核销处理”→“手工核销”命令，在“核销条件”窗口选择供应商“上海宏悦”，单击“确定”按钮，打开“单据核销”界面，录入本次结算金额“55 370”，本次折扣额“1 130”，如图8-2-11所示，单击“保存”按钮。

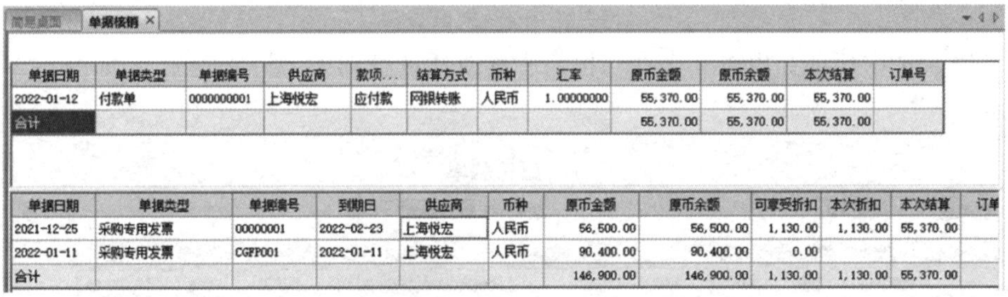

简易桌面　单据核销

单据日期	单据类型	单据编号	供应商	款项...	结算方式	币种	汇率	原币金额	原币余额	本次结算	订单号
2022-01-12	付款单	0000000001	上海悦宏	应付款	网银转账	人民币	1.0000000	55,370.00	55,370.00	55,370.00	
合计								55,370.00	55,370.00	55,370.00	

单据日期	单据类型	单据编号	到期日	供应商	币种	原币金额	原币余额	可享受折扣	本次折扣	本次结算	订单
2021-12-25	采购专用发票	00000001	2022-02-23	上海悦宏	人民币	56,500.00	56,500.00	1,130.00	1,130.00	55,370.00	
2022-01-11	采购专用发票	CGFP001	2022-01-11	上海悦宏	人民币	90,400.00	90,400.00	0.00			
合计						146,900.00	146,900.00	1,130.00	1,130.00	55,370.00	

图8-2-11　单据核销

特别提示：

①在保存核销内容后，“单据核销”窗口将不再显示已被核销的内容。

②核销时，结算单列表中款项类型为应付款的记录默认本次结算金额为该记录上的原币金额；款项类型为预付款的记录默认本次结算金额为空。核销时可以修改本次结算金额，但是不能大于该记录的原币金额。

③在结算单列表中，单击“分摊”按钮，系统将当前结算单列表中的本次结算金额合计自动分摊到被核销单据列表的“本次结算”栏中。核销顺序依据被核销单据的顺序。

④如果核销后未进行其他处理，可以在期末处理的“取消操作”功能中取消核销操作。

（5）执行“制单处理”命令，打开“制单查询”对话框，勾选“收付款单制单”和“核销制单”，如图8-2-12所示，单击“确定”按钮，进入“应付制单”界面。

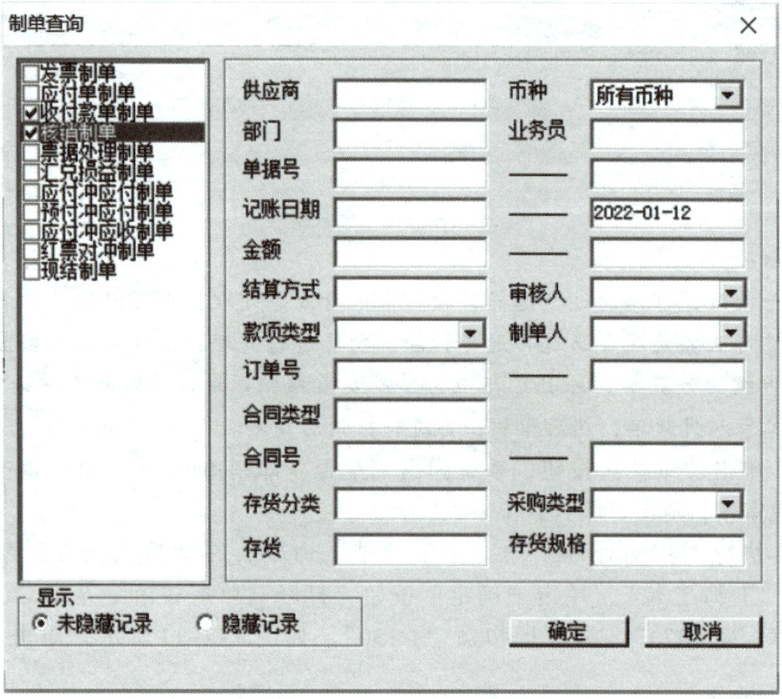

图8-2-12　制单查询

（6）选中凭证并单击“合并”按钮，修改凭证类别为“付款凭证”，如图8-2-13所示。

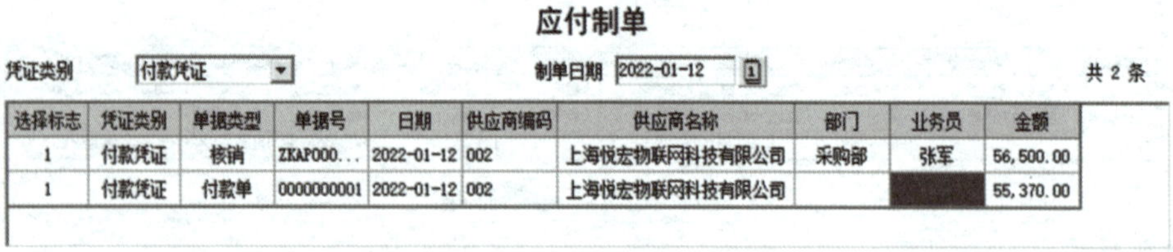
应付制单

凭证类别 付款凭证　　制单日期 2022-01-12　　共 2 条

选择标志	凭证类别	单据类型	单据号	日期	供应商编码	供应商名称	部门	业务员	金额
1	付款凭证	核销	ZKAP000...	2022-01-12	002	上海悦宏物联网科技有限公司	采购部	张军	56,500.00
1	付款凭证	付款单	0000000001	2022-01-12	002	上海悦宏物联网科技有限公司			55,370.00

图8-2-13　应付制单

（7）单击“制单”按钮，进入记账凭证填制界面，将“财务费用”科目调整为借方红字“1 130”，单击“保存”按钮，凭证左上角出现“已生成”标志，表示凭证已传递到总账，如图8-2-14所示。

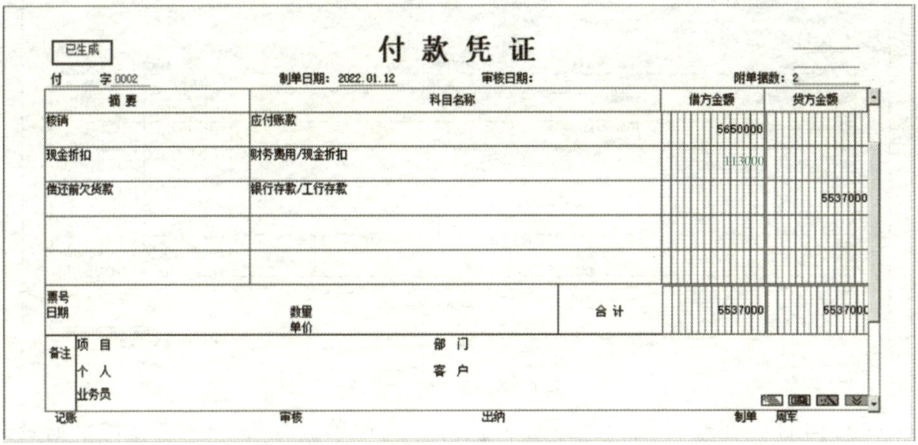

图8-2-14 生成凭证

特别提示：

①在保存凭证前应调整损益类科目“660303财务费用/现金折扣”为借方红字。

②对于期间损益中的费用类科目，期末结转时，是以借方合计数为基数进行的，不考虑贷方数。所以，费用科目的贷方发生额要调整为借方红字。

业务4：付定金后填制、审核采购发票并进行转账处理

（1）13日，在应付款管理系统，执行“付款单据处理”→“付款单据录入”命令，进入“收付款单录入”窗口。

（2）单击“增加”按钮，选择供应商为“武汉雅辉”，结算方式为“网银转账”，录入金额“5 000”，票据号“118738328”，部门“采购部”，业务员“孙朋”，在摘要栏录入“付采购合同CGHT002定金”，修改款项类型为“预付款”，单击“保存”按钮，如图8-2-15所示。

重难点微课8-3 支付定金采购业务

操作录屏8-5 支付定金采购业务

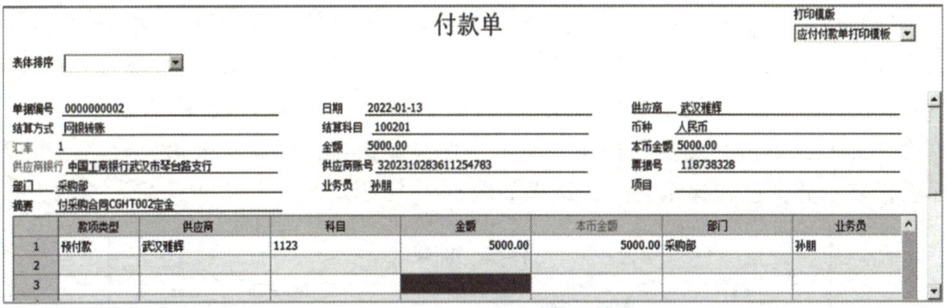

图8-2-15 付款单

（3）单击“审核”按钮，系统弹出“是否立即制单？”提示框，单击“是”，进入“填制凭证”窗口，修改凭证类型为“付款凭证”。单击“保存”按钮，凭证左上角出现“已生成”标志，表示凭证已传递到总账，如图8-2-16所示。

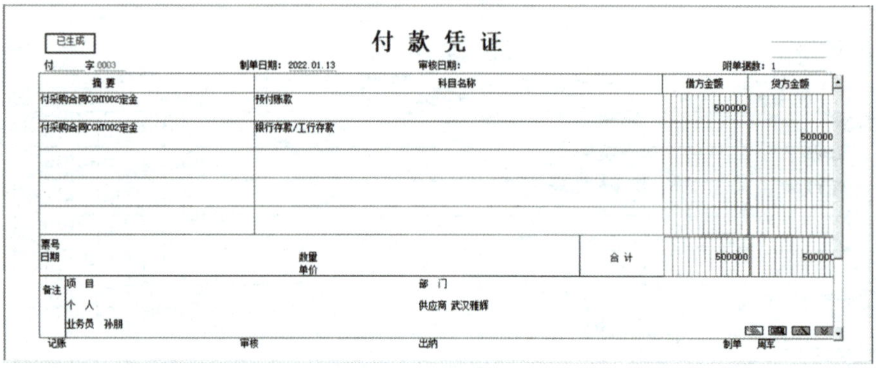

图 8-2-16　付款凭证

（4）14日，在应付款管理系统，执行“应付单据处理”→“应付单据录入”命令，打开“单据类别”窗口，选择单据类型为“采购专用发票”，单击“确定”，进入“采购发票”界面。

（5）单击“增加”按钮，在表头中输入开票日期为“2022-01-14”，发票号“CGFP002”，供应商“武汉雅辉”，采购类型“普通采购”，税率“13%”，部门名称“采购部”，业务员“孙朋”。在表体中“存货编码”栏录入“005”，或单击“参照”按钮选择“智能车载摄像头”，在“数量”栏录入“900”，在“原币单价”栏录入“550”，如图8-2-17所示，单击“保存”按钮。

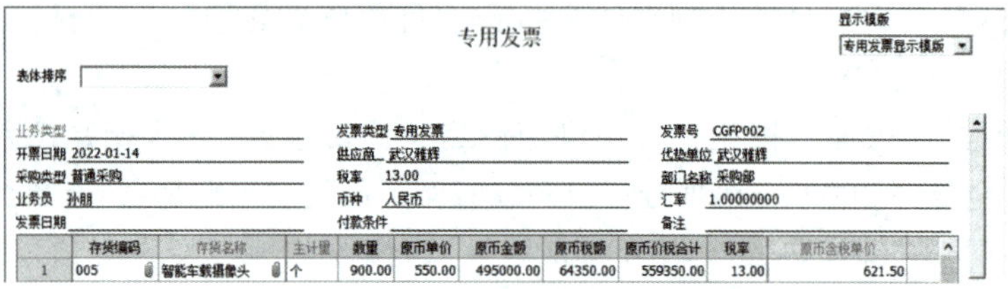

图 8-2-17　采购专用发票

（6）单击“审核”按钮，系统弹出“是否立即制单?”提示框，单击“是”按钮生成凭证，修改凭证类别为“转账凭证”，将会计科目“1402 在途物资”修改为“140505 库存商品/智能车载摄像头”，弹出“辅助项”对话框，输入数量“900”，单价“550”，单击“确定”按钮，单击“保存”按钮，凭证左上角出现“已生成”标志，表示凭证已传递至总账，结果如图8-2-18所示。

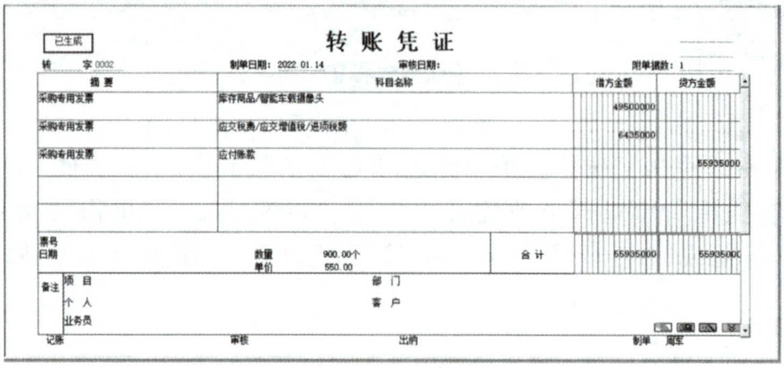

图 8-2-18　生成转账凭证

（7）在应付款管理系统，执行“转账”→“预付冲应付”命令，打开“预付冲应付”窗口。在预付款标签页，选择供应商“004-武汉雅辉科技有限公司”，单击“过滤”按钮，在待冲账的预付款单列表行的“转账金额”栏录入“5 000”，如图8-2-19所示；同样在应付款标签页过滤出应付单列表，在相应的“转账金额”栏录入“5 000”，如图8-2-20所示。

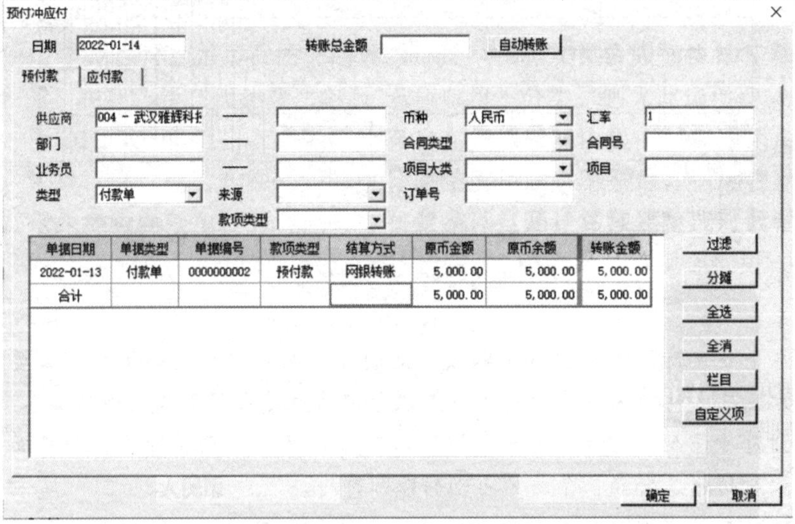

图8-2-19　预付款界面

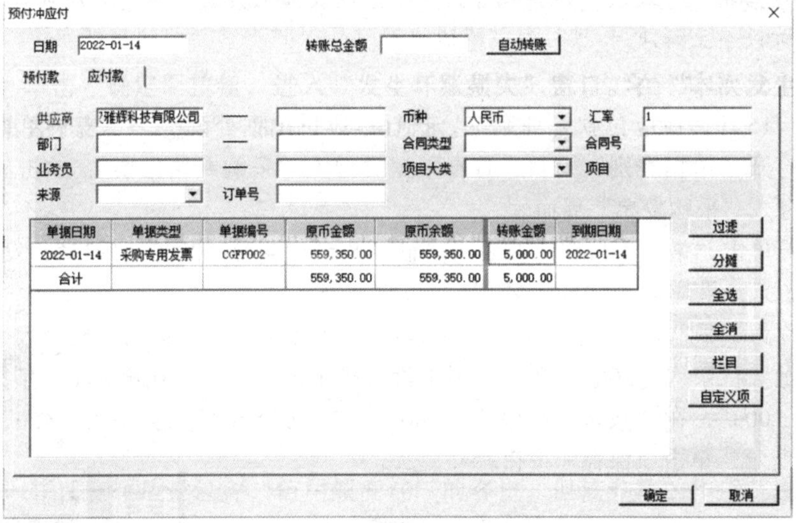

图8-2-20　应付款界面

（8）单击“确定”按钮，系统弹出“是否立即制单？”对话框，单击“是”，生成预付冲应付转账凭证，修改凭证类型为“转账凭证”，单击“保存”按钮，凭证左上角出现“已生成”标志，表示凭证已传递至总账，如图8-2-21所示。

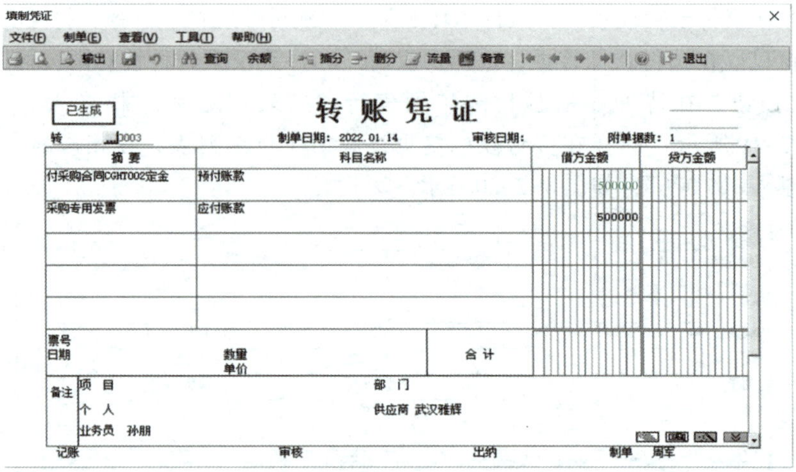

图 8-2-21　生成凭证

特别提示：

①在企业实际业务中，往来账项之间的冲抵必须有可靠的依据，需要业务关系人双方或三方协商同意后才能进行，以免因债权债务问题发生纠纷。

②预付冲应付也可执行自动转账，操作方法是在“预付冲应付”界面选择供应商，录入转账总金额，单击“自动转账”即可。

③转账应该在客户的应收款余额范围内进行。应付冲应收转账业务操作的前提是企业启用了应收款管理系统并录入了应收款期初余额。红票对冲可以自动对冲，也可以手工对冲。

操作录屏8-6

以银行承兑汇票支付货款业务

业务5：以银行承兑汇票支付货款

（1）15日，在应付款管理系统，执行“应付单据处理”→“应付单据录入”命令，打开“单据类别”窗口，选择单据类型为“采购专用发票”，单击“确定”按钮，进入“采购发票”界面。

（2）单击“增加”按钮，在表头中输入开票日期为“2022-01-15”，发票号为“CGFP003”，供应商为“武汉智创”，采购类型为“普通采购”，税率为“13%”，部门名称为“采购部”，业务员为“孙朋”。在表体中“存货编码”栏录入“006”，在“数量”栏录入“300”，在“原币单价”栏录入“200”；在第2行“存货编码”栏录入“003”，在“数量”栏录入“600”，在“原币单价”栏录入“450”，如图8-2-22所示，单击“保存”按钮。

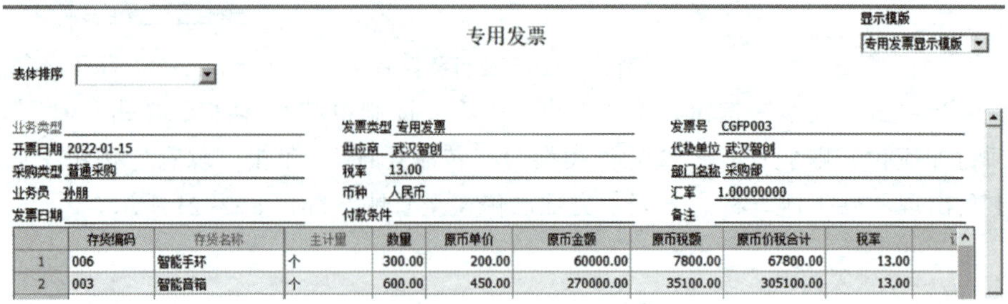

图 8-2-22　采购专用发票

（3）单击“审核”按钮，系统弹出“是否立即制单?”提示框，单击“否”按钮。

（4）执行“票据管理”命令，打开“查询条件选择”对话框，单击“确定”按钮，进入“票据管理”窗口。

（5）录入银行名称“中国工商银行”，票据类型“银行承兑汇票”，票据编号“6255414”，结算方式“银行承兑汇票”，出票日期“2022-01-15”，到期日“2022-02-15”，出票人账号“3202000980952678127”，收款人“武汉智创智能科技有限公司”，金额“372 900”，票据摘要“支付采购合同CGHT003货款”，单击“保存”，如图8-2-23所示。

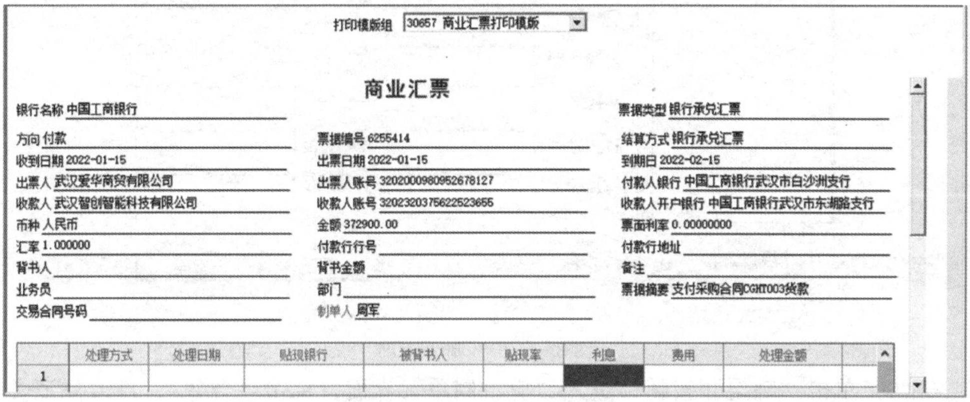

图8-2-23 银行承兑汇票

（6）执行“付款单据处理”→“付款单据审核”命令，弹出“付款单查询条件”窗口，单击“确定”，进入“收付款列表”界面，选中填制的银行承兑汇票，单击“审核”，弹出审核成功提示。

特别提示：

由于在“选项”中勾选了“应付票据直接生成付款单”，因此应付票据保存时，同时生成付款单。

（7）执行“核销处理”→“手工核销”命令，弹出“核销条件”窗口，选择供应商“武汉智创”，单击“确定”按钮，进入“单据核销”界面，在下方的采购专用发票“本次结算”中录入“372 900”，如图8-2-24所示，单击“保存”。

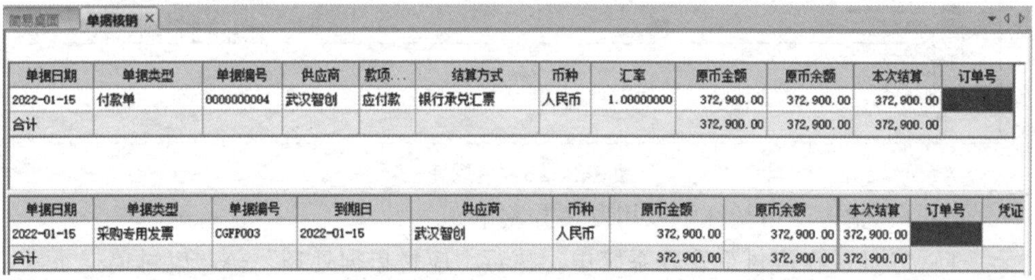

单据日期	单据类型	单据编号	供应商	款项...	结算方式	币种	汇率	原币金额	原币余额	本次结算	订单号
2022-01-15	付款单	0000000004	武汉智创	应付款	银行承兑汇票	人民币	1.00000000	372,900.00	372,900.00	372,900.00	
合计								372,900.00	372,900.00	372,900.00	

单据日期	单据类型	单据编号	到期日	供应商	币种	原币金额	原币余额	本次结算	订单号	凭证
2022-01-15	采购专用发票	CGFP003	2022-01-15	武汉智创	人民币	372,900.00	372,900.00	372,900.00		
合计						372,900.00	372,900.00	372,900.00		

图8-2-24 单据核销

（8）单击“制单处理”，弹出“制单查询”窗口，勾选“发票制单”“收付款单制单”“核销制单”，如图8-2-25所示。

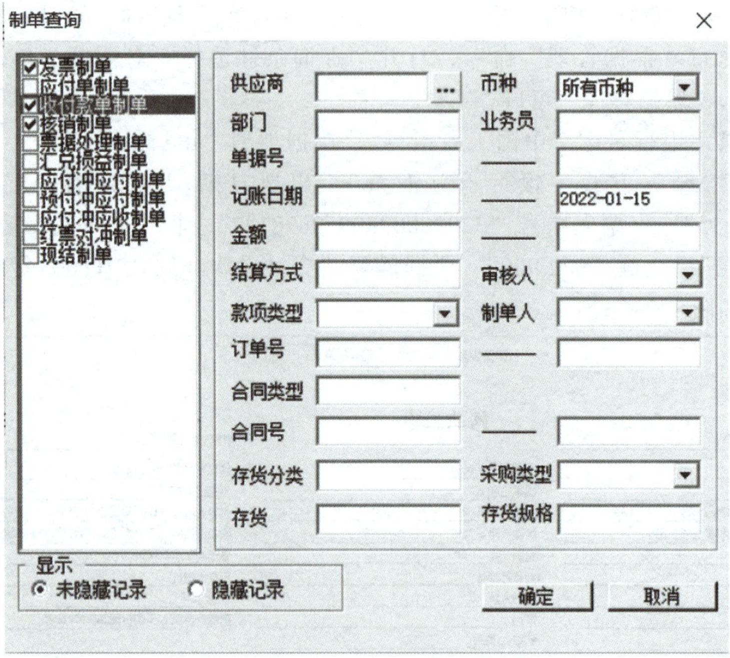

图 8-2-25　制单查询

（9）单击“确定”按钮，进入“应付制单”界面，单击“合并”，修改凭证类别为“转账凭证”，单击“制单”，进入“生成凭证”界面。

（10）修改“1402 在途物资”为“140506 库存商品/智能手环”和“140503 库存商品/智能音箱”，并录入相应的辅助项信息，单击“保存”按钮，凭证左上角出现“已生成”标志，表示凭证已传递至总账，如图 8-2-26 所示。

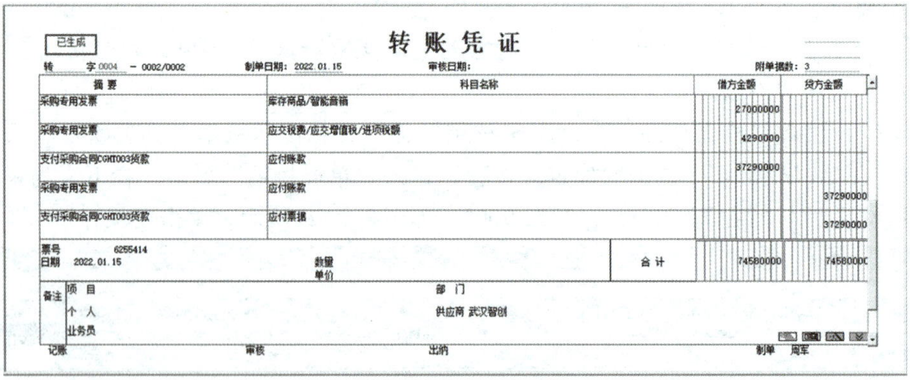

图 8-2-26　生成凭证

业务 6：输入、审核红字专用发票并制单

重难点微课
8-4
采购退货业务

（1）17 日，在应付款管理系统中，执行“应付单据处理”→“应付单据录入”命令，打开“单据类别”窗口，选择方向为“负向”，如图 8-2-27 所示。

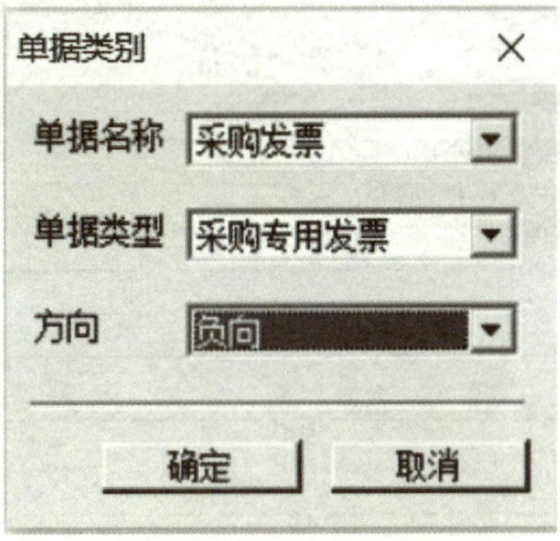

图 8-2-27 单据类别

操作录屏8-7

采购退货业务

（2）单击“确定”按钮，进入“采购发票”窗口。单击“增加”按钮，输入开票日期为“2022-01-17”，发票号“CGFP004”，供应商“上海兴宝”，采购类型“普通采购”，税率“13%”，部门名称“采购部”，业务员“张军”。在“存货编码”栏录入“004”，或单击“参照”按钮选择“智能体脂秤”，在“数量”栏录入“-50”，在“原币单价”栏录入“200”，如图 8-2-28 所示，单击“保存”按钮。

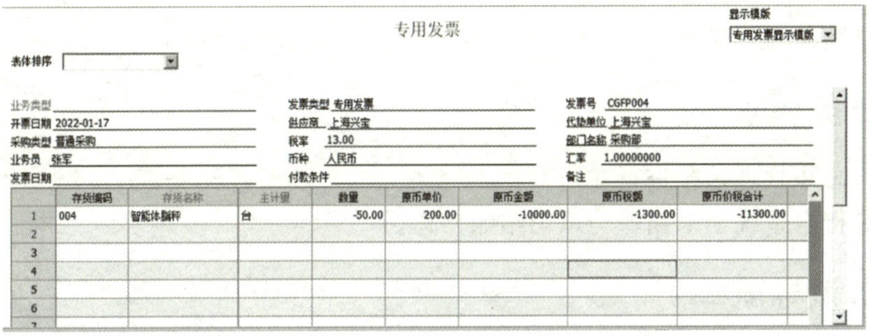

图 8-2-28 库存采购专用发票

（3）单击“审核”按钮，系统弹出“是否立即制单？”提示框。

（4）单击“是”按钮生成凭证，修改凭证类别为“转账凭证”，将会计科目“1402 在途物资”修改为“140504 库存商品/智能体脂秤”，弹出“辅助项”对话框，输入数量“-50”，单价“200”，如图 8-2-29 所示。单击“确定”按钮，单击“保存”按钮，结果如图 8-2-30 所示。

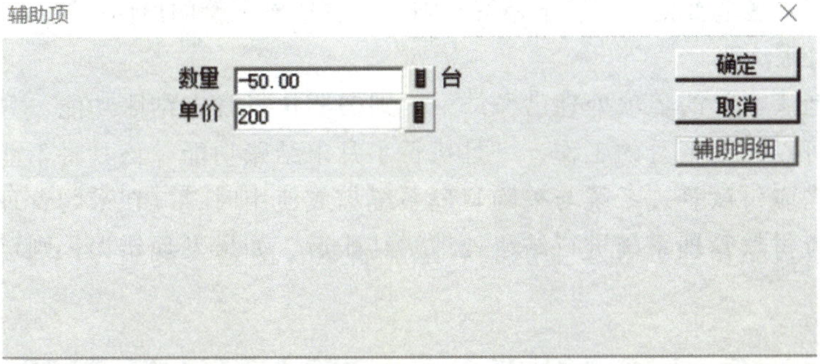

图 8-2-29 “辅助项”对话框

学思践悟8-1

货比三家
远离回扣

任务测试8-2

应付款管理系统日常业务处理

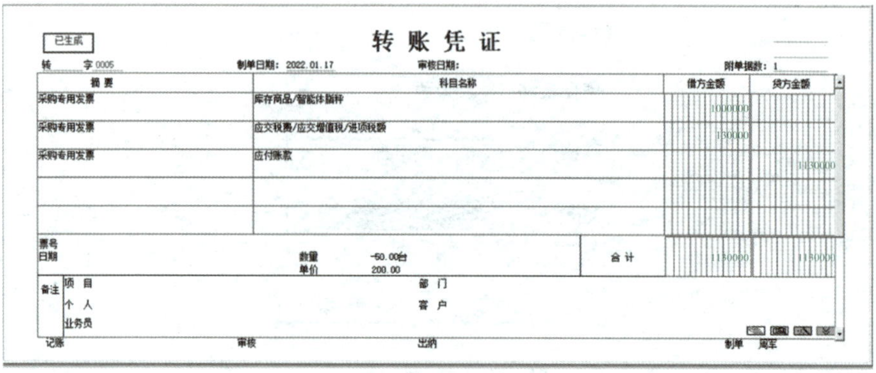

已生成

转账凭证

转 字 0005　　制单日期：2022.01.17　　审核日期：　　附单据数：1

摘要	科目名称	借方金额	贷方金额
采购专用发票	库存商品/智能体脂秤	1000000	
采购专用发票	应交税费/应交增值税/进项税额	130000	
采购专用发票	应付账款		1130000
票号 日期 　数量 -50.00台 单价 200.00	合计	1130000	1130000

备注　项目　部门　个人　客户　业务员

记账　审核　出纳　制单 周军

图 8-2-30　生成转账凭证

（5）单击“关闭”按钮退出。

任务三　期末处理

任务资料

任务资料见前述项目。

任务要求

1.与总账管理系统进行对账操作。

2.进行本系统期末结账与取消结账操作。

知识导航

应付款管理系统的期末处理工作主要包括汇兑损益、与总账对账和月末结账。

一、汇兑损益

如果供应商往来有外币核算，且在总账系统的“账簿选项”中选取供应商往来由“应付系统”核算，则应对外币单据的汇兑损益进行相应的处理。

二、与总账对账

将应付款管理系统生成的业务账与总账系统中的科目账核对，可以检查两个系统中的往来账是否相符；若不相符，则应查看造成不符的原因。

三、月末结账

如果确认本月的各项处理已经结束，则需要执行月末结账功能，只有月末结账后，才可以开始下月的工作。一旦执行了月末结账功能，该月将不能再进行任何处理。当应付款管理系统与采购管理系统集成使用时，应在采购管理系统结账后，再对应付款管理系统进行结账处理。结账后，如果发现错误，则可以取消月末结账。

注意：

（1）当“选项”中设置审核日期为单据日期时，本月的单据（发票和应付单）

在结账前应该全部审核。

（2）当“选项”中设置审核日期为业务日期时，若截至本月末还有未审核单据（发票和应付单），则照样可以进行月末结账。

（3）当“选项”中设置月结时必须将当月单据和业务全部制单时，若月结时发现当月有未制单的记录，则不能进行月末结账。

（4）当“选项”中设置月结时不用检查是否全部制单时，无论当月有无未制单的记录，均可以进行月末结账。

任务实施

操作步骤1：与总账对账

操作录屏8-8

应付款管理系统期末处理

（1）在应付款管理系统中，执行“账表管理”→“业务账表”→“与总账对账”命令，进入“对账条件”窗口，如图8-3-1所示。

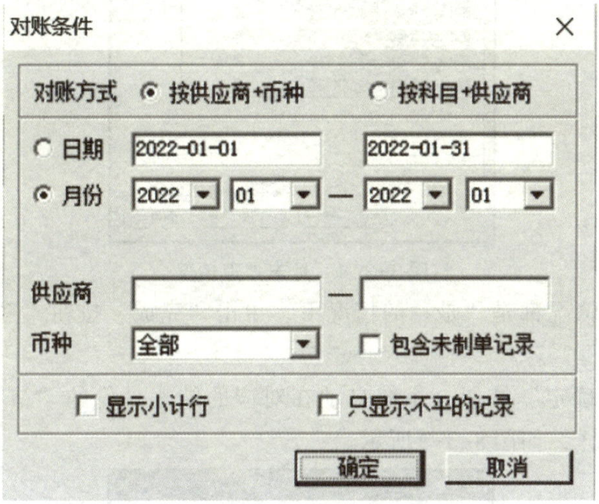

图8-3-1　对账条件

（2）单击“确定”按钮，进入“对账结果”界面，如图8-3-2所示。

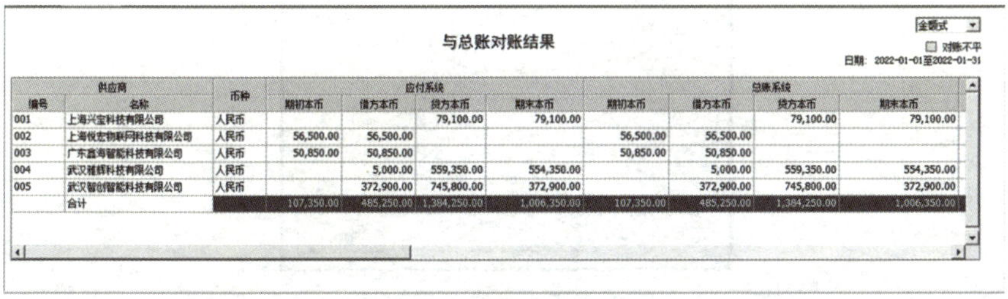

与总账对账结果

全额式

对账不平

日期：2022-01-01至2022-01-31

供应商		币种	应付系统				总账系统			
编号	名称		期初本币	借方本币	贷方本币	期末本币	期初本币	借方本币	贷方本币	期末本币
001	上海兴宝科技有限公司	人民币			79,100.00	79,100.00			79,100.00	79,100.00
002	上海悦宏物联网科技有限公司	人民币	56,500.00	56,500.00			56,500.00	56,500.00		
003	广东鑫海智能科技有限公司	人民币	50,850.00	50,850.00			50,850.00	50,850.00		
004	武汉稚辉科技有限公司	人民币		5,000.00	559,350.00	554,350.00		5,000.00	559,350.00	554,350.00
005	武汉智创智能科技有限公司	人民币		372,900.00	745,800.00	372,900.00		372,900.00	745,800.00	372,900.00
	合计		107,350.00	485,250.00	1,384,250.00	1,006,350.00	107,350.00	485,250.00	1,384,250.00	1,006,350.00

图8-3-2　与总账对账结果

（3）单击“关闭”按钮退出，完成与总账对账。

操作步骤2：月末结账

（1）执行“期末处理”→“月末结账”命令，打开“月末处理”对话框。

（2）双击一月份的“结账标志”栏，如图8-3-3所示。

（3）单击“下一步”按钮，系统显示各处理类型的处理情况，如图8-3-4所示。

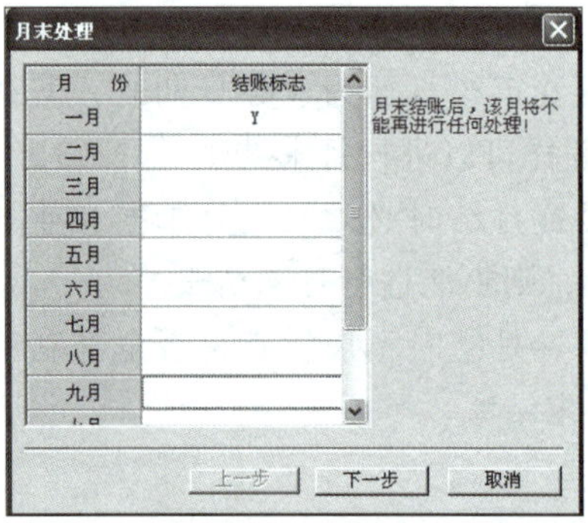

图 8-3-3　月末处理

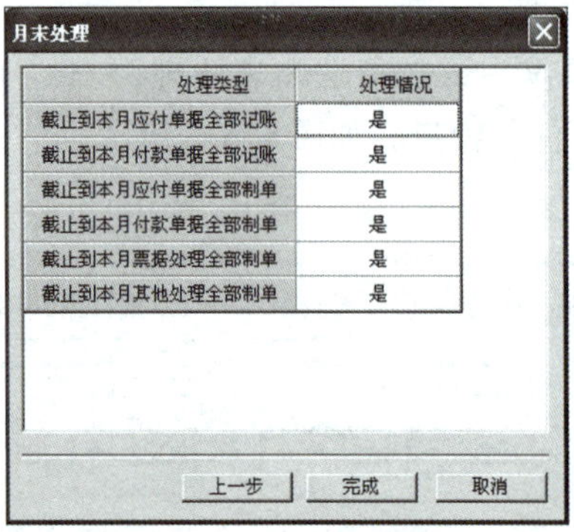

图 8-3-4　月末处理情况

（4）在处理情况都是“是”的情况下，单击“完成”按钮，系统弹出“1月份结账成功”提示框。

（5）单击“确定”按钮，系统自动在对应的结账月份的“结账标志”栏中显示“已结账”字样，如图 8-3-5 所示。

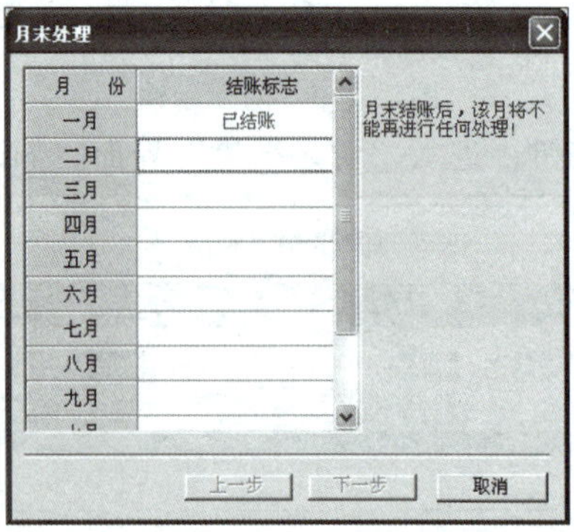

图 8-3-5　月末处理结果

任务测试 8-3

应付款管理系统期末处理

操作步骤 3：取消结账

（1）执行“期末处理”→“取消月结”命令，打开“取消结账”对话框。

（2）选择已结账月份。

（3）单击“确定”按钮，系统弹出“取消结账成功”提示框。

（4）单击“确定”按钮，当月“已结账”标志被取消。

项目反馈与评价（项目八）

重难点梳理

1.应付款管理系统中的期初余额在哪里录入？

2.支付采购货款的业务有哪几种处理方式？

3.针对付定金采购业务，不需要进行预付冲应付操作，系统会自动完成转账，这种说法对吗？

关键数据反馈

请在完成本项目实训操作后，对系统中反映的下列关键数据页面进行截图反馈：

1.在总账系统查询应付款管理系统生成的所有凭证。

2.应付款管理系统与总账系统期末对账平衡结果。

易错点分析

请你对自己在本项目任务测试和操作过程中出错的问题进行记录并分析。

项目评价

项目八多维评价量表

序号	评价内容	设定分值（分	评价主体	得分情况（分）
线上环节	自主学习进度	20	平台自评	
	任务测试准确度	10	平台自评	
	小计	30		
线下环节	安全与规范操作意识	10	学生自评	
	劳动、探究与合作意识	10	小组互评	
	实训操作进度	20	小组互评	
	实训数据准确度	20	教师评议	
	项目反思态度	10	教师评议	
	小计	70		
合计		100		

9

项目九

应收款管理系统

知识目标

通过本项目的学习，掌握用友ERP-U8管理软件中应收款管理系统的相关内容，理解应收款业务在总账管理系统核算与在应收款管理系统核算上的区别。

技能目标

通过本项目的实训，掌握应收款管理系统初始设置、日常业务处理以及期末处理的操作。

素养目标

通过账龄分析，增强资金回收与节约意识；合理计提坏账准备，强化资金管控中的风险意识，坚持准则，不设置秘密准备虚增利润。

项目导图

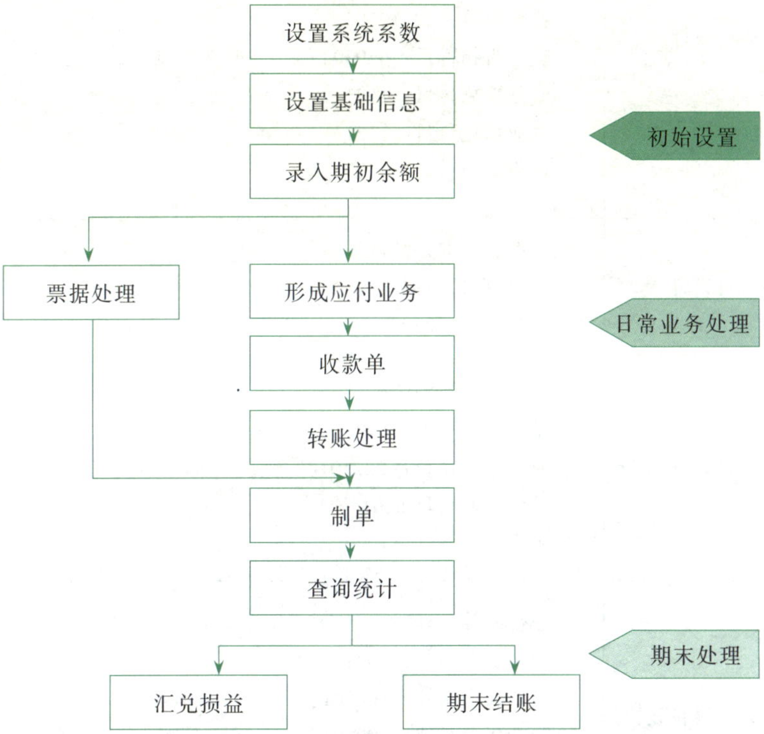

任务一　初始设置

任务资料

一、应收款系统控制参数

1.坏账处理方式：应收余额百分比。

2.应收款核销方式：按单据。

3.勾选“自动计算现金折扣”。

4.受控科目制单方式：明细到单据。

二、科目设置（见表9-1-1）

表9-1-1　科目设置

科目类别	科目设置方式
基本科目设置	应收科目（本币）：1122 预收科目（本币）：2203 销售收入科目：6001 税金科目：22210102 现金折扣科目：660303 银行承兑科目：1121 商业承兑科目：1121 销售退回科目：6001
控制科目设置	所有客户的控制科目： 应收科目：1122 预收科目：2203
产品科目设置	全部存货类别的科目： 销售收入科目：6001 应交增值税科目22210102 销售退回科目6001 税率0.13
结算方式科目设置	现金结算：1001 现金支票结算：100201 转账支票结算：100201 商业承兑汇票：100201 银行承兑汇票：100201 网银转账：100201

三、坏账准备设置（见表9-1-2）

表9-1-2 坏账准备设置

控制参数	参数设置
提取比例	0.5%
期初余额	3 390元
坏账准备科目	1231
对方科目	6702

四、账龄区间设置（见表9-1-3）

表9-1-3 账期内账龄区间设置

序号	起止天数	总天数
01	0～30	30
02	31～60	60
03	61～90	90
04	91以上	

五、逾期账龄区间（见表9-1-4）

表9-1-4 逾期账龄区间

序号	起止天数	总天数
01	0～30	30
02	31～60	60
03	61～90	90
04	91以上	

六、单据编号设置

设置销售管理系统中的“销售专用发票”和应收款管理系统中的“其他应收单”“收款单”的单据编号为“手工改动，重号时自动重取”。

七、“应收账款”账户期初余额

“应收账款”账户的期初余额为678 000元，相关增值税专用发票数据见表9-1-5。

表9-1-5 “应收账款”账户期初余额

日期	客户	业务员	摘要	方向	金额（元）
2021-12-15	武汉明创	宋飞	销售智能台灯2 000个，无税单价300元，税率13%，发票号85471234，付款条件（2/20，1/40，n/60）	借	678 000

任务要求

1.注册应收款管理系统。

2.进行应收款管理系统参数设置。

3.进行应收款管理系统期初余额录入，并与总账系统对账。

知识导航

在用友ERP-U8管理软件中，应收款管理系统主要用于核算和管理客户往来款项。应收款管理系统与应付款管理系统在初始设置、系统功能、系统应用方案、业务流程上都极为相似，因此，本项目在对应收款管理系统各业务内容进行描述时会省略与应付款管理系统相同的内容。

一、应收款管理系统的主要功能

应收款管理系统以发票、运费单、其他应收单等原始单据为依据，记录销售业务及其他业务形成的往来款项，处理应收款项的收回及坏账、转账等业务，同时提供票据处理功能。

应收款管理系统根据对供应商往来款项核算和管理程度的不同，提供应收款详细核算和简单核算两种方案。

（一）应收款详细核算方案

如果企业的应收款核算管理内容比较复杂，需要追踪每笔业务的应收款、收款等情况，或者需要将应收款核算到产品级，则可以选择该方案。在该方案下，所有往来凭证都由应收款管理系统生成，其他系统不再生成这类凭证。

（二）应收款简单核算方案

如果企业的应收款业务比较简单，或者现销业务很多，则可以选择在总账管理系统中核算并管理往来款项。

二、应收款管理系统与其他系统的关系

应收款管理系统与其他系统的关系如图9-1-1所示。

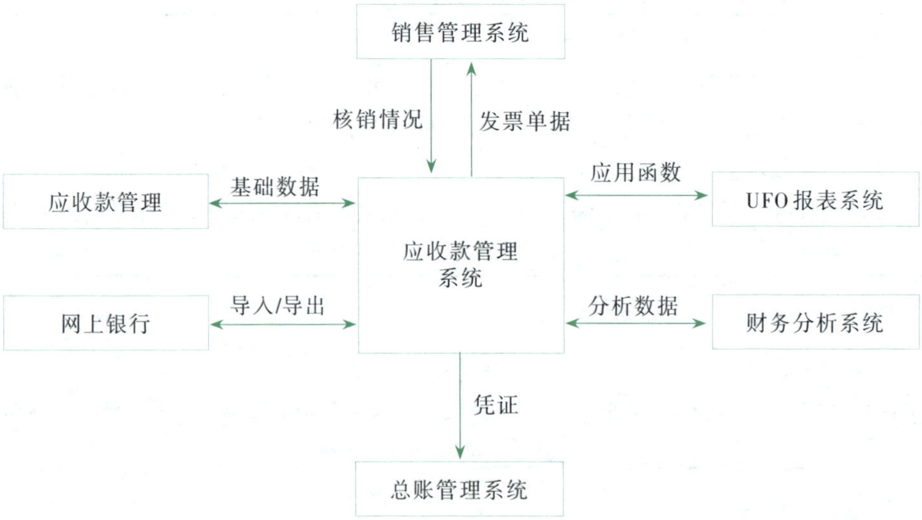

图9-1-1　应收款管理系统与其他系统的关系

重难点微课 9-1

应收款管理系统初始设置

三、初始设置

（一）设置控制参数

在运行本系统前，应先设置运行所需要的账套参数。控制参数各项目说明如下：

1.“常规”页签。

在“常规”页签中，需要说明的项目如下：

（1）汇兑损益方式。系统提供两种计算汇兑损益的方式：外币余额结清时计算、月末处理。

（2）坏账处理方式。系统提供两种坏账处理方式：备抵法、直接转销法。其中，备抵法包括应收余额百分比法、销售收入百分比法和账龄分析法。

（3）代垫费用类型。其根据初始设置中的“单据类型”设置。当应收单的类型有多种时，在此选择“代垫费用单”；若应收单不分类，则无此选项。

（4）自动计算现金折扣。为了鼓励客户在信用期间内提前付款而采用现金折扣政策。如果选择“自动计算现金折扣”，则在录入发票或应收单时需要输入付款条件，在核销处理界面中，系统会依据付款条件自动计算该发票或应收单可享受的折扣。如果不选择“自动计算现金折扣”，则系统不自动计算现金折扣。

2.“凭证”页签。

在“凭证”页签中，需要说明的项目如下：

（1）受控科目制单方式。系统提供两种方式：明细到客户、明细到单据。

（2）非受控科目制单方式。系统提供三种方式：明细到客户、明细到单据、汇总制单。

（3）控制科目依据。系统提供六种设置依据：按客户分类、按客户、按地区、按销售类型、按存货分类、按存货。

（4）销售科目依据。系统提供五种设置依据：按存货分类、按存货、按客户、按客户分类、按销售类型。

3.“权限与预警”页签。

在“权限与预警”页签中，需要说明的项目如下：

（1）单据报警。如果选择根据“信用方式”报警，则预警平台会依据该设置筛选出符合条件的单据并显示出来，以提醒企业及时通知客户哪些业务应该回款了；如果选择根据“折扣方式”报警，则预警平台会依据该设置筛选出符合条件的单据并显示出来，以提醒企业及时通知客户哪些业务将不能享受现金折扣待遇。如果选择“超过信用额度”，则在满足上述设置的单据报警条件的同时，还需要满足该客户已超过其设置的信用额度这个条件才可以报警。

（2）信用额度报警。如果选择根据“信用额度”预警，则需要输入预警的提前比率，并且选择是否包含“信用额度=0”的客户，但该参数的作用范围仅限于在本系统中增加发票和应收单的时候。

4.“核销设置”页签。

在“核销设置”页签中，需要说明的项目如下：

系统提供两种应收款的核销方式：按单据、按产品。选择的核销方式不同，账龄分析的精确性也不同。

（二）设置基础信息

基础信息包括设置科目、设置坏账准备、设置账龄区间、设置报警级别、设置存货分类档案、设置单据类型和设置单据类型等。其他公共信息（会计科目、部门档案、职员档案、外币及汇率、结算方式、付款条件、地区分类、客户分类及档案）已在总账管理系统初始设置中完成。

1.设置科目。

如果企业的应收业务类型比较固定，生成的凭证类型也比较固定，则为了简化凭证生成操作，可以在此处将各业务类型凭证中的常用科目预先设置好。

2.设置坏账准备。

应收款管理系统可以根据发生的应收业务情况，自动计提坏账准备。计提坏账的处理方法包括应收余额百分比法、销售收入百分比法、账龄分析法。

3.设置账龄区间。

为了对应收账款进行账龄分析，评估客户信誉，并按一定比例估计坏账损失，应首先在此设置账龄区间。应收账款的账龄设置分为两部分：一是账期内账龄区间设置；二是逾期账龄区间设置。

4.设置报警级别。

通过对报警级别的设置，按照客户欠款余额与其授信额度的比例将客户分为不同的类型，以便掌握各个客户的信用情况。

5.设置单据类型。

系统提供了发票和应收单两大类型的票据。

如果同时使用销售管理系统，则发票的类型包括增值税专用发票、普通发票、销售调拨单和销售日报；如果单独使用应收款管理系统，则发票的类型只包括前两种。发票的类型不能修改和删除。

应收单记录了销售业务之外的应收款情况。在本功能中，用户只能增加应收单。应收单可划分为不同的类型，如应收代垫费用款、应收利息款、应收罚款、其他应收款等，以区分应收货款之外的其他应收款。应收单的对应科目由用户自己定义。

（三）录入期初余额

在初次使用本系统时，用户需要将上期未处理完的单据都录入进来作为期初余额，以便于以后的核销处理。当进入第二年处理时，系统会自动将上年未处理完的单据转为下一年的期初余额。在下一年的第一个会计期间里，可以进行期初余额调整。

操作录屏9-1

应收款管理系统初始设置

任务实施

操作步骤1：注册应收款管理系统

（1）“004赵亮”以“2022-01-01”日期登录企业应用平台，如图9-1-2所示。

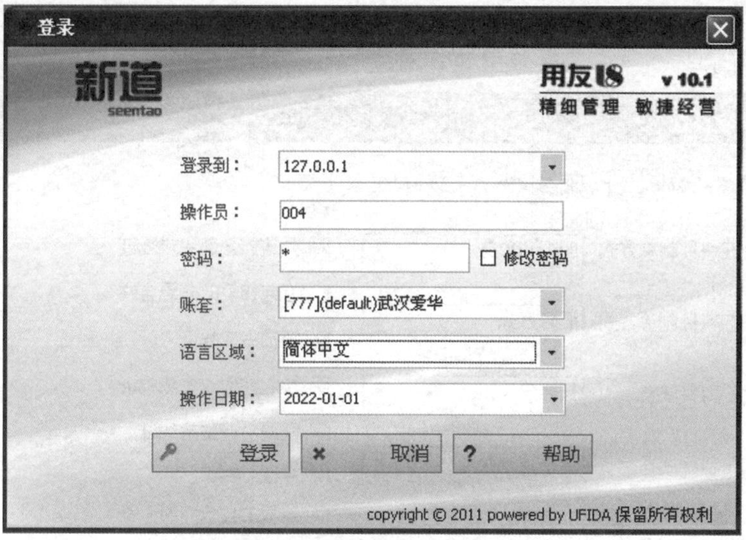

图9-1-2 应收款管理系统登录窗口

（2）在企业应用平台的“业务工作”选项卡中，选择“财务会计”→“应收款管理”选项，打开“应收款管理”菜单。

操作步骤2：设置控制参数

（1）在企业应用平台中，执行“财务会计”→“应收款管理”→“设置”→“选项”命令，打开“账套参数设置”对话框。

（2）单击“编辑”按钮，系统提示“选项修改需要重新登录才能生效”，单击“确定”按钮。打开“常规”选项卡，修改“坏账处理方式”为“应收余额百分比法”；勾选“自动计算现金折扣”，如图9-1-3所示。

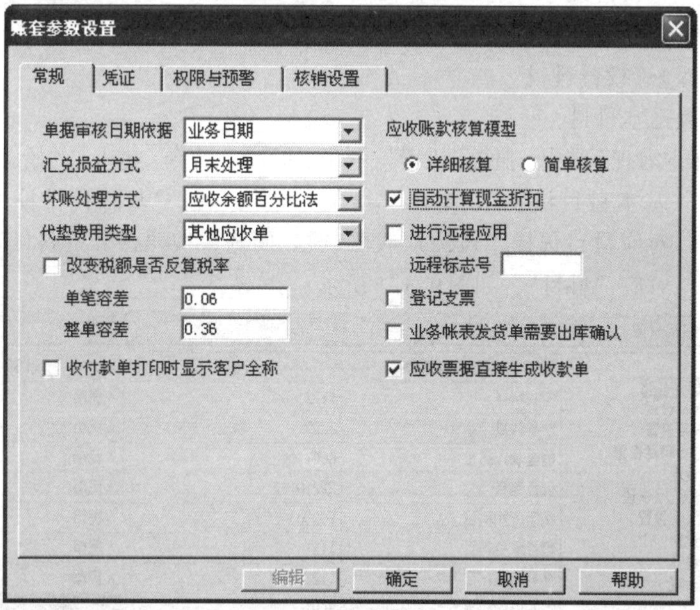

图9-1-3 账套参数设置——常规

（3）打开“凭证”选项卡，修改“受控科目制单方式”为“明细到单据”，如图9-1-4所示。

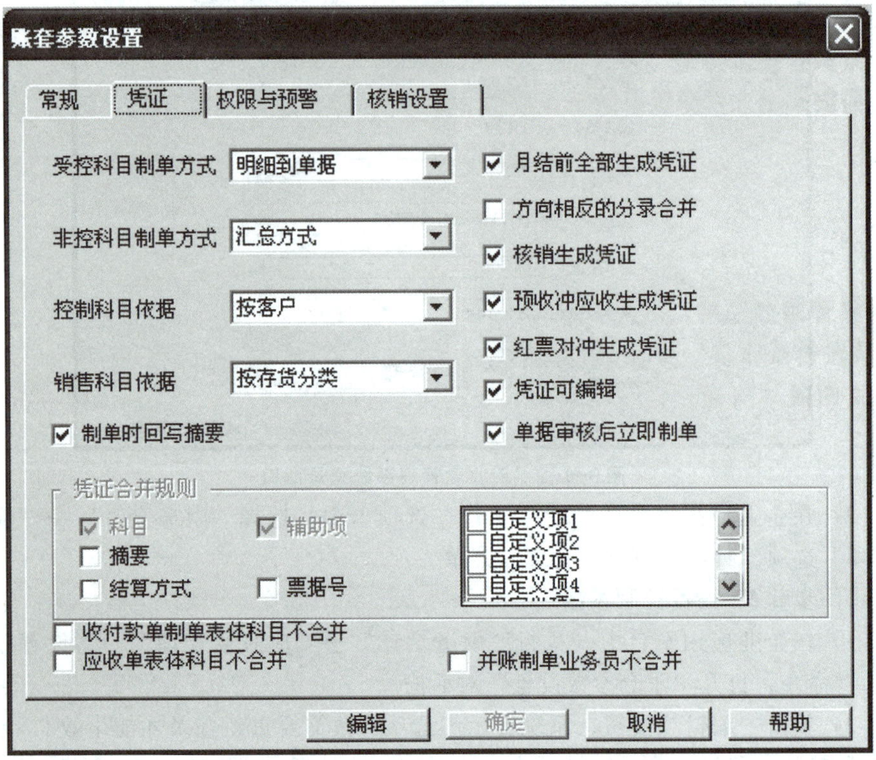

图9-1-4　账套参数设置——凭证

（4）打开“核销设置”选项卡，确定“应收款核销方式”为“按单据”，单击“确定”按钮保存后退出。

操作步骤3：设置科目

（1）设置基本科目。

①在应收款管理系统中，执行“设置”→“初始设置”命令，进入“初始设置”窗口。

②选择“基本科目设置”，单击“增加”按钮，在“基础科目种类”中选择“应收科目”，对应科目选择“1122应收账款”。同理，按照任务资料设置其他“基础科目种类”对应“科目”，如图9-1-5所示。

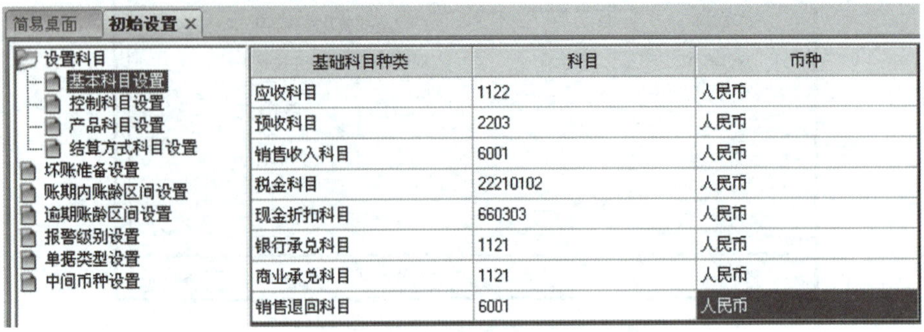

图9-1-5　基本科目设置

特别提示：

①在“基本科目设置”中设置的应收科目“1122 应收账款”、预收科目“2203 预收账款”及“1121 应收票据”，应在总账管理系统中设置辅助核算内容为“客户往来”，并且其受控系统为“应收系统”，否则不能在此被选中，提示“本科目应为应收受控科目”。

②如果应收科目、预收科目按不同的客户或客户分类分别设置，可在“控制科目设置”中设置，在此可不设置。

③如果针对不同的存货分别设置销售收入核算科目，则在此不用设置，可以在“产品科目设置”中进行设置。

（2）控制科目设置。

①在“初始设置”窗口中选择“控制科目设置”选项。

②在第一行客户“001 武汉明创”栏，选择“应收科目”为“1122”，“预收科目”为“2203”；同理，增加其他客户的控制科目，如图 9-1-6 所示。

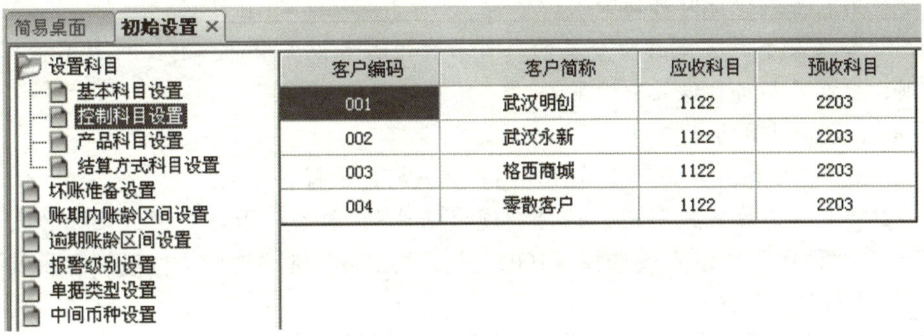

客户编码	客户简称	应收科目	预收科目
001	武汉明创	1122	2203
002	武汉永新	1122	2203
003	格西商城	1122	2203
004	零散客户	1122	2203

图 9-1-6　控制科目设置

特别提示：

①如果企业在核算客户的赊销欠款时，针对不同的客户、客户分类或地区分类等分别设置不同的应收科目和预收科目，则可以先在设置→选项→凭证→控制科目依据中选择设置的依据，如按客户分类、按客户、按地区、按销售类型、按存货分类、按存货等，然后在设置→初始设置→控制科目设置中设置，系统将依据制单规则在生成凭证时自动带入。

②应收科目和预收科目必须已经在会计科目档案中被指定为应收系统受控科目。

（3）设置产品科目。

①在“初始设置”窗口中，选择“产品科目设置”选项。

②在第一行“01 智能家居”类别栏，选择“销售收入科目”为“6001 主营业务收入”，“应交增值税科目”为“22210102 销项税额”，“销售退回科目”为“6001 主营业务收入”，“税率”为 0.13；同理，增加“02 智能电子设备”类别的产品科目，如图 9-1-7 所示。

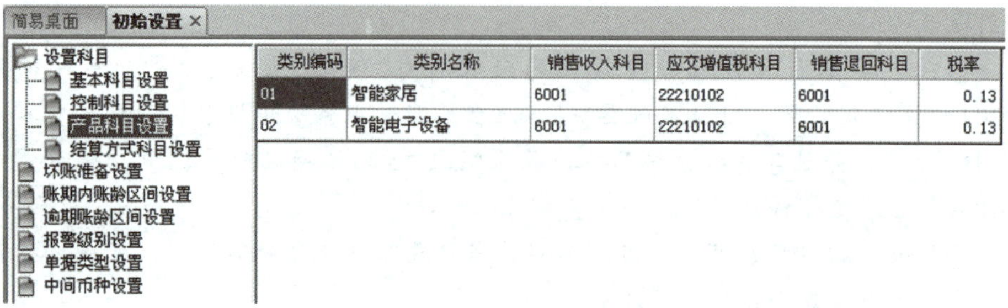

类别编码	类别名称	销售收入科目	应交增值税科目	销售退回科目	税率
01	智能家居	6001	22210102	6001	0.13
02	智能电子设备	6001	22210102	6001	0.13

图9-1-7　产品科目设置

特别提示：

①如果企业在核算客户的赊销欠款时，针对不同的存货或存货分类设置不同的销售收入科目、销项税额科目、销售退回科目，则可以先在设置→选项→凭证→销售科目依据中选择设置依据，如按存货分类、按存货、按客户分类、按客户、按销售类型等，然后在设置→初始设置→产品科目设置中设置，系统将依据制单规则在生成凭证时自动带入。

②如果某个存货或存货分类的科目与常用科目设置中的一样，可以不输入；否则，应在产品科目设置中设置。

（4）设置结算方式科目。

①在“初始设置”窗口中选择“结算方式科目设置”选项。

②单击“结算方式”栏，选择“现金结算”；单击“币种”栏，选择“人民币”；在“科目”栏录入或选择“1001”，按“Enter”键。按此方法继续录入其他结算方式科目，如图9-1-8所示。

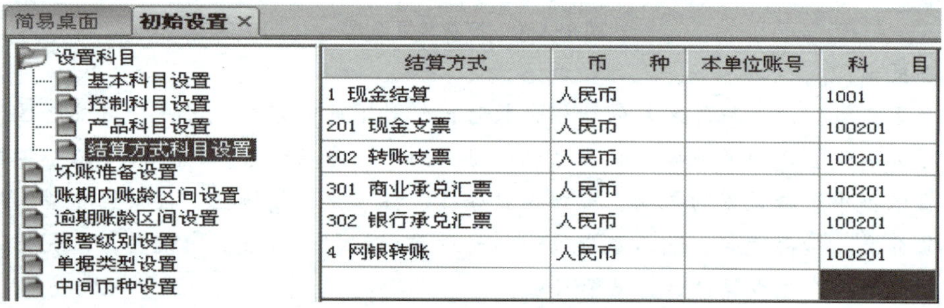

结算方式	币　种	本单位账号	科　目
1 现金结算	人民币		1001
201 现金支票	人民币		100201
202 转账支票	人民币		100201
301 商业承兑汇票	人民币		100201
302 银行承兑汇票	人民币		100201
4 网银转账	人民币		100201

图9-1-8　结算方式科目设置

特别提示：

①结算方式科目设置是针对结算方式设置相应的结算科目，即在收款或付款时录入结算方式，系统在生成凭证时自动生成该种结算方式对应的会计科目。

②结算方式科目必须是最明细科目，且不能是应收或应付受控科目。

操作步骤4：设置坏账准备

（1）在“初始设置”窗口中选择“坏账准备设置”选项。

（2）录入提取比率为“0.500”，坏账准备期初余额为“3 390”，坏账准备科目为“1231坏账准备”，对方科目为“6702信用减值损失”，单击“确定”按钮，系统提示“储存完毕”，如图9-1-9所示。

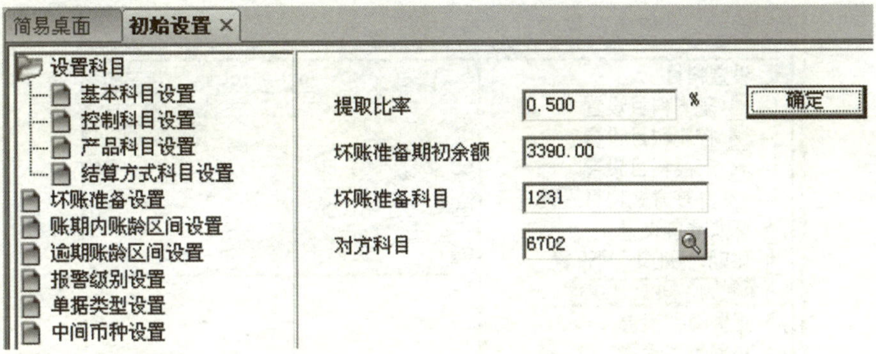

图 9-1-9　坏账准备设置

特别提示：

①只有在"选项"中设置坏账处理方式为销售收入百分比法、应收余额百分比法、账龄分析法三种中的一种时，才会有"坏账准备设置"，直接转销法无须进行坏账准备设置。

②进行过其他坏账处理后，如坏账计提、坏账发生、坏账收回等，坏账准备设置不能修改，只允许查询。

操作步骤 5：设置账期内账龄区间

（1）在"初始设置"窗口中选择"账期内账龄区间设置"选项。

（2）在"总天数"栏输入"30"，按"Enter"键，接着在下一行"总天数"栏输入"60"，按此方法输入其他内容，如图 9-1-10 所示。

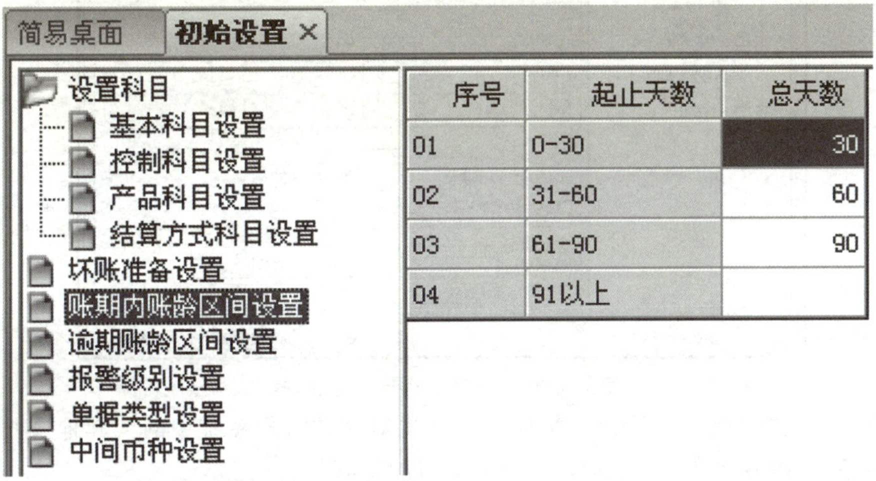

图 9-1-10　账期内账龄区间设置

操作步骤 6：设置逾期账龄区间

（1）在"初始设置"窗口中选择"逾期账龄区间设置"选项。

（2）在"总天数"栏输入"30"，按"Enter"键，接着在下一行"总天数"栏输入"60"，按此方法输入其他内容，如图 9-1-11 所示。

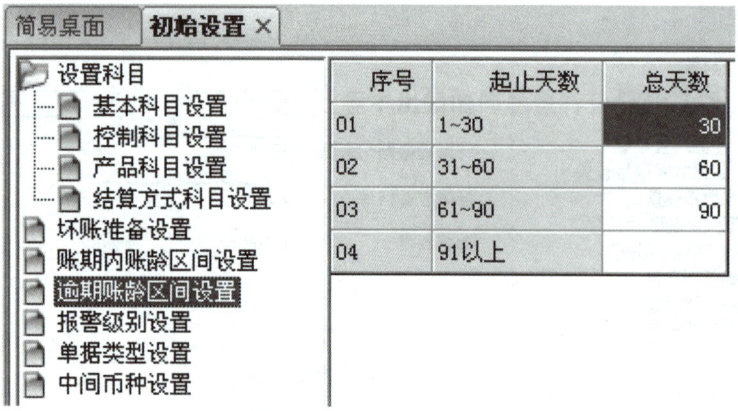

图9-1-11　逾期账龄区间设置

操作步骤7：设置单据编号

（1）在“企业应用平台”中执行“基础设置”→“单据设置”→“单据编号设置”命令，打开“单据编号设置”窗口。

（2）执行“单据类型”→“销售管理”→“销售专用发票”命令，单击“修改”按钮，选择“手工改动，重号时自动重取”复选框，如图9-1-12所示。

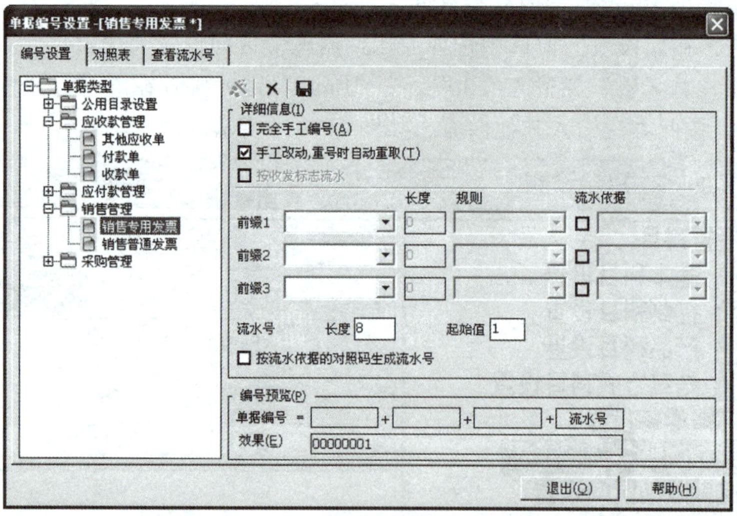

图9-1-12　设置销售专用发票编号

（3）单击“保存”按钮。按此方法设置应收款管理系统中的“其他应收单”“收款单”，编号允许“手工改动，重号时自动重取”。

操作步骤8：录入期初销售专用发票

（1）执行“业务工作”→“应收款管理”→“设置”→“期初余额”命令，打开“期初余额-查询”对话框。

（2）单击“确定”按钮，进入“期初余额明细表”窗口。

（3）单击“增加”按钮，打开“单据类别”对话框。

（4）选择“单据名称”为“销售发票”，“单据类型”为“销售专用发票”，

“方向”为“正向”。

（5）单击“确定”按钮，进入“期初销售发票”窗口。

（6）单击“增加”按钮，表头修改开票日期为“2021-12-15”，发票号为“85471234”，客户名称选择“武汉明创”，付款条件“2/20，1/40，n/60”，科目栏录入“1122”，销售部门选择“销售部”，业务员选择“宋飞”，备注录入“销售货物”。

（7）表体选择“货物名称”为“智能台灯”；输入“数量”为“2 000”，无税单价为“300”，单击“保存”按钮，如图9-1-13所示。

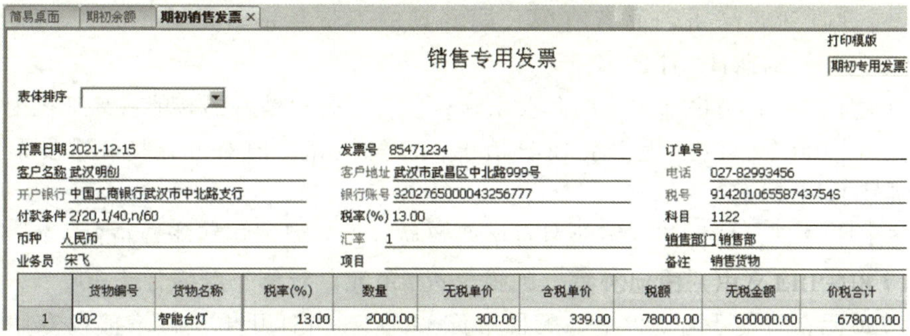
简易桌面 | 期初余额 | 期初销售发票

销售专用发票

打印模版 期初专用发票

表体排序

开票日期 2021-12-15　发票号 85471234　订单号

客户名称 武汉明创　客户地址 武汉市武昌区中北路999号　电话 027-82993456

开户银行 中国工商银行武汉市中北路支行　银行账号 3202765000043256777　税号 91420106558743754S

付款条件 2/20,1/40,n/60　税率(%) 13.00　科目 1122

币种 人民币　汇率 1　销售部门 销售部

业务员 宋飞　项目　备注 销售货物

	货物编号	货物名称	税率(%)	数量	无税单价	含税单价	税额	无税金额	价税合计
1	002	智能台灯	13.00	2000.00	300.00	339.00	78000.00	600000.00	678000.00

图9-1-13　期初销售专用发票

特别提示：

填写期初销售发票时，要录入应收相关科目，以便与总账系统的应收账款期初数据对账。

操作步骤9：应收款系统与总账系统对账

（1）在“期初余额”窗口中，单击“刷新”按钮，再单击“对账”按钮，打开“期初对账”窗口，如图9-1-14所示。

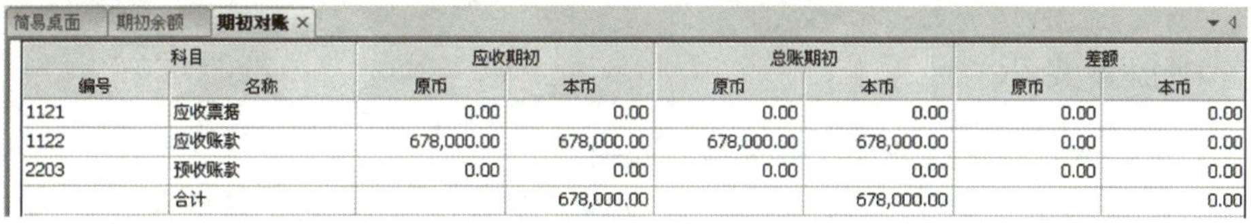
简易桌面 | 期初余额 | 期初对账

科目		应收期初		总账期初		差额	
编号	名称	原币	本币	原币	本币	原币	本币
1121	应收票据	0.00	0.00	0.00	0.00	0.00	0.00
1122	应收账款	678,000.00	678,000.00	678,000.00	678,000.00	0.00	0.00
2203	预收账款	0.00	0.00	0.00	0.00	0.00	0.00
	合计		678,000.00		678,000.00		0.00

图9-1-14　期初对账

（2）对账无误后，单击“关闭”按钮退出，完成期初对账。

任务测试9-1

应收款管理系统初始设置

特别提示：

应收款管理系统与总账管理系统的期初差额应为0，即两个系统客户往来科目的期初余额应完全一致。

任务二　日常业务处理

任务资料

1.1月18日，销售部宋飞向武汉永新科技有限公司销售智能台灯1 000个，无税单价350元；智能车载摄像头600个，无税单价650元；智能蓝牙耳机1 000个，无税单价170元。据此开具专用发票一张（39142210），货物已经发出，货款尚未收到。

业务1
原始单据

2.1月20日，武汉明创商贸有限公司偿还上月欠款总额678 000元，根据付款条件（2/20，1/40，n/60），武汉明创可享受1%的现金折扣（含增值税），最终通过网银转账支付货款671 220元。

业务2
原始单据

3.1月22日，销售部宋飞与武汉明创商贸有限公司签订销售合同，销售智能门锁400个，无税单价850元，开具销售专用发票（发票号39142211）；货物已经发出，同日收到武汉明创商贸有限公司开具的不带息银行承兑汇票一张（票号763481239），到期日7月22日。

业务3
原始单据

4.1月23日，销售部宋飞向武汉永新科技有限公司销售的智能蓝牙耳机因质量问题退回100个，该批货物系18日销售，已经结算，向对方开具红字发票一张（发票号39142212）。

5.1月23日，销售部赵军向黄石格西贸易有限公司销售智能音箱800个，无税单价550元；智能体脂秤500台，无税单价350元；智能车载摄像头400个，无税单价700元；智能手环380个，无税单价330元。当日开出全额增值税专用发票（发票号39142213），货物已经发出，同时以现金支付了一笔代垫的运费2 000元，货款尚未收到。

业务4
原始单据

6.1月29日，将收到的武汉明创商贸有限公司不带息银行承兑汇票（票号763481239）贴现，贴现率为5%。

7.1月29日，确认23日为黄石格西贸易有限公司代垫的运费2 000元，作为坏账处理。

8.1月31日，计提本月应收账款坏账准备。

业务5
原始单据

任务要求

1.进行本月各项业务应收款单据的处理。

2.根据各种应收与收款单据，生成相关凭证，并在总账系统中进行审核、记账操作。

业务6
原始单据

3.查询本系统1月生成的凭证。

4.进行应收款账龄分析。

知识导航

业务7
原始单据

日常业务主要包括应收业务、收款业务、坏账处理、往来核销、票据管理、转账业务、制单处理和查询统计等。

一、应收业务

销售发票与应收单是应收款管理系统日常核算的原始单据。销售发票是指销售业务中的各类普通发票和专用发票。应收单是指销售业务之外的应收单据（如代垫运费等）。

业务8
原始单据

如果同时使用应收款管理系统和销售管理系统，则销售发票和代垫费用产生的单据由销售管理系统录入，在本系统中需要录入的单据仅限应收单。如果没有使用销售管理系统，则各类发票和应收单均应在应收款管理系统中录入并审核。

二、收款业务

收款业务主要是对结算单据（收款单、付款单）进行管理，包括收款单、付款单的录入和审核。

收款单用来记录企业所收到的客户款项，款项性质包括应收款、预收款、现款结算、其他费用等；付款单用来记录发生销售退货时，企业开具的退付给客户的款项。

三、坏账处理

坏账处理包括坏账发生、坏账收回、坏账计提。

系统提供的计提坏账方法主要有销售收入百分比法、应收账款百分比法和账龄分析法。无论采取哪种方法，初次计提时，如果没有进行预先设置，则用户首先应在初始设置中进行设置。设置的内容包括提取比率、坏账准备期初余额。

采用销售收入百分比法时，销售总额默认值为本会计年度发票总额。采用应收账款百分比法时，应收账款余额默认值为本会计年度最后一天所有未结算完的发票和应收单余额之和减去预收款数额。采用账龄分析法时，各区间余额由系统生成（本会计年度最后一天所有未结算完的发票和应收单余额之和减去预收款数额）。这些金额均可以根据实际情况进行修改。

四、往来核销

单据核销的作用是在收回客商款项时，核销该客商应收款项，建立收款与应收款的核销记录，监督应收款及时核销，从而加强对往来款项的管理。

五、票据管理

一般情况下，企业都有应收票据。本系统提供了强大的票据管理功能，用户可以在此对银行承兑汇票和商业承兑汇票进行管理，记录票据详细信息和票据处理情况，包括票据贴现、背书、计息、结算、转出等。

六、转账业务

在日常业务处理中，以下几种转账业务经常发生：

（一）预收冲应收

当某客户有预收款时，可用该客户的一笔预收款冲一笔应收款。

（二）应收冲应付

若某客户既是销售客户又是供应商，则可能发生应收款冲应付款的情况。

（三）红票对冲

当发生退货时，用红字发票对冲蓝字发票。

（四）应收冲应收

当一个客户为另一个客户代付款时，会发生应收冲应收的情况。

七、制单处理

制单处理分为立即制单和批量制单。

八、查询统计

应收款管理系统的查询统计功能主要有：单据查询、业务账表查询、业务分析和科目账表查询。

（一）单据查询

单据查询功能包括发票、应收单、结算单和凭证等的查询。

（二）业务账表查询

业务账表查询功能可以进行总账、明细账、余额表和对账单的查询，并可以实现总账、明细账、单据之间的联查。

（三）业务分析

业务分析功能包括应收款账龄分析、收款账龄分析和欠款分析。

（四）科目账表查询

科目账表查询功能包括科目余额表查询和科目明细表查询，并且可以实现总账、明细账、凭证的联查。

任务实施

重难点微课 9-2
普通销售业务

操作录屏9-2
普通销售业务

业务1：普通销售业务

（1）“004 赵亮”以“2022-01-18”日期登录企业应用平台，在应收款管理系统中，执行“应收单据处理”→“应收单据录入”命令，打开“单据类别”窗口，选择单据类型“销售专用发票”，如图9-2-1所示。

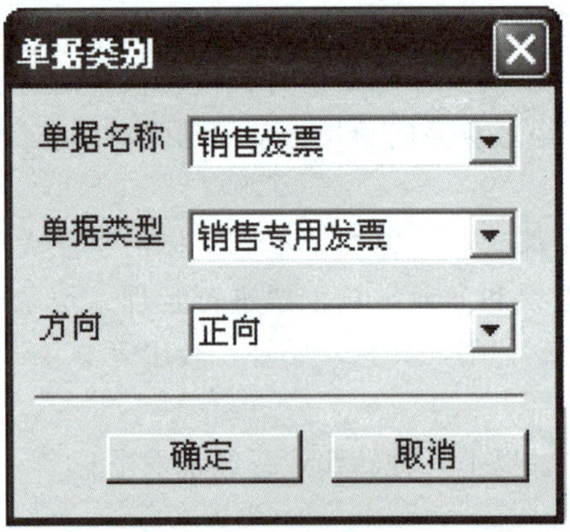

图9-2-1 单据类别

（2）单击“确定”按钮，进入“销售发票”窗口。单击“增加”按钮，修改发票号为“39142210”，开票日期为“2022-01-18”。

（3）单击“销售类型”参照按钮，进入“销售类型基本参照”窗口，单击“编辑”按钮，进入“销售类型”窗口；单击“增加”按钮，输入“销售类型编码”为“01”，“销售类型名称”为“批发销售”。单击“出库类别”参照按钮，进入“收发类别档案基本参照”窗口；单击“编辑”按钮，进入“收发类别”窗口；单击“增加”按钮，输入“收发类别编码”为“1”，“收发类别名称”为“销售出库”，选择“收发标志”为“发”，单击“保存”按钮，如图9-2-2所示。

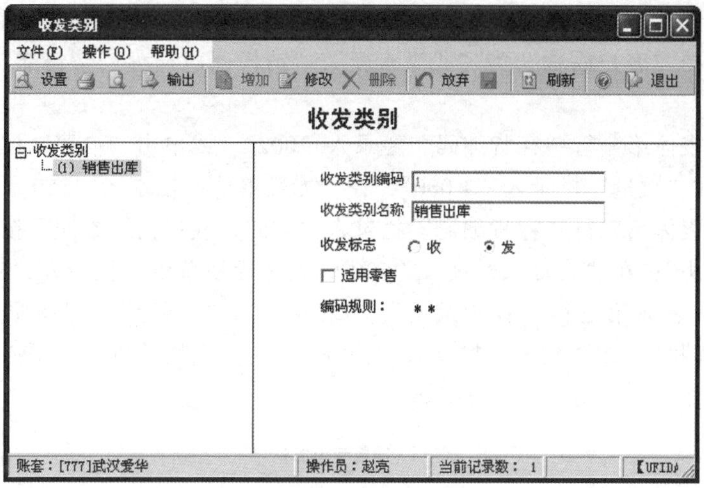

图 9-2-2　收发类别

（4）单击“退出”按钮，回到“收发类别档案基本参照”窗口，如图9-2-3所示。选择“销售出库”，单击“确定”按钮。

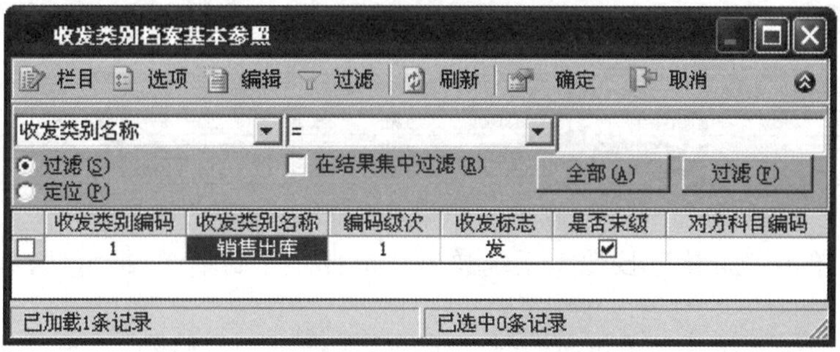

图 9-2-3　收发类别档案基本参照

（5）回到“销售类型”窗口，单击“保存”按钮。同理，增加“销售退货”类型，如图9-2-4所示。单击“退出”按钮，关闭该窗口。

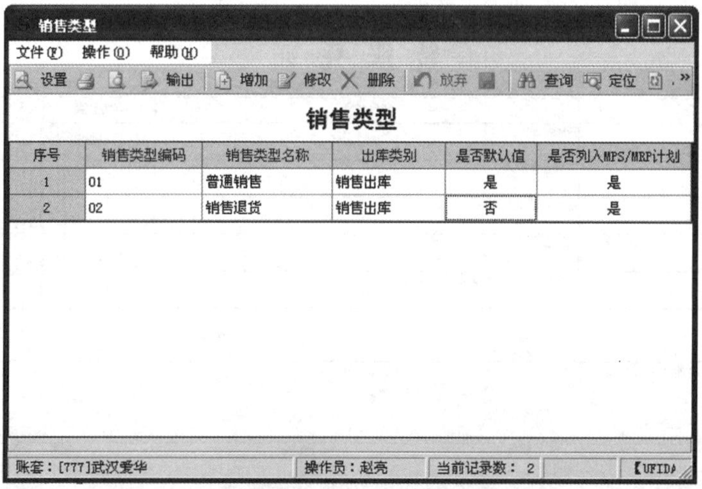

图 9-2-4　销售类型

（6）回到“销售类型基本参照”窗口，选择“普通销售”，单击“确定”按钮。

（7）选择“客户简称”为“武汉永新”，“销售部门”为“销售部”，业务员为“宋飞”。

（8）在表体第一行“存货编码”栏录入“002”，或单击“参照”按钮选择“智能台灯”；在“数量”栏录入“1 000”，在“无税单价”栏录入“350”。

（9）在表体第二行“存货编码”栏录入“005”，或单击“参照”按钮选择“智能车载摄像头”；在“数量”栏录入“600”，在“无税单价”栏录入“650”。

（10）在表体第三行“存货编码”栏录入“007”，或单击“参照”按钮选择“智能蓝牙耳机”；在“数量”栏录入“1 000”，在“无税单价”栏录入“170”。单击“保存”按钮，如图9-2-5所示。

销售专用发票

打印模版 销售专用发票打印

表体排序

发票号 39142210　　开票日期 2022-01-18　　业务类型
销售类型 普通销售　　订单号　　发货单号
客户简称 武汉永新　　销售部门 销售部　　业务员 宋飞
付款条件　　客户地址 武汉市洪山区武路路322号　　联系电话 027-87852131
开户银行 中国银行武汉市武路路支行　　账号 42007729000005489333　　税号 914201115468329884
币种 人民币　　汇率 1　　税率 13.00
备注

	仓库名称	存货编码	存货名称	数量	报价	含税单价	无税单价	无税金额	税额	价税合计
1		002	智能台灯	1000.00	0.00	395.50	350.00	350000.00	45500.00	395500.00
2		005	智能车载摄像头	600.00	0.00	734.50	650.00	390000.00	50700.00	440700.00
3		007	智能蓝牙耳机	1000.00	0.00	192.10	170.00	170000.00	22100.00	192100.00

图9-2-5　销售专用发票

（11）单击“审核”按钮，系统弹出“是否立即制单？”提示框，单击“是”按钮。

（12）修改系统自动生成的凭证，录入第二行“主营业务收入”项目辅助核算为“智能台灯”，修改贷方金额为“350 000”；在第三、四行依次单击“插分”按钮，分别录入“智能车载摄像头”和“智能蓝牙耳机”项目辅助核算及收入金额。

（13）最后修改凭证类别为“转账凭证”，单击“保存”按钮，如图9-2-6所示。

已生成

转 账 凭 证

转　字 0001　　制单日期：2022.01.18　　审核日期：　　附单据数：1

摘要	科目名称	借方金额	贷方金额
销售专用发票	应收账款	102830000	
销售专用发票	主营业务收入		35000000
销售专用发票	主营业务收入		39000000
销售专用发票	主营业务收入		17000000
销售专用发票	应交税费/应交增值税/销项税额		11830000
票号 日期　数量 单价	合 计	102830000	102830000

备注　项　目　智能台灯　　部　门
个　人　　客　户
业务员

记账　　审核　　出纳　　制单　赵亮

图9-2-6　生成转账凭证

业务2：收回带现金折扣的货款

（1）“004赵亮”以“2022-01-20”日期登录企业应用平台，执行“应收款管理”→“收款单据处理”→“收款单据录入”命令，进入“收付款单录入”窗口。

（2）单击“增加”按钮。

（3）输入“日期”为“2022-01-20”，选择客户为“武汉明创”，结算方式为“网银转账”，金额为“671 220”，部门为“销售部”，业务员为“宋飞”，摘要为“收到前欠货款”，单击“保存”按钮，如图9-2-7所示。

重难点微课 9-3

收回带现金折扣的货款

操作录屏9-3

收回带现金折扣的货款

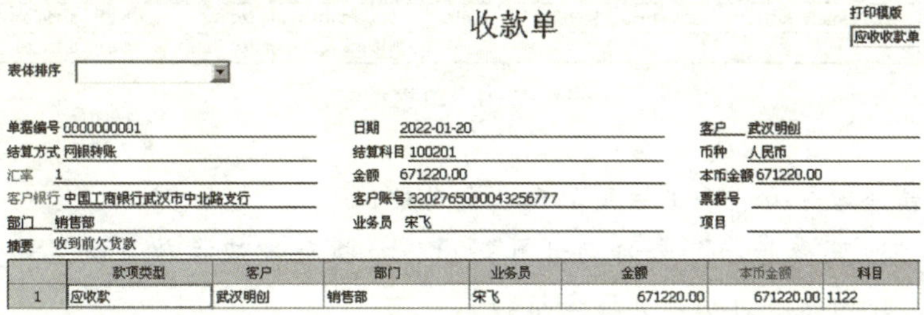

图9-2-7　收款单

（4）单击“审核”按钮，系统弹出“是否立即制单?”提示框，单击“否”按钮。

（5）执行“核销处理”→“手工核销”命令，在“核销条件”对话框录入客户“001”，如图9-2-8所示。

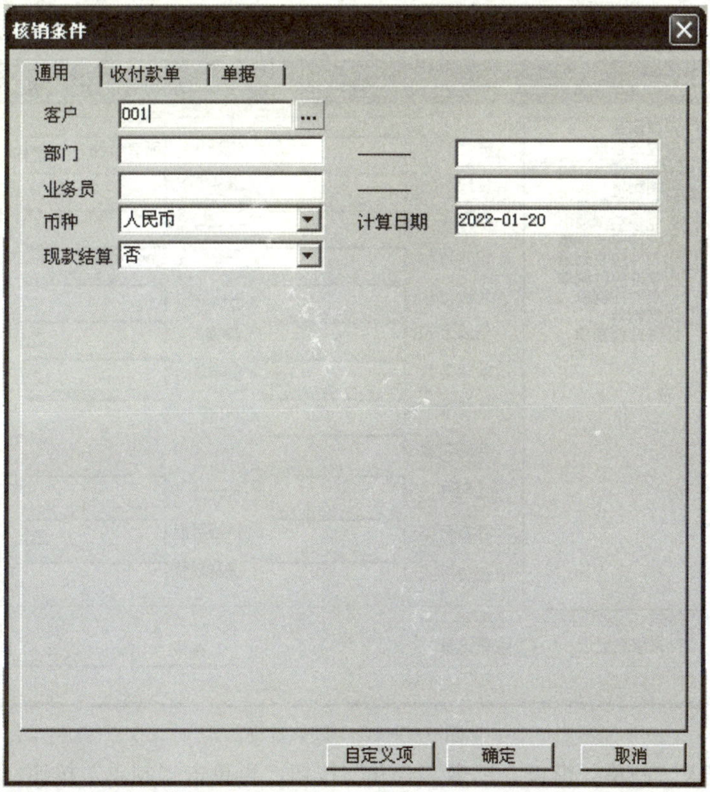

图9-2-8　核销条件

（6）在“单据核销”窗口的下方“销售专用发票”处，在“本次结算”栏录入“671 220”，在“本次折扣”栏录入“6 780”，如图9-2-9所示，单击“保存”按钮。

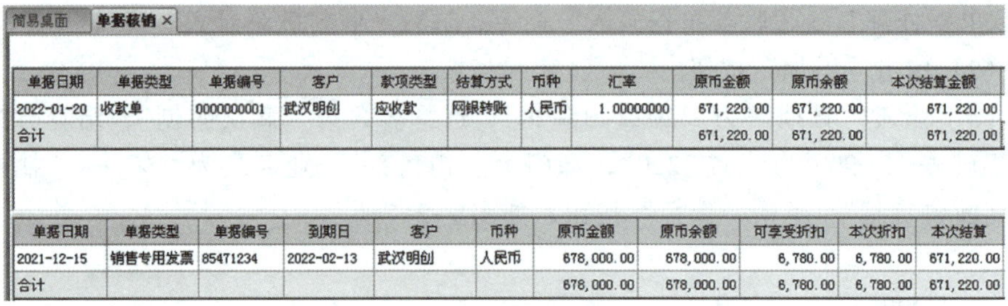

单据日期	单据类型	单据编号	客户	款项类型	结算方式	币种	汇率	原币金额	原币余额	本次结算金额
2022-01-20	收款单	0000000001	武汉明创	应收款	网银转账	人民币	1.00000000	671,220.00	671,220.00	671,220.00
合计								671,220.00	671,220.00	671,220.00

单据日期	单据类型	单据编号	到期日	客户	币种	原币金额	原币余额	可享受折扣	本次折扣	本次结算
2021-12-15	销售专用发票	85471234	2022-02-13	武汉明创	人民币	678,000.00	678,000.00	6,780.00	6,780.00	671,220.00
合计						678,000.00	678,000.00	6,780.00	6,780.00	671,220.00

图9-2-9　单据核销

特别提示：

①核销处理分为“手工核销”和“自动核销”。

②若“可享受折扣”未自动计算得出，应执行“应收款系统”→“设置”，在“常规”下勾选“自动计算现金折扣”。

③执行“其他处理”→“取消操作”，选择操作类型“核销”，单击“确定”按钮，在“取消操作”窗口选择相应记录行，单击“OK确认”按钮可取消核销操作。

（7）执行“制单处理”命令，在“制单查询”对话框勾选“收付款单制单”和“核销制单”，如图9-2-10所示，单击“确定”按钮。

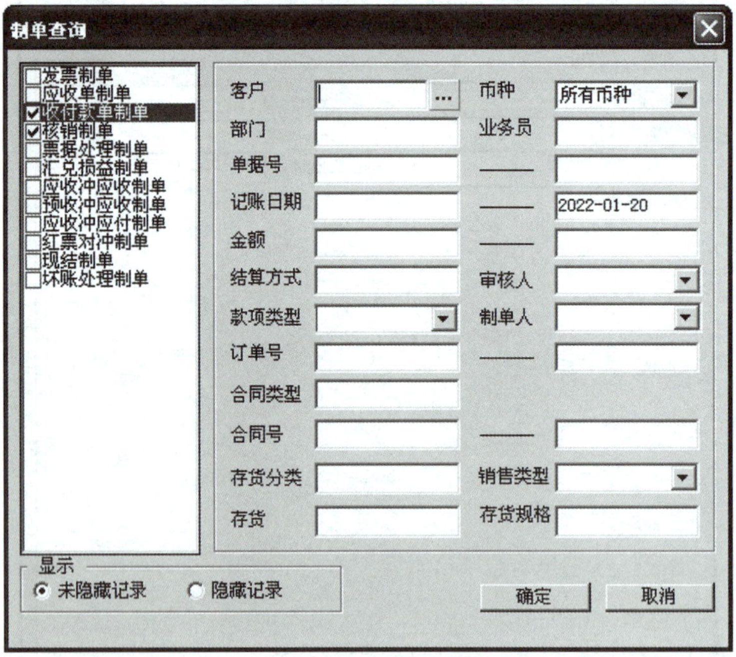

图9-2-10　制单查询

（8）进入“制单”窗口，单击“合并”按钮，再单击“制单”按钮，修改凭证类别为“收款凭证”，单击“保存”按钮，如图9-2-11所示。单击“关闭”按钮退出。

已生成

收 款 凭 证

收 字 0001　　制单日期：2022.01.20　　审核日期：　　附单据数：2

摘要	科目名称	借方金额	贷方金额
收款单	银行存款/工行存款	67122000	
现金折扣	财务费用/现金折扣	678000	
销售货物	应收账款		67800000
票号 4 - 日期 2022.01.20	数量 单价	合计 67800000	67800000

备注　项目　　部门

个人　　客户

业务员

记账　　审核　　出纳　　制单 赵亮

图 9-2-11　生成凭证

业务3：普通销售收到票据业务

操作录屏9-4 普通销售收到票据业务

（1）“004赵亮”以“2022-01-22”日期登录企业应用平台，在应收款管理系统中，执行“应收单据处理”→“应收单据录入”，在“单据类别”对话框选择单据类型“销售专用发票”，单击“确定”按钮。

（2）在“销售专用发票”窗口，单击“增加”按钮，修改发票号为“39142211”，开票日期为“2022-01-22”，销售类型为“普通销售”，选择客户简称为“武汉明创”，销售部门为“销售部”，业务员为“宋飞”。

（3）继续在“存货编码”栏录入“001”，或单击“参照”按钮选择“智能门锁”；在“数量”栏录入“400”，在“无税单价”栏录入“850”，如图9-2-12所示，单击“保存”按钮。

销售专用发票

打印模版 销售专用发票

表体排序

发票号 39142211　　开票日期 2022-01-22　　业务类型

销售类型 普通销售　　订单号　　发货单号

客户简称 武汉明创　　销售部门 销售部　　业务员 宋飞

付款条件　　客户地址 武汉市武昌区中北路999号　　联系电话 027-82993456

开户银行 中国工商银行武汉市中北路支行　　账号 3202765000043256777　　税号 91420106558743754S

币种 人民币　　汇率 1　　税率 13.00

备注

	仓库名称	存货编码	存货名称	数量	报价	含税单价	无税单价	无税金额	税额	价税合计
1		001	智能门锁	400.00	0.00	960.50	850.00	340000.00	44200.00	384200.00

图 9-2-12　销售专用发票

（4）单击“审核”按钮，系统弹出“是否立即制单？”提示框，单击“是”按钮。

（5）在“填制凭证”窗口，补充录入第二行“主营业务收入”辅助核算项目名称为“智能门锁”，修改凭证类别为“转账凭证”，单击“保存”按钮，如图9-2-13所示。

已生成

转账凭证

转 字 0002　　制单日期：2022.01.22　　审核日期：　　附单据数：1

摘要	科目名称	借方金额	贷方金额
销售专用发票	应收账款	38420000	
销售专用发票	主营业务收入		34000000
销售专用发票	应交税费/应交增值税/销项税额		4420000
票号 日期	数量 单价　　合计	38420000	38420000

备注　项　目　智能门锁　　部　门
　　　个　人　　客　户
　　　业务员

记账　　审核　　出纳　　制单　赵亮

图 9-2-13　生成凭证

（6）在应收款管理系统中，执行“票据管理”命令，打开“查询条件选择”对话框，单击“确定”按钮，进入“票据管理”窗口。

（7）单击“增加”按钮，打开“应收票据”对话框。

（8）单击“票据类型”与“结算方式”栏的参照按钮，选择“银行承兑汇票”；录入“票据编号”为“763481239”，“收到日期”为“2022-01-22”，“出票日期”为“2022-01-22”，“到期日”为“2022-07-22”，“出票人”为“武汉明创商贸有限公司”，“金额”为“384 200”，“票据摘要”为“收到银行承兑汇票”，如图9-2-14所示。单击“保存”按钮，再单击“关闭”按钮退出。

商业汇票

银行名称		票据类型 银行承兑汇票
方向 收款	票据编号 763481239	结算方式 银行承兑汇票
收到日期 2022-01-22	出票日期 2022-01-22	到期日 2022-07-22
出票人 武汉明创商贸有限公司	出票人账号 3202765000043256777	付款人银行 中国工商银行武汉市中北路支行
收款人 武汉爱华商贸有限公司	收款人账号	收款人开户银行
币种 人民币	金额 384200.00	票面利率 0.00000000
汇率 1.000000	付款行行号	付款行地址
背书人	背书金额	备注
业务员	部门	票据摘要 收到银行承兑汇票
交易合同号码	制单人 赵亮	

	处理方式	处理日期	贴现银行	被背书人	贴现率	利息	费用	处理金额
1								

图 9-2-14　银行承兑汇票

特别提示：

①保存一张商业承兑汇票后，系统会自动生成一张收款单，这张收款单还需经过审核才能生成记账凭证。

②由票据生成的收款单不能修改。

（9）执行“收款单据处理”→“收款单据审核”命令，打开“收款单查询条件”对话框。单击“确定”按钮，进入“收付款单列表”窗口。

（10）双击需要审核的单据记录行，进入“收付款单录入”窗口，单击“审核”按钮，系统弹出“是否立即制单?”提示框，单击“否”按钮。

（11）在“收付款录入”窗口，单击“核销”按钮，打开“核销条件”对话框框，单击“确定”按钮，进入“单据核销”界面。

（12）在2022-01-22销售专用发票记录行中录入“本次结算”金额“384 200”，如图9-2-15所示，单击“保存”按钮，再单击“关闭”按钮退出。

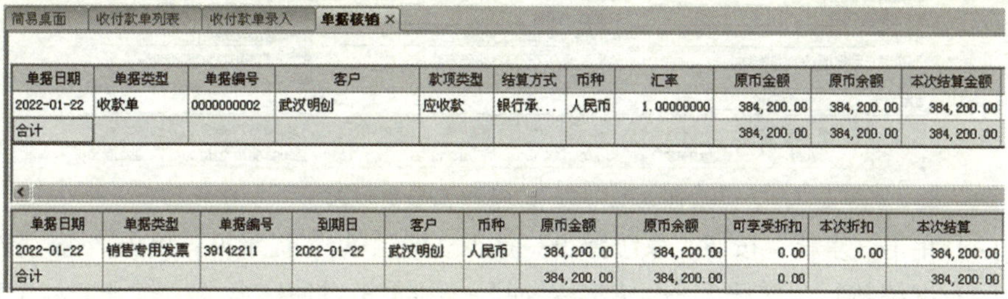

单据日期	单据类型	单据编号	客户	款项类型	结算方式	币种	汇率	原币金额	原币余额	本次结算金额
2022-01-22	收款单	0000000002	武汉明创	应收款	银行承...	人民币	1.00000000	384,200.00	384,200.00	384,200.00
合计								384,200.00	384,200.00	384,200.00

单据日期	单据类型	单据编号	到期日	客户	币种	原币金额	原币余额	可享受折扣	本次折扣	本次结算
2022-01-22	销售专用发票	39142211	2022-01-22	武汉明创	人民币	384,200.00	384,200.00	0.00	0.00	384,200.00
合计						384,200.00	384,200.00	0.00		384,200.00

图9-2-15 单据核销

（13）执行“制单处理”命令，在“制单查询”对话框，选择“收付款单制单”和“核销制单”，单击“确定”按钮。

（14）进入“制单”窗口，单击“合并”按钮，再单击“制单”按钮，修改凭证类别为“转账凭证”，单击“保存”按钮，如图9-2-16所示，单击“关闭”按钮退出当前窗口。

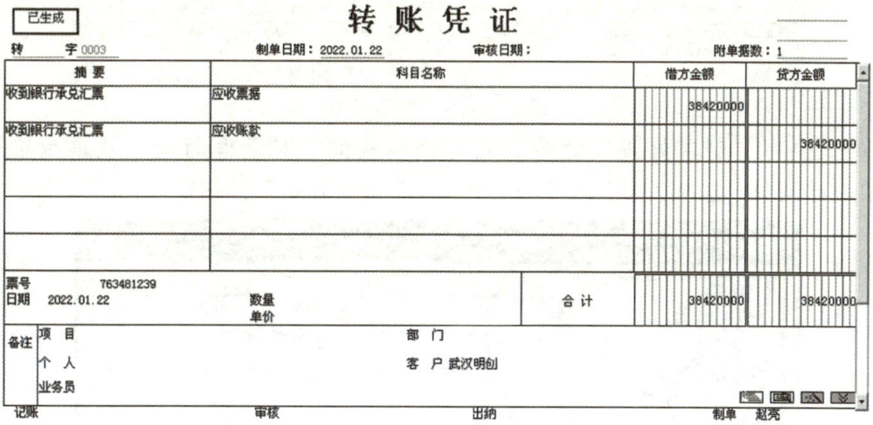

图9-2-16 生成凭证

业务4：销售退回业务

（1）“004赵亮”以“2022-01-23”日期登录企业应用平台，在应收款管理系统中，执行“应收单据处理”→“应收单据录入”，在“单据类别”对话框选择单据类型“销售专用发票”，方向“负向”，单击“确定”按钮。

（2）在“销售发票”窗口，单击“增加”按钮，录入红字发票，修改发票号为“39142212”，开票日期为“2022-01-23”，销售类型为“销售退货”，选择客户简称为“武汉永新”，销售部门为“销售部”，业务员为“宋飞”。

（3）继续在“存货编码”栏录入“007”，或单击“参照”按钮选择“智能蓝牙耳机”；在“数量”栏录入“-100”，在“无税单价”栏录入“170”，如图9-2-17所示，单击“保存”按钮。

重难点微课 9-4
销售退回业务
操作录屏9-5
销售退回业务

销售专用发票

显示模版 销售专用发票

表体排序

发票号 39142212　开票日期 2022-01-23　业务类型

销售类型 销售退货　订单号　发货单号

客户简称 武汉永新　销售部门 销售部　业务员 宋飞

付款条件　客户地址 武汉市洪山区武珞路322号　联系电话 027-87852131

开户银行 中国银行武汉市武珞路支行　账号 42007729000005489333　税号 914201115468329884

币种 人民币　汇率 1.00　税率 13.00

备注

	仓库名称	存货编码	存货名称	数量	报价	含税单价	无税单价	无税金额	税额	价税合计
1		007	智能蓝牙耳机	-100.00	0.00	192.10	170.00	-17000.00	-2210.00	-19210.00

图 9-2-17　红字销售专用发票

（4）单击“审核”按钮，系统弹出“是否立即制单?”提示框，单击“否”按钮。

（5）继续执行“转账”→“红票对冲”→“手工对冲”命令，打开“红票对冲条件”对话框，在“通用”选项卡下选择客户“武汉永新”，单击“确定”按钮。

（6）在“红票对冲”窗口，在2022-01-18销售专用发票的“对冲金额”栏录入“19 210”，如图9-2-18所示，单击“保存”按钮，再单击“退出”按钮。

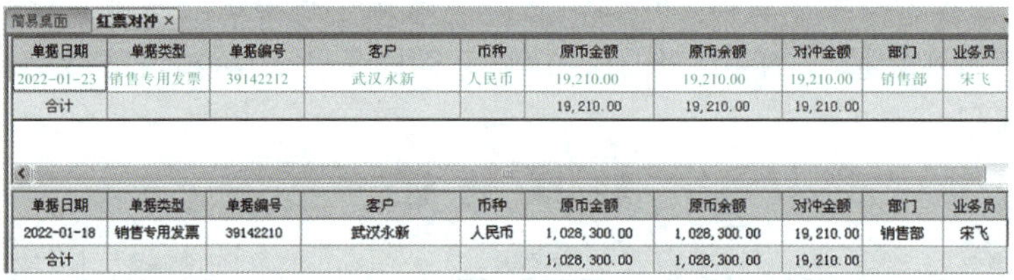

简易桌面　红票对冲

单据日期	单据类型	单据编号	客户	币种	原币金额	原币余额	对冲金额	部门	业务员
2022-01-23	销售专用发票	39142212	武汉永新	人民币	19,210.00	19,210.00	19,210.00	销售部	宋飞
合计					19, 210. 00	19, 210. 00	19, 210. 00		

单据日期	单据类型	单据编号	客户	币种	原币金额	原币余额	对冲金额	部门	业务员
2022-01-18	销售专用发票	39142210	武汉永新	人民币	1, 028, 300. 00	1, 028, 300. 00	19, 210. 00	销售部	宋飞
合计					1, 028, 300. 00	1, 028, 300. 00	19, 210. 00		

图 9-2-18　红票对冲

（7）执行“制单处理”命令，在“制单查询”对话框勾选“发票制单”和“红票对冲制单”选项，如图9-2-19所示，单击“确定”按钮。

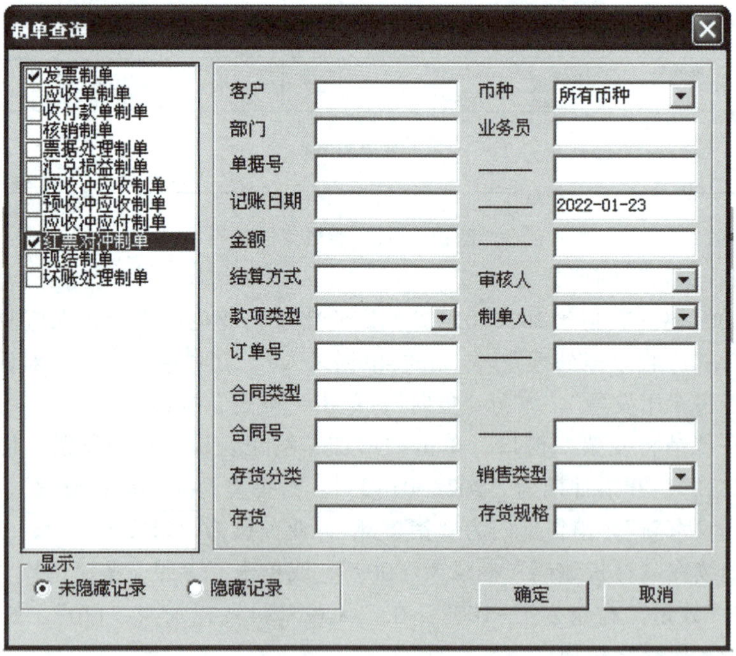

图 9-2-19　制单查询

（8）进入“制单”窗口，单击“合并”按钮，合并2行记录行，再单击“制单”按钮。

（9）在“填制凭证”窗口，补充录入第二行“主营业务收入”辅助核算项目名称为“智能蓝牙耳机”，修改凭证类别为“转账凭证”，单击“保存”按钮，如图9-2-20所示。

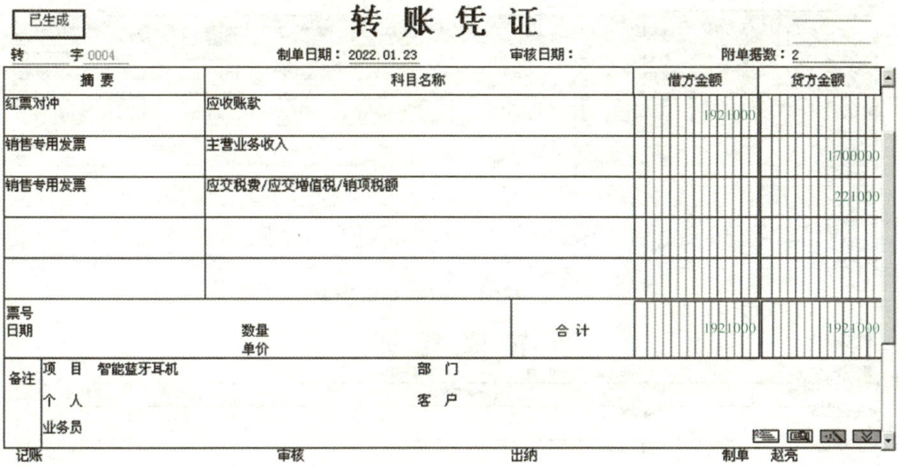

已生成

转账凭证

转 字 0004　　制单日期：2022.01.23　　审核日期：　　附单据数：2

摘要	科目名称	借方金额	贷方金额
红票对冲	应收账款	1921000	
销售专用发票	主营业务收入		1700000
销售专用发票	应交税费/应交增值税/销项税额		221000
票号 日期	数量 单价 合计	1921000	1921000

备注　项目 智能蓝牙耳机　部门
个人　客户
业务员

记账　审核　出纳　制单 赵亮

图9-2-20　生成红字凭证

特别提示：

①红票对冲可以实现客户红字应收单与蓝字应收单、收款单与付款单之间的冲抵操作。

②系统提供手工对冲和自动对冲两种方式。手工对冲只能一次对一个客户进行红票对冲，可以自行选择对冲的单据，提高红票对冲的灵活性；自动对冲可以按照对冲原则同时对多个客户进行红票对冲，提高红票对冲的效率。

业务5：代垫运费业务

操作录屏9-6 代垫运费业务

（1）“004赵亮”以“2022-01-23”日期登录企业应用平台，在应收款管理系统中，执行“应收单据处理”→“应收单据录入”，在“单据类别”对话框选择单据类型“销售专用发票”，方向“正向”，单击“确定”按钮。

（2）在“销售专用发票”窗口，修改发票号为“39142213”，开票日期为“2022-01-23”，销售类型为“普通销售”，选择客户简称为“格西商城”，销售部门为“销售部”，业务员为“赵军”。

（3）继续在“存货编码”栏录入“003”，或单击“参照”按钮选择“智能音箱”；在“数量”栏录入“800”，在“无税单价”栏录入“550”。依次录入其他商品销售数据，单击“保存”按钮，如图9-2-21所示。

（4）单击“审核”按钮，系统弹出“是否立即制单？”提示框，单击“是”按钮。

（5）在“填制凭证”窗口，通过“插分”按钮补充录入各商品“主营业务收入”辅助核算项目及金额，修改凭证类别为“转账凭证”，单击“保存”按钮，如图9-2-22所示。

销售专用发票

打印模版 销售专用发票打

表体排序

发票号 39142213　开票日期 2022-01-23　业务类型

销售类型 普通销售　订单号　发货单号

客户简称 格西商城　销售部门 销售部　业务员 赵军

付款条件　客户地址 黄石市下陆区天平路31号　联系电话 0714-6222876

开户银行 中国银行武汉市天平路支行　账号 420016070000003456777　税号 91420200MA49L55689

币种 人民币　汇率 1　税率 13.00

备注

	仓库名称	存货编码	存货名称	数量	报价	含税单价	无税单价	无税金额	税额	价税合计
1		003	智能音箱	800.00	0.00	621.50	550.00	440000.00	57200.00	497200.00
2		004	智能体脂秤	500.00	0.00	395.50	350.00	175000.00	22750.00	197750.00
3		005	智能车载摄像头	400.00	0.00	791.00	700.00	280000.00	36400.00	316400.00
4		006	智能手环	380.00	0.00	372.90	330.00	125400.00	16302.00	141702.00
5										
6										
7										
8										
9										
10										
合计				2080.00				1020400.00	132652.00	1153052.00

图 9-2-21　销售专用发票

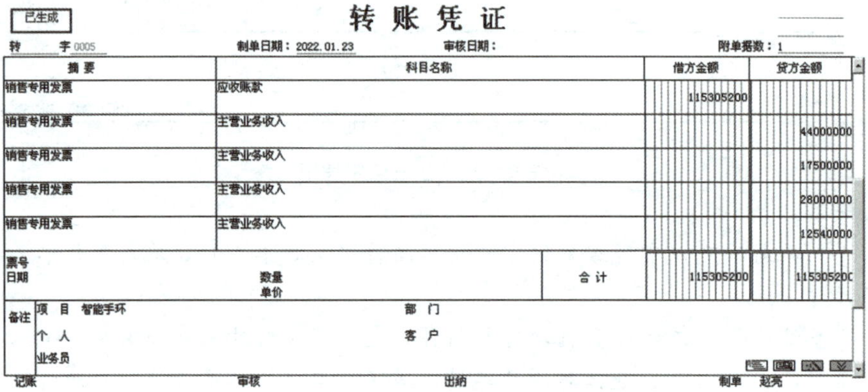

已生成

转账凭证

转 字 0005　制单日期：2022.01.23　审核日期：　附单据数：1

摘要	科目名称	借方金额	贷方金额
销售专用发票	应收账款	115305200	
销售专用发票	主营业务收入		44000000
销售专用发票	主营业务收入		17500000
销售专用发票	主营业务收入		28000000
销售专用发票	主营业务收入		12540000
票号 日期　数量 单价	合计	115305200	115305200

备注　项目 智能手环　部门

个人　客户

业务员

记账　审核　出纳　制单 赵亮

图 9-2-22　生成凭证

（6）执行“应收单据处理”→“应收单据录入”，在“单据类别”对话框选择单据名称“应收单”，单据类型“其他应收单”，方向“正向”，如图 9-2-23 所示，单击“确定”按钮。

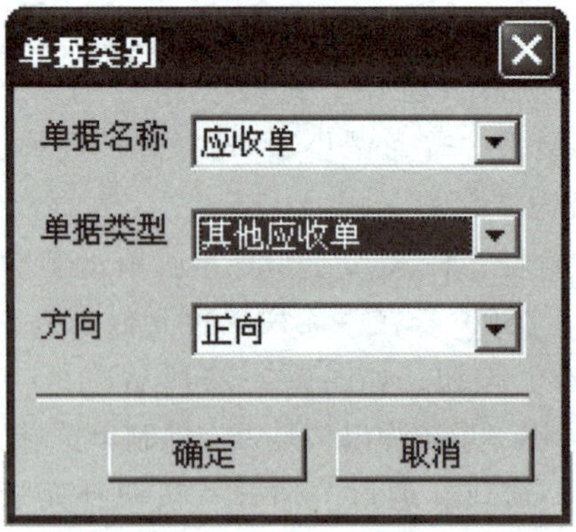

图 9-2-23　单据类别

（7）单击“增加”按钮，客户选择“格西商城”，金额录入“2 000”，部门为“销售部”，业务员为“赵军”，摘要为“代垫运费”，单击“保存”按钮，如图9-2-24所示。

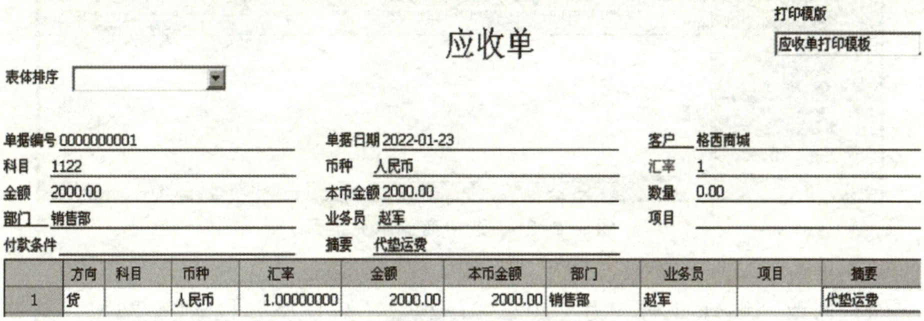

打印模版 应收单打印模板

应收单

表体排序

单据编号 0000000001　单据日期 2022-01-23　客户 格西商城
科目 1122　币种 人民币　汇率 1
金额 2000.00　本币金额 2000.00　数量 0.00
部门 销售部　业务员 赵军　项目
付款条件　摘要 代垫运费

	方向	科目	币种	汇率	金额	本币金额	部门	业务员	项目	摘要
1	贷		人民币	1.00000000	2000.00	2000.00	销售部	赵军		代垫运费

图9-2-24　应收单

（8）单击“审核”按钮，系统弹出“是否立即制单？”提示框，单击“是”按钮。

（9）在“填制凭证”窗口，补充贷方科目“1001库存现金”，修改凭证类别为“付款凭证”，单击“保存”按钮，如图9-2-25所示。

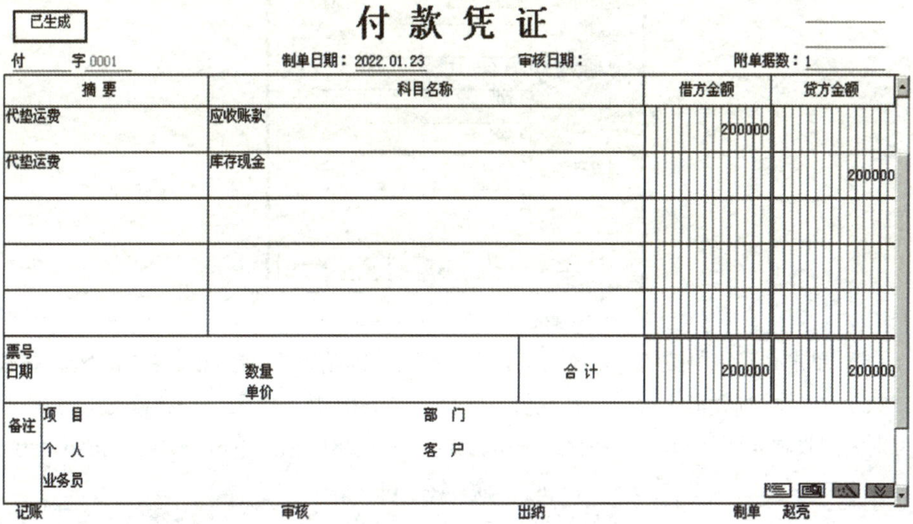

已生成

付款凭证

付 字 0001　制单日期：2022.01.23　审核日期：　附单据数：1

摘要	科目名称	借方金额	贷方金额
代垫运费	应收账款	200000	
代垫运费	库存现金		200000
票号 日期　数量 单价	合计	200000	200000

备注　项目　部门
个人　客户
业务员

记账　审核　出纳　制单 赵亮

图9-2-25　生成凭证

业务6：票据贴现业务

（1）“004赵亮”以“2022-01-29”日期登录企业应用平台，在应收款管理系统中，执行“票据管理”命令，打开“查询条件选择”对话框，单击“确定”按钮，进入“票据管理”窗口。

操作录屏9-7 票据贴现业务

（2）在“票据管理”窗口，双击“选择”栏，选中武汉明创2022-01-22签发并承兑的银行承兑汇票（763481239），如图9-2-26所示。

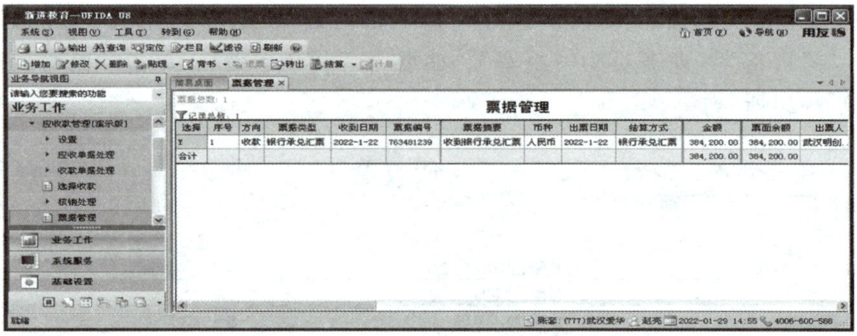

图 9-2-26　选中商业承兑汇票

（3）单击“贴现”按钮，打开“票据贴现”对话框。

（4）修改“贴现日期”为“2022-01-29”，“贴现率”栏录入“5”，“结算科目”栏录入“100201”，如图 9-2-27 所示。

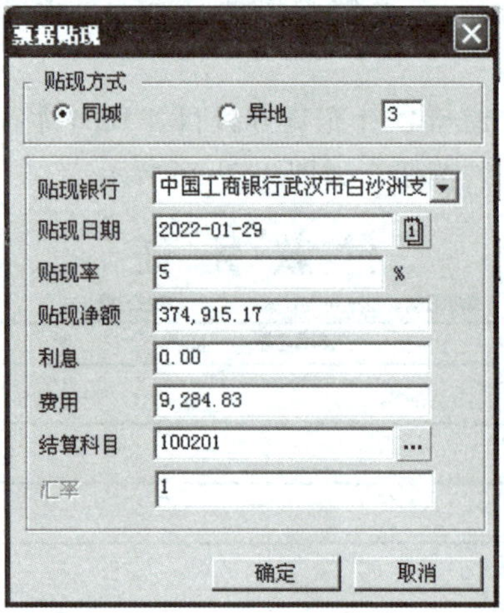

图 9-2-27　票据贴现

（5）单击“确定”按钮，系统自动弹出“是否立即制单?”提示框，单击“是”按钮。

（6）在“填制凭证”窗口，补充借方科目“660301财务费用——利息支出”，修改凭证类别为“收款凭证”，单击“保存”按钮，如图9-2-28所示。单击“关闭”按钮退出。

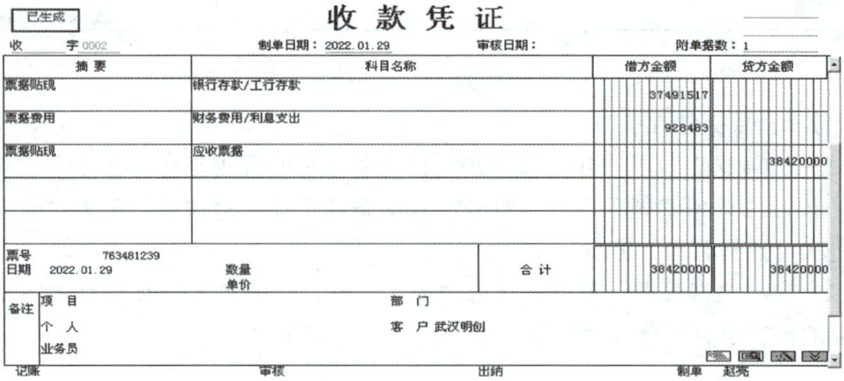

图 9-2-28　生成凭证

特别提示：

①如果贴现净额大于票面余额，则系统自动将其差额作为利息，不能修改；如果贴现净额小于票面余额，则系统自动将其差额作为费用，不能修改。

②票据贴现后，将不能再对票据进行其他处理。

③如果要取消贴现，需在“单据查询”→“凭证查询”删除票据贴现凭证，再执行“其他处理”→“取消操作”，选择操作类型“票据处理”，单击“确定”按钮，在“取消操作”窗口选择相应记录行，单击“OK确认”按钮可取消贴现操作。

业务7：坏账发生

操作录屏9-8

坏账发生

（1）“004赵亮”以“2022-01-29”日期登录企业应用平台，在应收款管理系统中，执行“坏账处理”→“坏账发生”命令，打开“坏账发生”对话框，选择“客户”为“黄石格西贸易有限公司”，如图9-2-29所示。

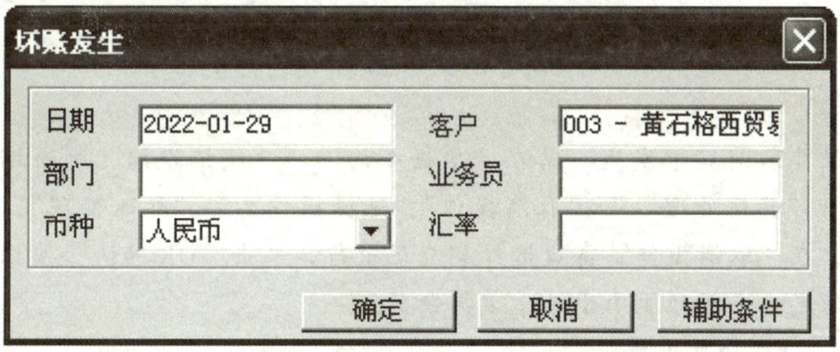

图9-2-29 坏账发生

（2）单击“确定”按钮，进入“发生坏账损失”窗口。在“本次发生坏账金额”栏第2行录入“2 000”，如图9-2-30所示。

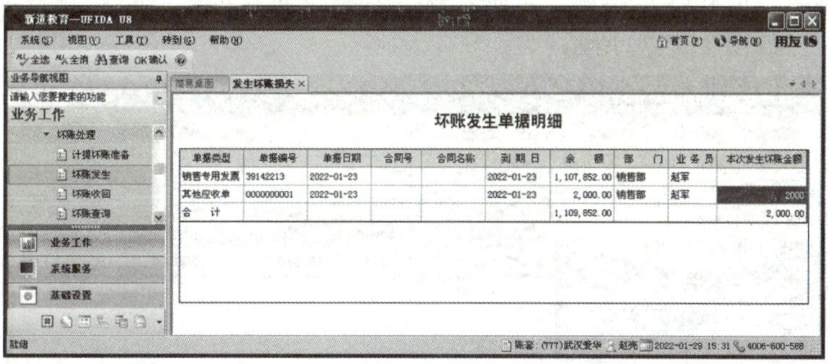

图9-2-30 坏账发生明细

（3）单击“OK确认”按钮，系统弹出“是否立即制单？”提示框，单击“是”按钮。

（4）修改凭证类别为“转账凭证”，单击“保存”按钮，如图9-2-31所示。单击“关闭”按钮退出。

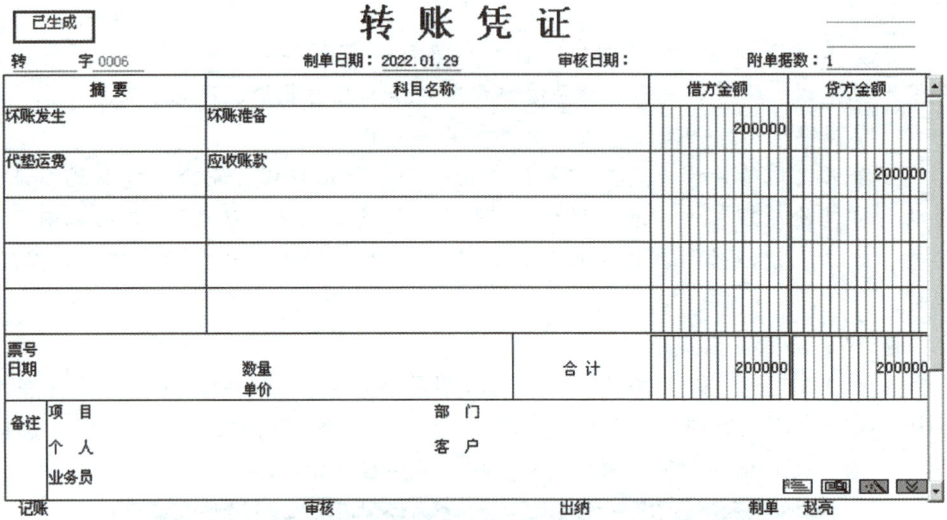

图 9-2-31 生成凭证

特别提示：

①如果要取消坏账发生，需在“单据查询”→“凭证查询”删除坏账发生凭证，再执行“其他处理”→“取消操作”，选择操作类型“坏账处理”，单击“确定”按钮，在“取消操作”窗口选择相应记录行，单击“OK确认”按钮。

②坏账发生金额只能小于等于单据余额。

操作录屏9-9

计提坏账准备

业务8：计提坏账准备

（1）“004赵亮”以“2022-01-29”日期登录企业应用平台，在应收款管理系统中，执行“坏账处理”→“计提坏账准备”命令，打开“应收账款百分比法”对话框，系统根据应收账款总额、计提比率、坏账准备、坏账准备余额自动计算出本次计提金额，如图9-2-32所示。

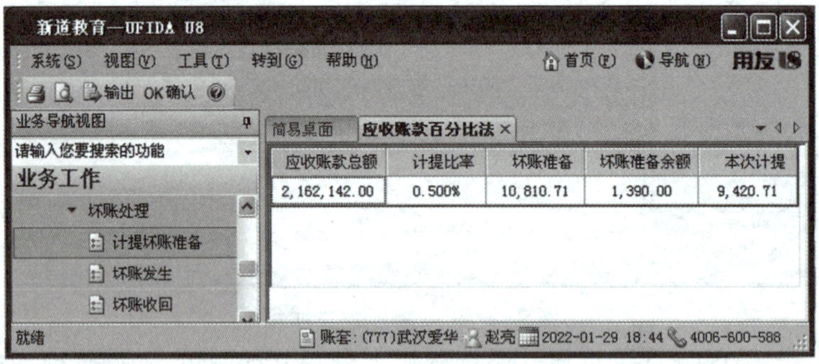

图 9-2-32 计提坏账准备

（2）单击“OK确认”按钮。系统弹出“是否立即制单？”提示框，单击“是”按钮。

（3）在“填制凭证”窗口，修改凭证类别为“转账凭证”，单击“保存”按钮，如图9-2-33所示。单击“关闭”按钮退出。

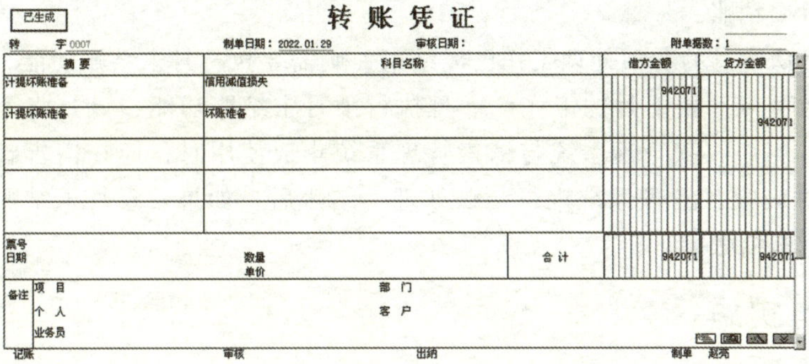

已生成

转账凭证

转 字 0007　制单日期：2022.01.29　审核日期：　附单据数：1

摘要	科目名称	借方金额	贷方金额
计提坏账准备	信用减值损失	942071	
计提坏账准备	坏账准备		942071
票号 日期	数量 单价 合计	942071	942071

备注　项目　部门

个人　客户

业务员

记账　审核　出纳　制单 赵亮

图 9-2-33　生成凭证

特别提示：

①系统提供的计提坏账的方法主要有销售收入百分比法、应收账款百分比法和账龄分析法。

②在进行坏账处理之前，首先在应收款管理系统选项中选择坏账处理方式，然后在初始设置中进行坏账准备设置。

任务测试 9-2

应收款管理系统日常业务处理

学思践悟 9-1

规范开票依法纳税

任务三　期末处理

任务资料

任务资料见前述项目。

任务要求

1. 查询业务总账。
2. 查询业务余额表。
3. 与总账管理系统进行对账操作。
4. 进行本月客户欠款分析。
5. 应收款管理系统月末结账与取消月结操作。

知识导航

应收款管理系统的期末处理工作主要包括汇兑损益、与总账对账和月末结账。

一、汇兑损益

如果客户往来有外币核算，且在总账管理系统的“账簿选项”中选取客户往来由“应收系统”核算，则应对外币单据的汇兑损益进行相应的处理。

二、与总账对账

将应收款管理系统生成的业务账与总账管理系统中的科目账核对，可以检查两个系统中的往来账是否相等；若不相等，则应查看造成不等的原因。

三、月末结账

如果确认本月的各项处理工作已经结束，则需要执行月末结账功能，只有月末结账后，才可以开始下月的工作。一旦执行了月末结账功能，该月将不能再进行任何处理。当应收款管理系统与销售管理系统集成使用时，应在销售管理系统结账后，再对应收款管理系统进行结账处理。结账后，如果发现月末结账错误，则可以取消月末结账。

任务实施

操作录屏9-10

应收款管理系统期末处理

操作步骤1：查询业务总账

“004 赵亮”以“2022-01-31”日期登录企业应用平台，在应收款管理系统中，执行“账表管理”→“业务账表”→“业务总账”，在“查询条件选择-应收总账表”对话框单击“确定”按钮，打开“应收总账表”窗口，如图9-3-1所示。

应收总账表

币种:

期间: 2022 . 1 - 2022 . 1

期间	本期应收	本期收回	余额	月回收率%	年回收率%
	本币	本币	本币		
期初余额			678,000.00		
202201	2,548,342.00	1,064,200.00	2,162,142.00	41.76	41.76
总计	2,548,342.00	1,064,200.00	2,162,142.00		

图9-3-1　应收总账表

操作步骤2：查询业务余额表

执行“账表管理”→“业务账表”→“业务余额表”，在“查询条件选择-应收余额表”对话框单击“确定”按钮，打开“应收余额表”窗口，如图9-3-2所示。

应收余额表

币种:

期间: 2022 . 1 - 2022 . 1

客户编码	客户名称	期初	本期应收	本期收回	余额	周转率	周转天数
		本币	本币	本币	本币	本币	本币
001	武汉明创商贸有限公司	678,000.00	384,200.00	1,062,200.00	0.00	1.13	26.55
(小计)···		678,000.00	384,200.00	1,062,200.00	0.00		
002	武汉永新科技有限公司	0.00	1,009,090.00	0.00	1,009,090.00	2.00	15.00
(小计)···		0.00	1,009,090.00	0.00	1,009,090.00		
003	黄石格西贸易有限公司	0.00	1,155,052.00	2,000.00	1,153,052.00	2.00	15.00
(小计)···		0.00	1,155,052.00	2,000.00	1,153,052.00		
总计		678,000.00	2,548,342.00	1,064,200.00	2,162,142.00		

图9-3-2　应收余额表

操作步骤3：与总账对账

在应收款管理系统中，执行“账表管理”→“业务账表”→“与总账对账”命令，在“对账条件”对话框单击“确定”按钮，打开“与总账对账结果”窗口，如图9-3-3所示。

与总账对账结果

金额式

对账不平

日期：2022-01-01至2022-01-31

客户		币种	应收系统				总账系统				差额(应收-总账)			
编号	名称		期初本币	借方本币	贷方本币	期末本币	期初本币	借方本币	贷方本币	期末本币	期初本币	借方本币	贷方本币	期末本币
001	武汉明创商贸有限公司	人民币	678,000.00	768,400.00	1,446,400.00		678,000.00	768,400.00	1,446,400.00					
002	武汉永新科技有限公司	人民币		1,009,090.00		1,009,090.00		1,009,090.00		1,009,090.00				
003	黄石格西贸易有限公司	人民币		1,155,052.00	2,000.00	1,153,052.00		1,155,052.00	2,000.00	1,153,052.00				
	合计		678,000.00	2,932,542.00	1,448,400.00	2,162,142.00	678,000.00	2,932,542.00	1,448,400.00	2,162,142.00				

图 9-3-3 与总账对账结果

操作步骤4：欠款分析

执行“账表管理”→“统计分析”→“欠款分析”，在“欠款分析”对话框单击“确定”按钮，打开“欠款分析”窗口，如图9-3-4所示。

欠款分析

客户 全部　　币种：　　截止日期：2022-01-31

客户		欠款总计	信用额度	信用余额	货款	应收款	预收款
编号	名称				金额	金额	金额
003	黄石格西贸易有限公司	1,153,052.00		1,153,052.00	1,153,052.00		
002	武汉永新科技有限公司	1,009,090.00		1,009,090.00	1,009,090.00		
总计		2,162,142.00			2,162,142.00		

图 9-3-4 欠款分析

操作步骤5：月末结账

（1）执行“期末处理”→“月末结账”命令，打开“月末处理”对话框。

（2）双击一月份的“结账标志”栏，如图9-3-5所示。

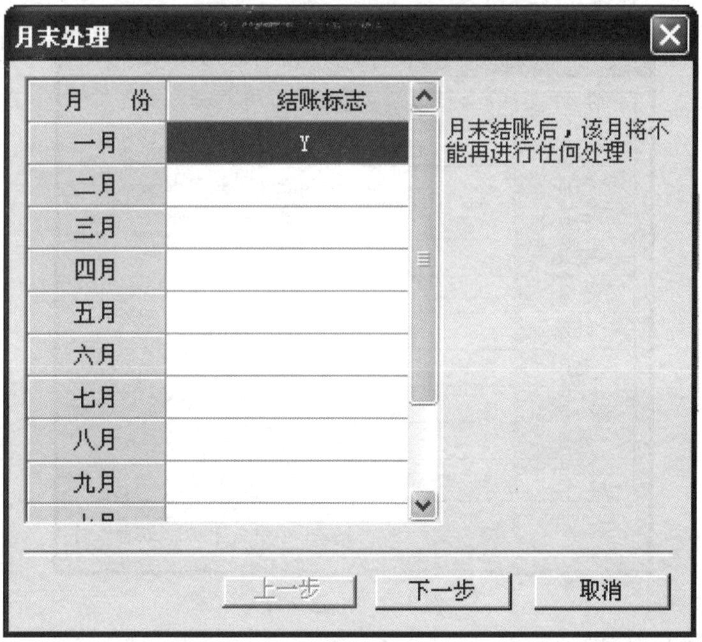

图 9-3-5 结账标志

（3）单击“下一步”按钮，屏幕显示各处理类型的处理情况，如图9-3-6所示。

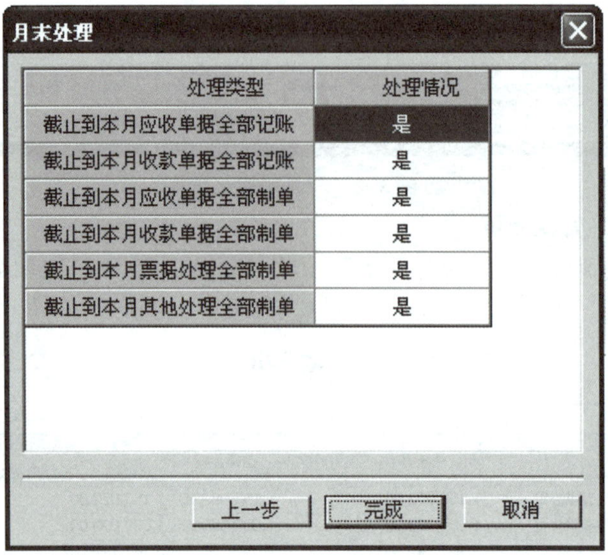

图 9-3-6　月末处理

（4）在处理情况都是“是”的情况下，单击“完成”按钮，系统弹出“一月份结账成功”提示框。

（5）单击“确定”按钮，系统自动在对应结账月份的“结账标志”栏中显示“已结账”字样，如图9-3-7所示。

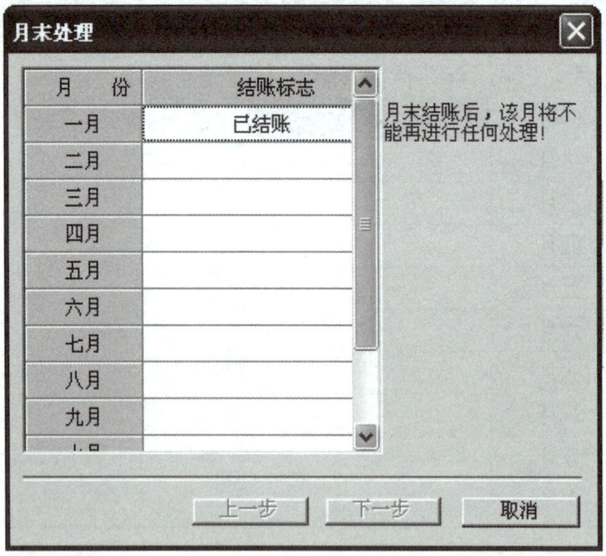

图 9-3-7　已结账

任务测试9-3

应收款管理系统期末处理

操作步骤6：取消结账

（1）执行“期末处理”→“取消月结”命令，打开“取消结账”对话框。

（2）选择“已结账”月份。

（3）单击“确定”按钮，系统弹出“取消结账成功”提示框，单击“确定”按钮，当月结账标志即被取消。

项目反馈与评价（项目九）

重难点梳理

1.应收款管理系统中的期初余额可以在哪两个系统录入？

2.业务6中的票据贴现利息是如何计算得出的？请列出计算过程。

3.应收单与收款单进行核销的意义是什么？

关键数据反馈

请在完成本项目实训操作后，对系统中反映的下列关键数据页面进行截图反馈：

1.在总账系统查询应收款管理系统生成的所有凭证。

2.应收款管理系统与总账系统期末对账平衡结果。

易错点分析

请将你在本项目任务测试和操作过程中出错的问题进行记录并分析。

项目评价

项目九多维评价量表

序号	评价内容	设定分值（分）	评价主体	得分情况（分）
线上环节	自主学习进度	20	平台自评	
	任务测试准确度	10	平台自评	
	小计	30		
线下环节	安全与规范操作意识	10	学生自评	
	劳动、探究与合作意识	10	小组互评	
	实训操作进度	20	小组互评	
	实训数据准确度	20	教师评议	
	项目反思态度	10	教师评议	
	小计	70		
合计		100		

主要参考文献

［1］曾玲芳，张莹．会计信息化实务（供应链篇）［M］．2版．大连：东北财经大学出版社，2020.

［2］王忠孝．会计信息系统应用（用友ERP-U8V10.1版）［M］．北京：高等教育出版社，2021.

［3］宋红尔，吴爽．会计信息系统——业财一体化应用（用友ERP-U8 V15.0）（微课版）［M］．北京：人民邮电出版社，2022.

［4］牛永芹，杨琴，喻竹．EPR财务业务一体化实训教程［M］．3版．北京：高等教育出版社，2021.

［5］宋红尔，赵越，冉祥梅．用友ERP供应链管理系统应用教程［M］．2版．大连：东北财经大学出版社，2022.